中国古筝考级曲集

最新修订版

（上）

上海筝会编

上海音乐出版社

编委会成员

执　　笔：王　蔚
编　　委：潘妙兴　郭雪君　李贤德　魏宏宁
　　　　　金振瑶　宋小璐　何鉴秋

原 版 前 言

　　上海音乐家协会古筝专业委员会(简称上海筝会)成立以来,先后举办了"92上海少儿古筝交流演奏会"、"93上海少儿古筝邀请赛"等,从而为1994年7月上海筝会首次举行的古筝业余定级考试奠定了基础,并取得了可喜的成绩。考生不仅限于上海,还有来自无锡、常州、温州、宁波等地区共三百余人参加,其中既有四岁的幼儿,也有四十岁左右的成人。通过循序的考级活动,考生的演奏水平有了相对衡量的标准,提高了他们学习古筝的兴趣和信心,同时也检验了教师的教学质量和教学水平。

　　为了配合考级活动的深入进行,上海筝会的全体编委结合考级实践,在原有考级资料的基础上,按照由易到难、由浅入深、循序渐进的教学规律,经过反复探讨、斟酌、筛选,共选用了八十首优秀的传统乐曲和现代创编乐曲汇编成集。

　　本曲集分初、中、高三个档次,共十个级别,每个级别由相应程度的不同风格的四首传统乐曲和四首创编乐曲组成,为考生提供了较为宽松的选择余地。当然,考生可不限此版本,教师也可因材施教。

　　本曲集的出版得到了郭鹰、胡登跳、阎黎雯等前辈们和各界的关心与支持,在此表示衷心的感谢,并期待同仁志士的批评与指正。

　　艺无止境,上海筝会的全体同仁将为普及与繁荣古筝艺术作出进一步的努力。

上海筝会

1995.5.

新 版 前 言

为了提高古筝学习的整体水平，更为了满足广大考生与爱好者学习的需要，我会经过多次认真讨论和研究，对《中国古筝考级曲集》进行了重新修订，以求更系统、更准确，并为此还录制了相配套的示范视频，可供学习者选购作为参考与借鉴。2005年起上海筝会的考级活动将择时启用此修订版。

本次对考级曲集的修订，最大的特点是将原来每一个级别的八首曲目，扩充为每一个级别十二首曲目，目的是让学习者了解更多的曲目，同时也让师生对曲目有了更大的选择余地。

除此还有这样三个特点：1.增加了作者与作品的涵盖面与广泛性，但同时也力争使所选曲目更具代表性；2.在创作曲目的选择上，有意识地弥补了原版中80年代后期以来的作品较少的缺憾，以使新版曲集能更全面、更丰富多彩、更具鲜明特色；3.在各级别的曲目安排上，我们根据这些年的考级经验做了适当的调整，力求使之更加合理、更加科学。

示范视频中的演奏，均是由上海筝会会员、上海音乐学院历届古筝专业毕业生及正在就读的本科生与附中学生来担当的，其中有不少已成为目前舞台上的古筝明星，她们是王蔚、金振瑶、宋小璐、祁瑶、罗小慈、李捷、蒋文军、胡晓艳、姚琼、陈珏、赵一等。

特别要说明的是，本曲集的目录中标注＊号的乐曲作为考级规定曲目。每一级别的传统乐曲有两首标注＊号，选择其中一首作为必考曲目；创作乐曲一至九级有三首标注＊号，十级有四首标注＊号，选择其中一首作为必考曲目。

最后，我会要借此机会对关心、热爱古筝的作者和读者表示衷心的感谢，希望能一如既往地继续给予支持和帮助，同时也希望对本曲集中出现的疏漏和错误能及时予以指正。

上海筝会

2004.12.

目　　录

1

_____

注：标∗号的乐曲为考级规定曲目。

一级（初级）

演奏提示及要求：

1. 初步掌握正确的演奏姿势、手型和基本指法（如：托"凵（凵）"、劈"コ（コ）"、抹"丶"、勾"⌒"、提"∧"、大撮"凵"、小撮"凵"、花指"✳"、揉弦"∿"、上滑音"丿（⌒）"、下滑音"丶（乀）"等）的弹奏方法。

2. 掌握最基本的节奏型、用指规律以及简单的左右手配合的小乐曲。

3. 能够熟练地演奏考试所规定的传统曲目及创作或改编的曲目。

凤 翔 歌

山东民间乐曲

1 = D　2/4

♩ = 66

（乐谱）

渐慢

穿花蜂

山东民间乐曲

1=D $\frac{2}{4}$

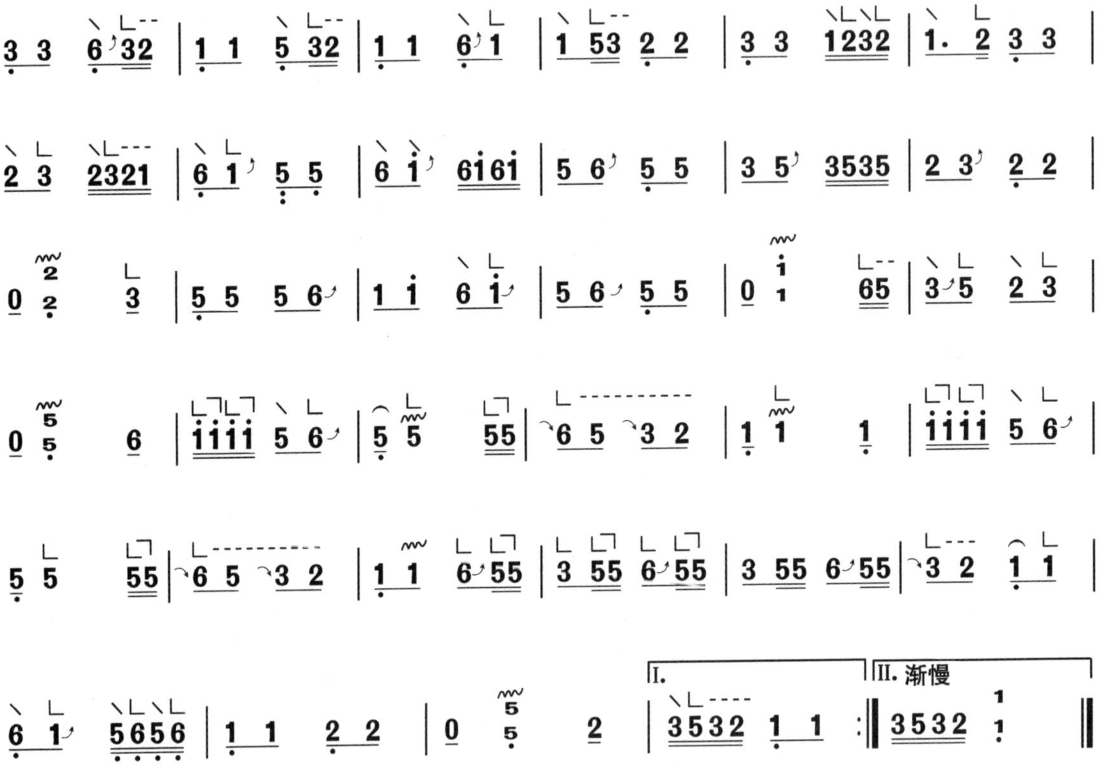

老六板

江南民间乐曲
潘妙兴订谱

1=D $\frac{2}{4}$

♩=72

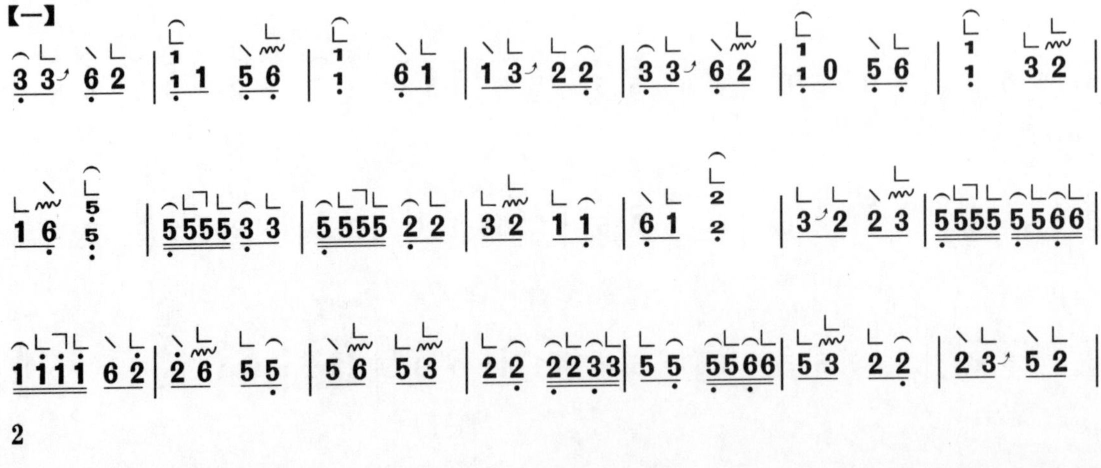

龙 船 谣

潮州传统乐曲
郭 雪君订谱

1＝D 2/4

♩＝72

3

浪 淘 沙

1＝D 4/4 5/4

♩＝72 亲切、柔美

mf

汉调筝曲

4

十　杯　酒

潮 州 筝 曲
杨秀明订谱

小 猫 钓 鱼

动画片《劳动最光荣》插曲

黄　准曲
郭雪君改编

虞　美　人

陕西郿鄠曲牌

曲　云订谱

卖 报 歌

聂 耳曲
郭雪君改编

拔 萝 卜
(附点音练习曲)

杨娜妮编曲
包恩珠曲

小饼干之舞

德玛勒斯特曲

赵 毅改编

1=D 2/4

小快板

北京的金山上

西藏民歌
李贤德编配

1=D 2/4

♩ = 72

注：此曲难点是 6/5。大指用大关节在此两根弦的面上快速进行弹奏，然后左手再加滑音。

10

二级

演奏提示及要求：

1. 弹奏方法、手型、基本指法进一步熟练和提高，同时应加强四点、双手轮抹及左手按变音等技法的训练。

2. 演奏中必须注重手指灵活性的训练，尤其要强调大指小关节的运用，并应加强左手弹奏方面的练习。

3. 在风格性曲目的学习上，应着重注意培养起良好的民间音乐特有的音高概念，并尽可能多哼唱乐曲，从中感受它们鲜明的地方风味。

上　楼

1 = D　2/4

河南民间筝曲

小鸟朝凤

河南筝曲

曹　正订谱

1＝D 2/4

小快板

一　点　红

潮州民间乐曲

郭　　鹰传谱

1＝D 2/4

♩＝72

12

注：⊗ 符号是指右手弹弦后，随即用右手掌或左手掌捂住琴马处，即得煞音效果。

开 扇 窗

(轻六调)

二十六板

潮州民间乐曲

杨 秀 明演奏

李　萌记谱

1＝D　4/4

头板（♩＝72—76）

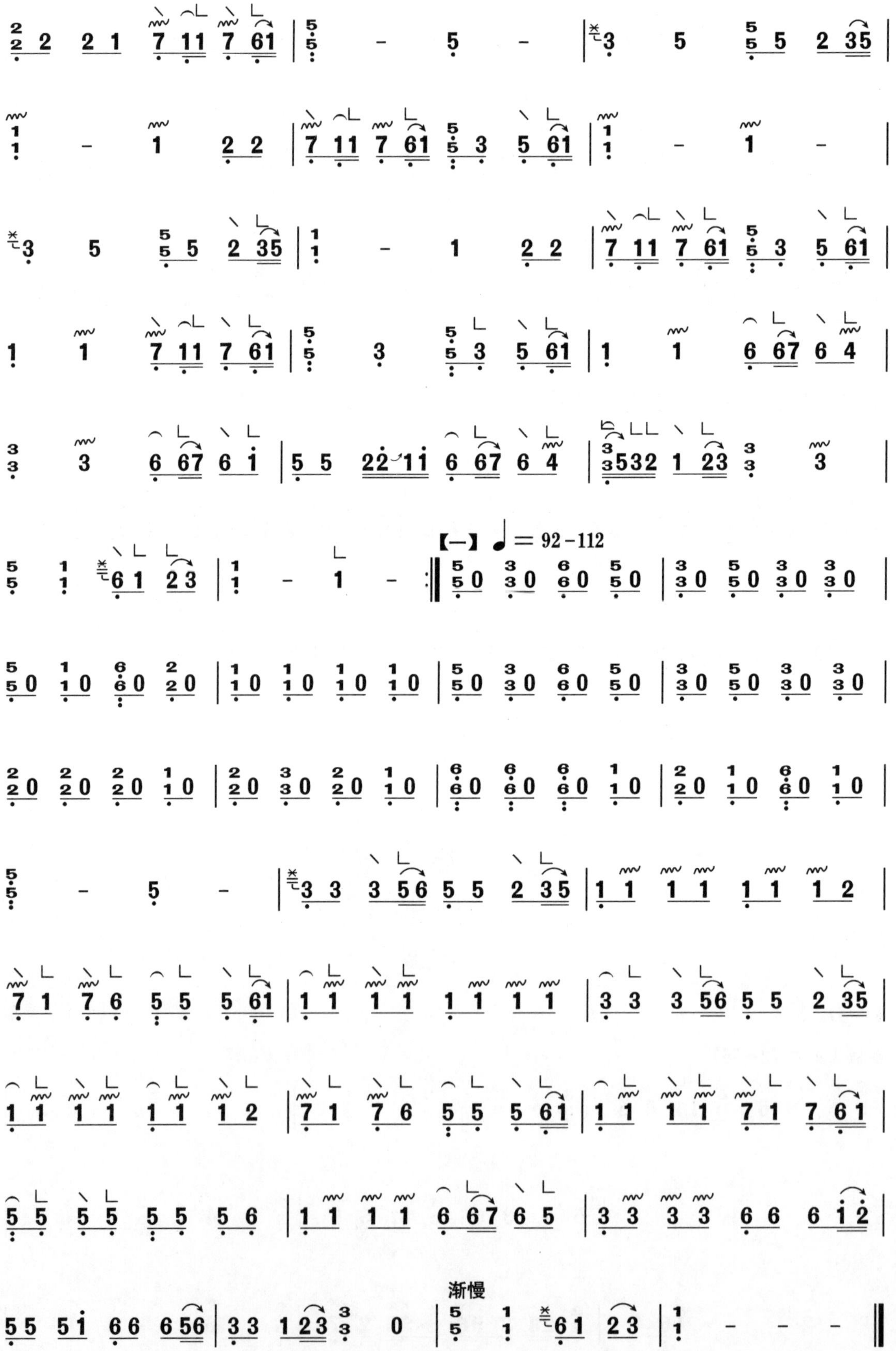
【一】 ♩＝92－112
渐慢

银 纽 丝

山东筝曲

1 = D 2/4

小 开 手

中州古调
曹 正订谱

1 = D 2/4

中速

15

紫 竹 调

沪 剧 曲调
郭雪君改编

挤牛奶

电影《草原儿女》插曲

张 燕改编

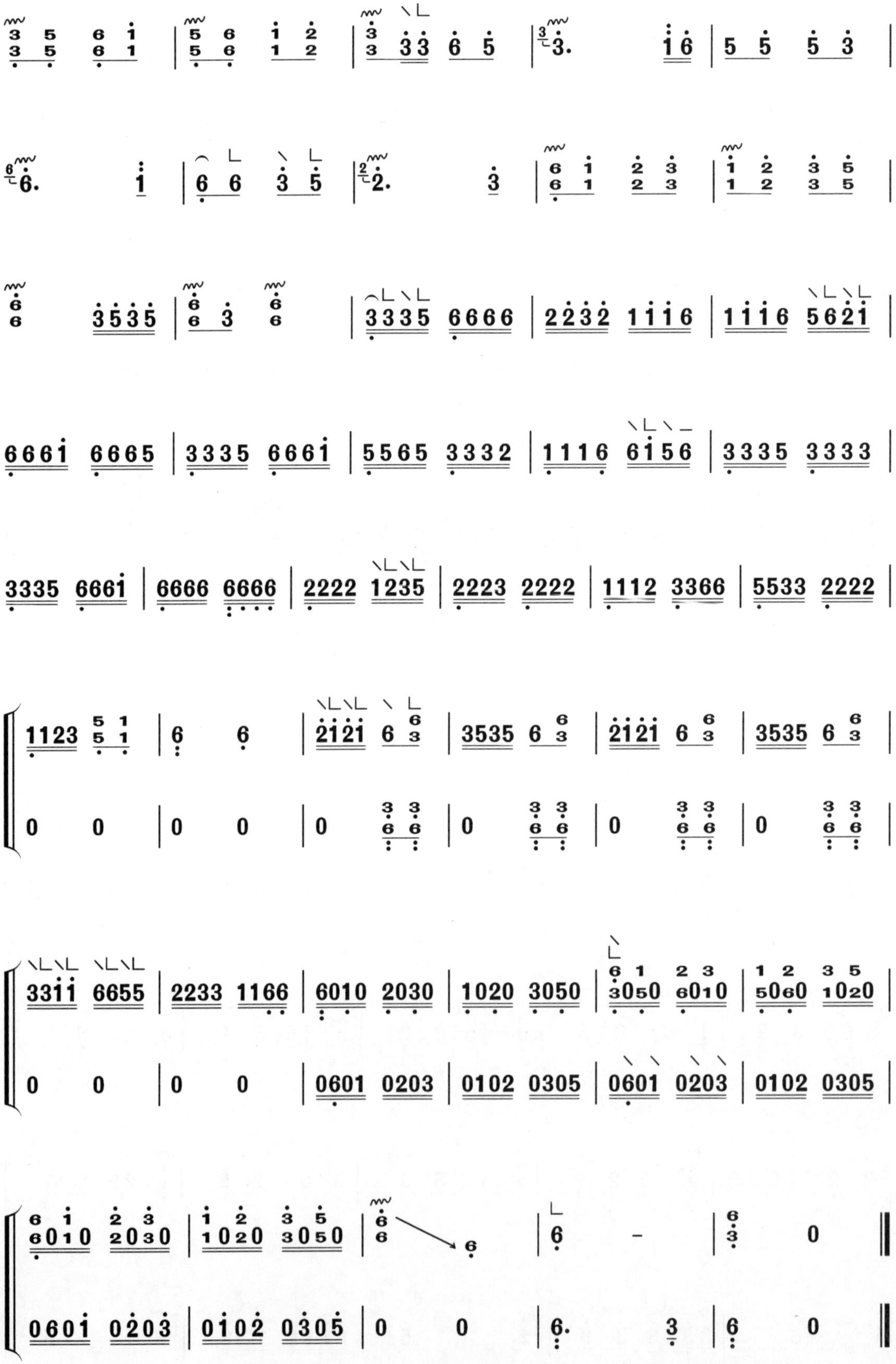

三条腿的小老鼠

(分指练习曲)

杨娜妮编曲

1 = G 2/4

活泼地 ♩ = 120

放马山歌

云南民歌
沙里晶编曲

1=D 2/4

小小螺丝帽

陈少麟曲
王刚强改编

1=D 2/4

活泼　稍快

稍慢

原速

(用左手)

20

金蛇狂舞

聂　耳曲
王　蔚编订

1＝D　2/4

活泼、欢快　♩＝120

21

三级

演奏提示及要求：

1. 在进一步巩固前两级要求的前提下，注意出音的音质、弹性及手指的独立性。

2. 初步掌握摇指（包括短摇）、轮指（三指轮"⋰"指序依次为：⌒⌒⌐ 和四指轮"⋱"指序依次为：∧⌒⌒⌐）的正确弹奏要领。

3. 加强 **4**、**7** 音准的训练，同时要强调校音能力的培养。

三十三板

浙 江 筝 曲

王巽之传谱

1 = D 2/4

慢板 ♩ = 80　轻快、活泼

中板 ♩ = 100　轻快、流畅

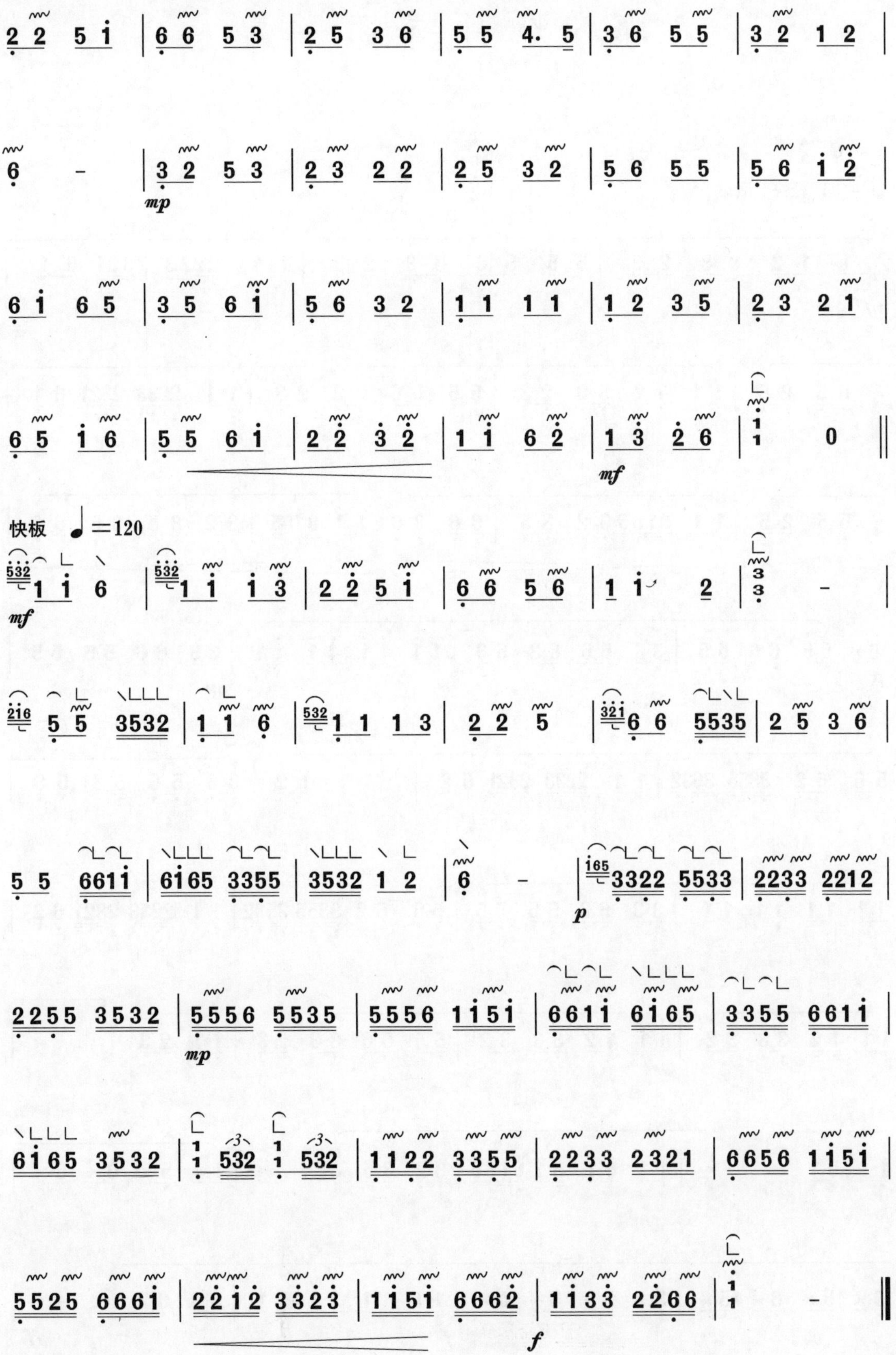
快板 ♩=120
mp
mf
mf
p
mp
f

灯 月 交 辉

浙江民间乐曲
王巽之整理传谱

一点金

(轻六调)

潮州筝曲
郭　鹰传谱

1＝G（或D） $\frac{4}{4}$

中速

26

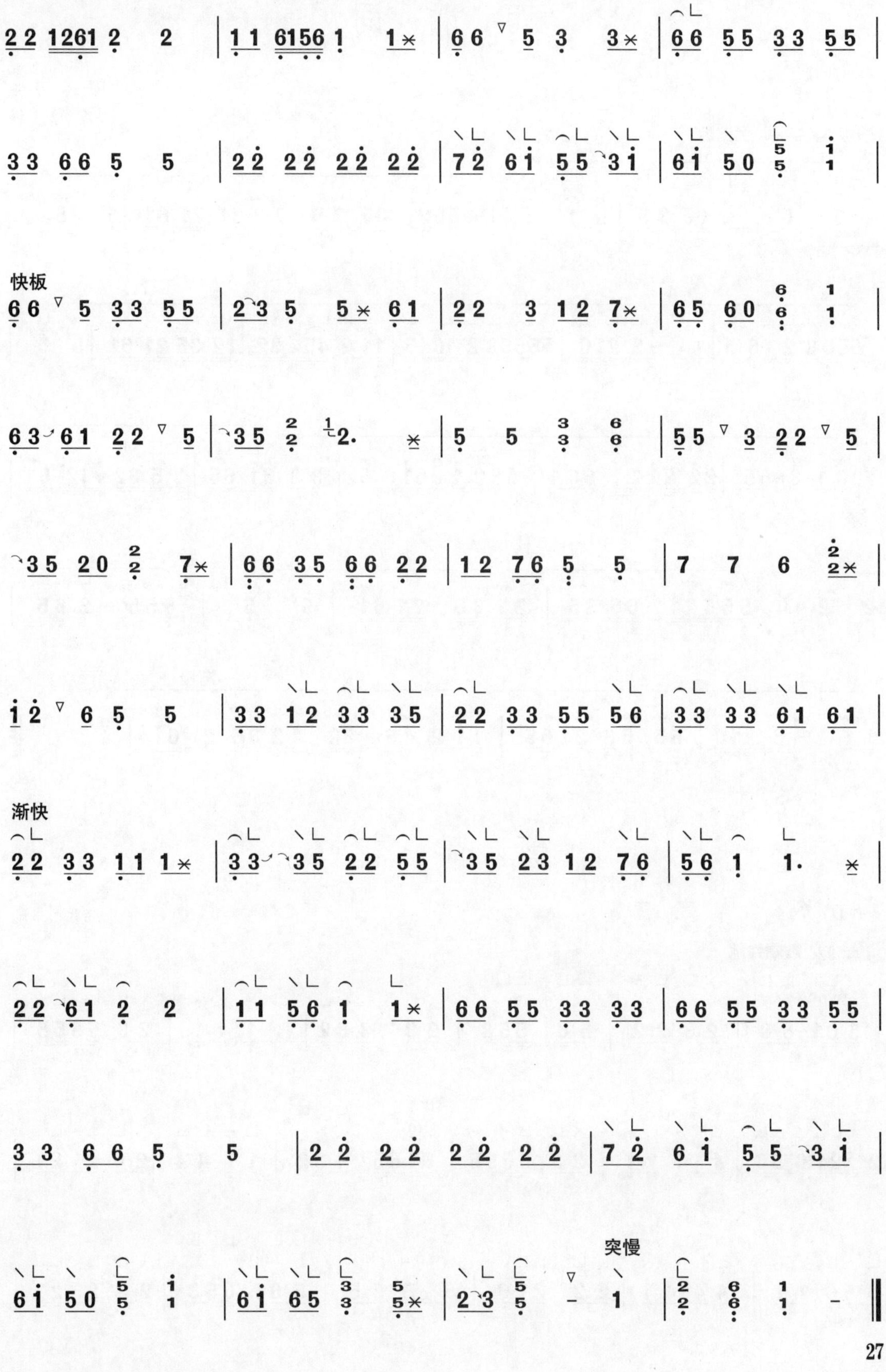
快板
渐快
突慢

西厢词

汉调筝曲
项斯华演奏谱

1＝G 2/4

慢板 ♩＝46 优美地

剪靛花

河南民间乐曲

1＝D 2/4

♩＝92 歌唱性地

天 下 同

1=D 2/4

山东琴书前奏曲
曹　　正订谱

纺 织 忙

刘天一曲

小 斑 鸠

江西民歌
周仲康改编

1＝D

渐慢

中速 ♩＝96

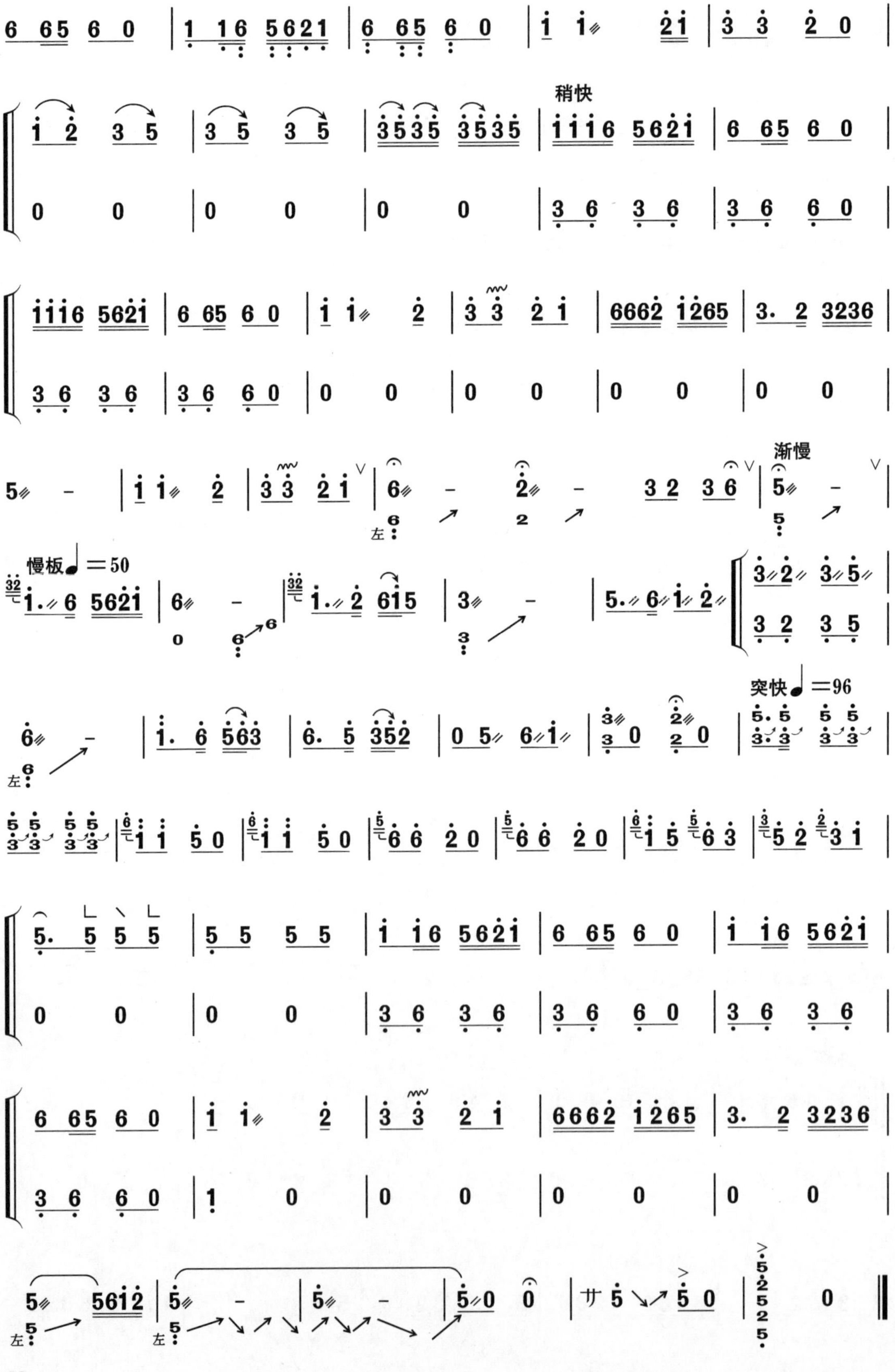
稍快
渐慢
慢板♩=50
突快♩=96
左
サ

旱天雷

广东音乐
严老烈曲
林 玲编订

都有一颗红亮的心

京剧《红灯记》选段

王刚强订谱

红 河 谷

加拿大民歌
李贤德编配

注：这是一首著名的加拿大民歌，歌词大意是叮咛即将远去的亲人不要忘记故乡的家园——红河村。曲中"4"和"7"的按音要准确、稳定。

洋娃娃和小熊跳舞

波兰民歌
王 蔚改编

注:"⩘"符号表示三指轮,弹奏顺序依次为:⌒⌒乚。

四级

演奏提示与要求：

1. 掌握琶音、分解和弦技法的正确弹奏要领，注意音色、音量、速度的统一，强调手指的独立性和重心转换以及重心转换时自然过渡的训练；摇指技法的练习应注意腕部的松弛、点的均匀以及音色的统一。

2. 加强各种节奏（大、小切分节奏以及含有三十二分音符的节奏等）和速度方面的练习。

3. 加强视奏能力的提高和训练，演奏上要有一定的音乐表现力。

渔 舟 唱 晚

娄树华曲
曹　正译谱

1＝D（或G）$\frac{4}{4}$

慢板

37

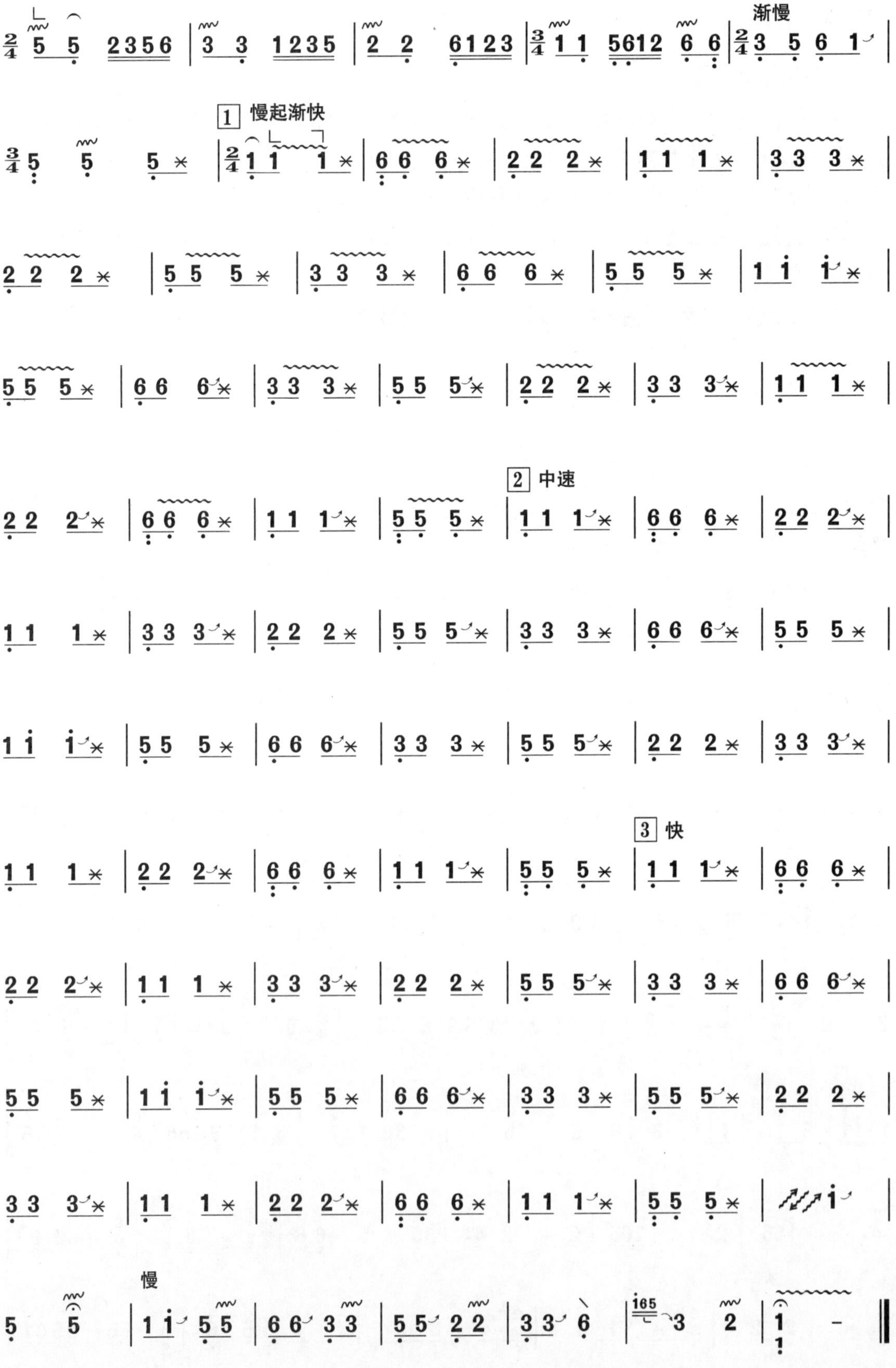
渐慢
1 慢起渐快
2 中速
3 快
慢

风摆翠竹

山东大板筝曲
张 为 昭传谱
何 宝 泉整理

1 = D 2/4

♩ = 84

小 飞 舞

1 = G

【快板"板头曲"】

欢快地 ♩ = 78

河 南筝曲
曹东扶订谱

注：乐曲描写群鸟的飞翔欢舞。情绪欢快，节奏富于跳跃性。曲中多处使用泛音，增添了轻松、诙谐的色彩。

反复时第三小节改奏：6 6 56 ；第八小节改奏：5. 556 5. 555 ；第十、十二小节第二拍改奏：2323 2222 ；第二十四、二十五小节改奏：6 6 | 6 6 56 | 。

倒 骑 驴

潮州民间乐曲
林 毛 根 演奏
何 宝 泉 记谱

1 = G (F) 或 D　2/4

♩ = 76

轻六调

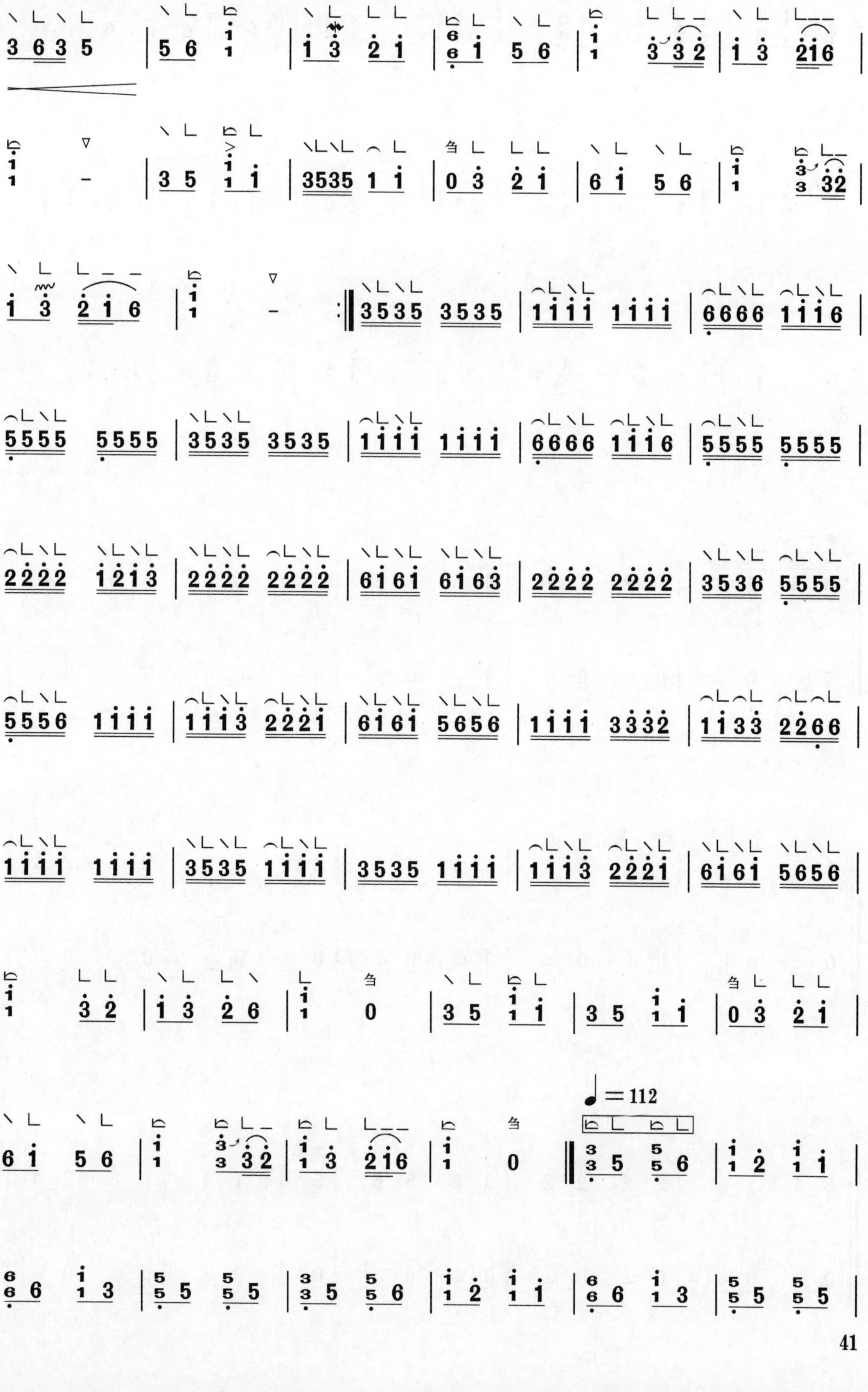
=112

$\dot{\underset{\cdot}{2}}\dot{2}$ $\underset{\cdot}{\dot{1}}\dot{3}$ | $\dot{\underset{\cdot}{2}}\dot{2}$ $\dot{\underset{\cdot}{2}}\dot{1}$ | $\underset{\cdot}{6}\dot{1}$ $\dot{1}\dot{3}$ | $\dot{\underset{\cdot}{2}}\dot{2}$ $\dot{\underset{\cdot}{2}}\dot{2}$ | $\underset{3}{3}6$ $\underset{5}{5}6$ | $\underset{5}{5}6$ $\dot{1}\dot{1}$ |

$\underset{1}{\dot{1}}\dot{3}$ $\dot{\underset{2}{2}}\dot{1}$ | $\underset{\cdot}{6}\dot{1}$ $\underset{5}{5}6$ | $\dot{1}\dot{1}$ $\underset{3}{3}\overset{\frown}{3\,2}$ | $\underset{1}{\dot{1}}\dot{3}$ $\dot{\underset{2}{2}}6$ | $\dot{1}\dot{1}$ $\dot{1}\dot{1}$ | $\underset{3}{3}5$ $\dot{1}\dot{1}$ |

$\underset{3}{3}5$ $\dot{1}\dot{1}$ | $\underset{1}{\dot{1}}\dot{3}$ $\dot{\underset{2}{2}}\dot{1}$ | $\underset{\cdot}{6}\dot{1}$ $\underset{5}{5}6$ | $\dot{1}\dot{1}$ $\underset{3}{3}\overset{\frown}{3\,2}$ | $\underset{1}{\dot{1}}\dot{3}$ $\dot{\underset{2}{2}}6$ | $\dot{\underset{1}{1}}$ — |

♩ = 116

‖: $\underset{3}{3}5$ $\underset{5}{5}6$ | $1\dot{2}$ $1\dot{1}$ | $\underset{6}{6}6$ 13 | $\underset{5}{5}5$ $\underset{5}{5}5$ | $\underset{3}{3}5$ $\underset{5}{5}6$ |

‖: $0\,\llcorner$ $0\,\llcorner$ | $0\,\llcorner$ $0\,\llcorner$ | $0\,\llcorner$ $0\,\llcorner$ | $0\,\llcorner$ $0\,\llcorner$ | $0\,\llcorner$ $0\,\llcorner$ |

$1\dot{2}$ $1\dot{1}$ | $\underset{6}{6}6$ 13 | $\underset{5}{5}5$ $\underset{5}{5}5$ | $\dot{\underset{2}{2}}\dot{2}$ 13 | $\dot{\underset{2}{2}}\dot{2}$ $\dot{2}\dot{1}$ |

$0\,\llcorner$ $0\,\llcorner$ | $0\,\llcorner$ $0\,\llcorner$ | $0\,\llcorner$ $0\,\llcorner$ | $0\,\llcorner$ $0\,\llcorner$ | $0\,\llcorner$ $0\,\llcorner$ |

渐快

$\underset{6}{6}\dot{1}$ $1\dot{3}$ | $\dot{\underset{2}{2}}\dot{2}$ $\dot{2}\dot{2}$ | $\underset{3}{3}6$ $\underset{5}{5}5$ | $\underset{5}{5}6$ $1\dot{1}$ | $1\dot{3}$ $\dot{2}\dot{1}$ |

$0\,\llcorner$ $0\,\llcorner$ | $0\,\llcorner$ $0\,\llcorner$ | $0\,\llcorner$ $0\,\llcorner$ | $0\,\llcorner$ $0\,\llcorner$ | $0\,\llcorner$ $0\,\llcorner$ |

注：这是一首潮州"反线调"的传统筝曲。它以逸畅谐趣的情绪表现了民间传说"张果老倒骑驴"的形象。乐曲后半部分的伴奏用左手模仿木鱼打击乐的音响，并反复在后半拍出现更体现了乐曲的诙谐情趣。

曲中指法符号"﹄"是指左手食指按住最高音弦的琴马左侧，大指用"托指"技法弹弦以求得打击乐的节奏音响效果。"彐"是指右手弹弦后，右手弹弦指或用左手迅速捂住发音的弦，将音刹住。

锦 上 花

潮州民间乐曲
何宝泉演奏谱

妆台秋思

古　曲

郭雪君移订

1 = C（或 D）$\frac{2}{4}$

♩ = 56　中慢

mf

（靠近琴马弦位上弹奏）

p

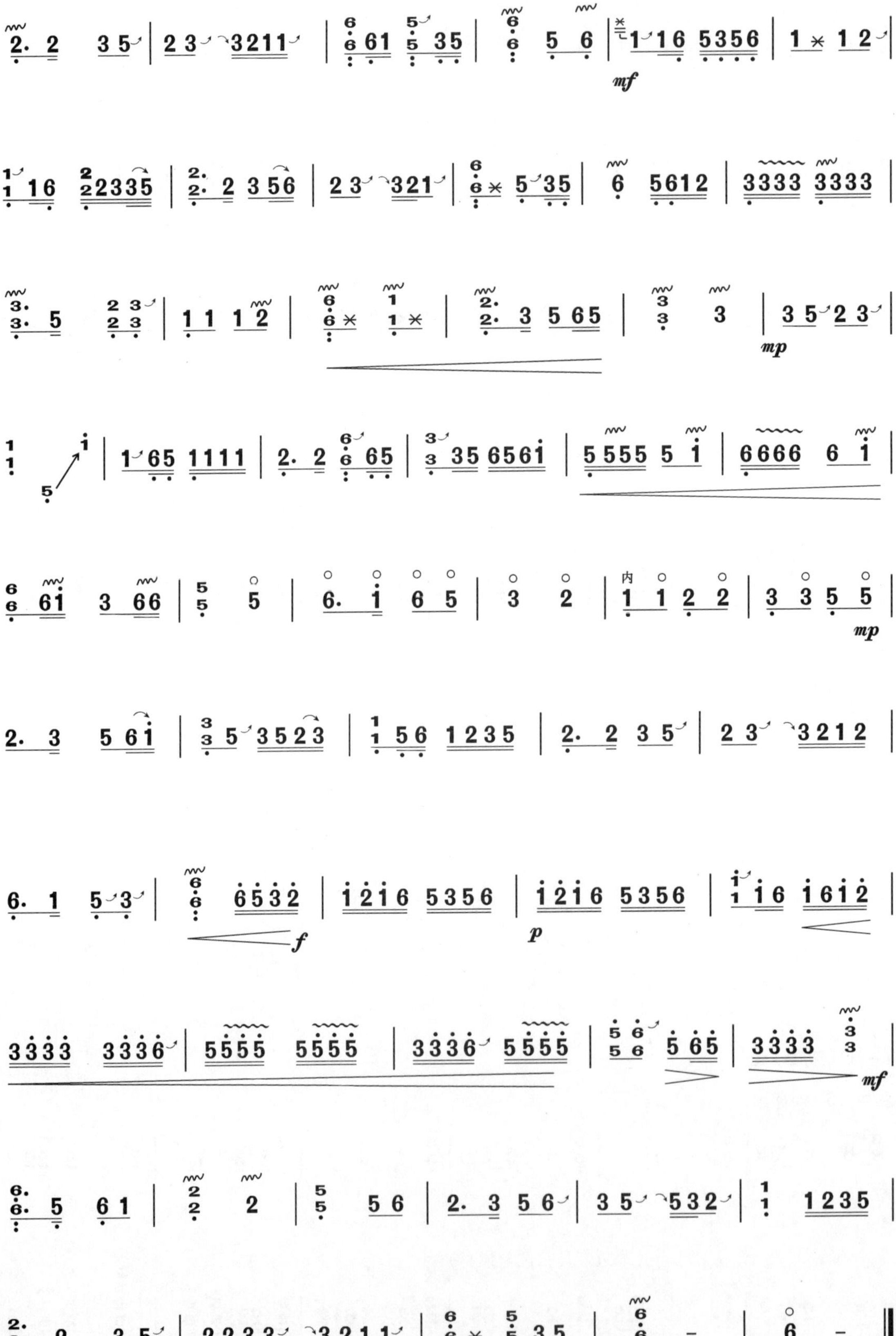

浏 阳 河

湖 南 民 歌

唐璧光编曲

张 燕改编

47

48

延边之歌

金 凤 浩曲
浦奇璋、王昌元改编

1=G 4/4

渐慢

p

渐慢

50

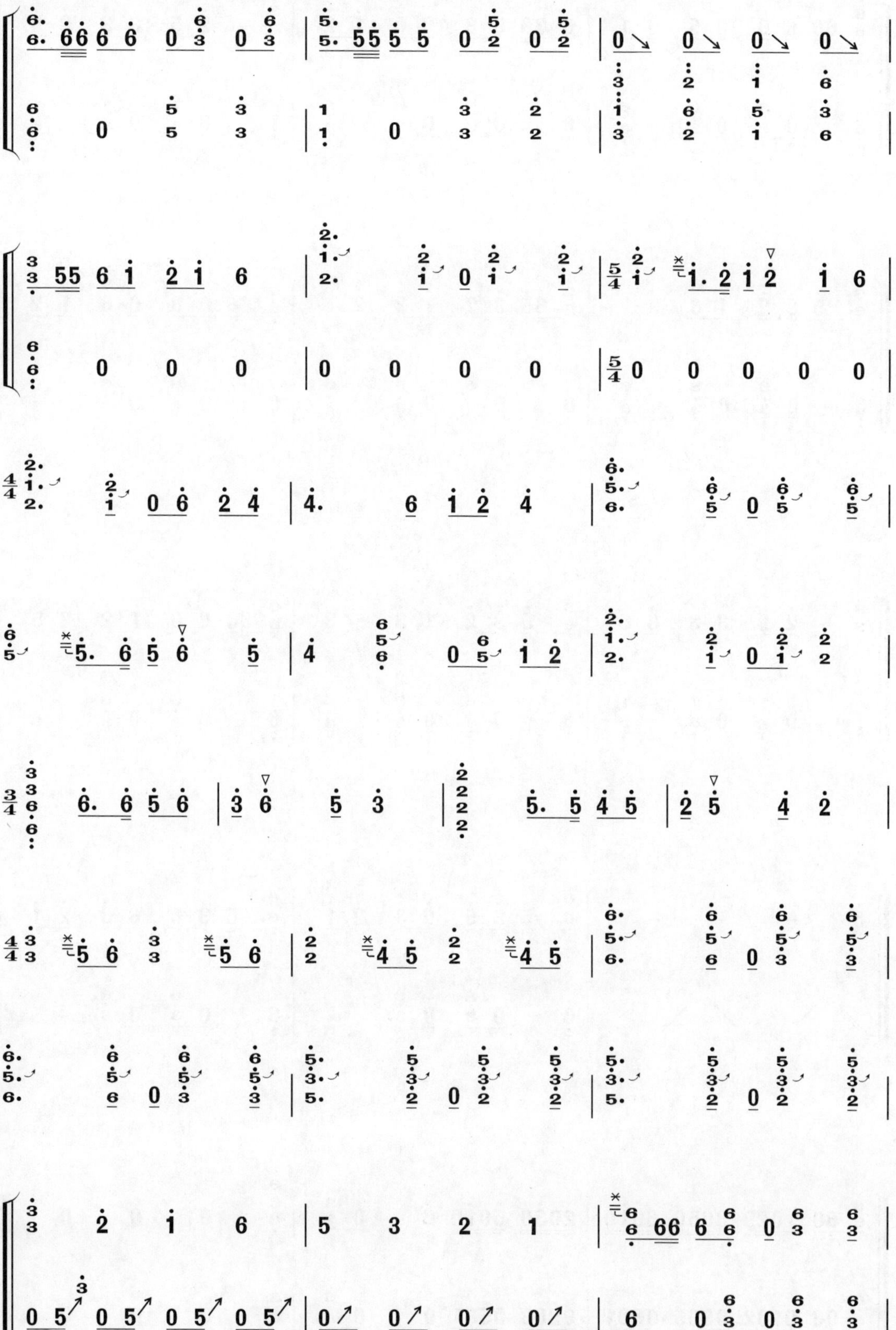

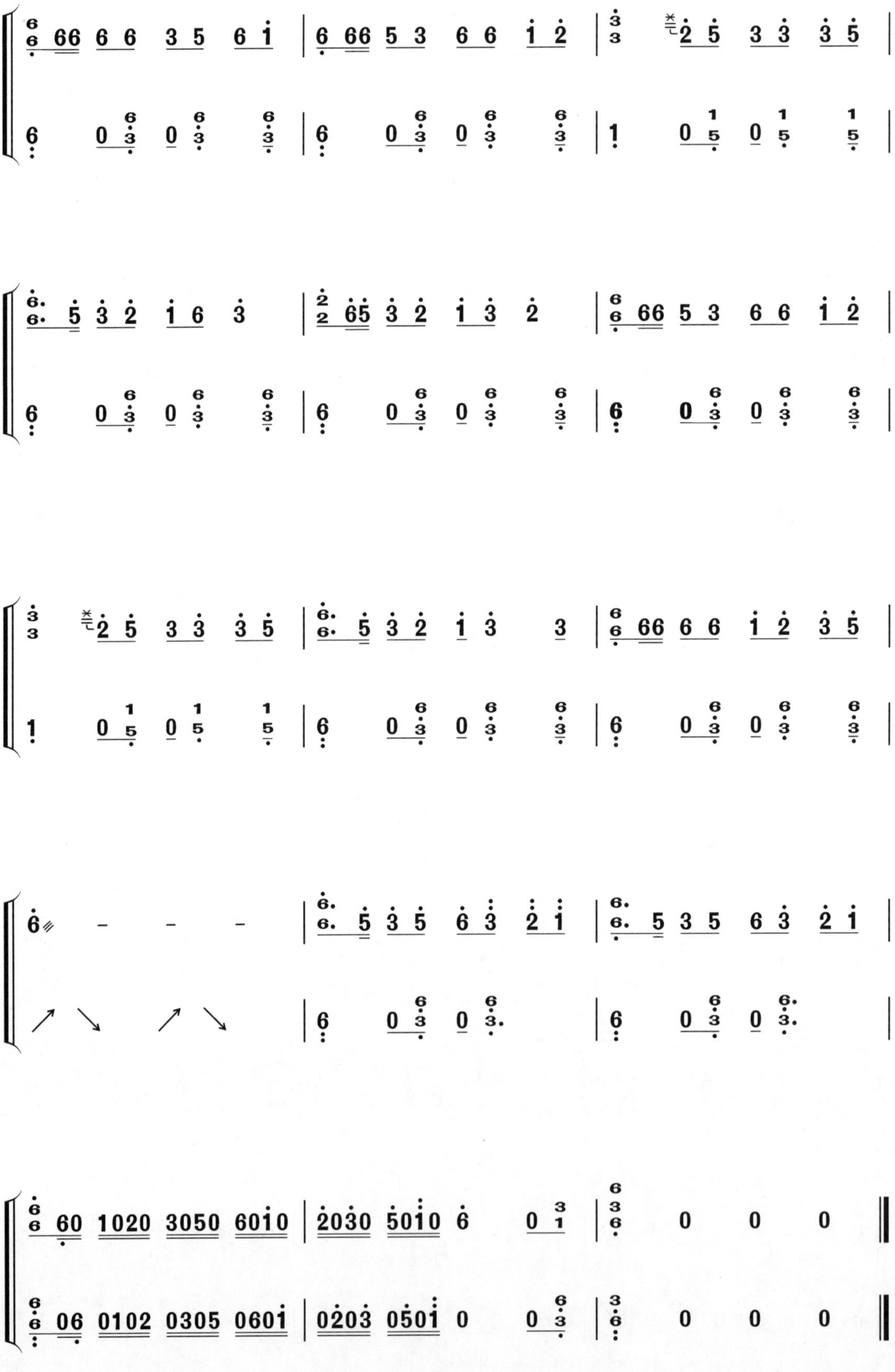

春 苗

【二】快板　较快、活泼地

54

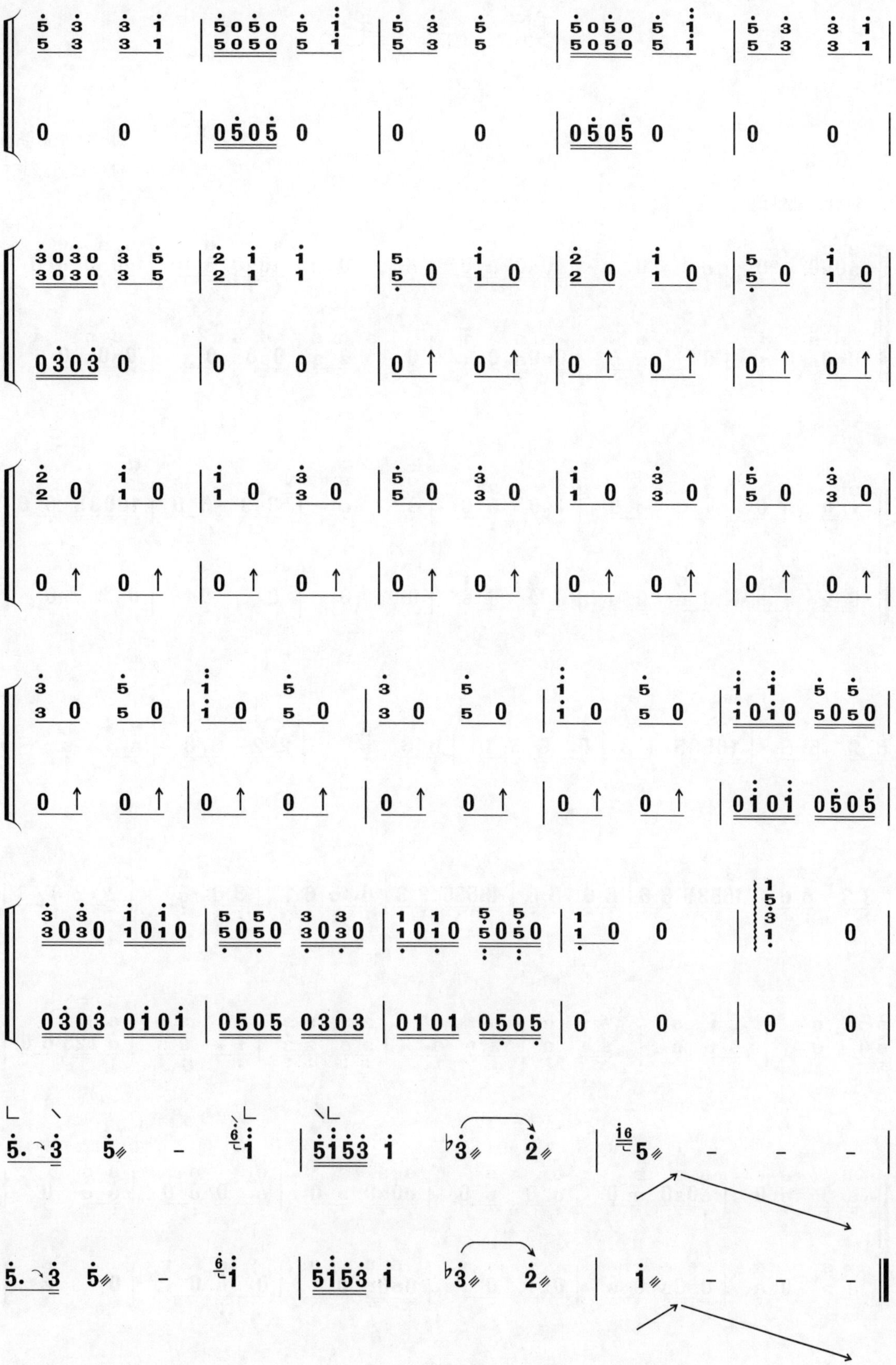

剪 羊 毛

莫尔吉胡编曲

娜仁格日勒编订

1＝G 2/4

欢快 热情地

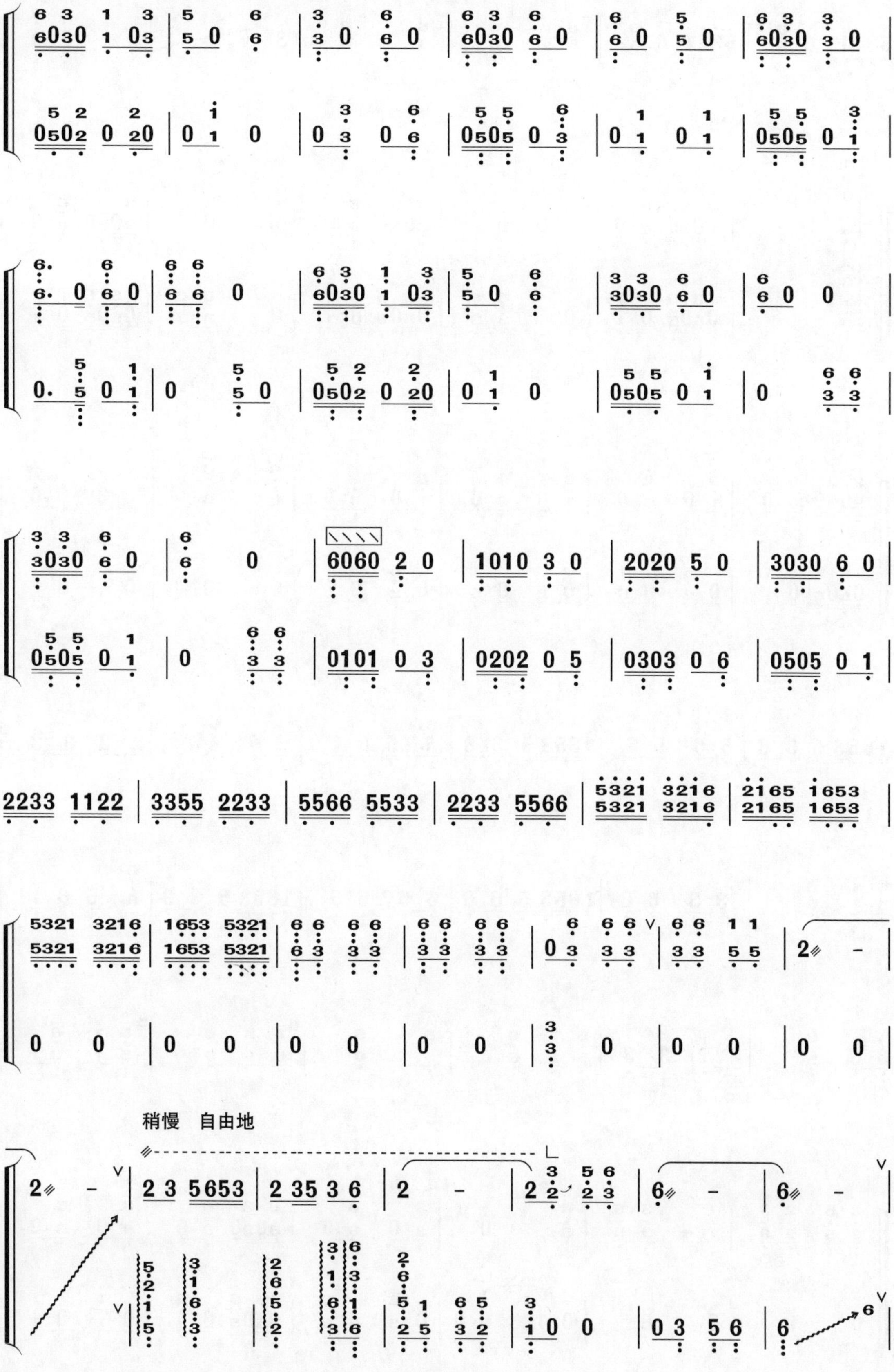
稍慢　自由地

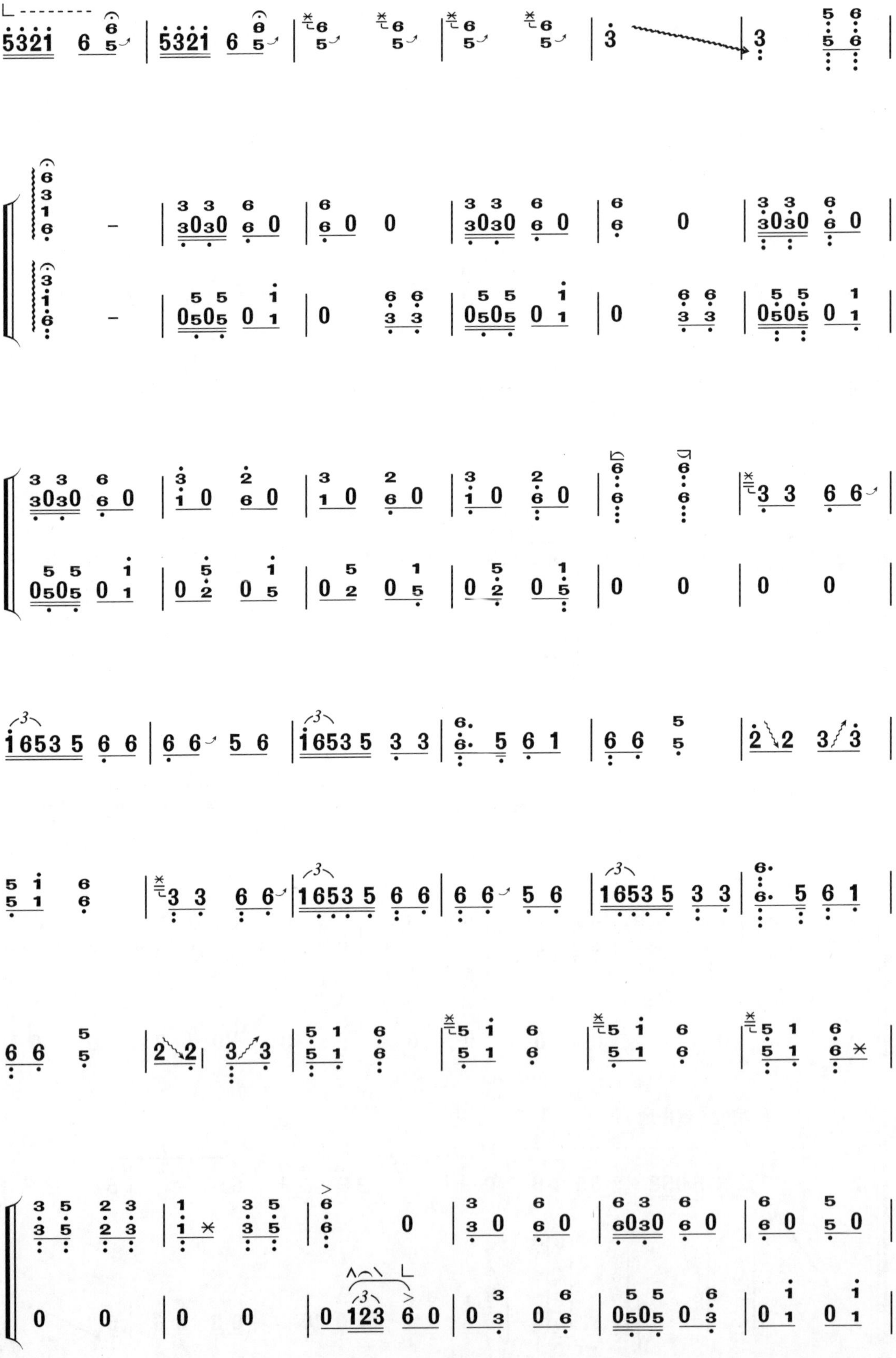

注：此曲生动表现了草原上每年春秋两季进行的剪羊毛劳动场面。

59

八月桂花遍地开

鄂豫赣民歌
王霁初编曲
李　萌改编

注：伴奏的音型节奏要准确、流畅，同时要避免指甲杂音。

渔 光 曲

任　光曲
金振瑶改编

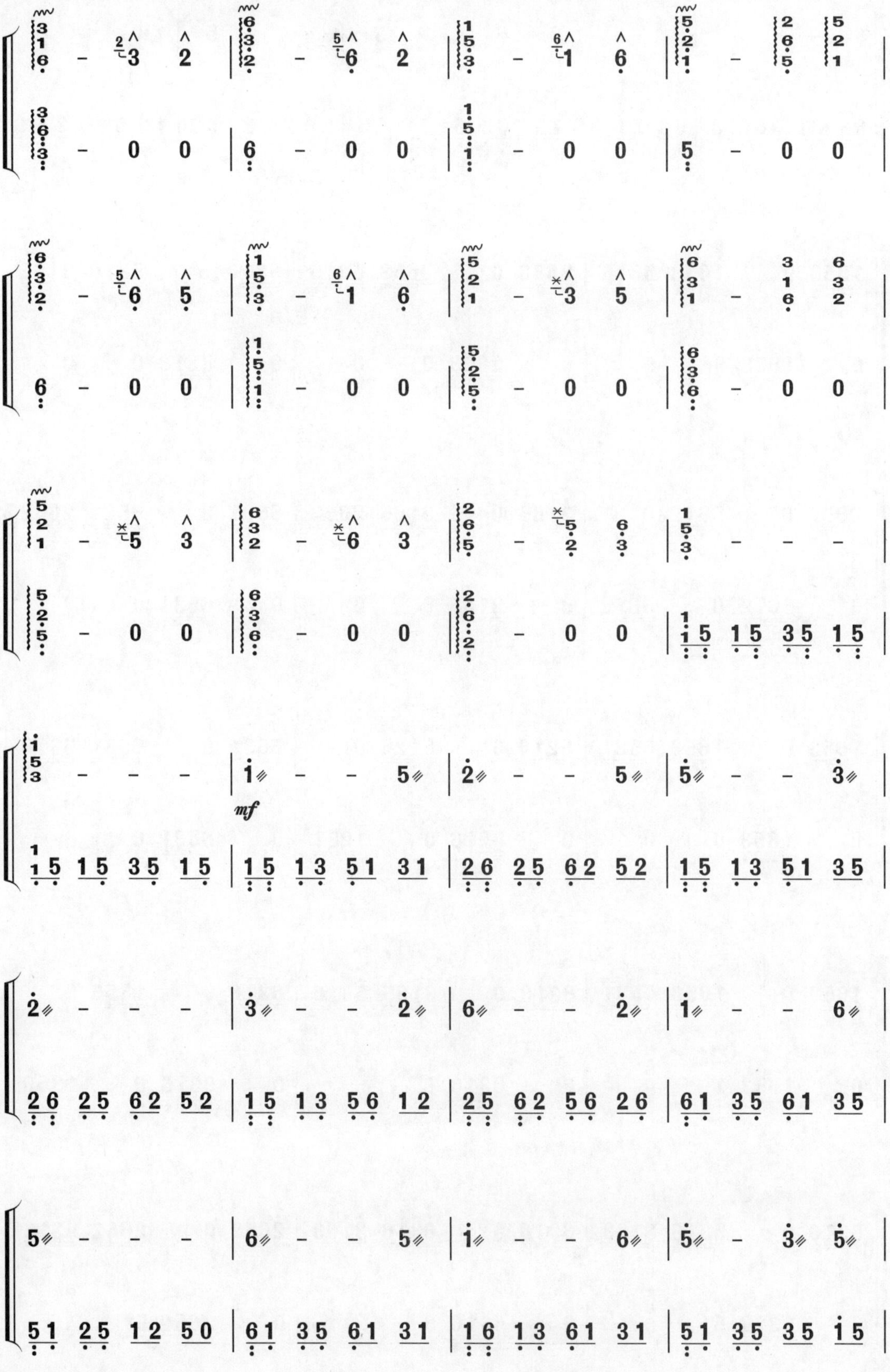
mf

6̇ - - - | 5̇ - - 3̇ | 6̇ - - 3̇ | 2̇ - - 5̇ | 1̇ - - - |

63 61 36 13 | 53 51 35 15 | 63 61 36 16 | 26 25 62 52 | 13 56 13 56 |

1̇653 0 1̇653 5316 | 2̇653 0 2̇653 5215 | 5̇316 0 5̇316 3̇165 |

0 1653 0 0 | 0 2653 0 0 | 0 5316 0 0 |

2̇652 0 5612 0 | 3̇165 0 3̇165 2̇652 | 6531 0 6531 2̇652 |

0 5612 0 561̇2 | 0 3165 0 0 | 0 6531 0 0 |

1̇653 0 1̇653 6531 | 5216 0 5125 0 | 6531 0 6531 5316 |

0 1653 0 0 | 0 5216 0 1251̇ | 0 6531 6 6̇53 |

1̇653 0 1̇653 6531 | 5̇316 0 3̇165 5̇316 | 6̇316 0 1356 0 |

0 1653 1 6̇53 | 0 5316 1̇ 3̇15 | 0 6316 0 1356 |

5̇316 0 5̇316 3̇163 | 6̇316 0 6̇316 3̇163 | 2̇652 0 2̇652 5̇316 |

0 5316 5 1̇65 | 0 6316 6 1̇63 | 0 2652 5 6̇53 |

64

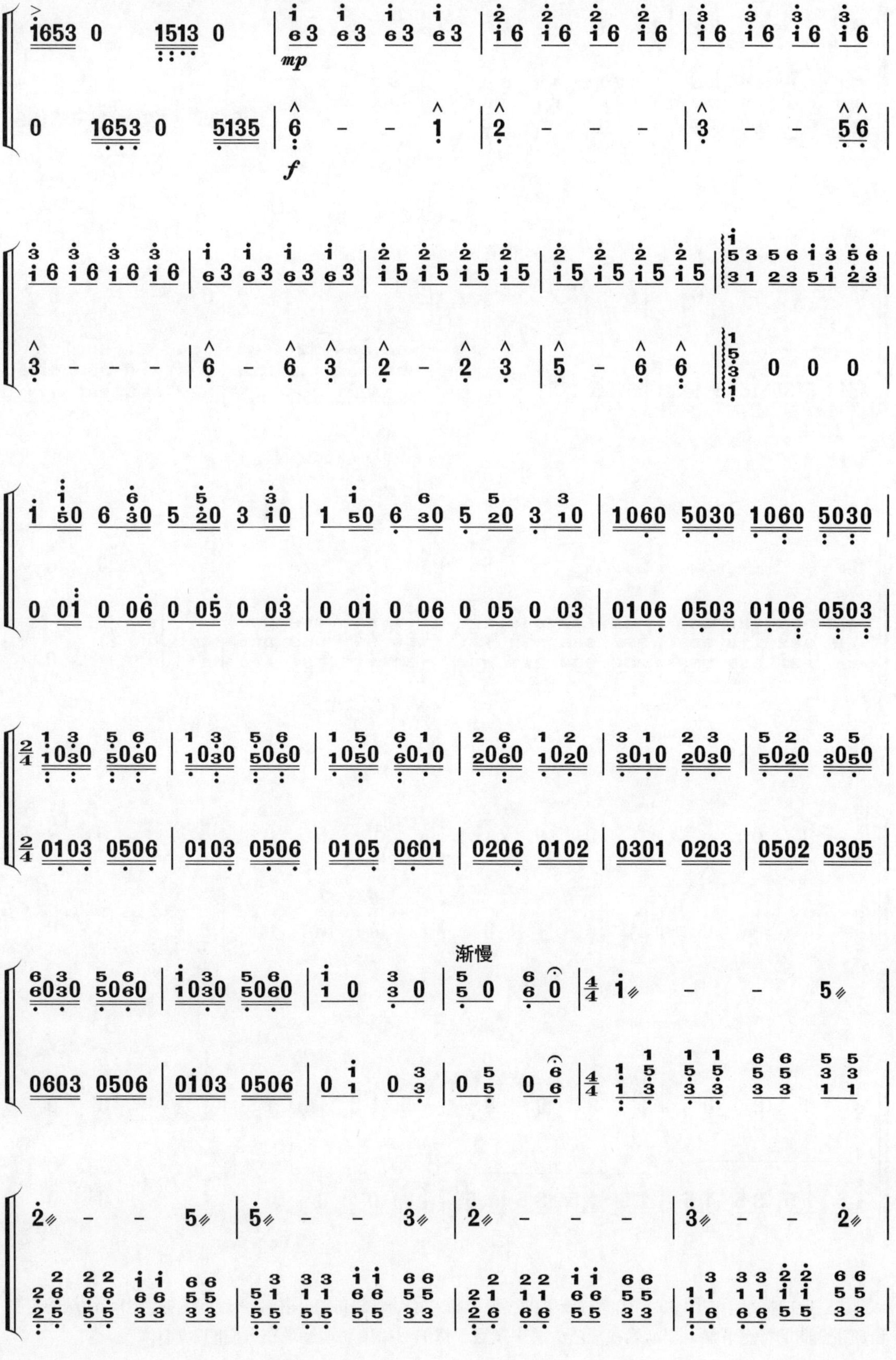
mp
f
渐慢

注：此曲描绘了中国30年代渔村破落的凄凉景象。柔婉惆怅的音乐中饱含着渔民的血泪；徐缓的速度和贯穿全曲的特定节奏，把渔船在茫茫大海中颠簸起伏的形象生动地展现在人们的眼前。

第五级（中级）

演奏提示及要求：

1. 进一步提高基本功，同时加强摇指演奏的歌唱性、快四点演奏的速度、左右手分指弹奏的独立性及各种组合指法弹奏的熟练程度等技术方面的训练。

2. 演奏传统乐曲，应初步掌握各流派风格、指法、演奏的特点；演奏创作或改编乐曲，应注意两手配合的协调性及音色、音量的平衡。

3. 乐曲演奏时必须按乐谱所提示的速度、力度、音色变化及情绪要求去做，并强调演奏的完整性及音乐的表现力。

高 山 流 水

浙 江 筝 曲

王 巽 之 传谱

王 蔚 演奏谱

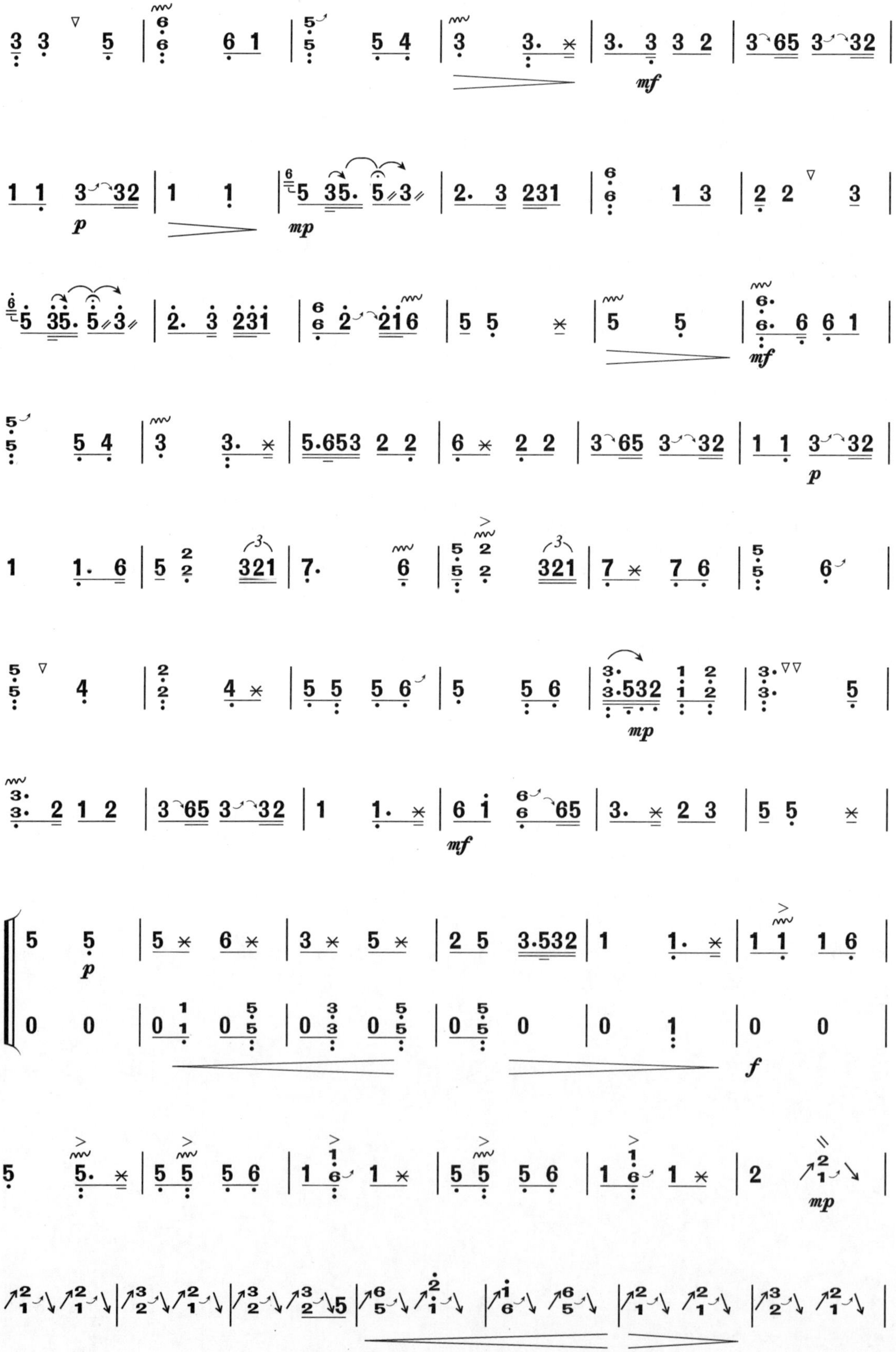

注：此曲为浙江筝的著名乐曲之一。全曲分"高山"和"流水"两大部分。前半部分运用相隔两个八度带按滑的"大撮"和浑厚而优美的音色来描绘高山的雄伟气势。演奏者可根据个人手的条件，用中指或无名指演奏其中的低音，另两个高音则用大指的连托指法演奏。后半部分在按滑的同时，用大量连续上下行的刮奏手法，表现了流水的不同形态：细流涓涓，滔滔流水，奔腾澎湃，滚滚而来，有身临其境、耳闻其声之感，十分形象。

河 南 八 板

河南筝曲
曹　正订谱

1=D（或1=G） $\frac{2}{4}$

69

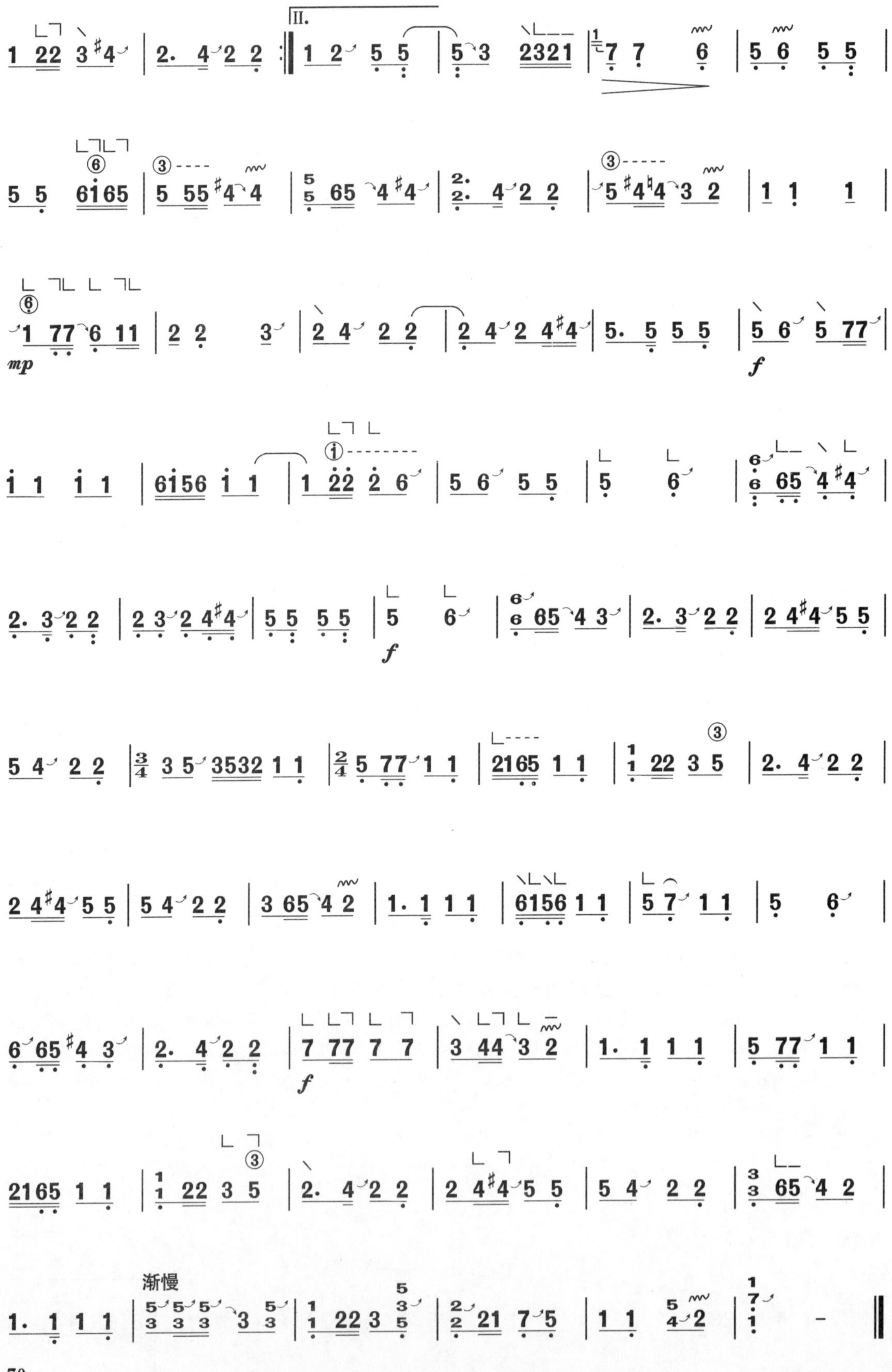
渐慢

莺啭黄鹂

山东大板筝曲
张 为 昭传谱
何 宝 泉整理

1=D 2/4
♩=84

注：该曲由母曲《老八板》加花变奏而成，结构为六十八拍，主要表现莺与黄鹂在林中鸣唱啼啭、自由飞翔的快乐情趣。演奏采用先劈后托的指序，着重练习劈指技法的力度运用。

秋 思 曲

潮州筝曲
郭 鹰传谱

1=G 4/4

感慨地 慢板 ♩=52

mp

mf

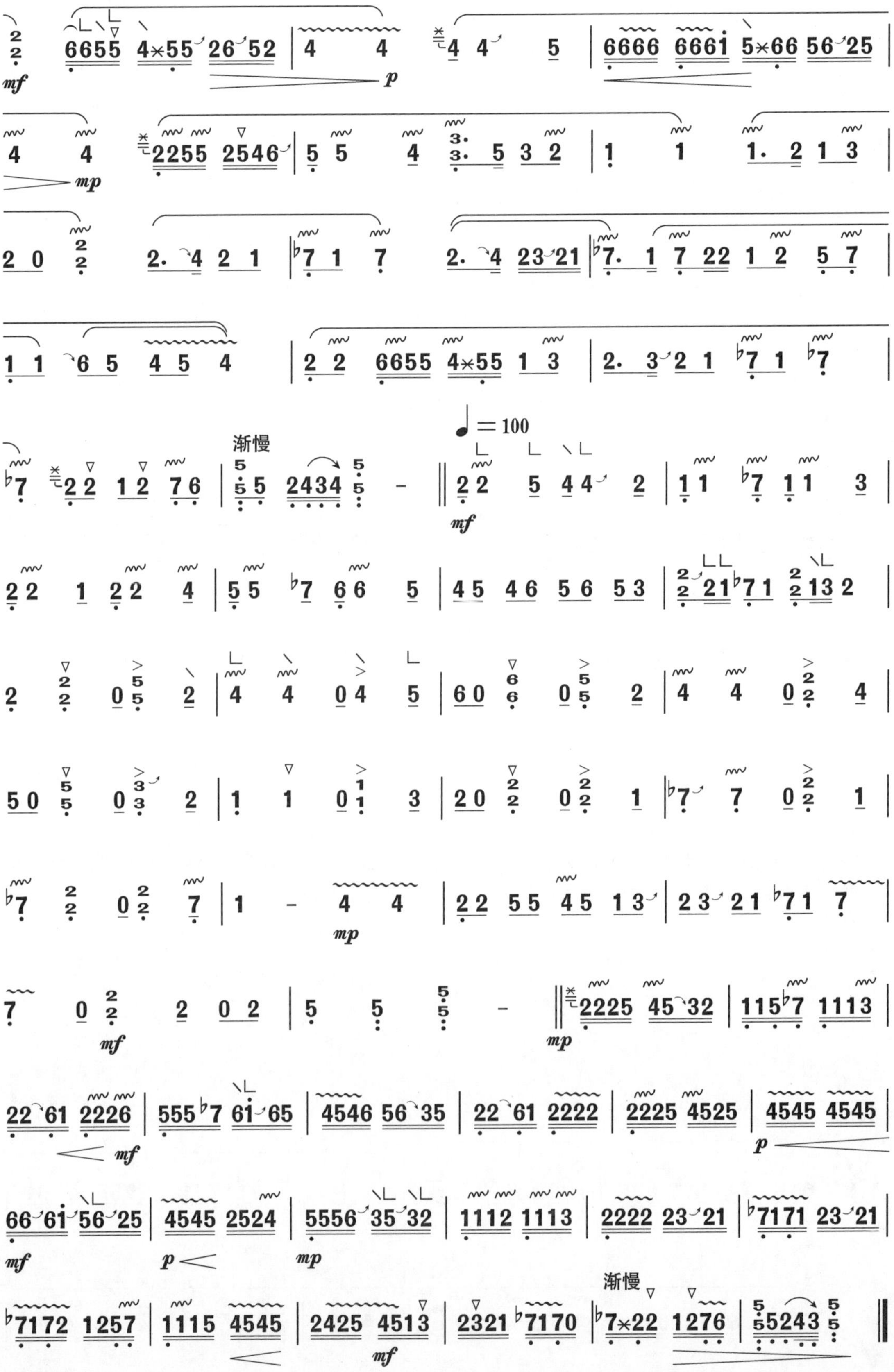
渐慢
= 100
渐慢

昭君怨

中州古曲
罗九香传谱
何宝泉整理

小 霓 裳 曲

浙江民间乐曲
王 巽 之传谱
王 昌 元整理

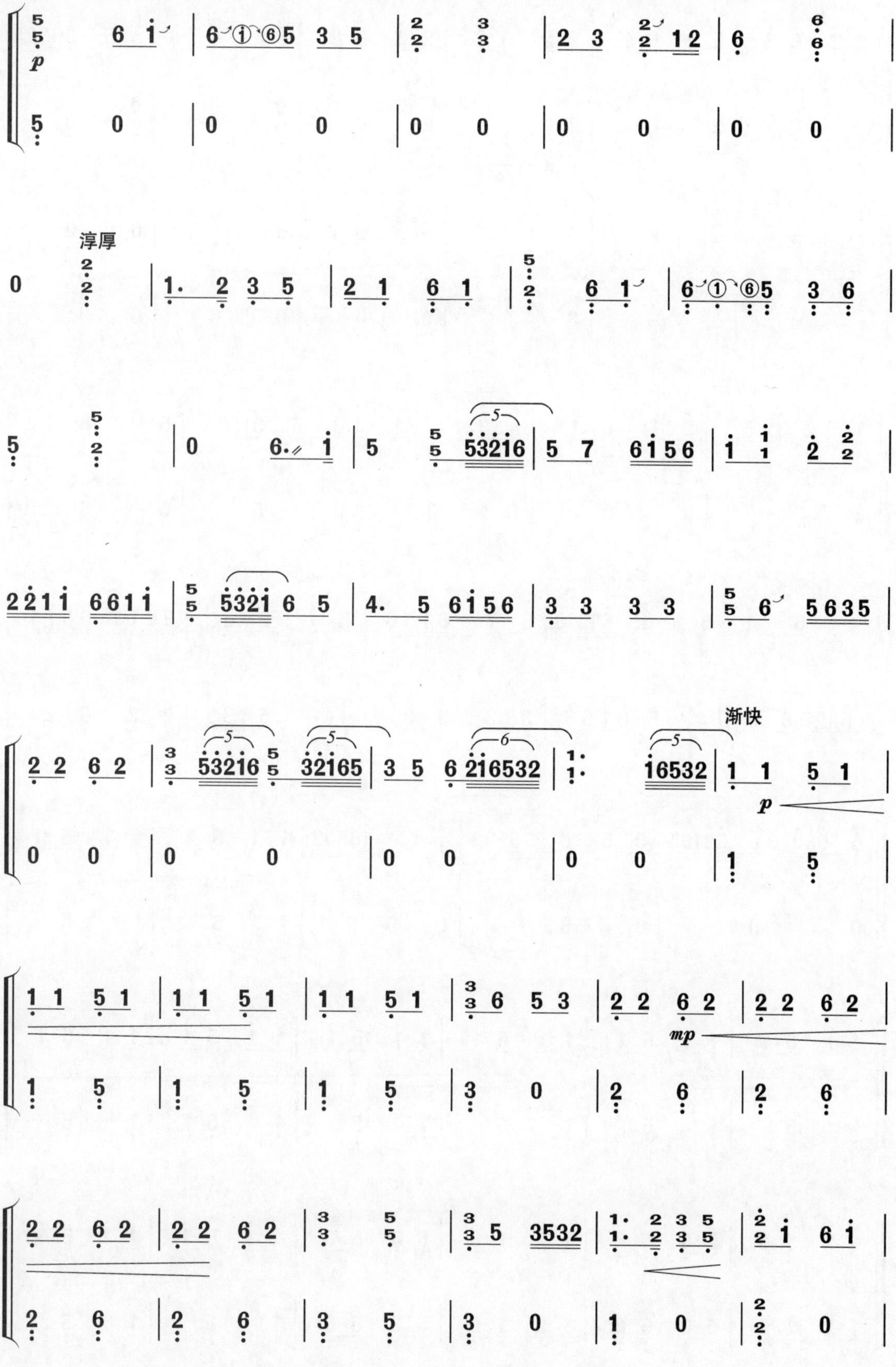
淳厚
渐快

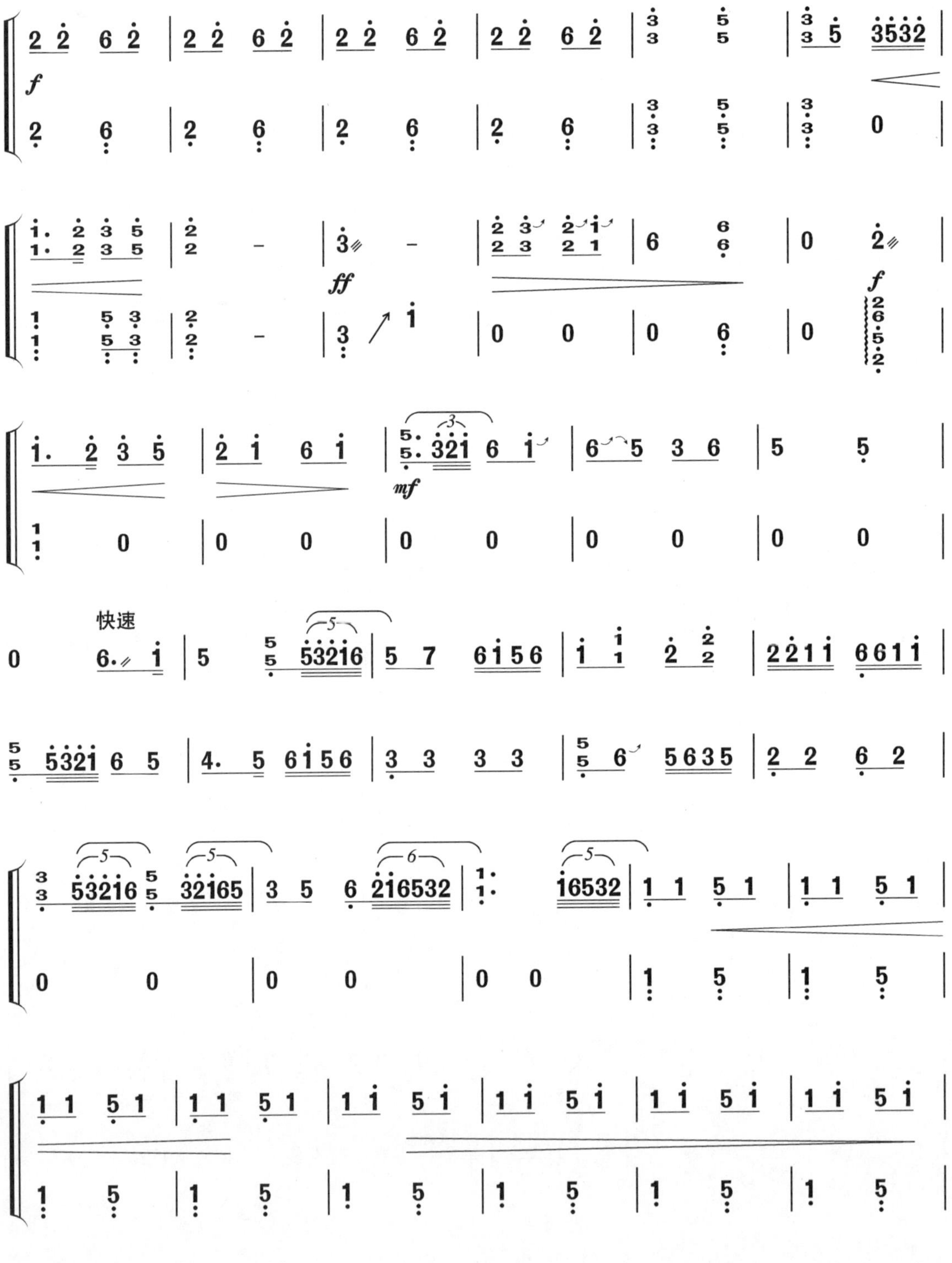
快速

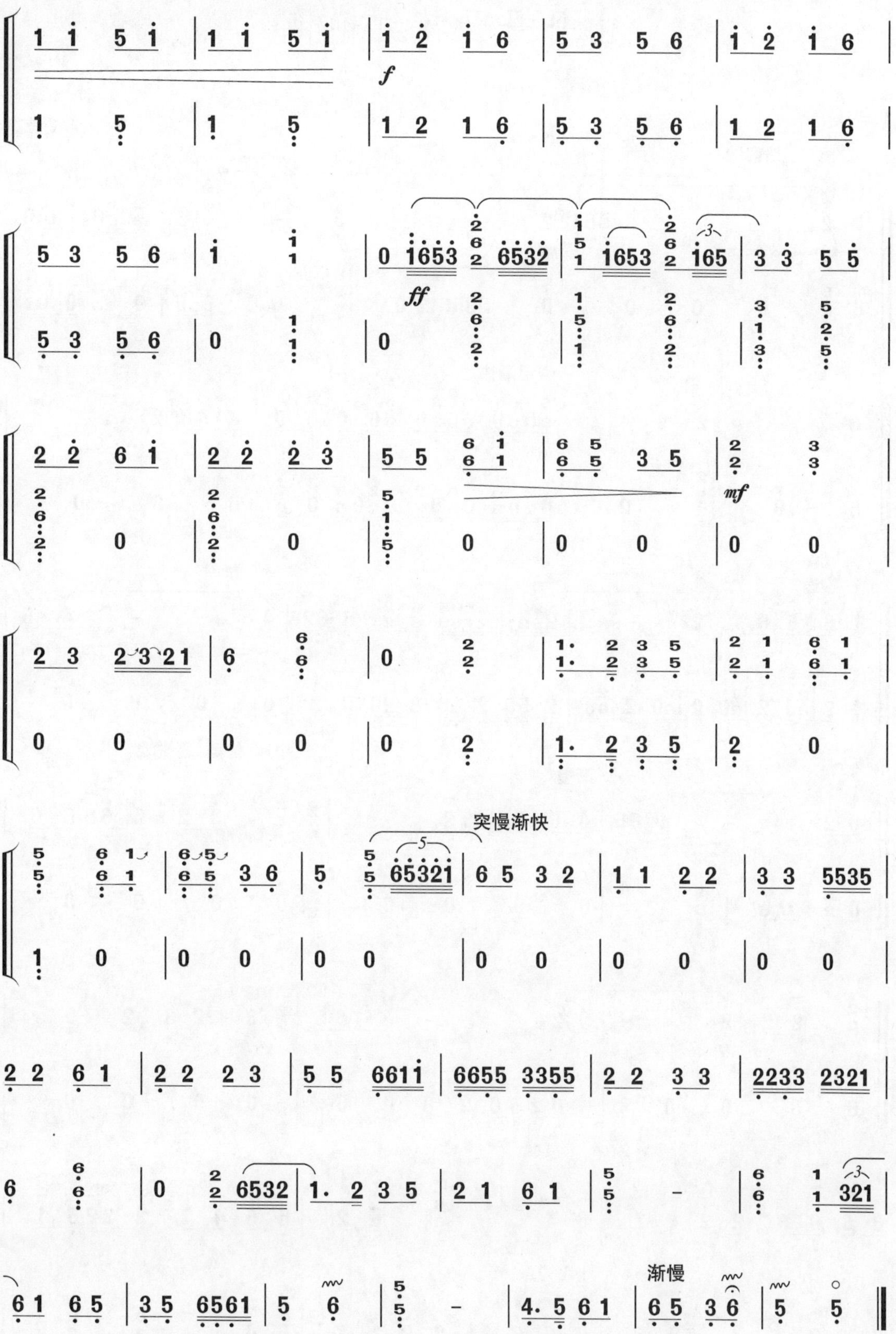
突慢渐快
渐慢

山丹丹开花红艳艳

陕北民歌
刘 烽编曲
焦金海改编

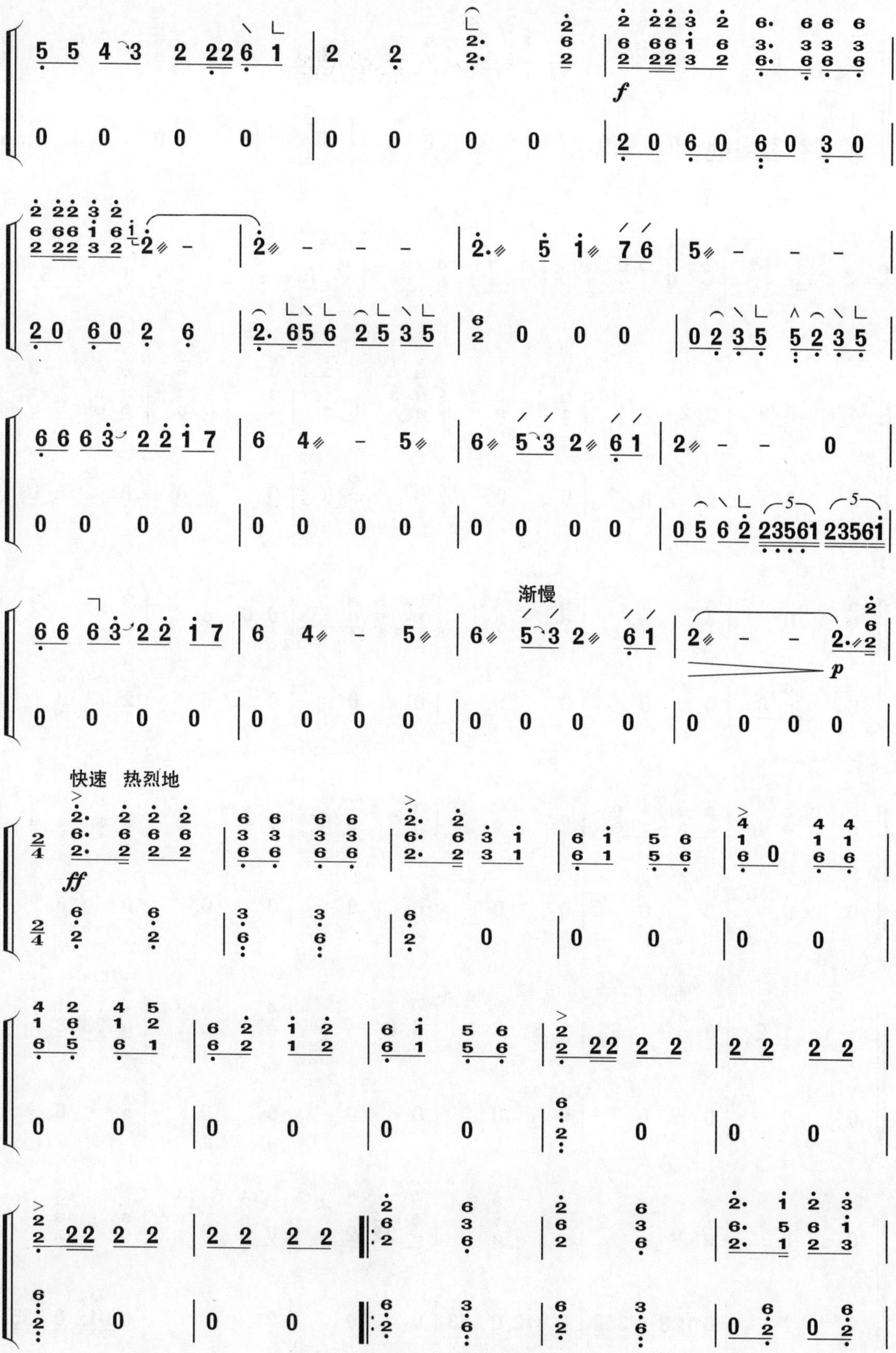
渐慢
快速 热烈地

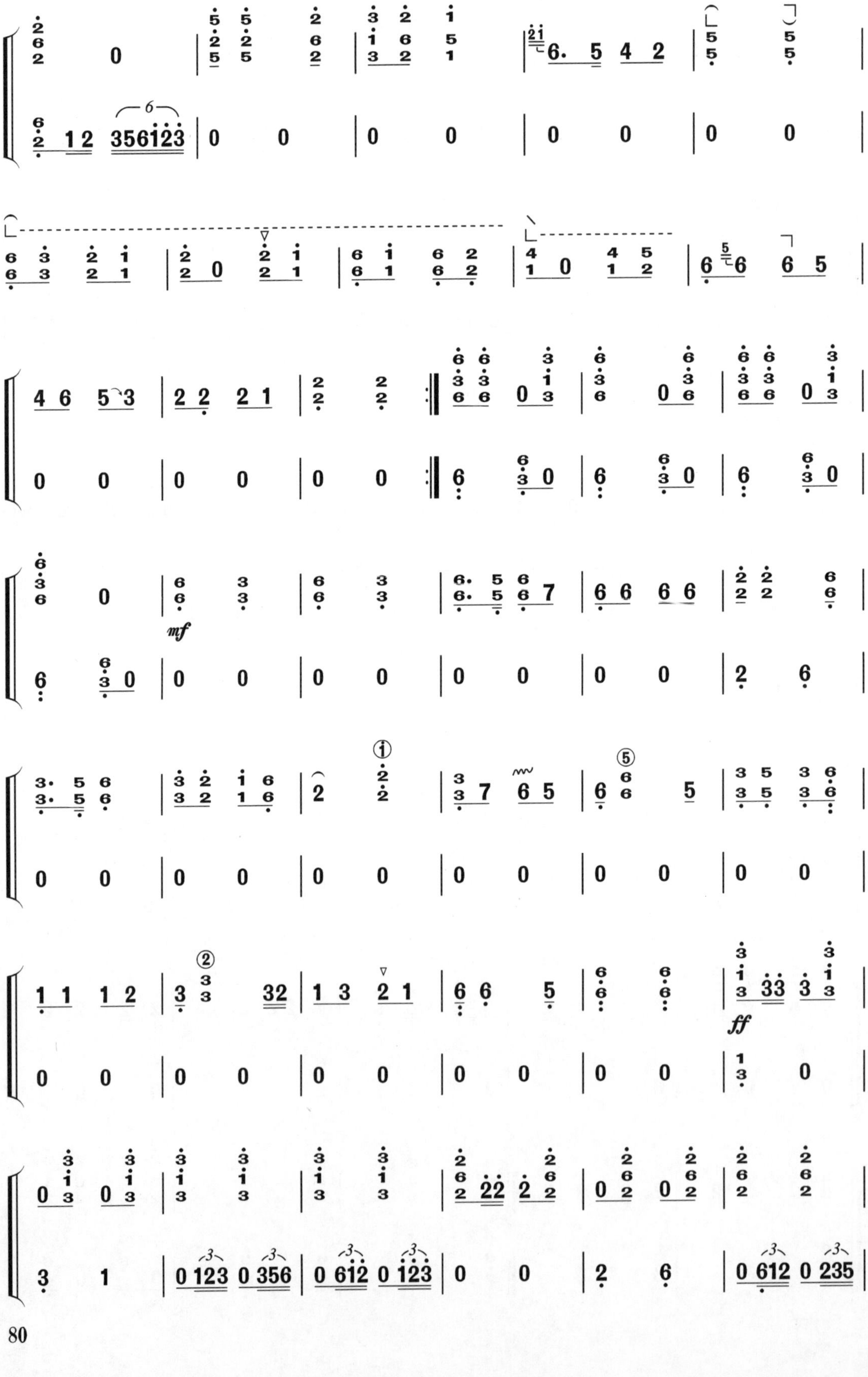
mf
ff

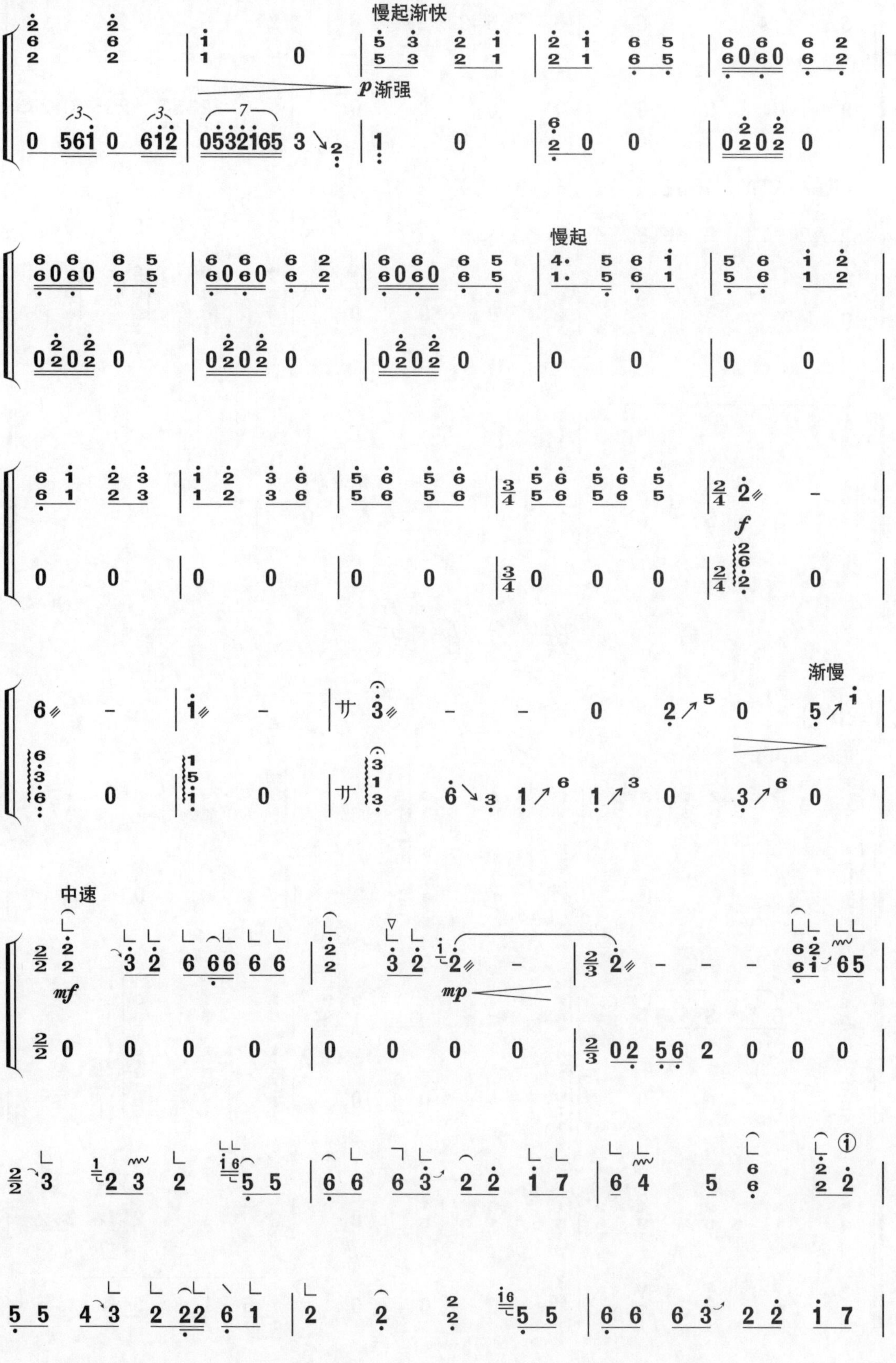
慢起渐快
p渐强
慢起
f
渐慢
中速
mf
mp

故乡的亲人

美 国 民 歌
朱晓谷改编

1＝D 4/4

中板 优美地

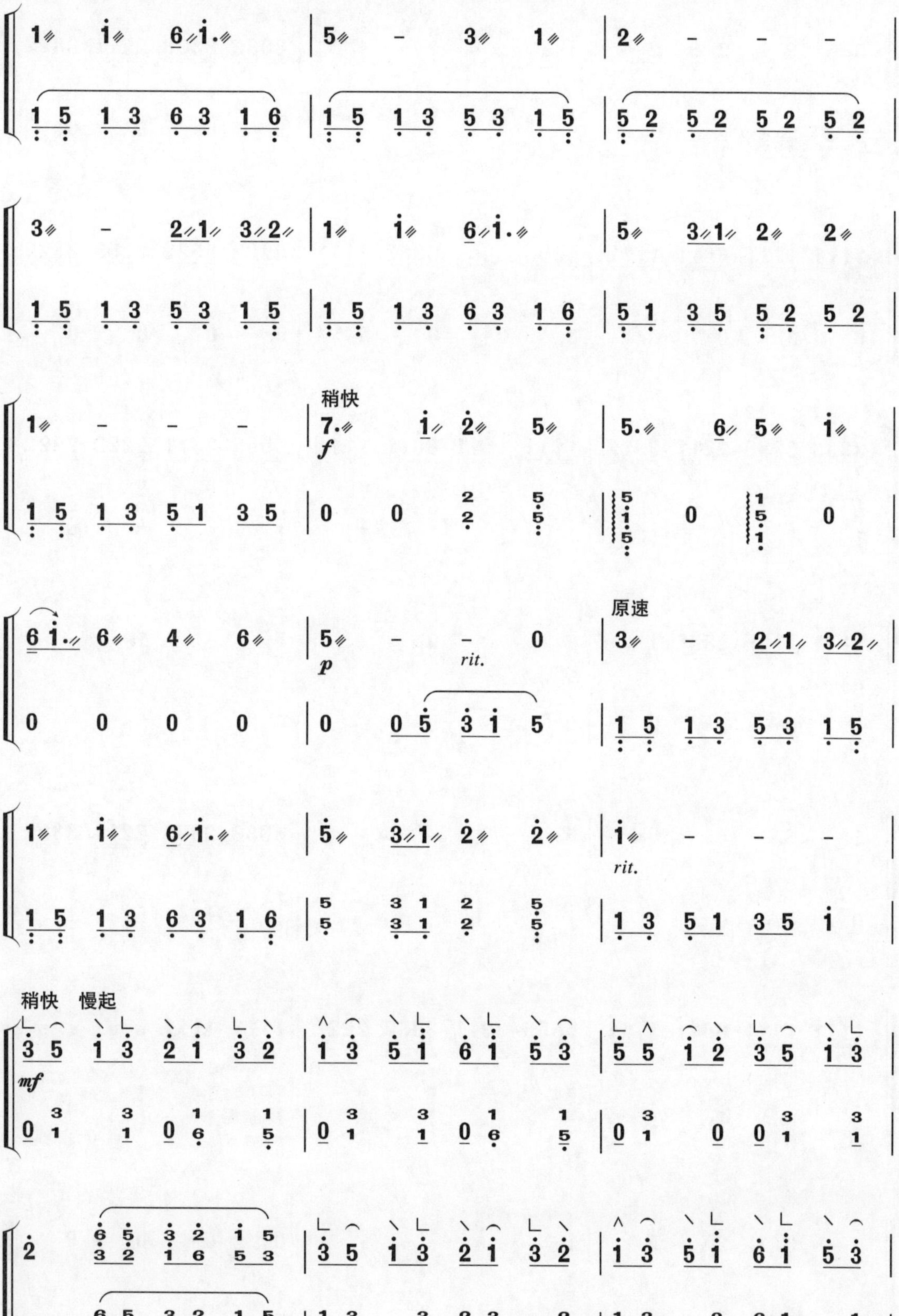
稍快
f
p
rit.
原速
rit.
稍快 慢起
mf

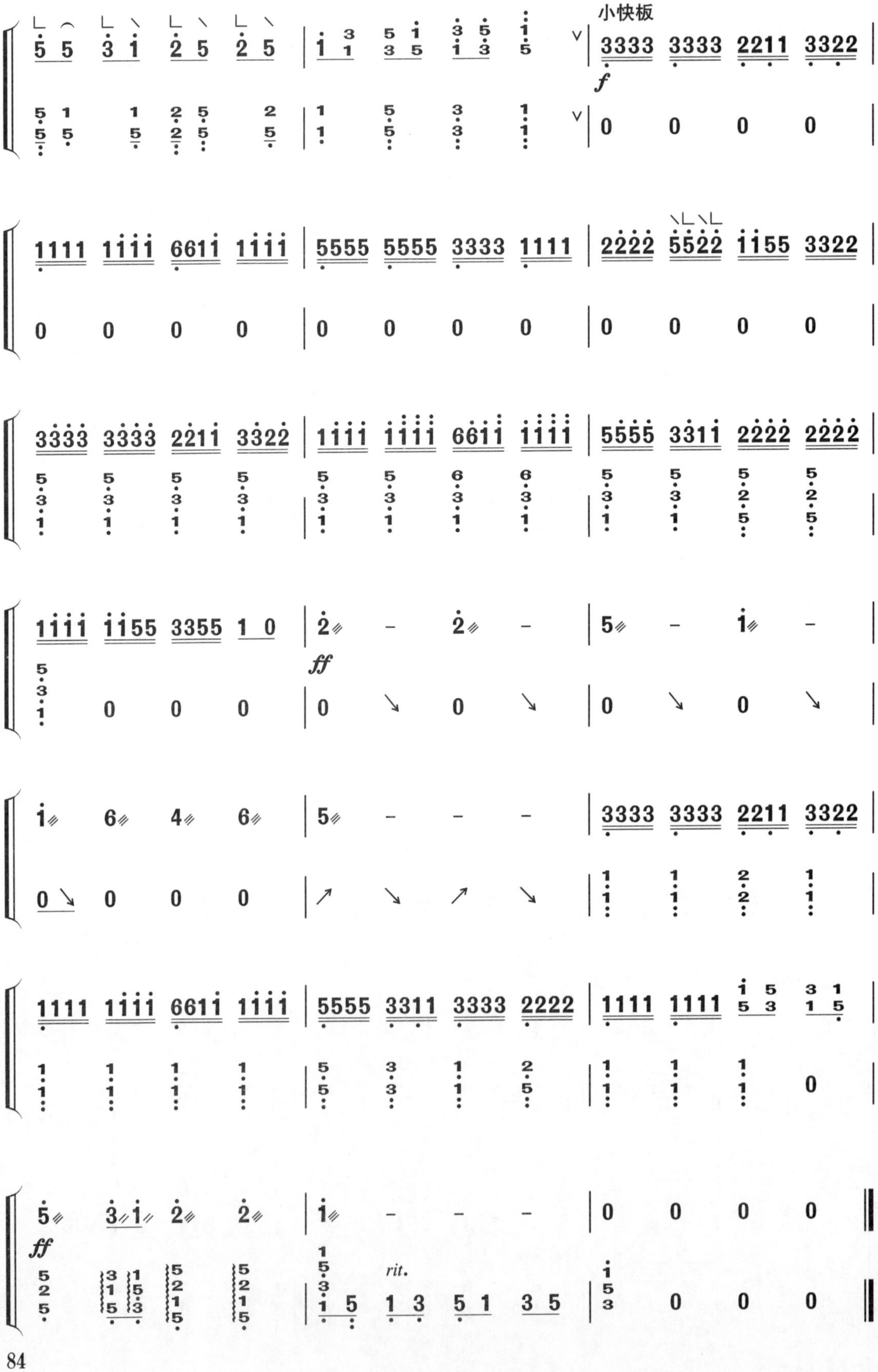
小快板
f
ff
ff
rit.

采蘑菇的小姑娘

谷建芬曲
马圣龙改编

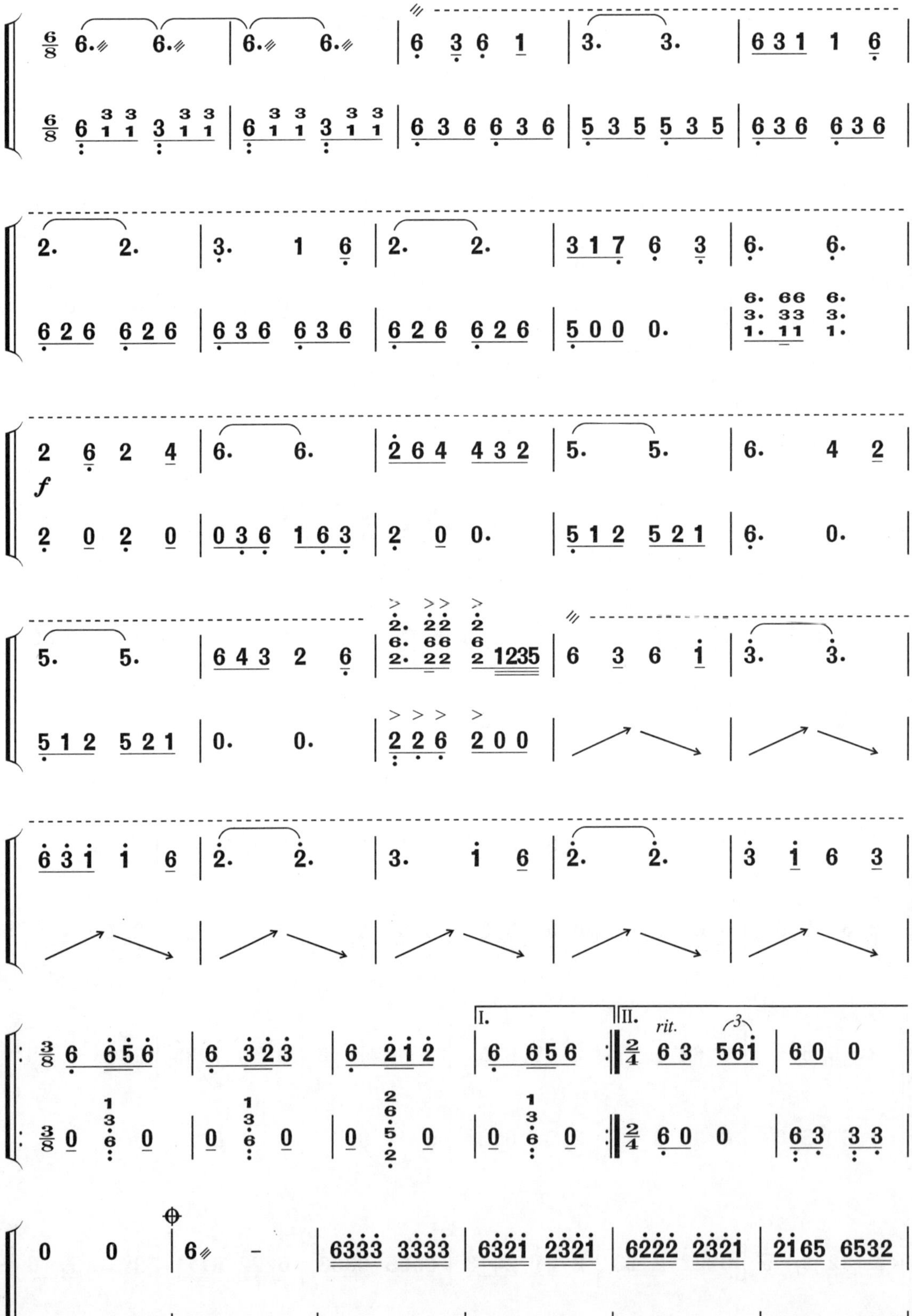
f
rit.
D.S.

香山射鼓

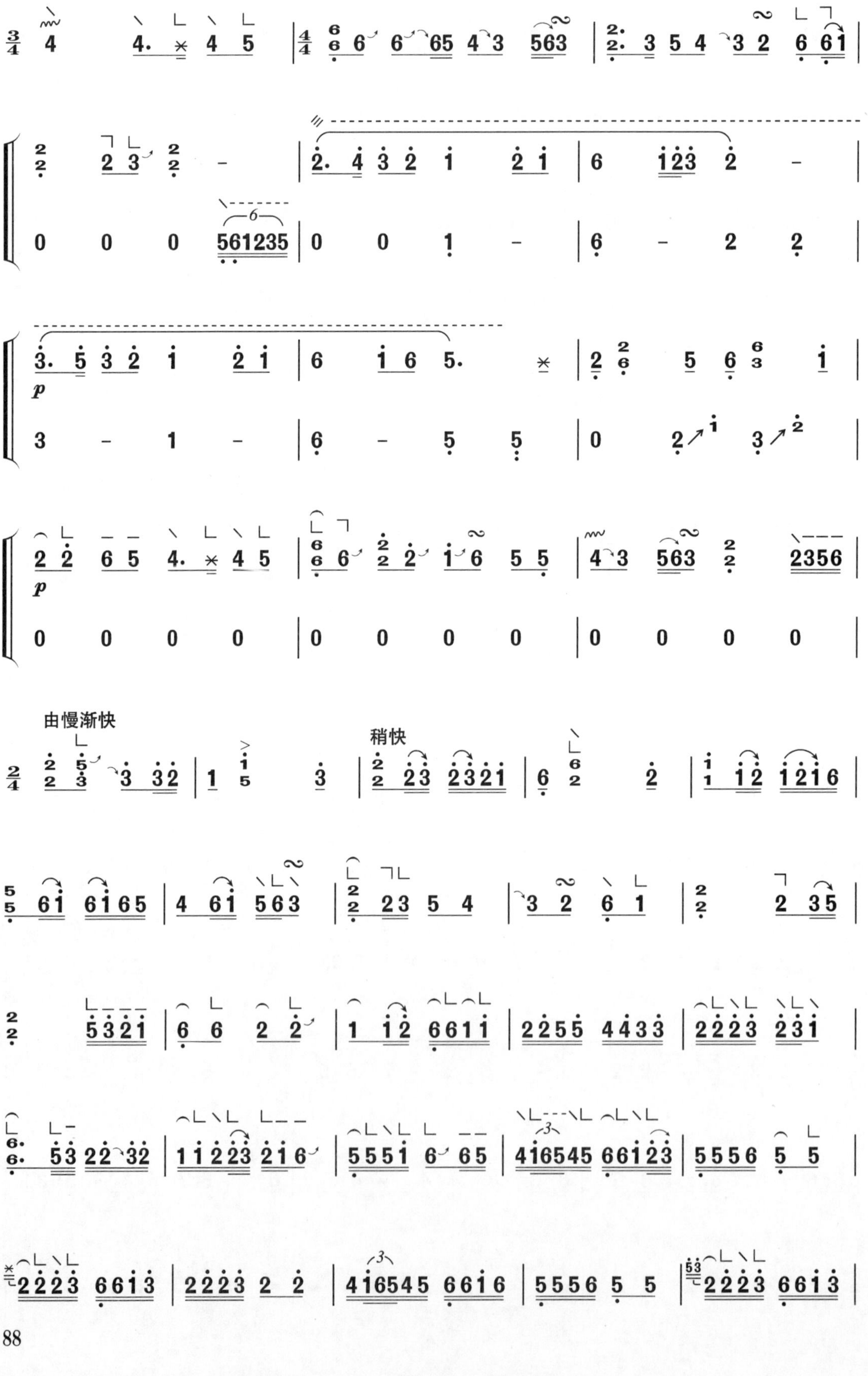
由慢渐快
稍快

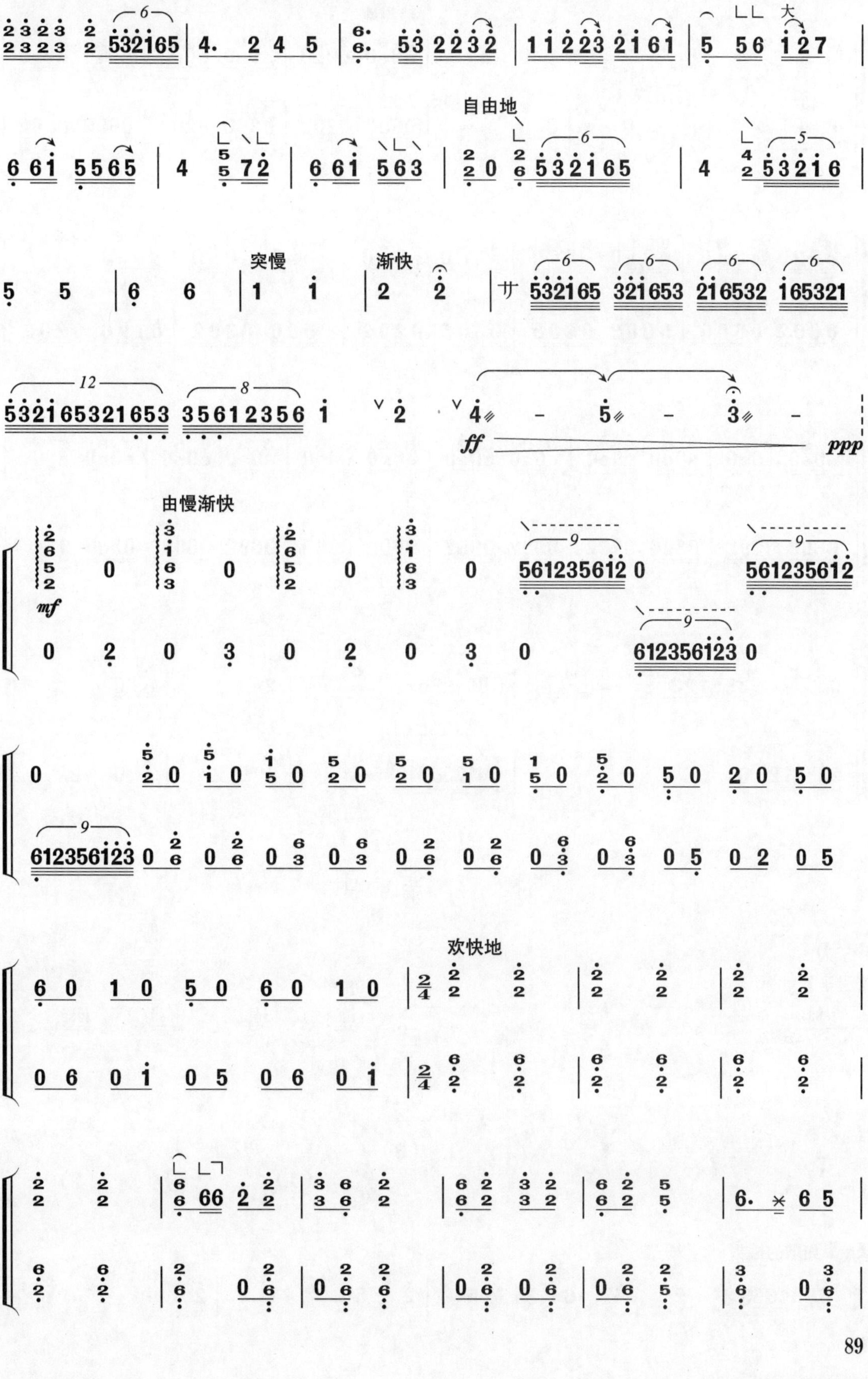
大
自由地
突慢
渐快
ff
ppp
由慢渐快
mf
欢快地

热烈地

ff

突慢

洞庭新歌

1＝D

湖南民歌
王昌元、浦琦璋编曲

【引子】散板　　　　　　　　　　　　　渐快

右　左　右　　　　　　　　　　　　　渐慢

【一】如歌的慢板

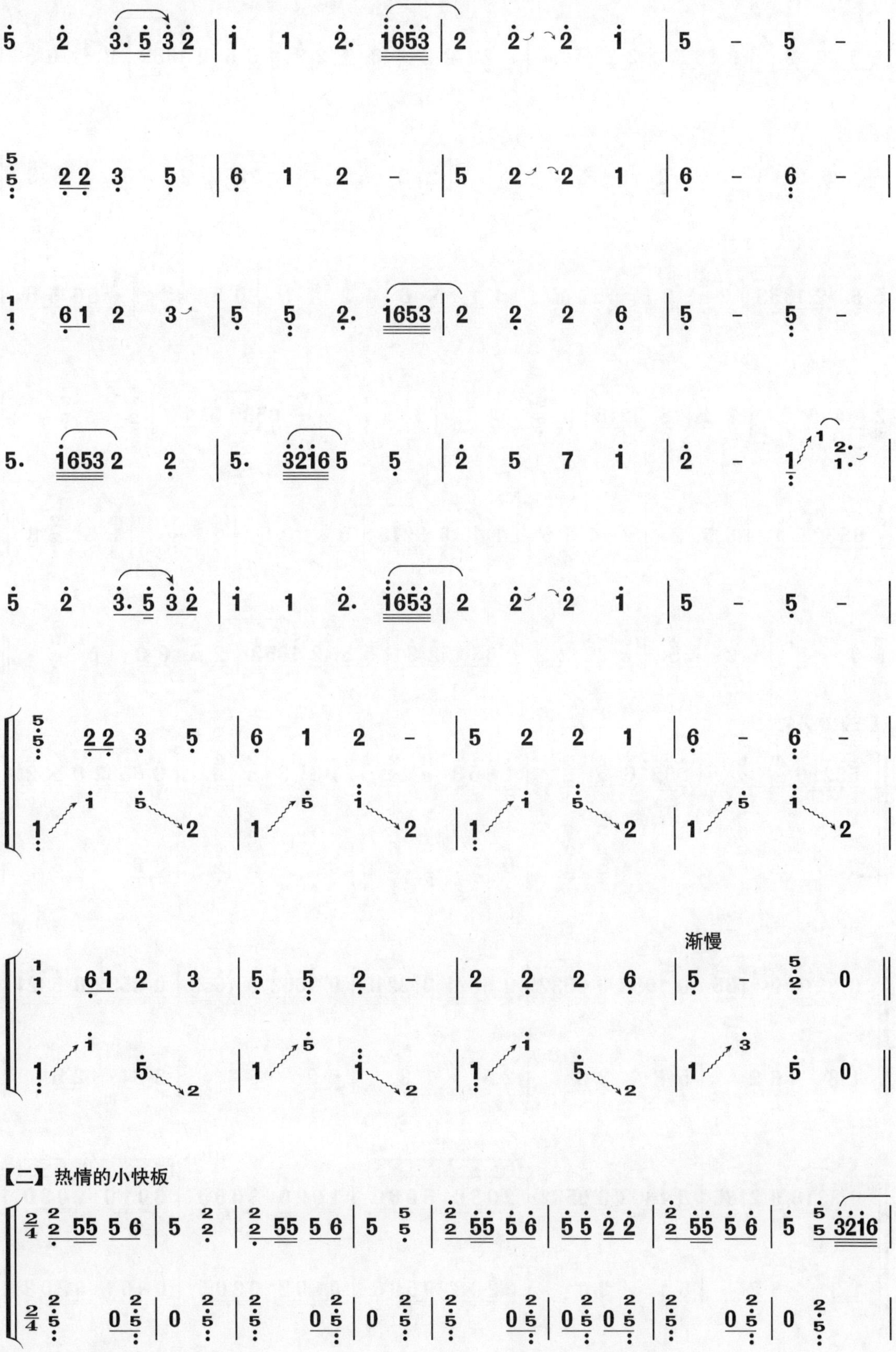
渐慢
【二】热情的小快板

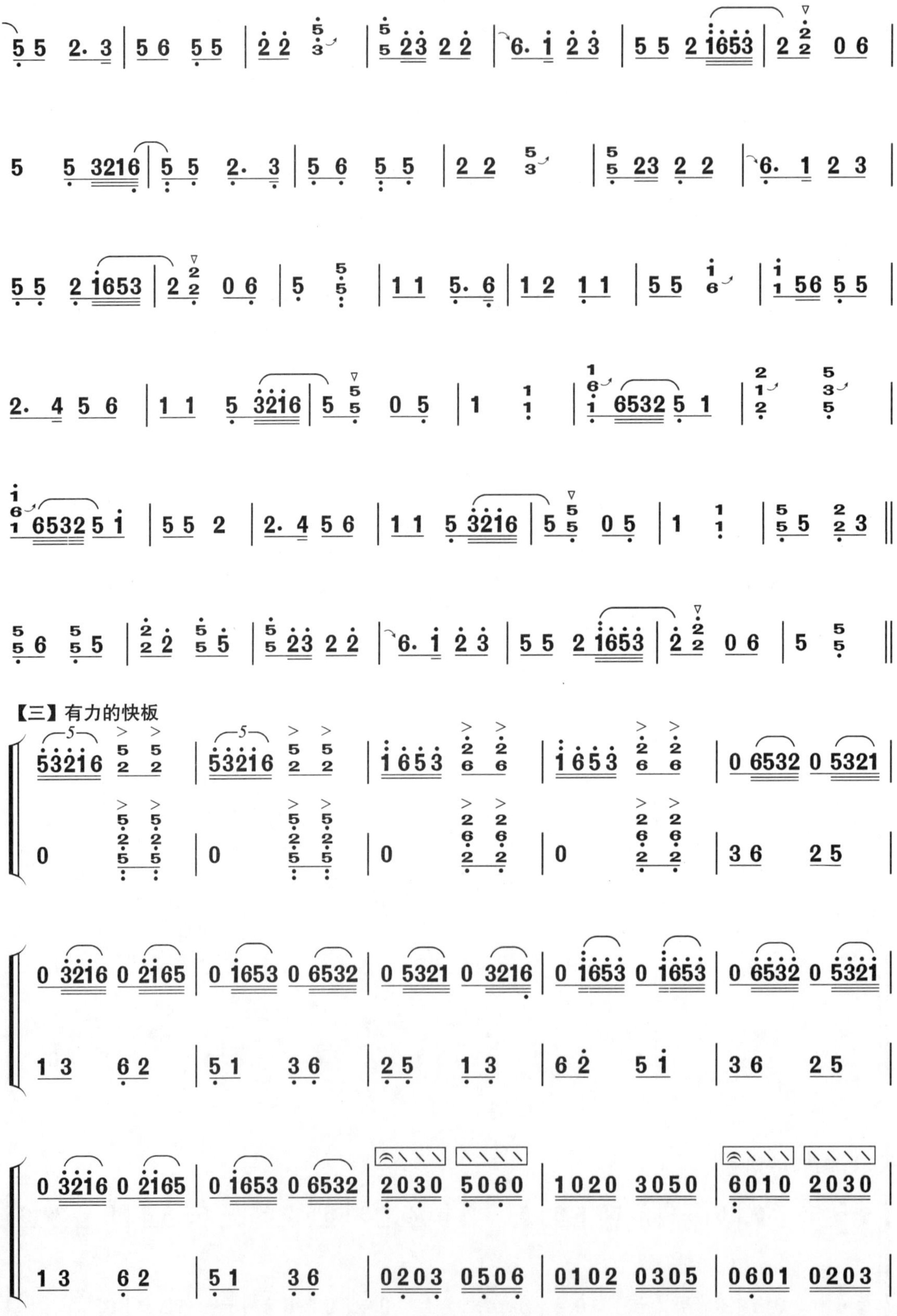
【三】有力的快板

5060 1̇0̇2̇0̇ | 5050 2̇020 | 5050 5060 | 5050 2̇020 | 2̇020̇ 2̇020̇ |

0506 0̇1̇0̇2̇ | 0505 0202 | 0505 0506 | 0505 0̇202 | 0̇202̇ 0̇202̇ |

5̇050 2̇020 | 3̇030̇ 3̇020̇ | 1̇010 2̇010 | 6060 6060 | 1̇060 6010 |

0505 0̇202 | 0303 0̇302 | 0101 0̇201 | 0606 0606 | 0106 0601̇ |

2̇020̇ 5̇050 | 3̇030 2̇030̇ | 1̇010̇ 1̇010̇ | 2̇020̇ 2̇020̇ | 2̇020̇ 6060 |

0̇202̇ 0̇505 | 0303 0̇203 | 0101̇ 0101̇ | 0̇202̇ 0̇202̇ | 0̇202̇ 0606 |

5050 2020 | 5050 5050 | 5555 2̇2̇2̇2̇ | 5555 5566 | 5555 2̇2̇2̇2̇ |

0505 0202 | 0505 050 | 2/5 0 | 2/5 0 | 2/5 0 |

2̇2̇2̇2̇ 2̇2̇2̇2̇ | 5555 2̇2̇2̇2̇ | 3̇3̇3̇3̇ 3̇3̇2̇2̇ | 1̇1̇1̇1̇ 2̇2̇11 | 6666 6666 |

2/5 0 | 2/5 0 | 2/5 0 | 2/5 0 | 3/6 0 |

1̇1̇1̇1̇ 6611 | 2̇2̇2̇2̇ 5̇5̇5̇5̇ | 3̇3̇3̇3̇ 2̇2̇33 | 1̇1̇1̇1̇ 1̇1̇1̇1̇ | 2̇2̇2̇2̇ 3̇3̇3̇3̇ |

3/6 0 | 2/5 0 | 3/6 0 | 3/6 0 | 2/5 0 |

注：此曲根据湖南民歌《洞庭鱼米乡》进行改编，生动描绘了洞庭湖的美景以及人们由衷的喜悦心情。

辽 南 情

1＝G

阎 俐曲

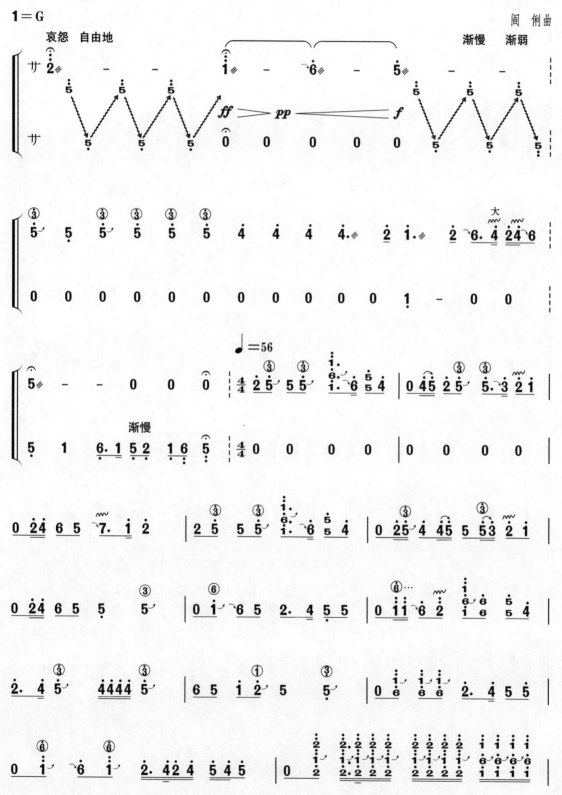

96

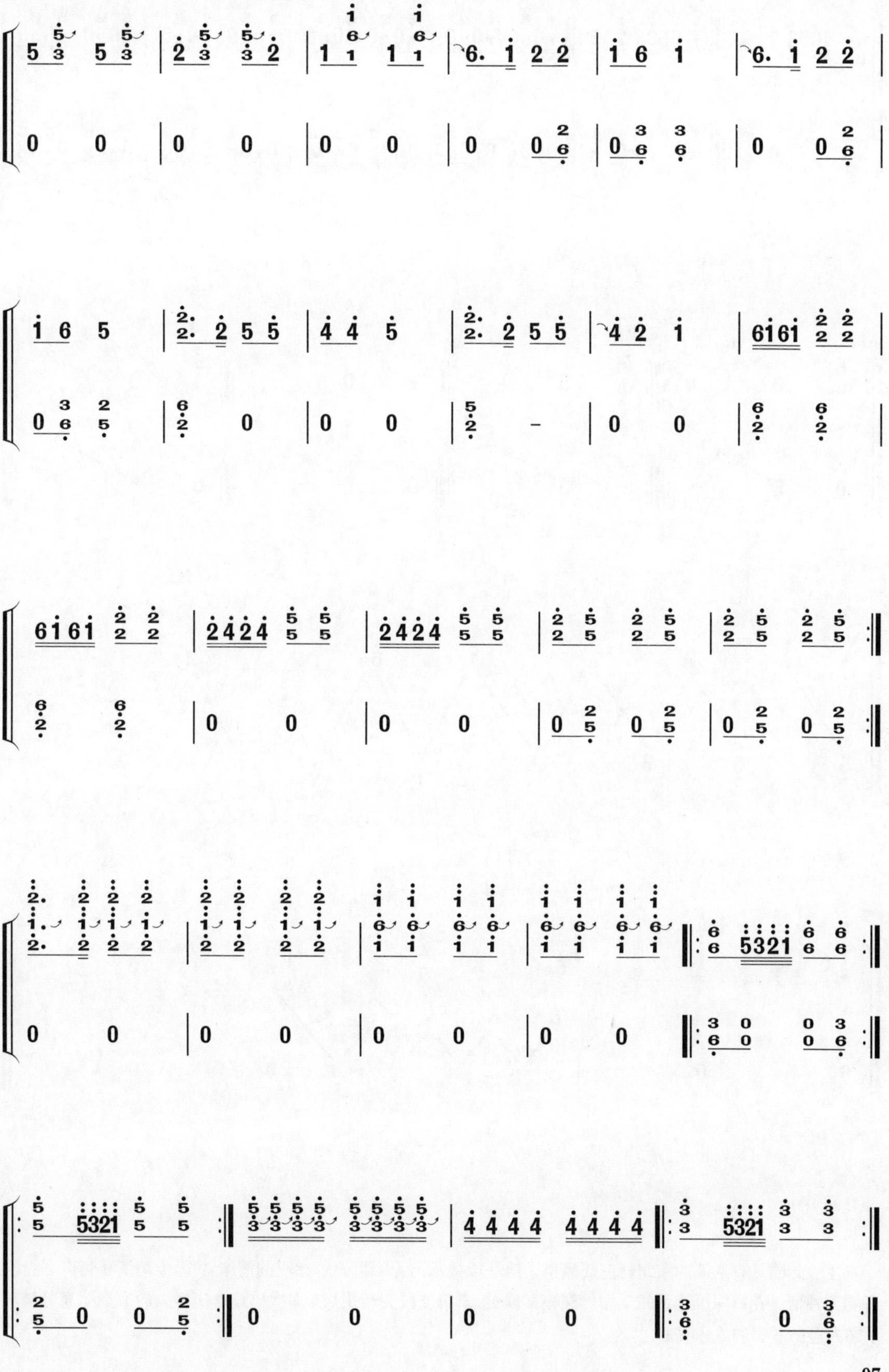

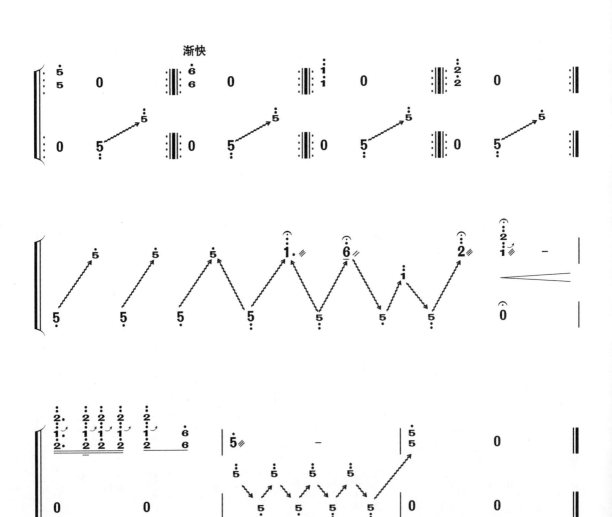

注：此曲具有浓郁的东北辽南戏风格。第一段揭示出无限思念、感叹的情绪："凄凄切切断肠声，指滑音揉万种情。花影深沉遮不住，席帏穿幔又残更。"第二段突转快板，多次出现欢庆锣鼓的节奏，充分描写了亲人喜归故里的欢乐场面。

六级

演奏提示及要求：

1. 加强各种音色变化、控制力的训练，并进行一些特殊定弦乐曲的练习。

2. 学习各流派传统乐曲时，要重点强调左手韵味的特点，并加以练习，掌握其规律；演奏上必须按照其指法特点，如山东筝曲应运用大指小关节托劈，河南筝曲应运用大指大关节托劈、八度弹奏应运用剔托"⼐"指法等，最终目的是希望更准确地表达其风格特点及掌握多种演奏技法。

3. 演奏中应强调力度与音色的对比、演奏的投入及较好的音乐表现力。做到强而不噪、轻而不虚、快而不赶、慢而不拖。

花 流 水

（又名《高山流水》）

河南筝曲
王省吾传谱

注：第一小节第一拍上方括号内的 **3523** 在反复时演奏。

云 庆

浙江筝曲
王巽之传谱

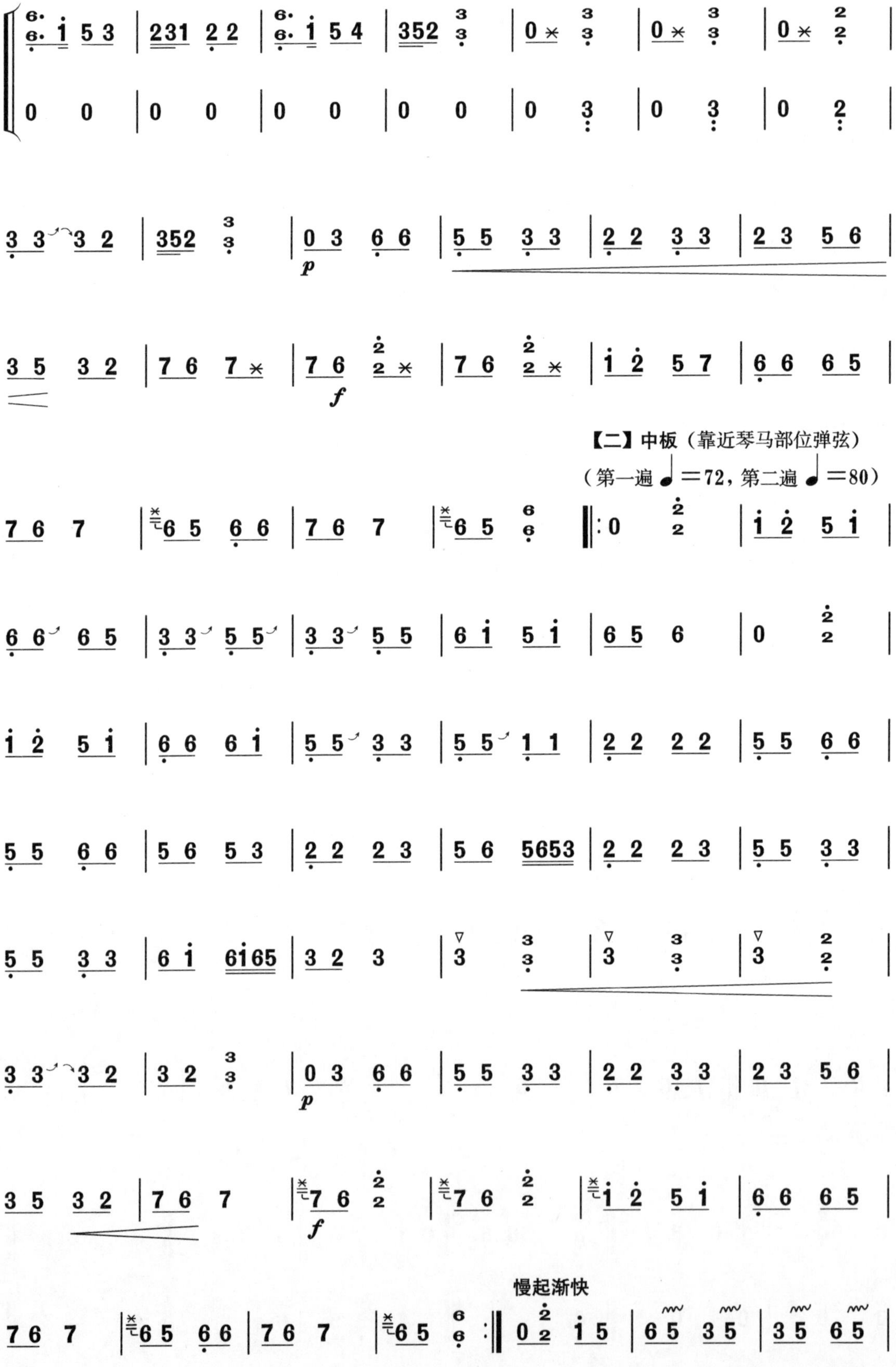
【二】中板（靠近琴马部位弹弦）
（第一遍♩=72，第二遍♩=80）
慢起渐快

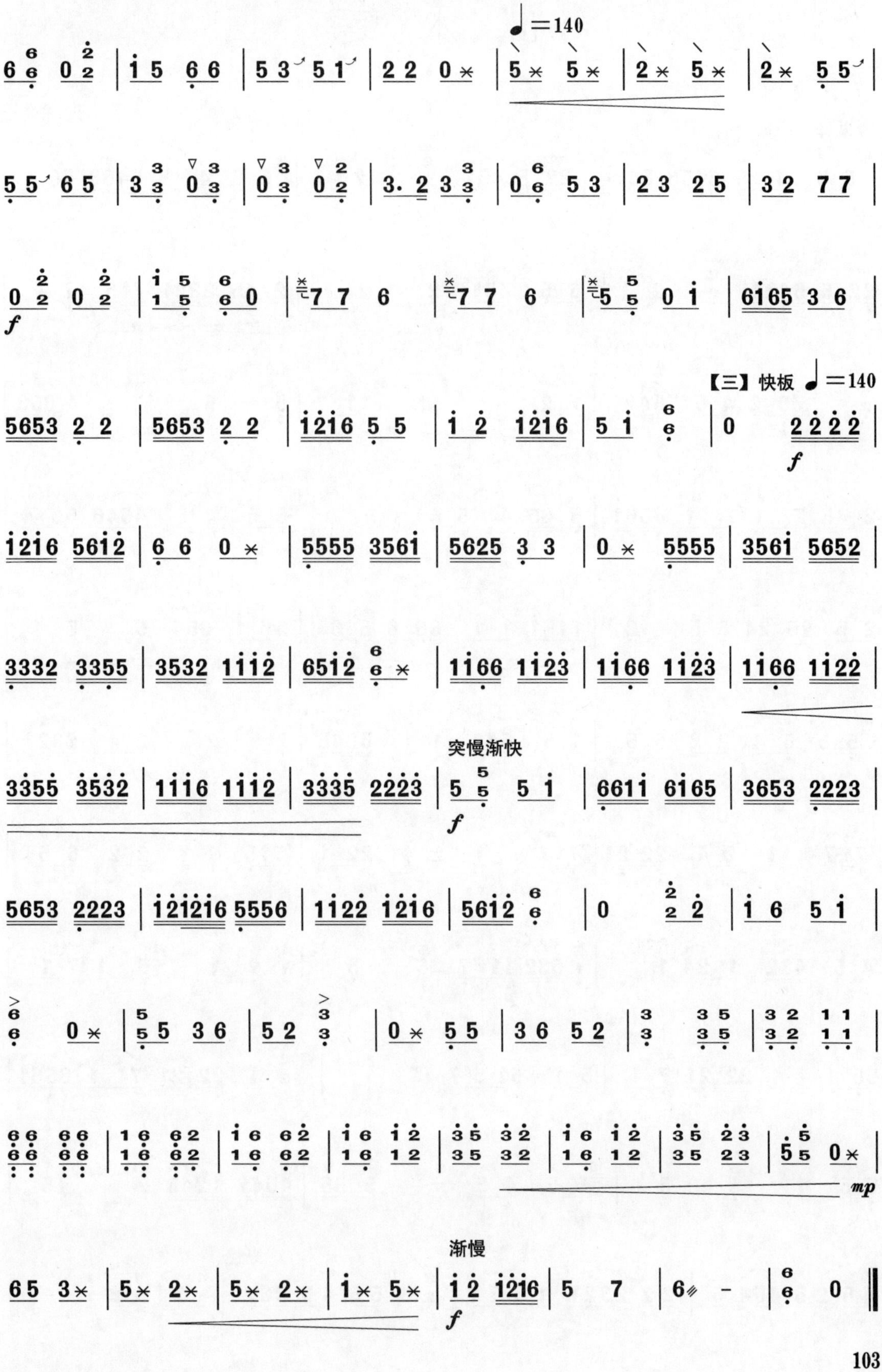

=140
【三】快板
=140
突慢渐快
渐慢

出 水 莲

客 家 筝 曲
罗九香传谱

大 八 板

山东民间乐曲
赵玉斋演奏谱

注：该曲为山东琴书的前奏曲。曲调热情奔放、铿锵有力。主要训练手指第一关节的爆发力及变化弹奏的指力。

苏武思乡

河南筝曲
曹东扶传谱
曹桂芬、曹桂芳订谱

$1＝D$ $\frac{2}{4}$

慢板

注：此曲叙述苏武牧羊北国十九年中，历尽千辛万苦，始终坚定不屈的动人故事。乐曲开始，以深沉的旋律，描述苏武在冰天雪地牧羊的苦难情境和怀乡思汉充满悲愤、忧郁的心情。后半部分，逐渐激昂、明朗，表现苏武渴望与亲人团聚、重返中原的决心。

梅花三弄

古　琴曲

郭雪君移订

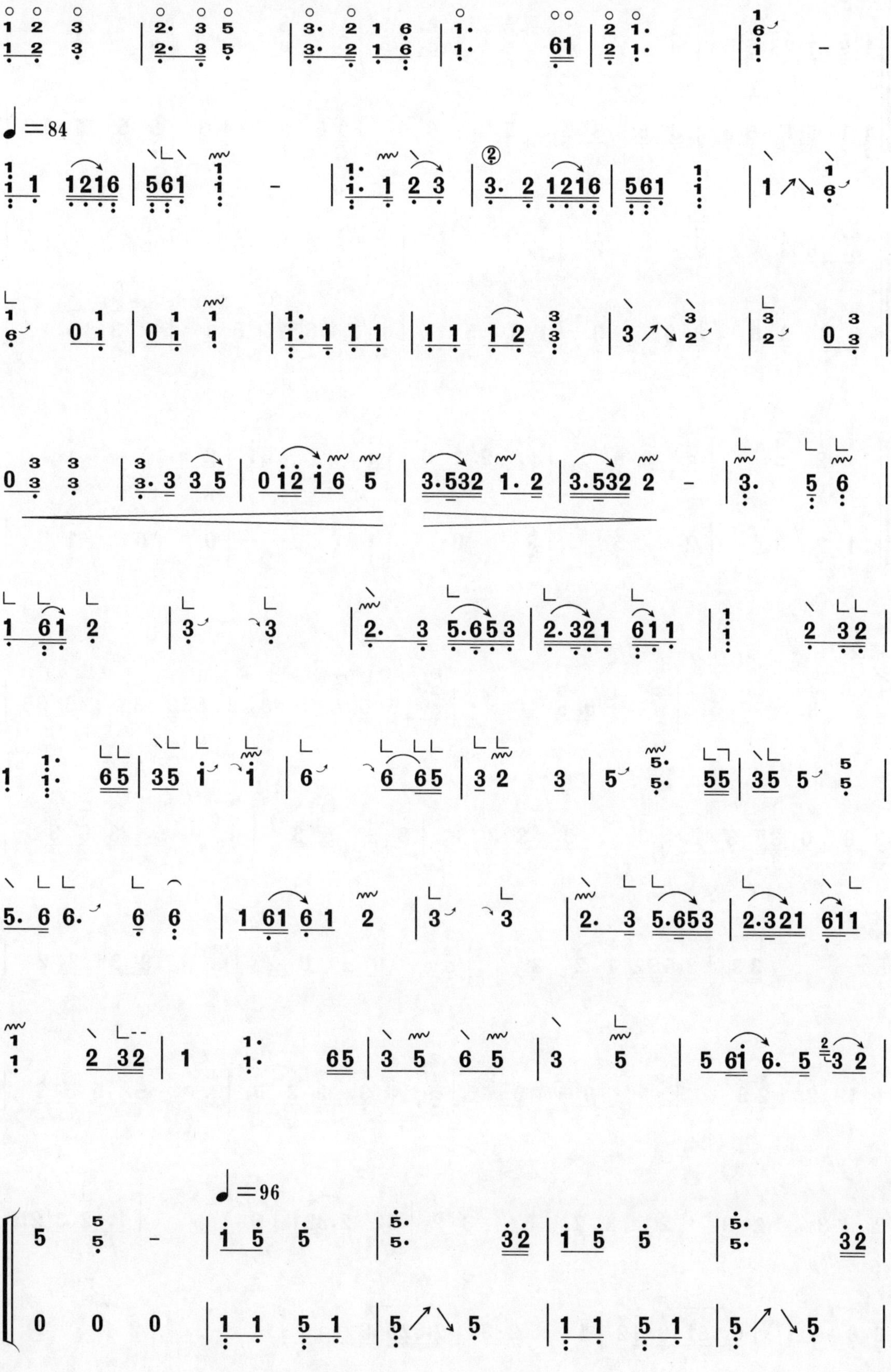
♩=84
♩=96

110

四 季 调

东 北 民 歌
叶申龙、霍存慎编曲
叶 申 龙订指法

1=A 2/4

快板 火热地

112

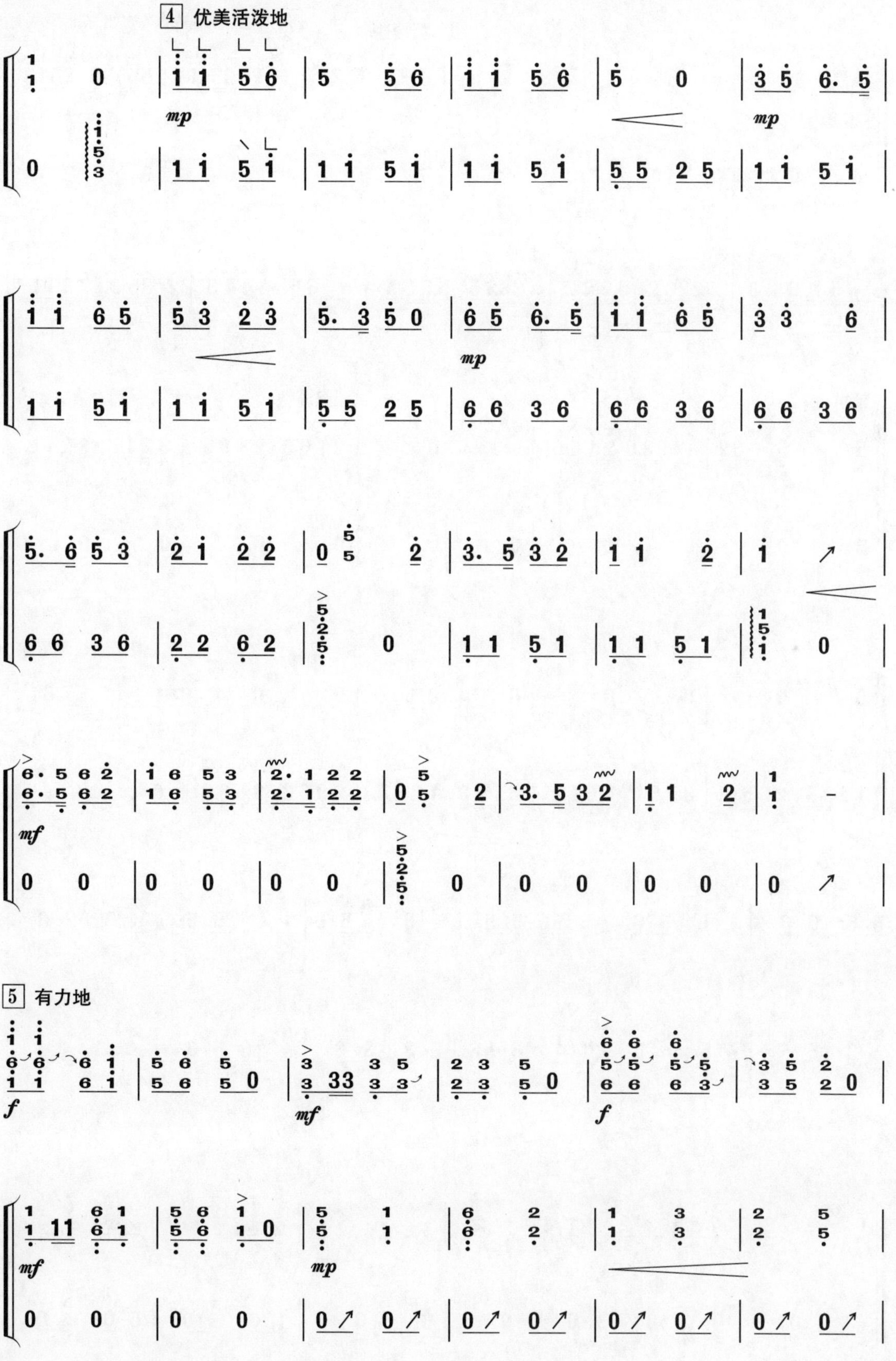
4 优美活泼地
5 有力地

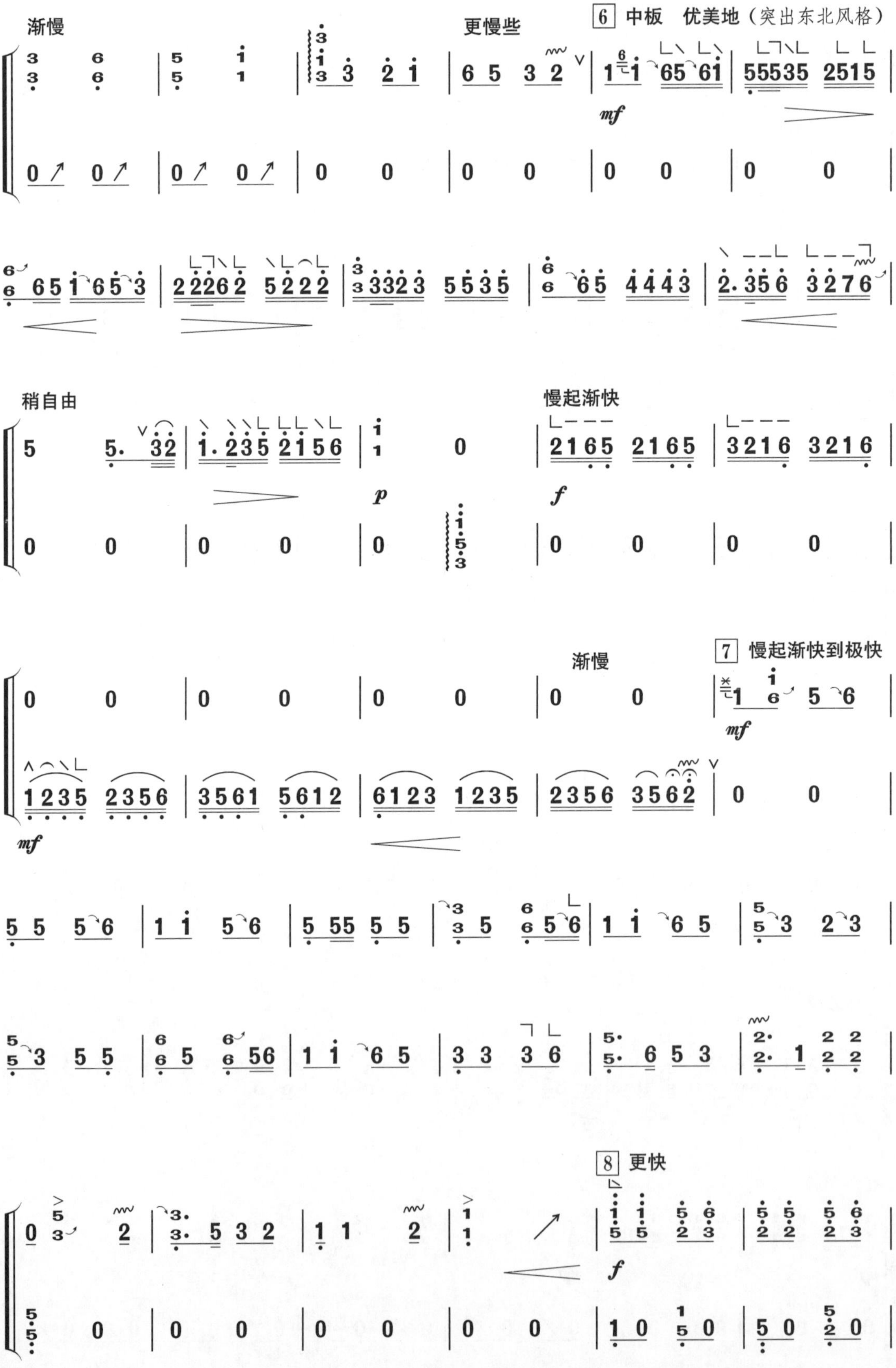
渐慢
更慢些
6 中板　优美地（突出东北风格）
稍自由
慢起渐快
渐慢
7 慢起渐快到极快
8 更快

注：此曲欢快、热烈，生动地表现了东北人民敲锣打鼓、欢庆翻身得解放的激动心情。

泼水

（《云南风情组曲》之一）

张树德曲

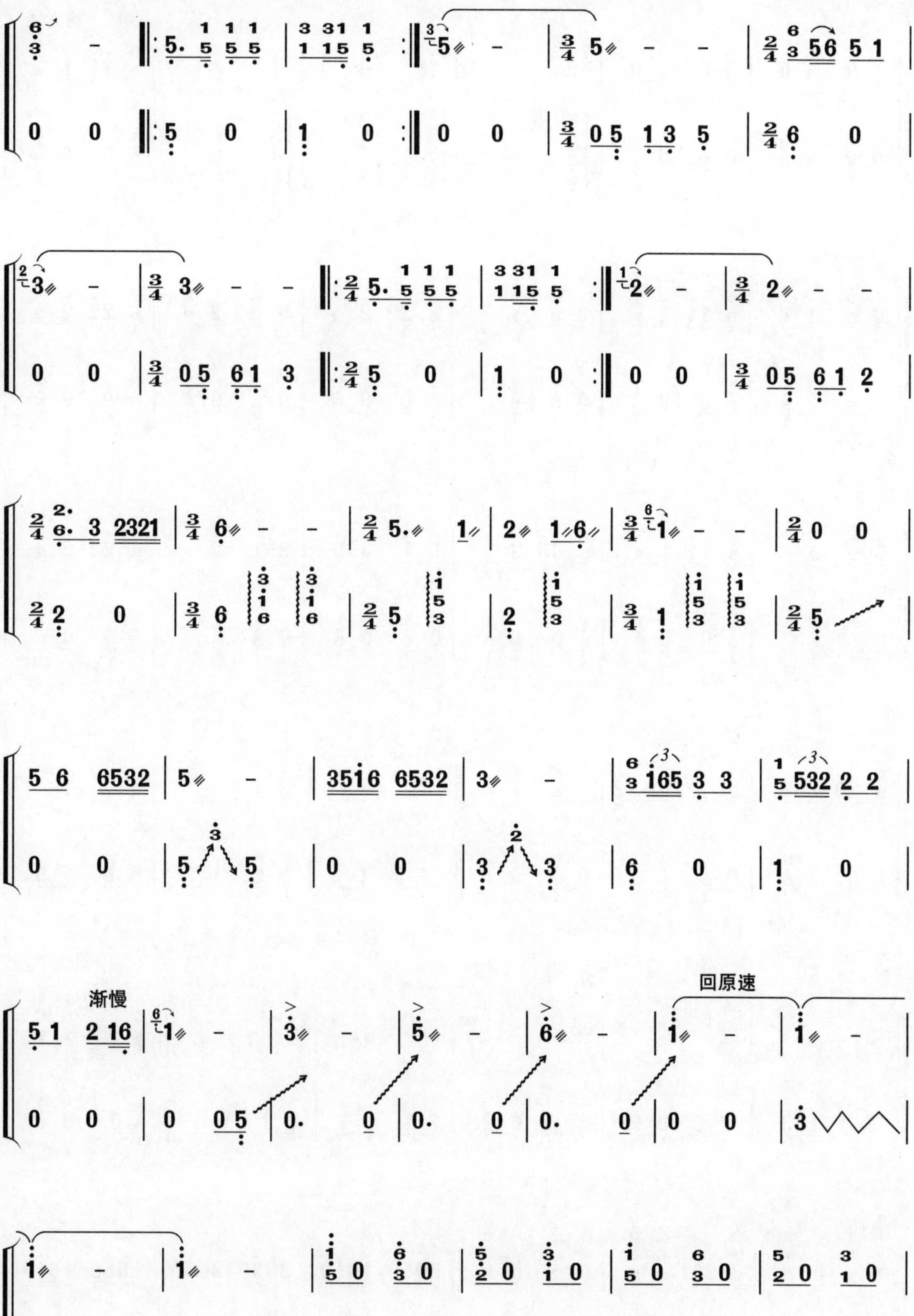
渐慢
回原速

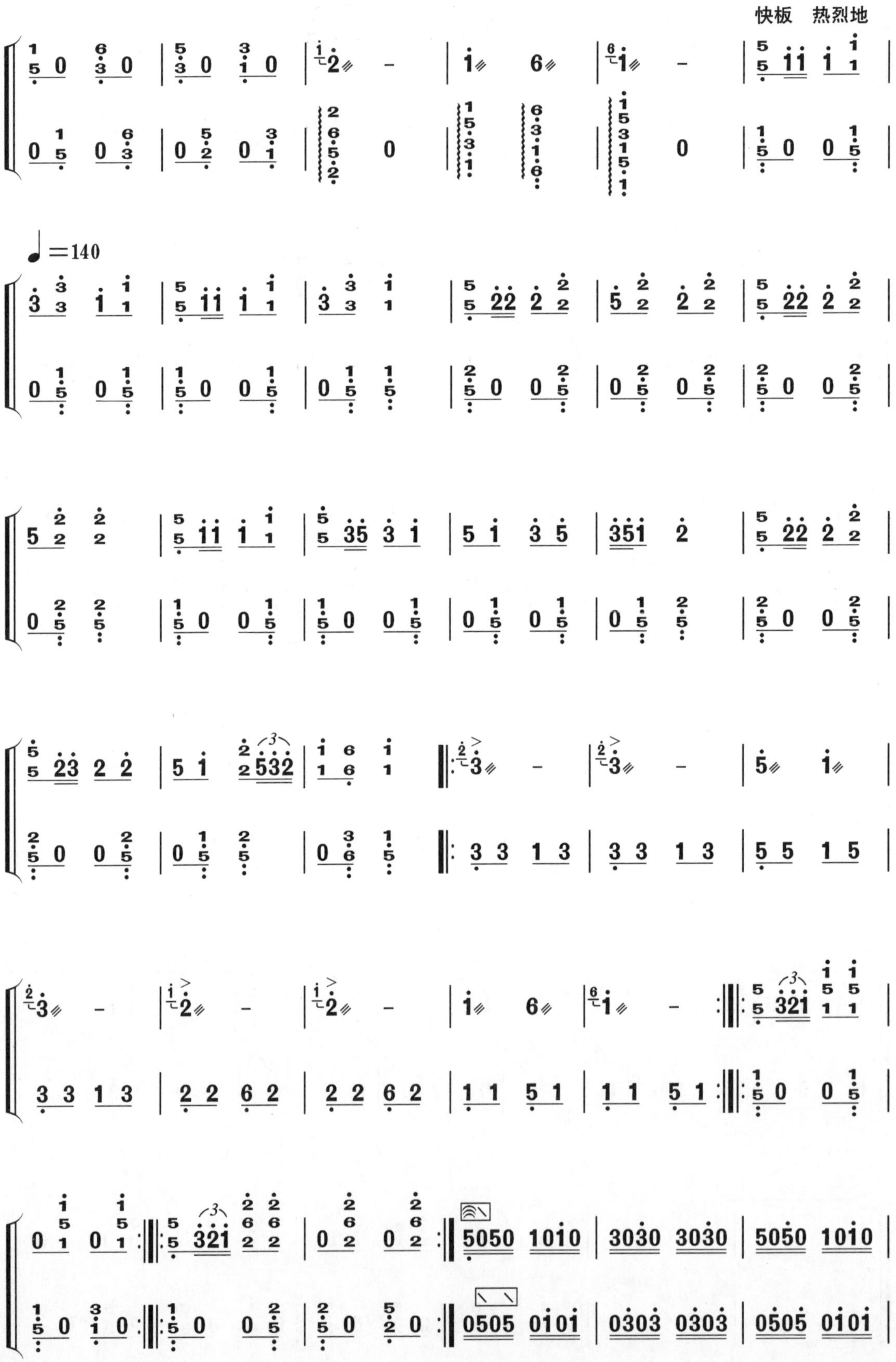
快板　热烈地
♩=140

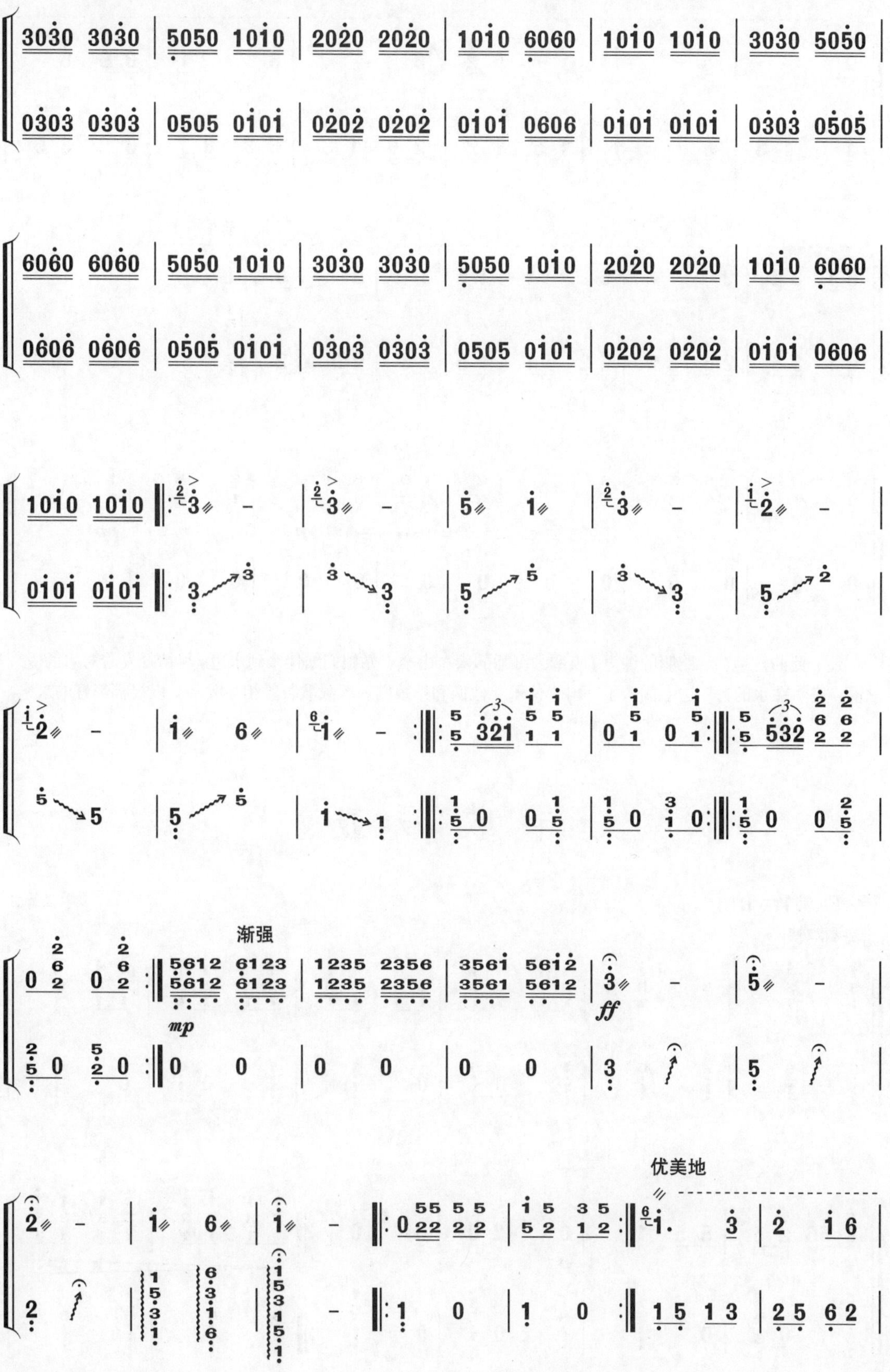
渐强
mp
ff
优美地

注：此曲意境为：黎明的钟声，唤醒了沉睡的傣家山寨，姑娘们结伴来到水边，尽情抒发着对水的爱恋之情。突然在水的另一边，闯入了一群小伙子，他们和姑娘们一起载歌载舞相互泼水，以祝福美好的未来。

丰 收 锣 鼓

1＝F（或1＝D）$\frac{2}{4}$

李祖基曲

热烈欢快

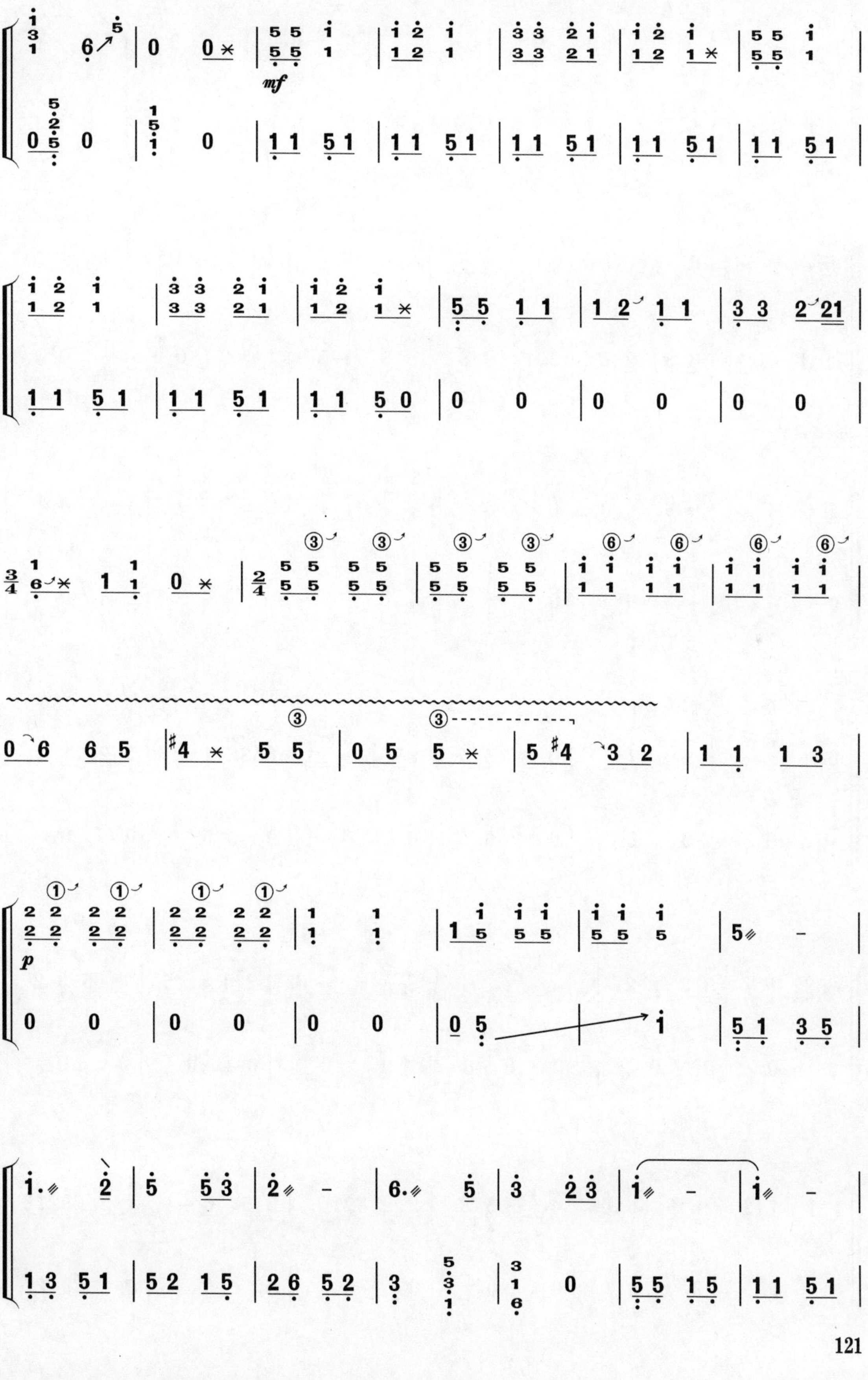

122

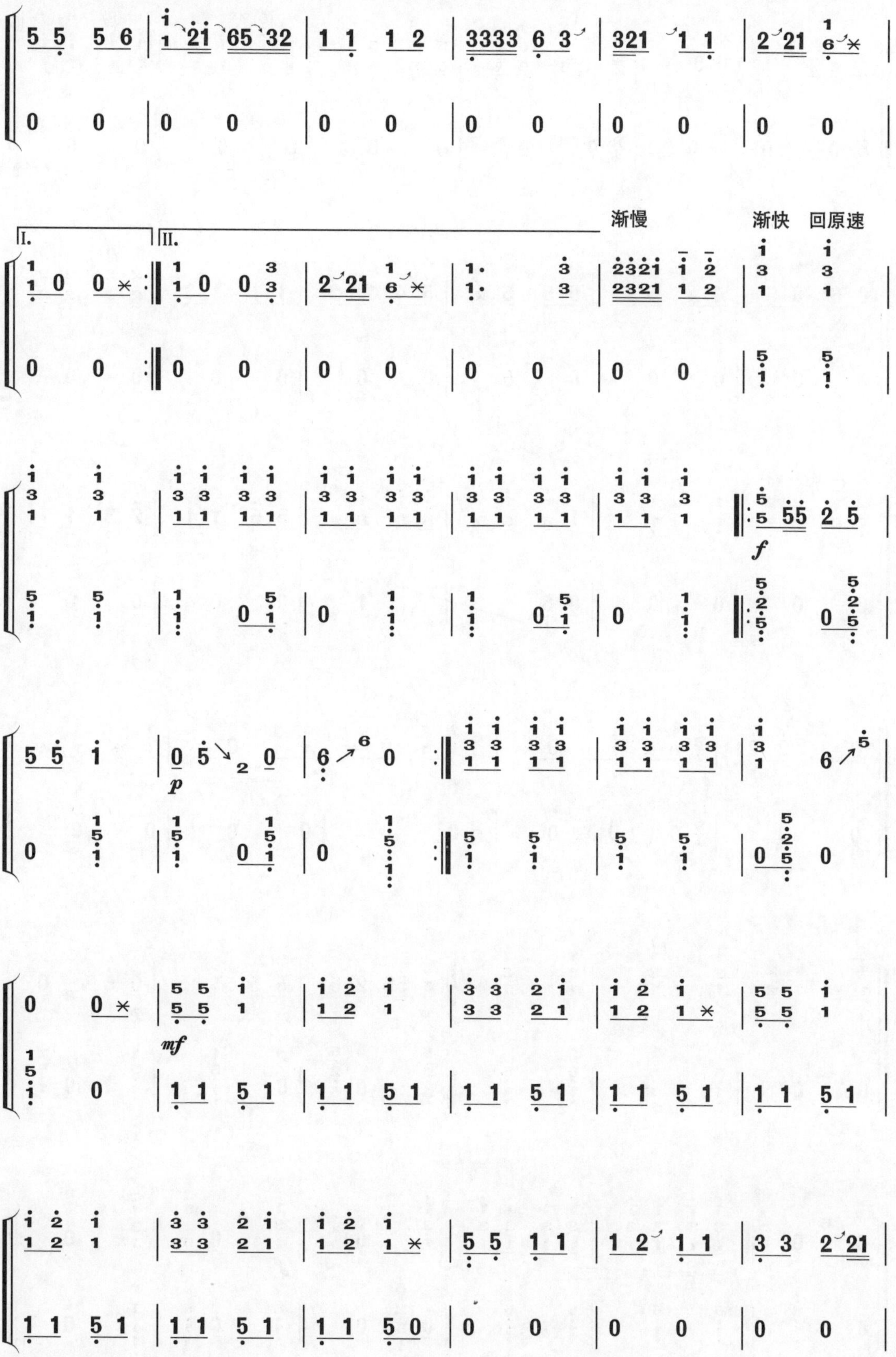
渐慢
渐快
回原速
f
p
mf

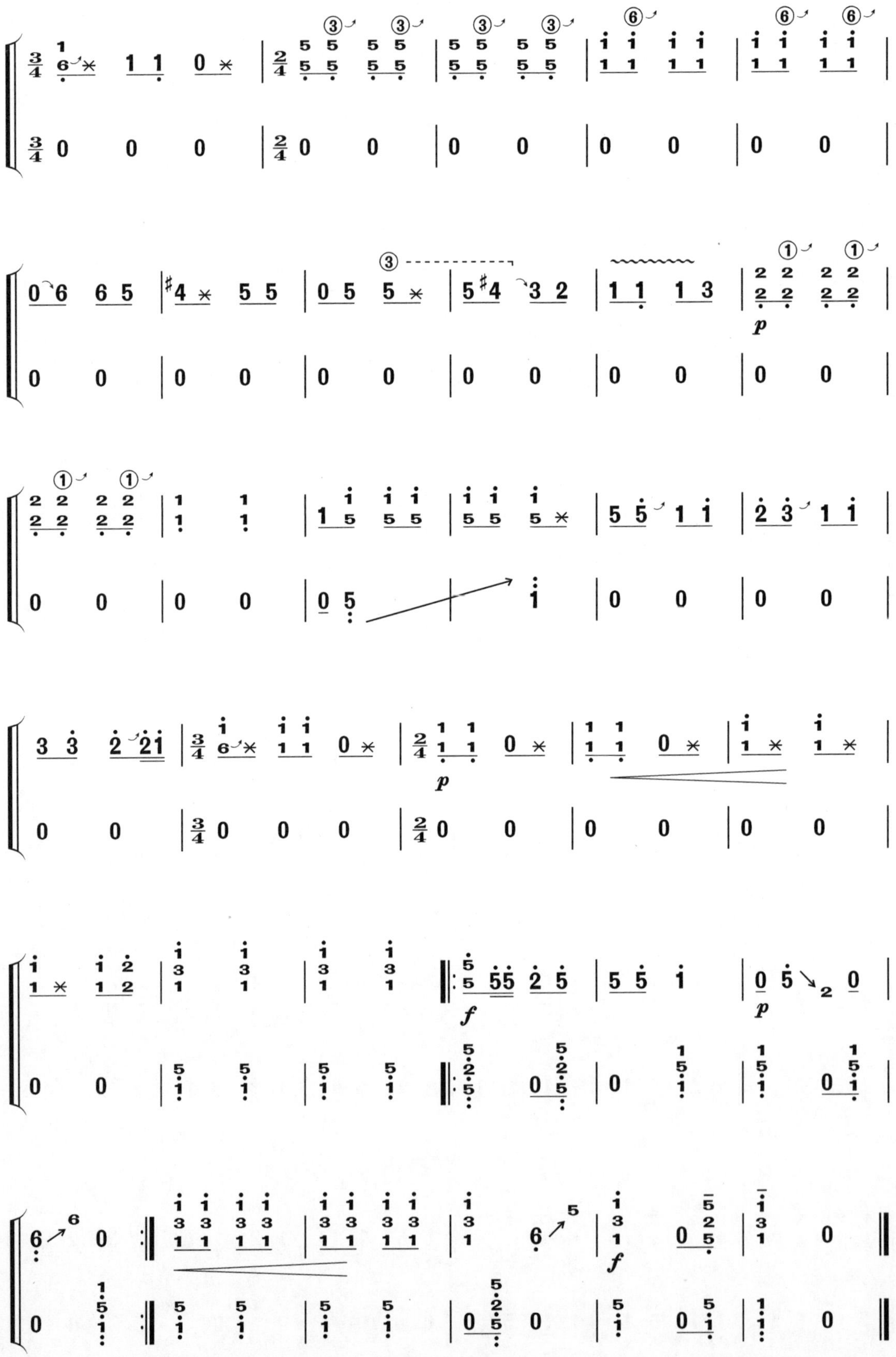

畲山茶歌

王 蔚曲

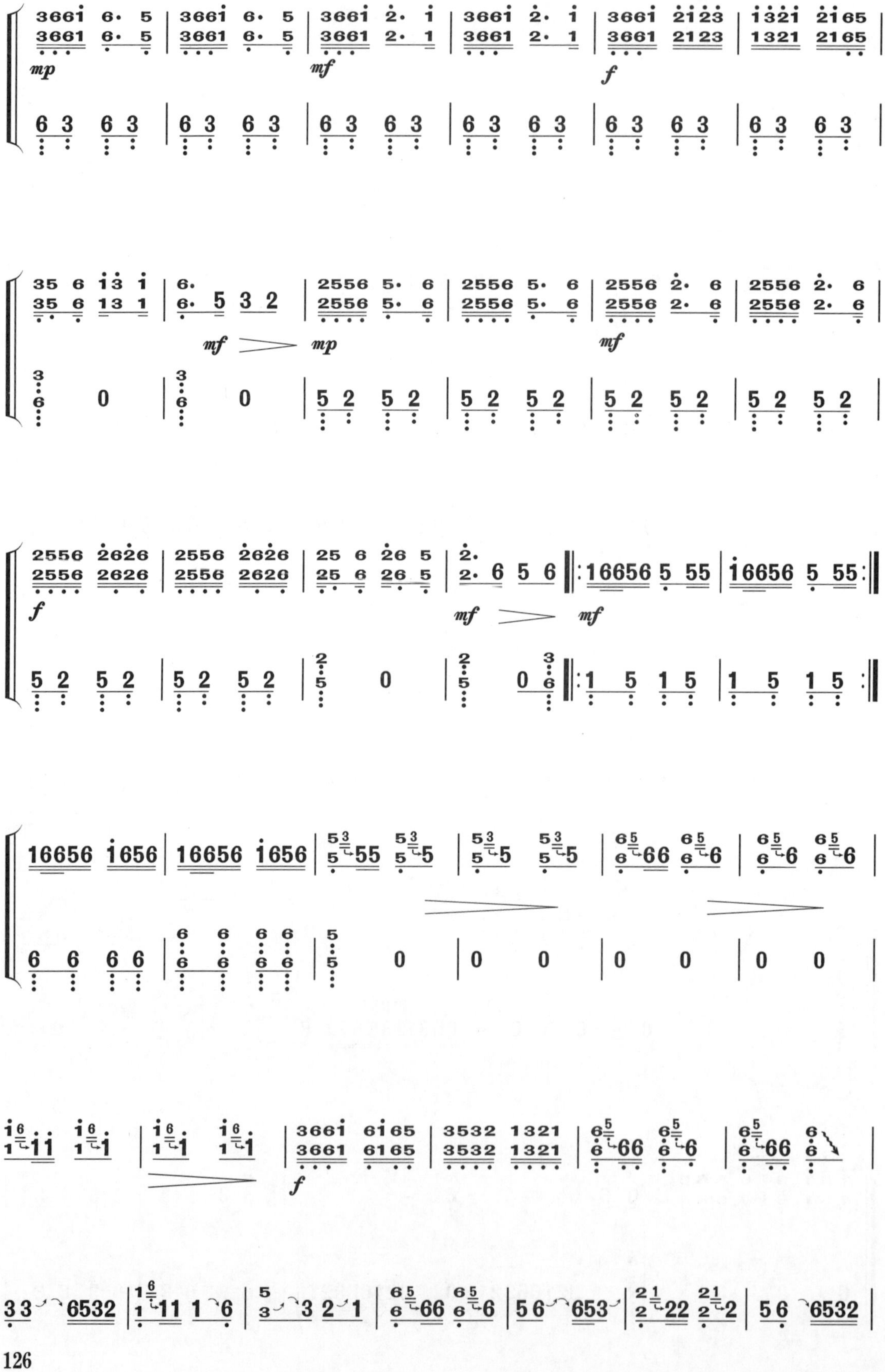

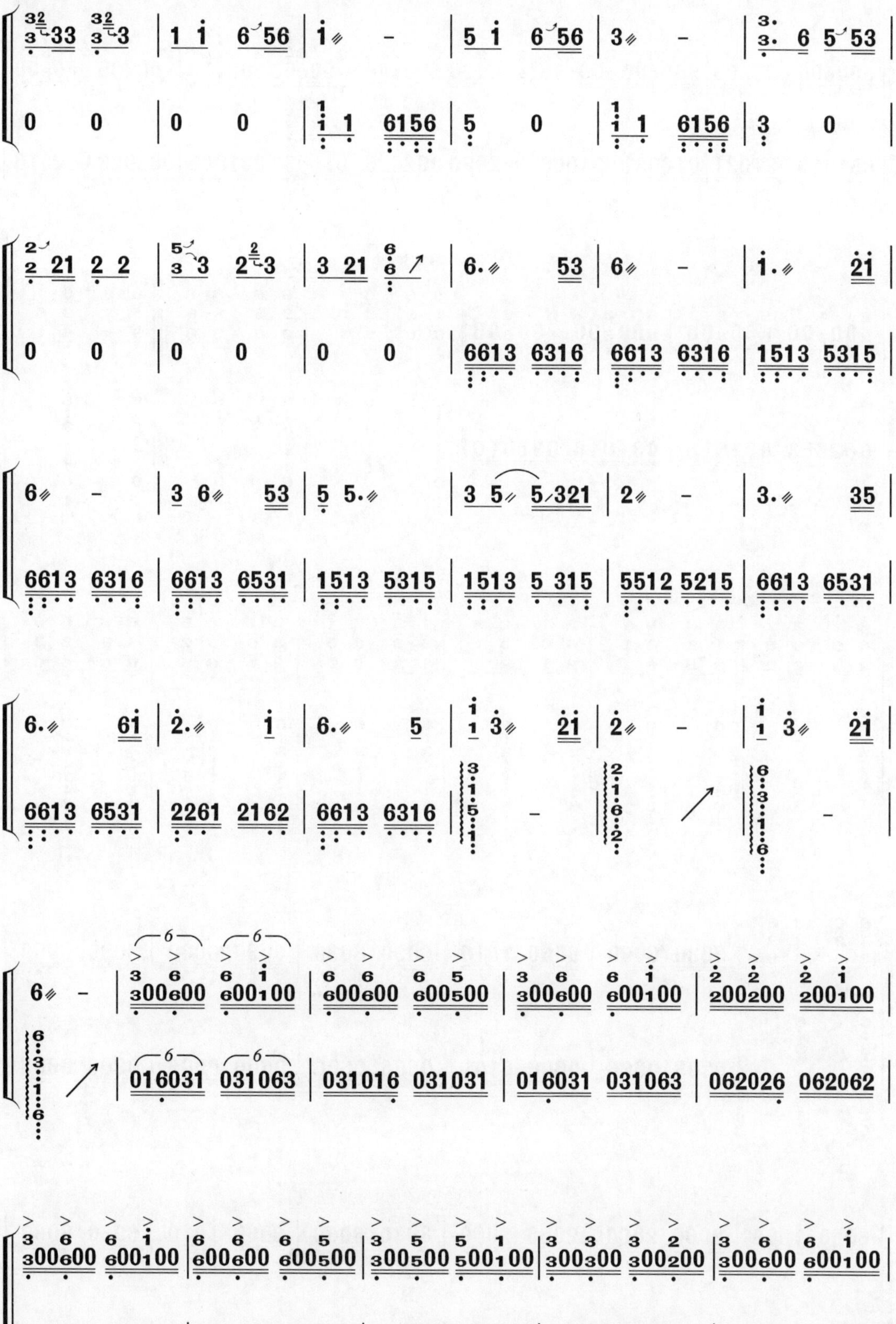

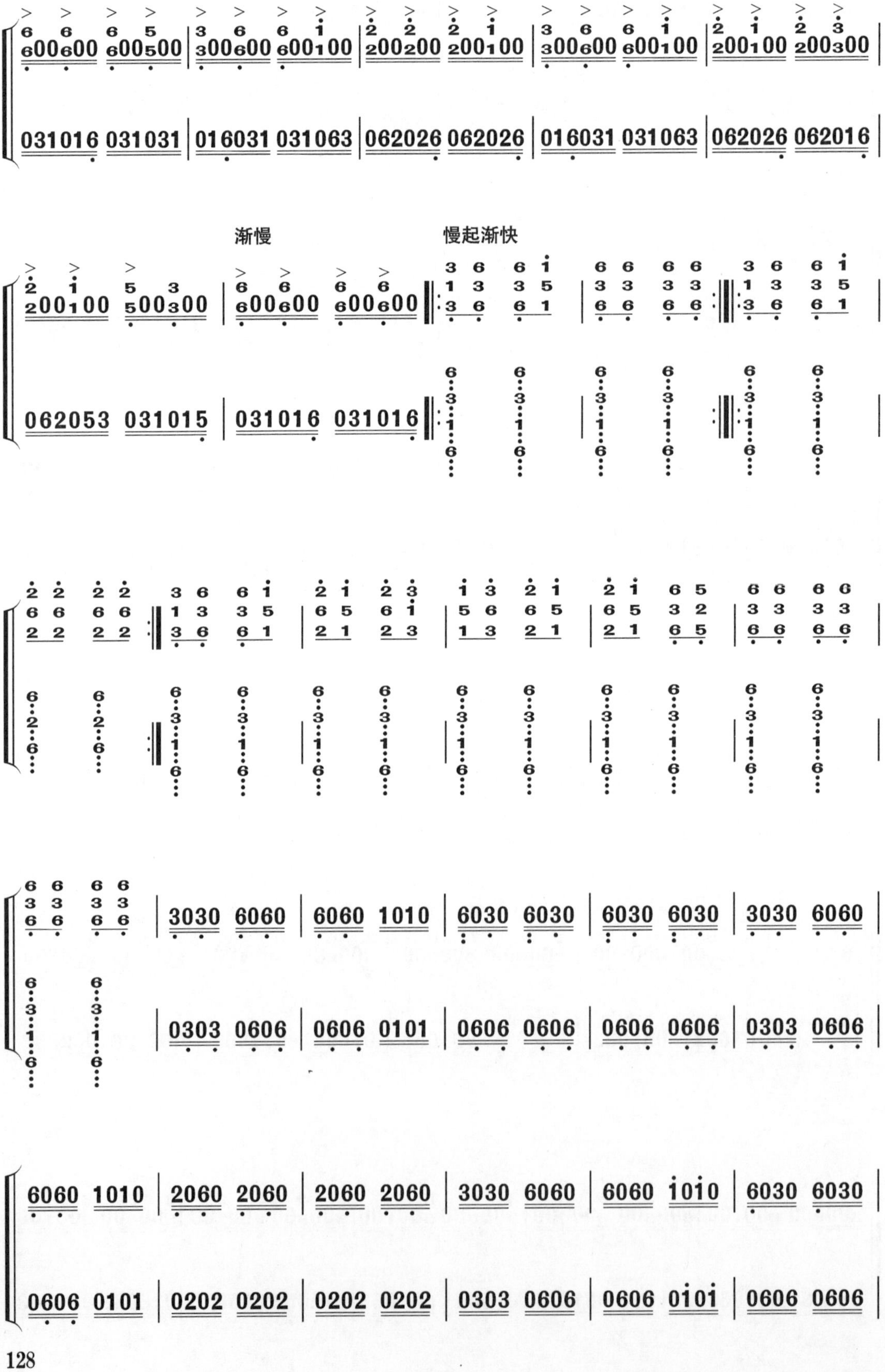
渐慢
慢起渐快

6030 6030 | 6030 6030 | 3030 6060 | 6060 1010 | 2060 2060 | 2060 2060 | 3030 6060 |
0606 0606 | 0303 0606 | 0606 0101 | 0202 0202 | 0202 0202 | 0303 0606 |

6060 1010 | 2020 1010 | 2020 3030 | 1020 1020 | 6010 6010 | 5060 5060 |
0606 0101 | 0202 0101 | 0202 0303 | 0303 0303 | 0202 0202 | 0101 0101 |

3050 3050 | 2030 2030 | 1020 1020 | 6060 1010 | 2020 3030 | 6060 1010 |
0606 0606 | 0505 0505 | 0303 0303 | 0606 0101 | 0202 0303 | 0606 0101 |

2020 3030 | 5030 2010 | 5030 2010 | 6060 6 | 6060 6 | 6060 6 |
0202 0303 | 0503 0201 | 0503 0201 | 0606 0 | 0606 0 | 0606 0 |

6 6 | 3 3 6532 | 11 1 6 | 3 2 1 | 66 6 | 5 6 653 |
0 0 | 0 0 | 0 0 | 0 0 | 0 0 | 0 0 |

22 22 2 | 5 6 6532 | 33 33 3 | 1 1 6 56 | 1 - | 5 1 6 56 |
0 0 | 0 0 | 0 0 | 0 0 | 1 1 6156 | 5 0 |

注：该曲吸收了畲族民歌音调，以轻快的节奏、优美的旋律，表现了今日畲家妹子在崇山峻岭中科学种茶、欢歌笑语、喜摘丰收茶的动人情景。

闹 元 宵

曹 东 扶曲
曹桂芬、曹桂芳整理

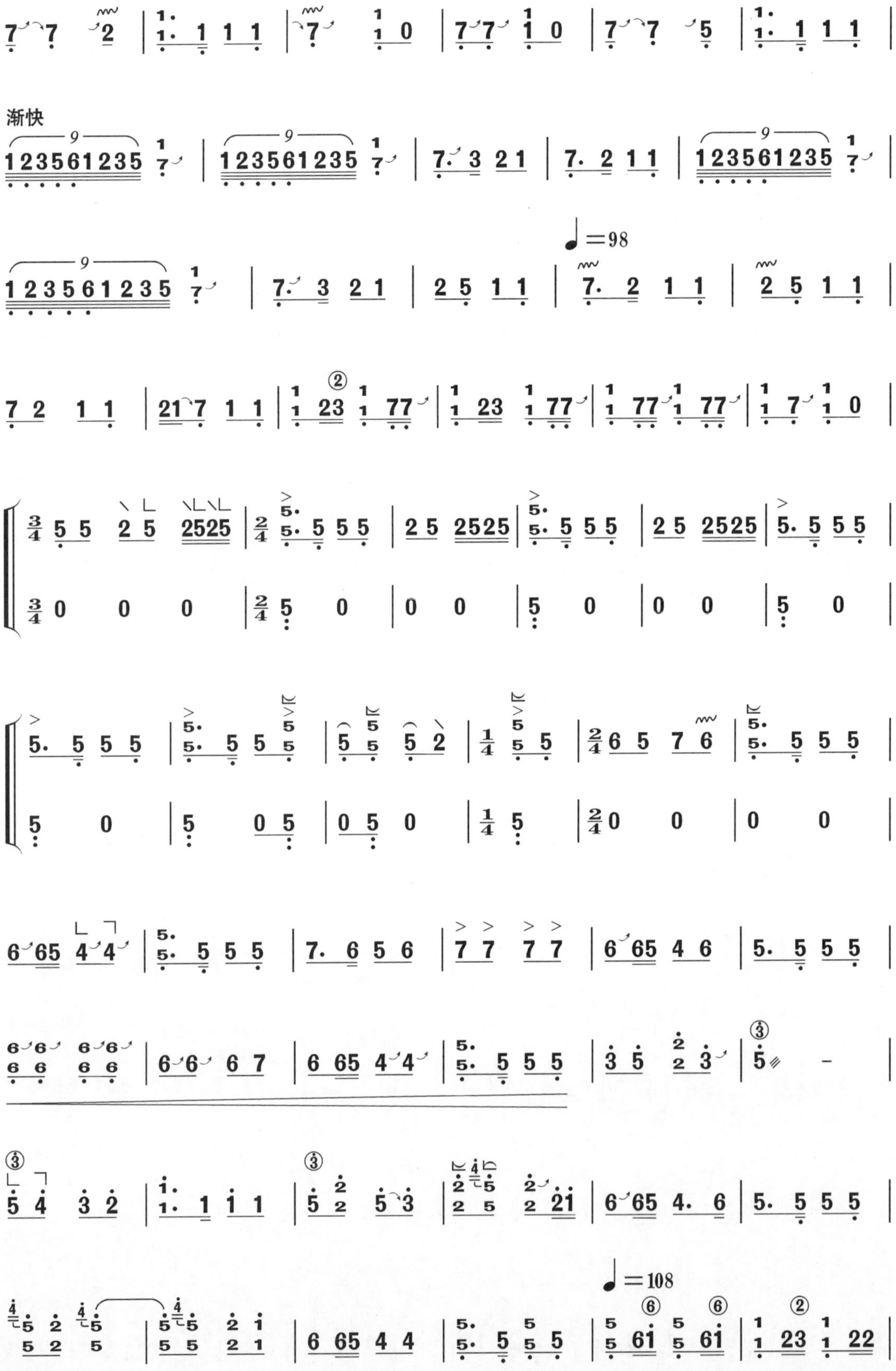
渐快
♩=98
♩=108

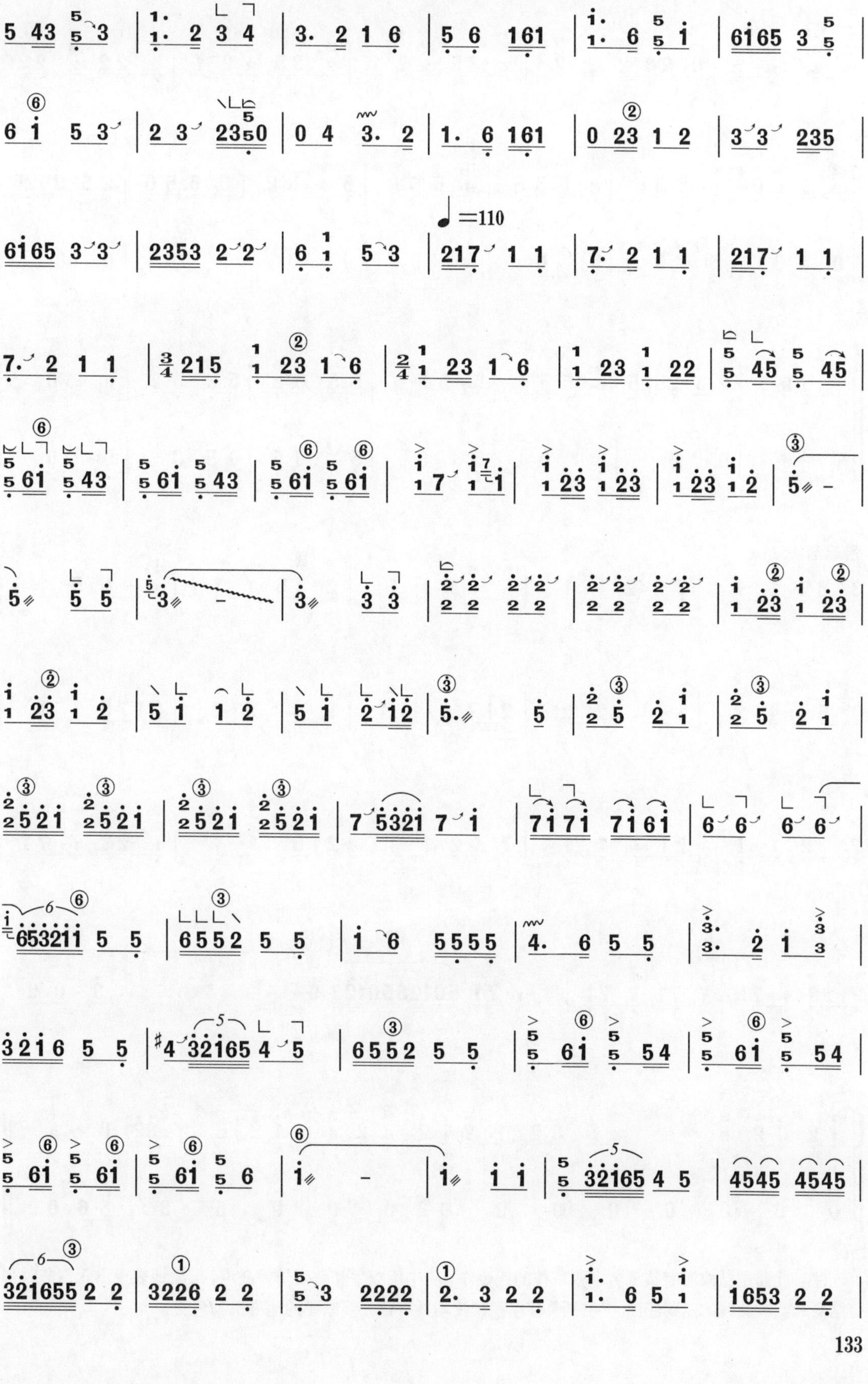
♩=110

注：此曲是已故河南筝派名家曹东扶的代表作。曲中用双手和弦模仿锣鼓声，形象地表现出元宵节时张灯结彩和载歌载舞的热闹场面。"密摇"和左手按弦均具有曹派筝浓厚的地方民间色彩。

樱 花

日 本 民 谣
谢天吉、李贤德改编

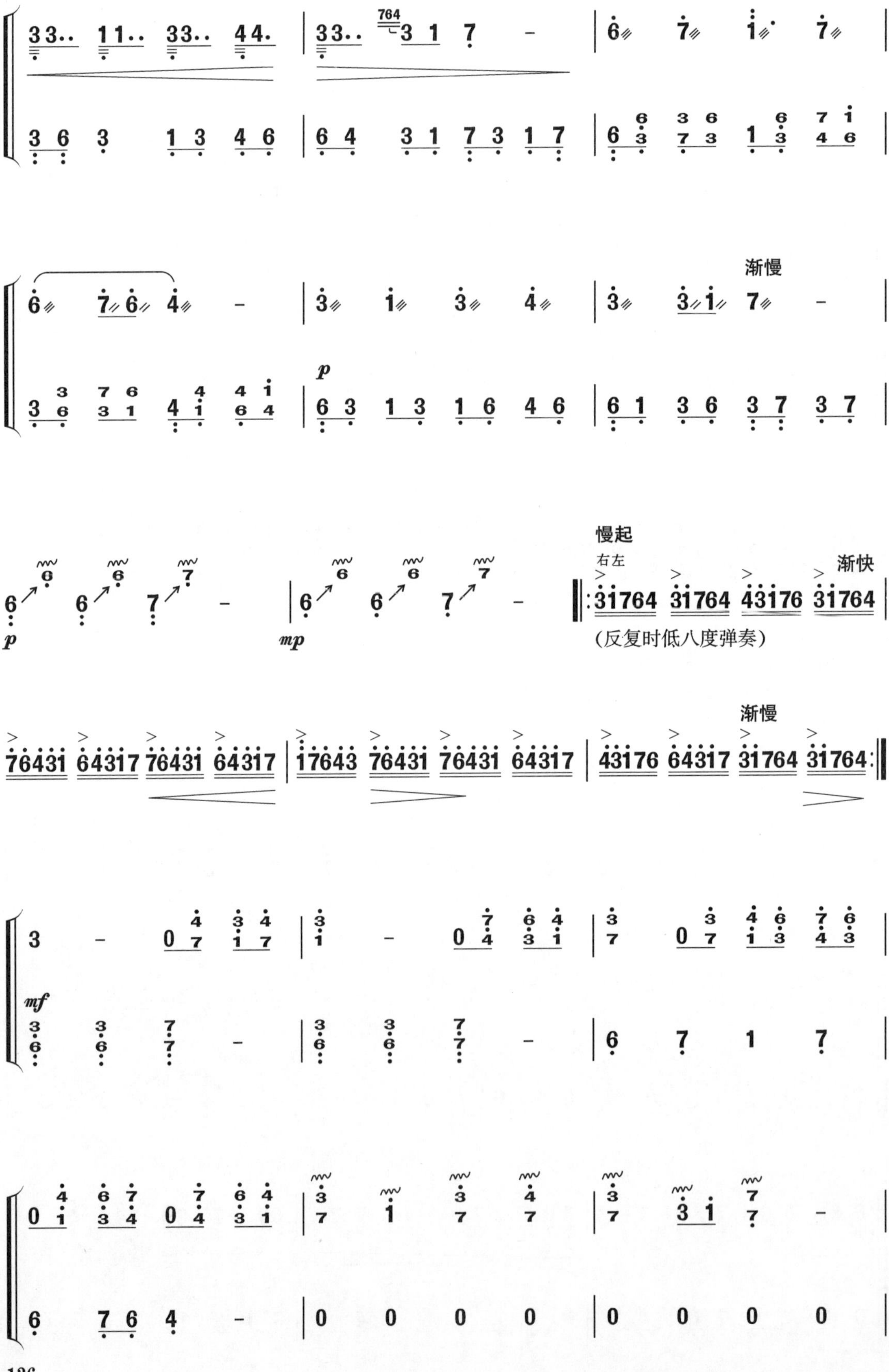
渐慢
慢起
右左
渐快
(反复时低八度弹奏)
渐慢

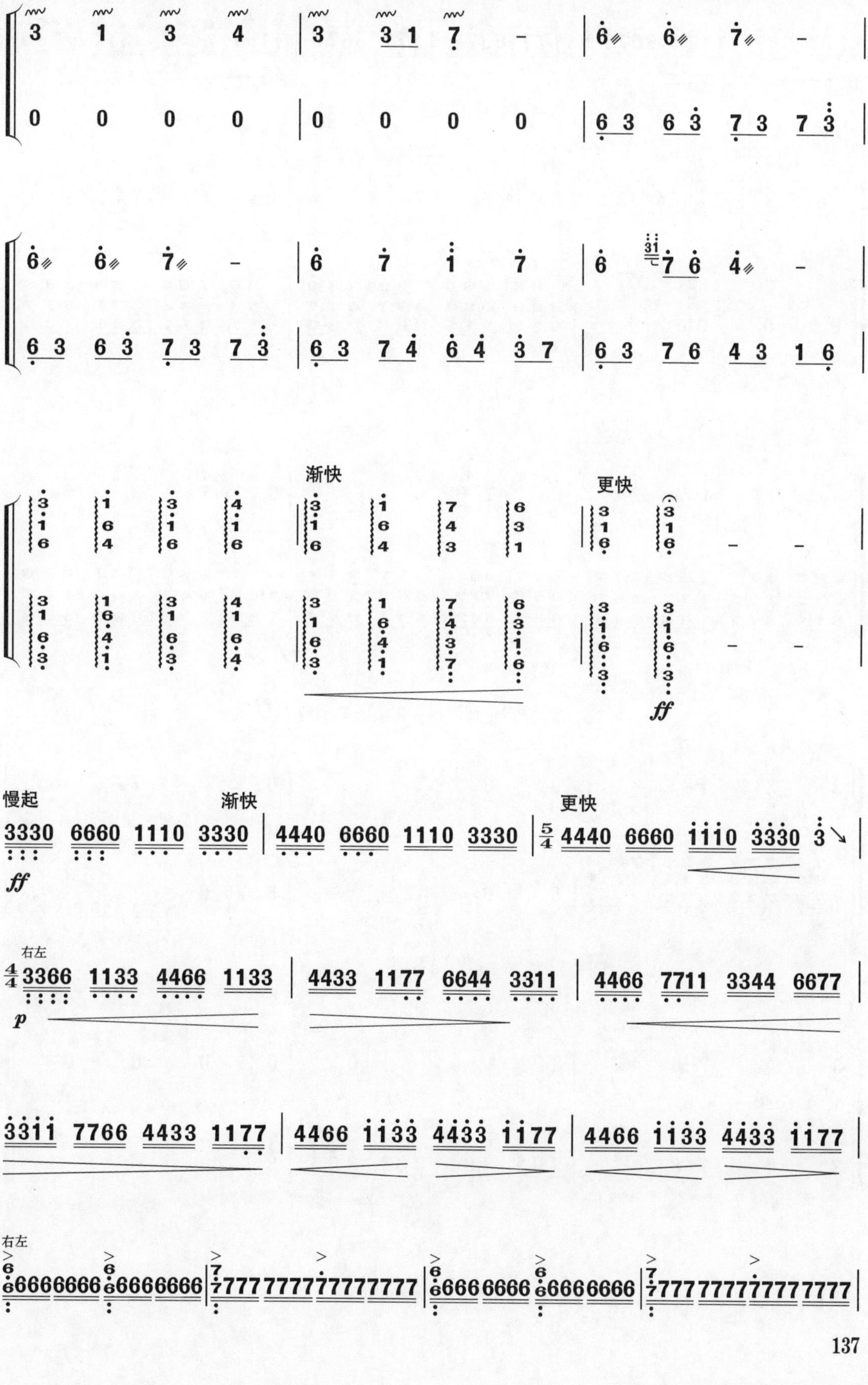
渐快
更快
ff
慢起
渐快
更快
ff
右左
p
右左

注：此曲定弦依次为：34671346713467134671346713。

138

七级

演奏提示及要求：

1. 进一步提高各类摇指（短摇、长摇、扫摇、八度摇、多弦摇等）、快四点、快速分指弹奏、琶音等综合技法及双手配合的演奏能力。

2. 传统乐曲要求在掌握风格特点上准确、到位；创作或改编乐曲要求技术娴熟、演奏完整。

3. 演奏中强调乐句、乐段的划分；气口掌握的分寸；音乐层次的安排；气息的通顺及自如运用。处理好全曲音乐语句关系及表现方式。

寒 鸦 戏 水

1=G 4/4

潮州筝曲
郭 鹰传谱

【一】慢板 ♩=50 悠静、清丽、委婉

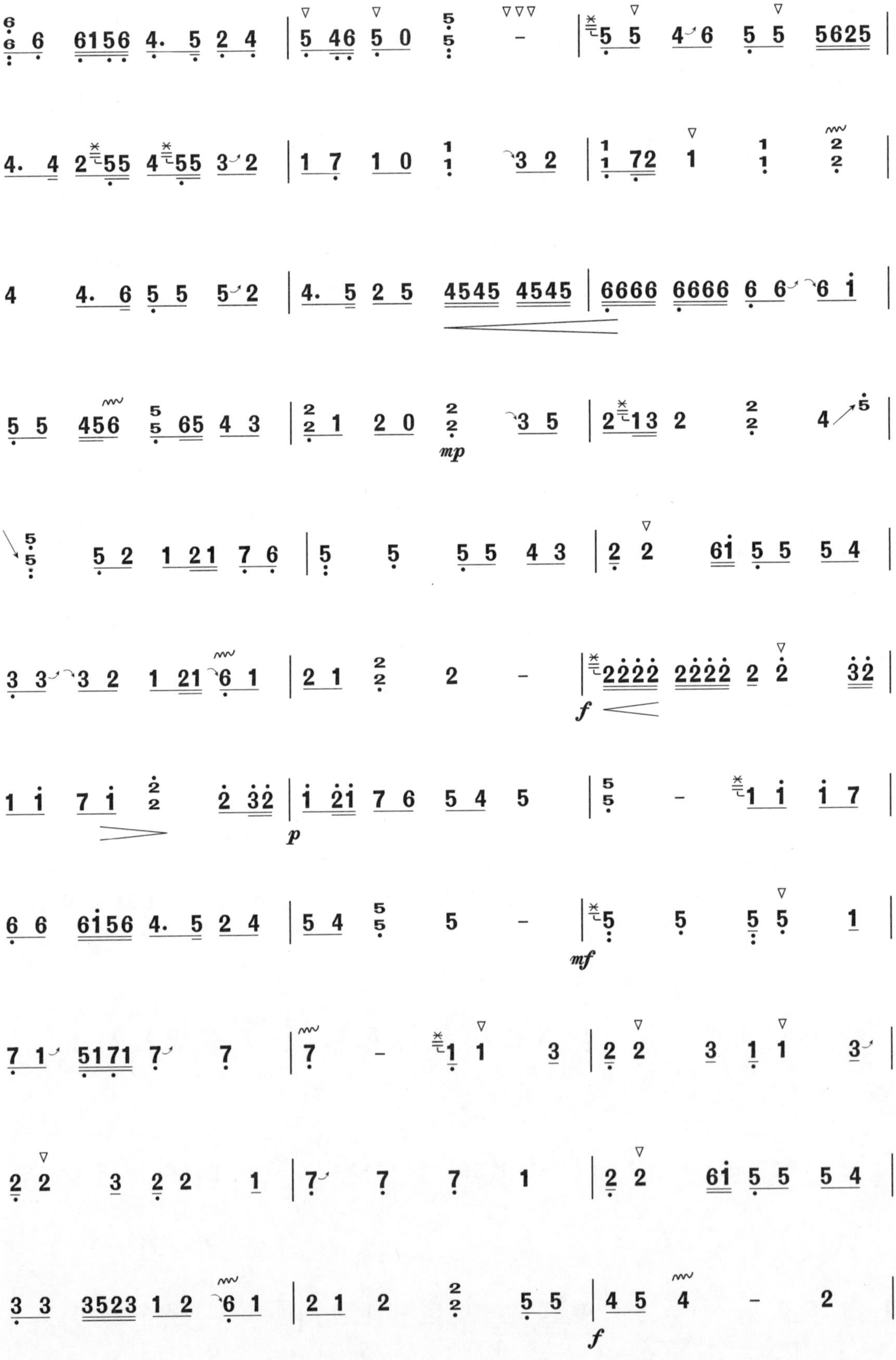

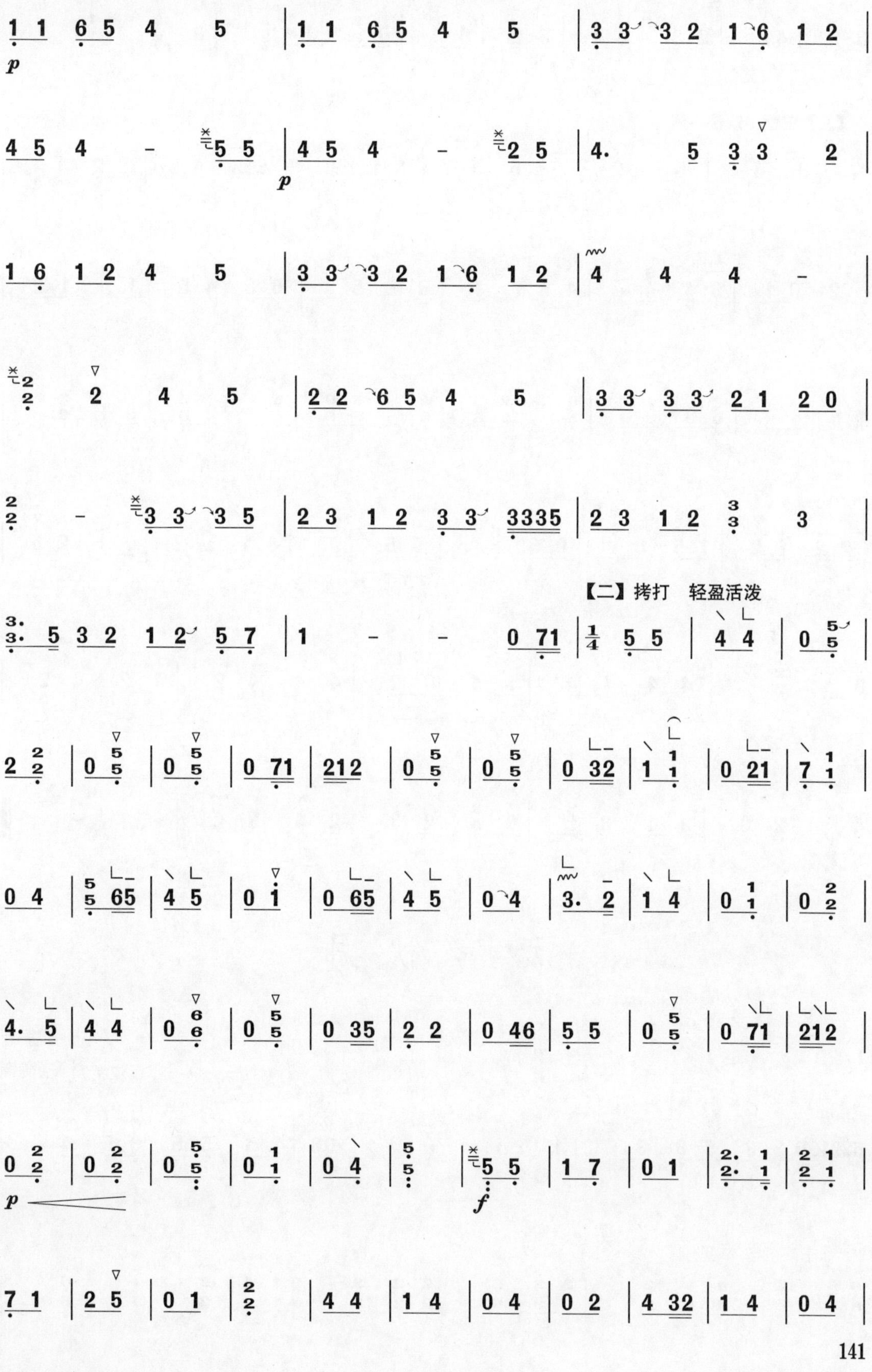
【二】拷打　轻盈活泼

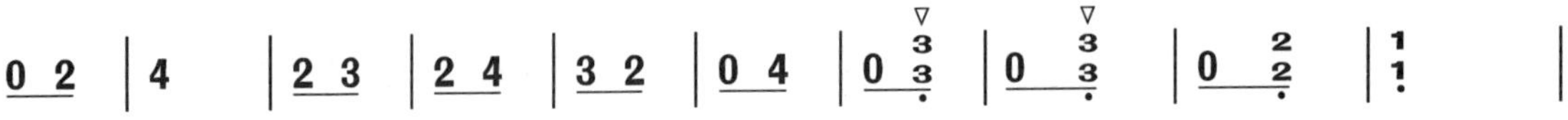

【三】三板 欢快热烈

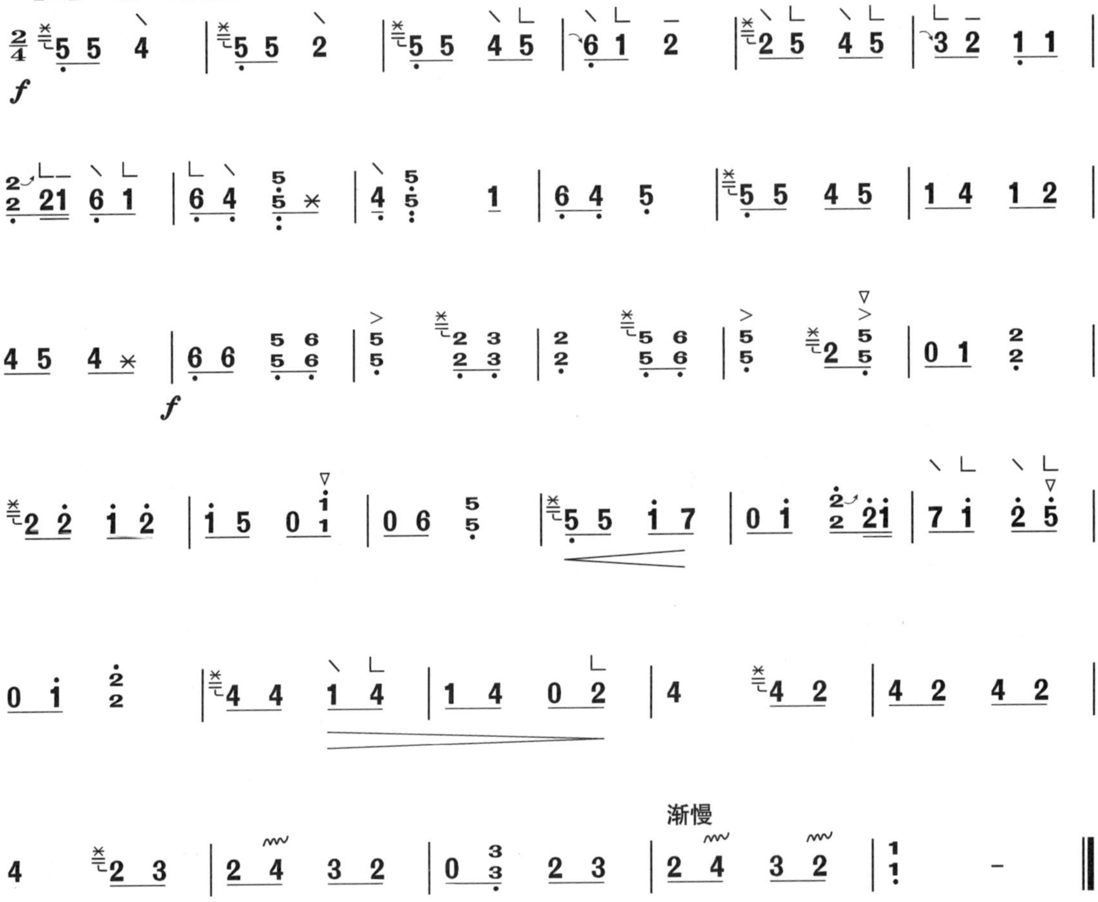

汉宫秋月

山东筝曲
赵玉斋传谱

1＝D $\frac{4}{4}$

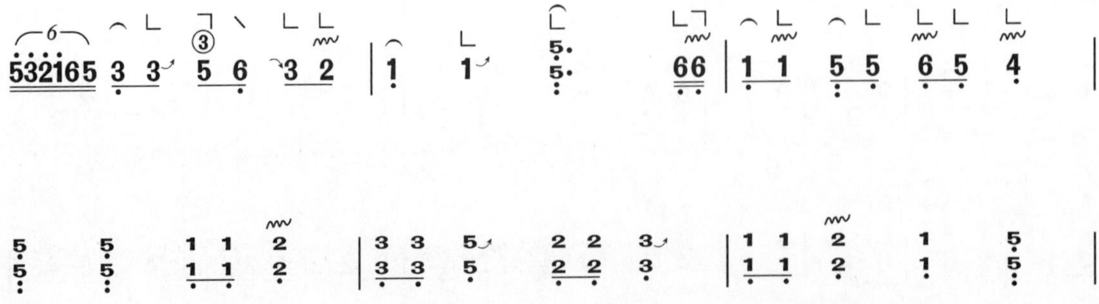

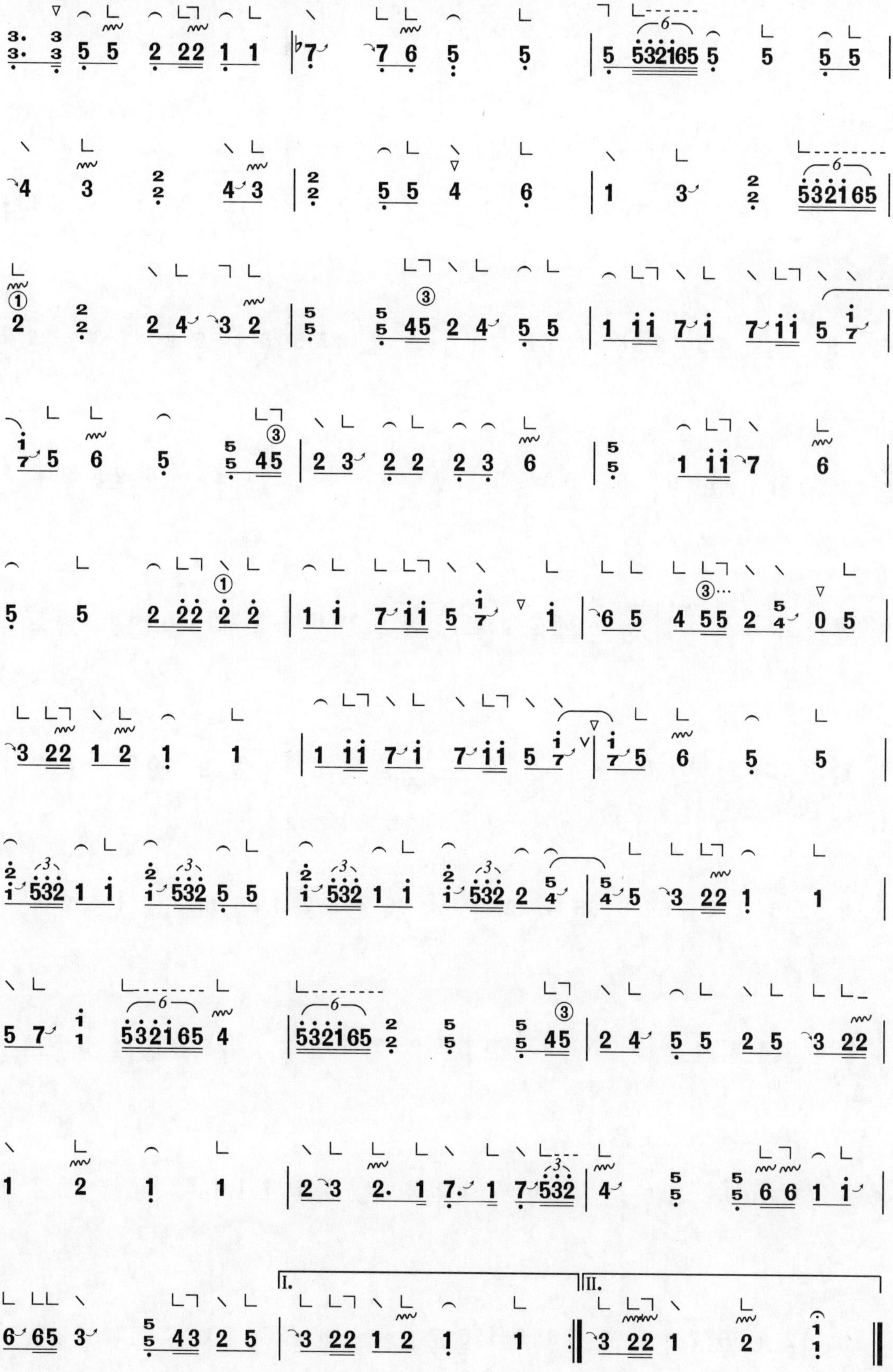

蕉窗夜雨

中州古曲
罗九香传谱
何宝泉整理

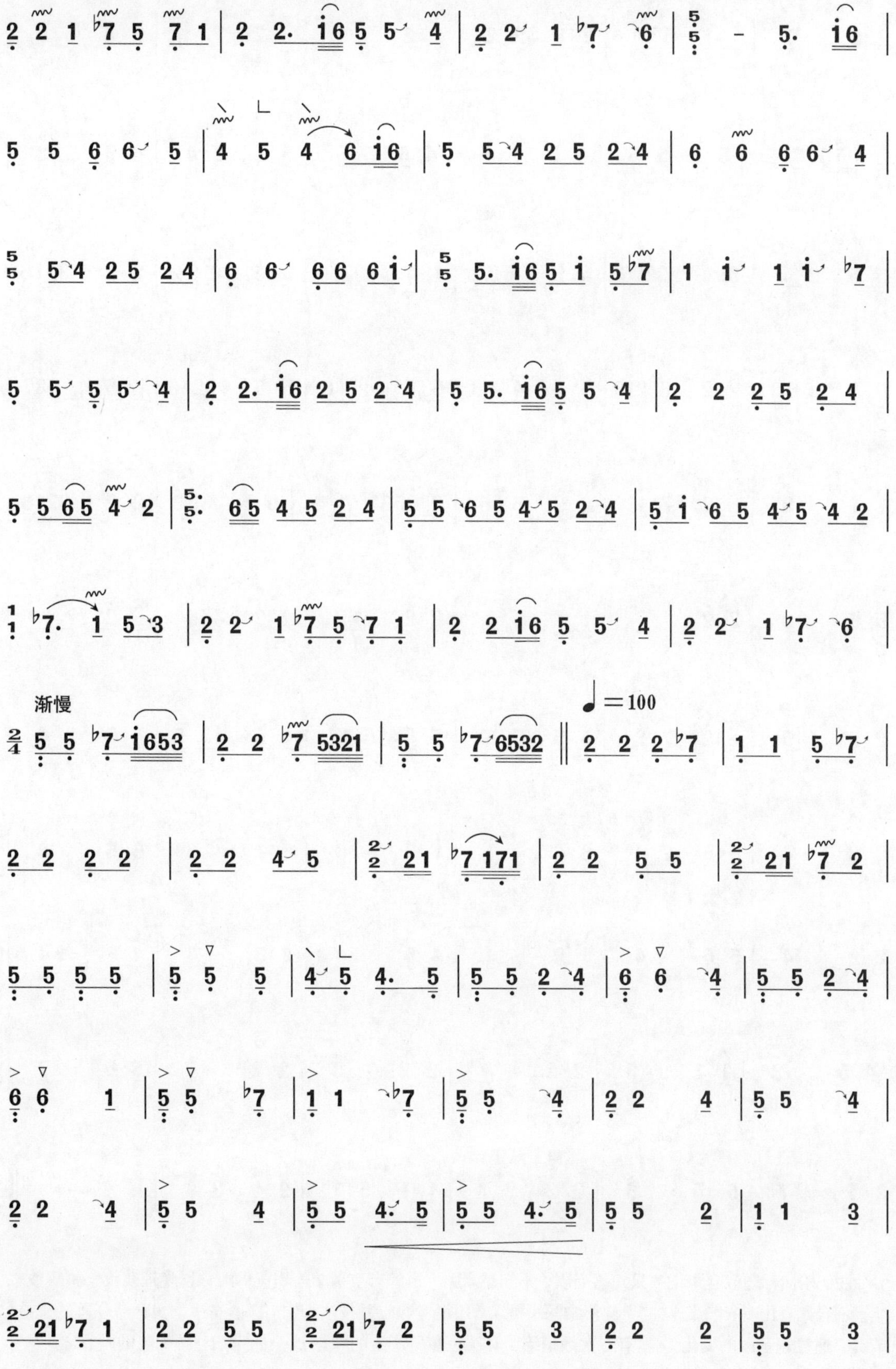
渐慢
♩=100

注：乐曲标题取自宋词"只知愁上眉，不知愁来路。窗外有芭蕉，阵阵黄昏雨。逗晚理残妆，整顿数愁生。不合画春山，依旧流连柱。"旋律幽深缓慢，常用滑音和吟颤技法润饰，静谧安适。变奏部分通过节拍、节奏、速度和音区的变化，富有层次地描绘了耳听芭蕉所产生的联想。全曲宛如一幅优美的画卷。

打 雁

河南筝曲

曹东扶传谱

山 坡 羊

河 南 筝 曲
任清志传谱
项斯华订谱

注：该曲又名《状元游街》，是一首河南民间乐曲。特点是欢快优美，结构严密。

战 台 风

1=D 2/4

快速 热情洋溢

王昌元曲

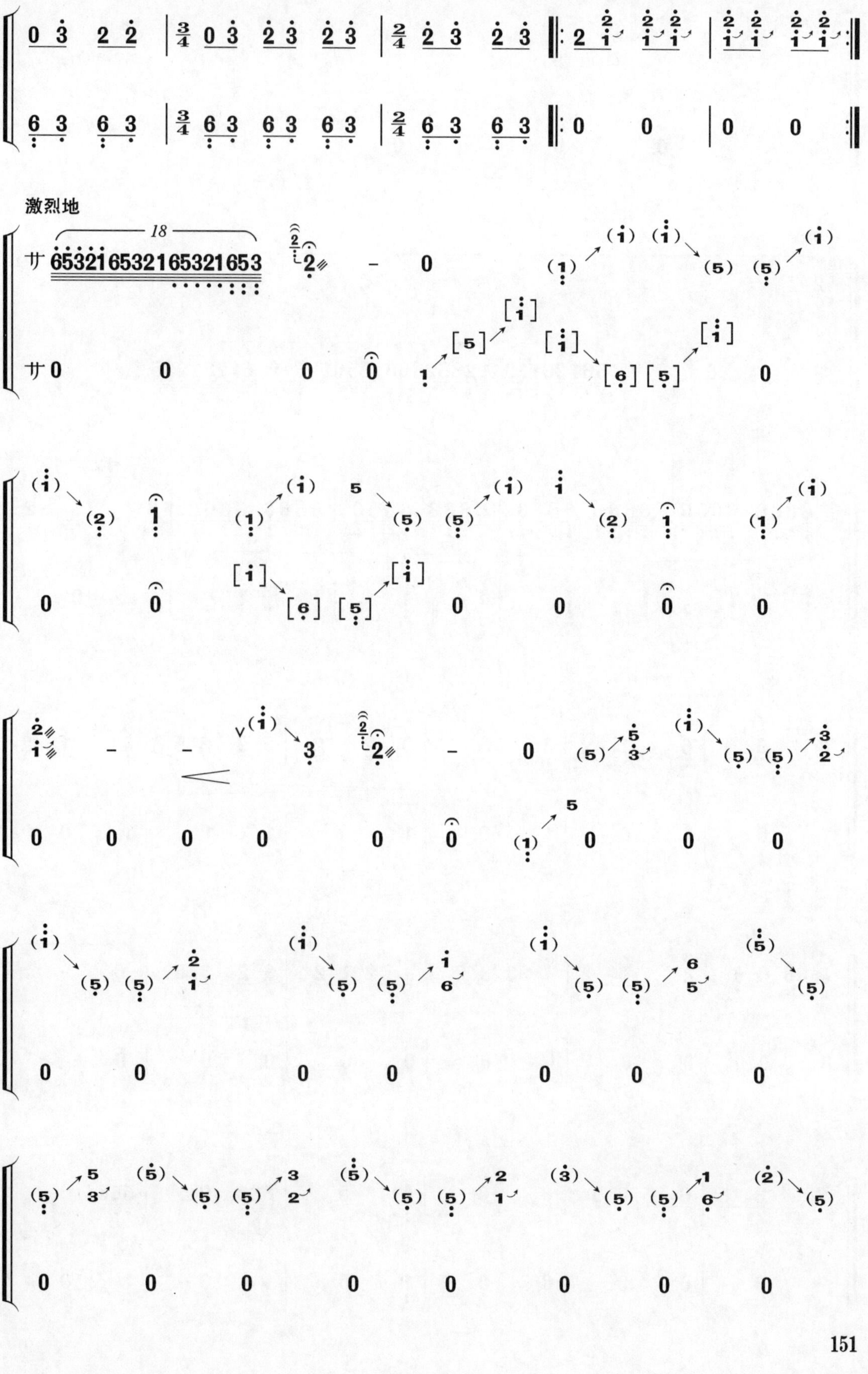
激烈地

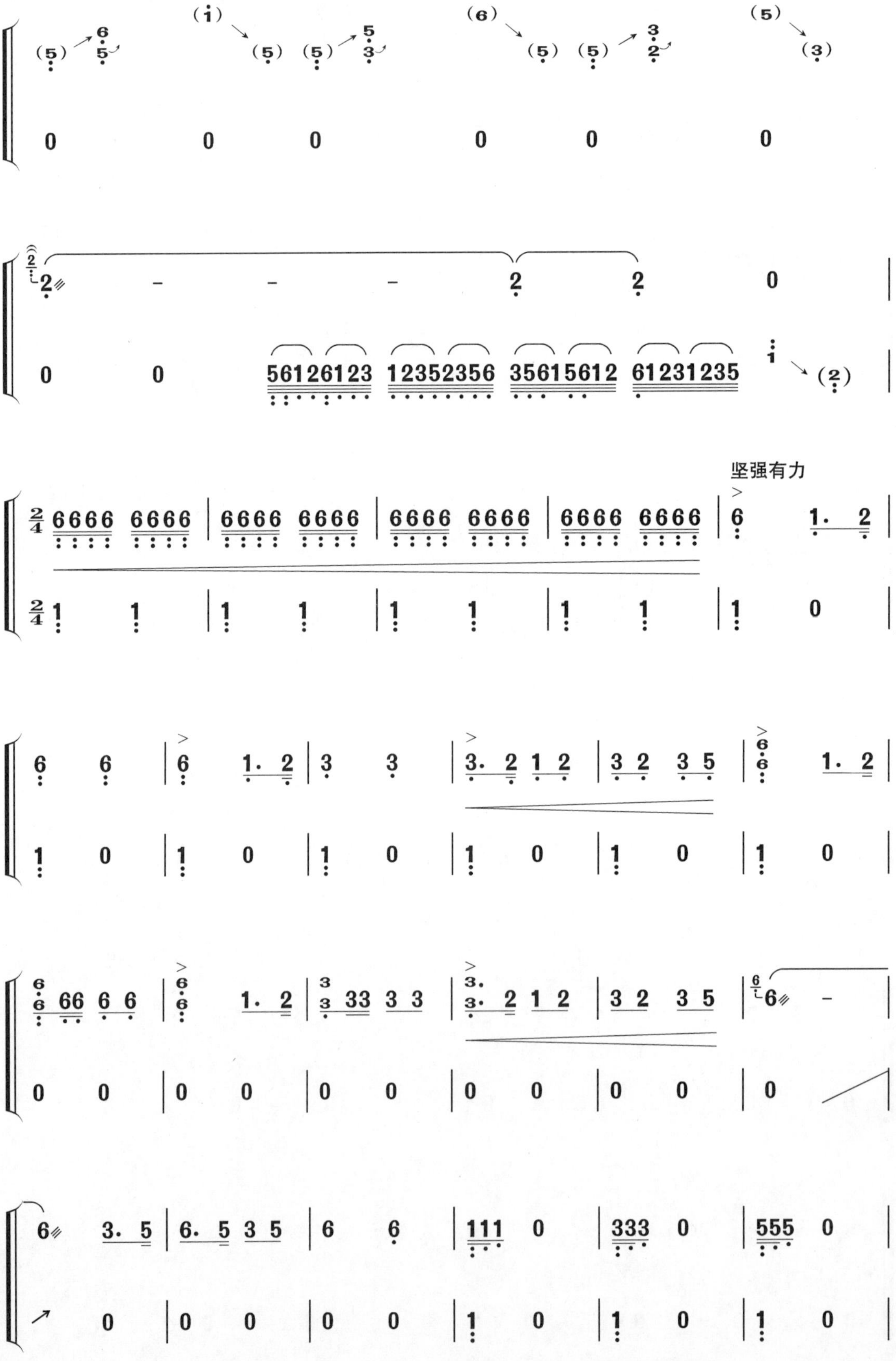
坚强有力

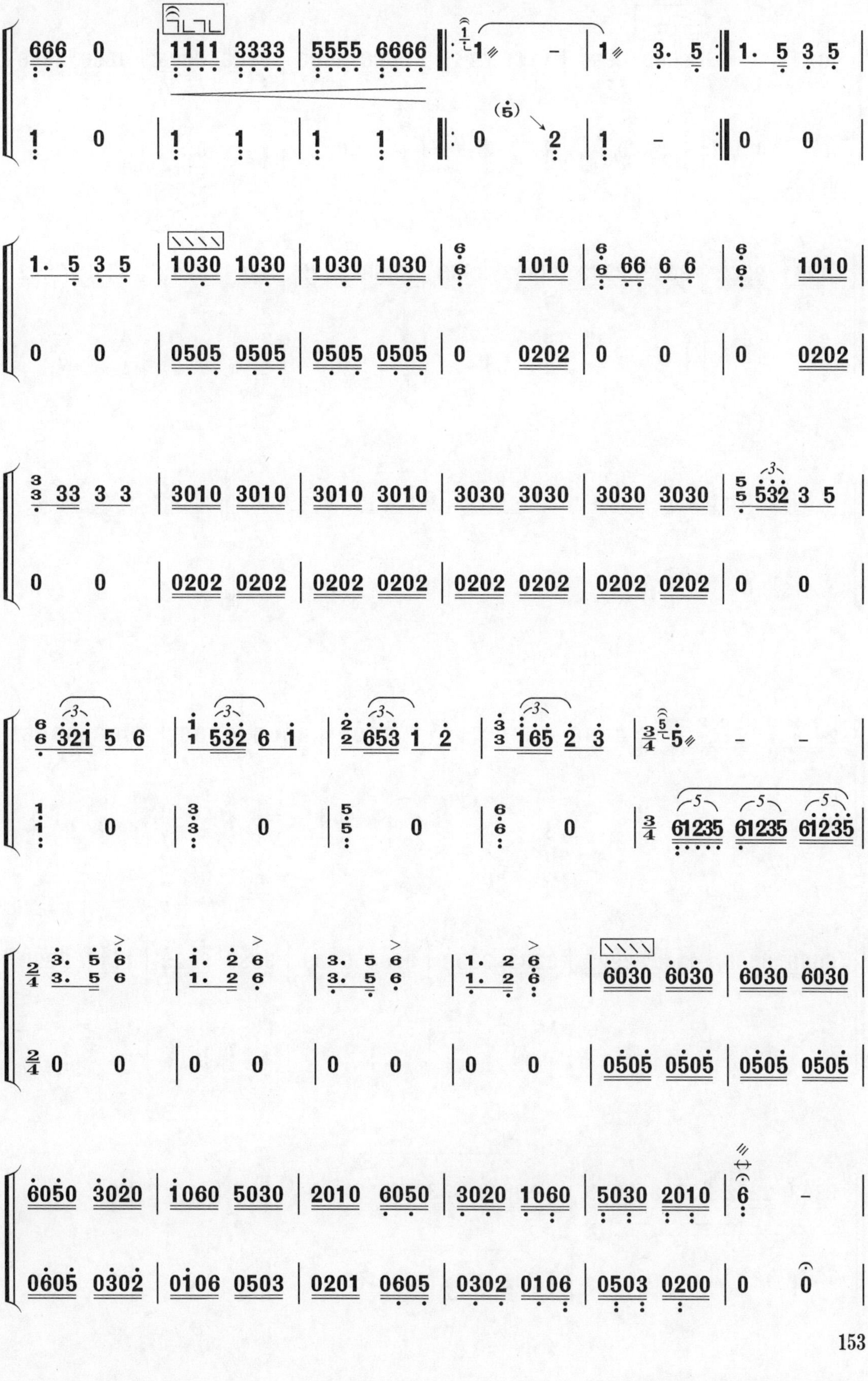

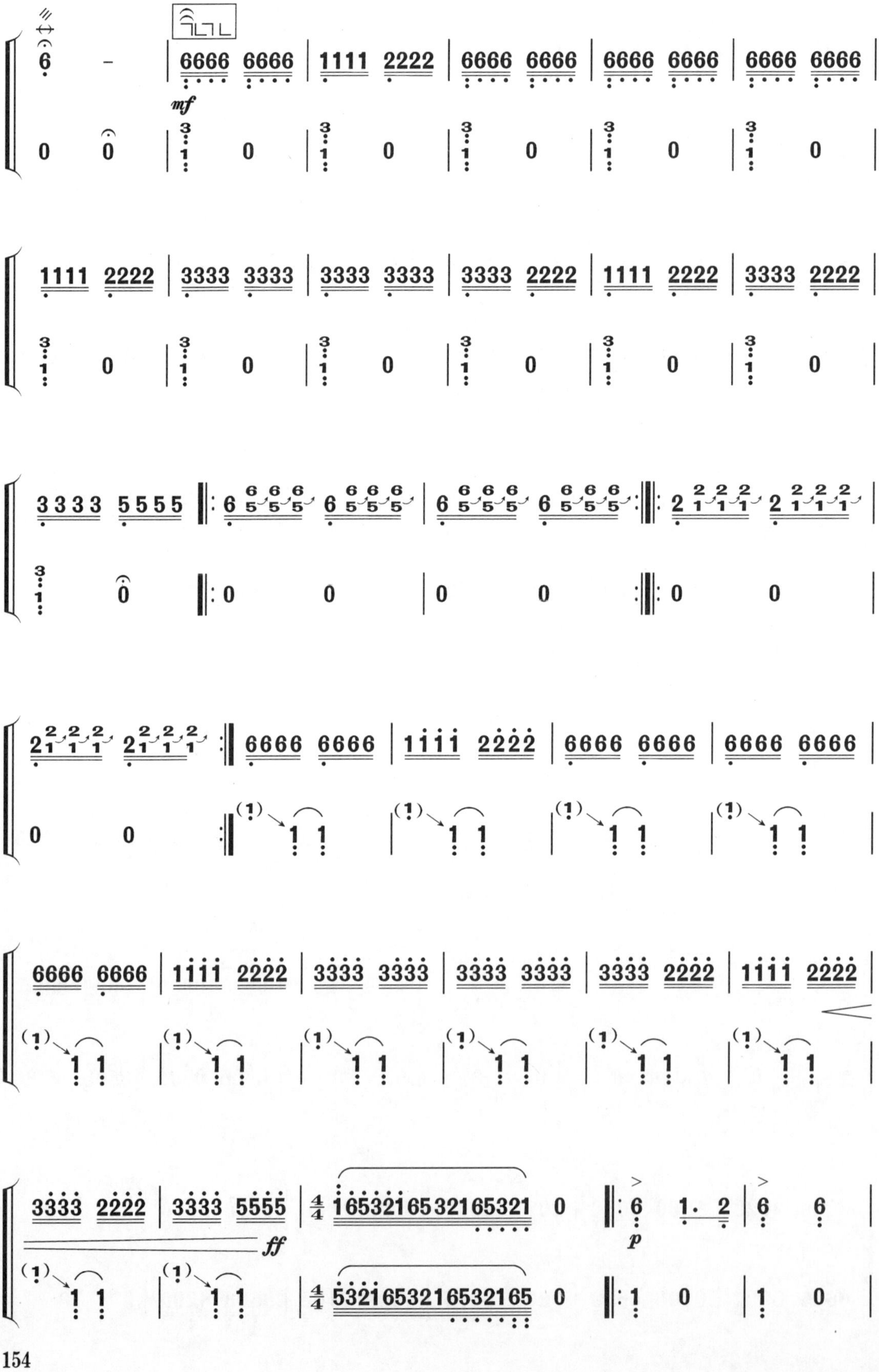

II.

第一段 (I.)

```
6̣   1̣. 2̣ | 3  3  | 3̣. 2̣ 1̣ 2̣ | 3 2 3 5 | 6̇  6̣ :‖
1̣   0    | 1̣ 0   | 1̣  0       | 1̣ 0     | 1̣  0  :‖
```

II. f
```
6060 6060 | 1010 2020 | 6060 6060 | 6060 6060 | 6060 6060 |
0606 0606 | 0101 0202 | 0606 0606 | 0606 0606 | 0606 0606 |
```

```
1010 2020 | 3030 3030 | 3030 3030 | 3030 2020 | 1010 2020 |
0101 0202 | 0303 0303 | 3030 3030 | 0303 0202 | 0101 0202 |
```

```
3030 2020 | 3030 5050 | 6060 6060 | 1010 2020 | 6060 6060 |
0303 0202 | 0303 0505 | 0606 0606 | 0101 0202 | 0606 0606 |
```

ff
```
6060 6060 | 6060 6060 | 1010 2020 | 3030 3030 | 3030 3030 |
0606 0606 | 0606 0606 | 0101 0202 | 0303 0303 | 0303 0303 |
```

fff
```
3030 2020 | 1010 2020 | 3030 2020 | 3030 5  0 | 6̇  —  |
0303 0202 | 0101 0202 | 0303 0202 | 0303 0  1̣ | (1̣) (6)(1) (2̣) |
```

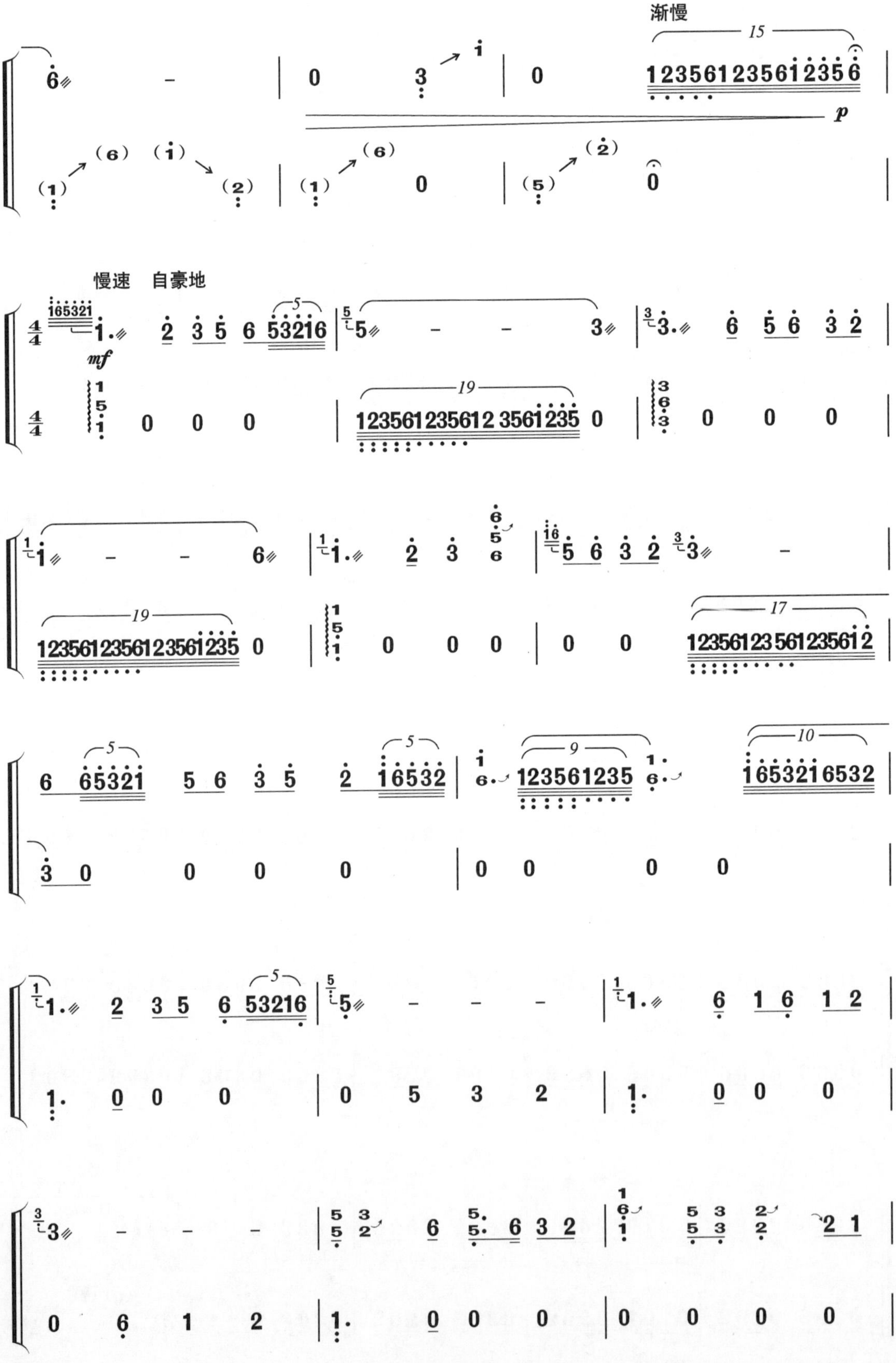
渐慢
p
慢速　自豪地
mf

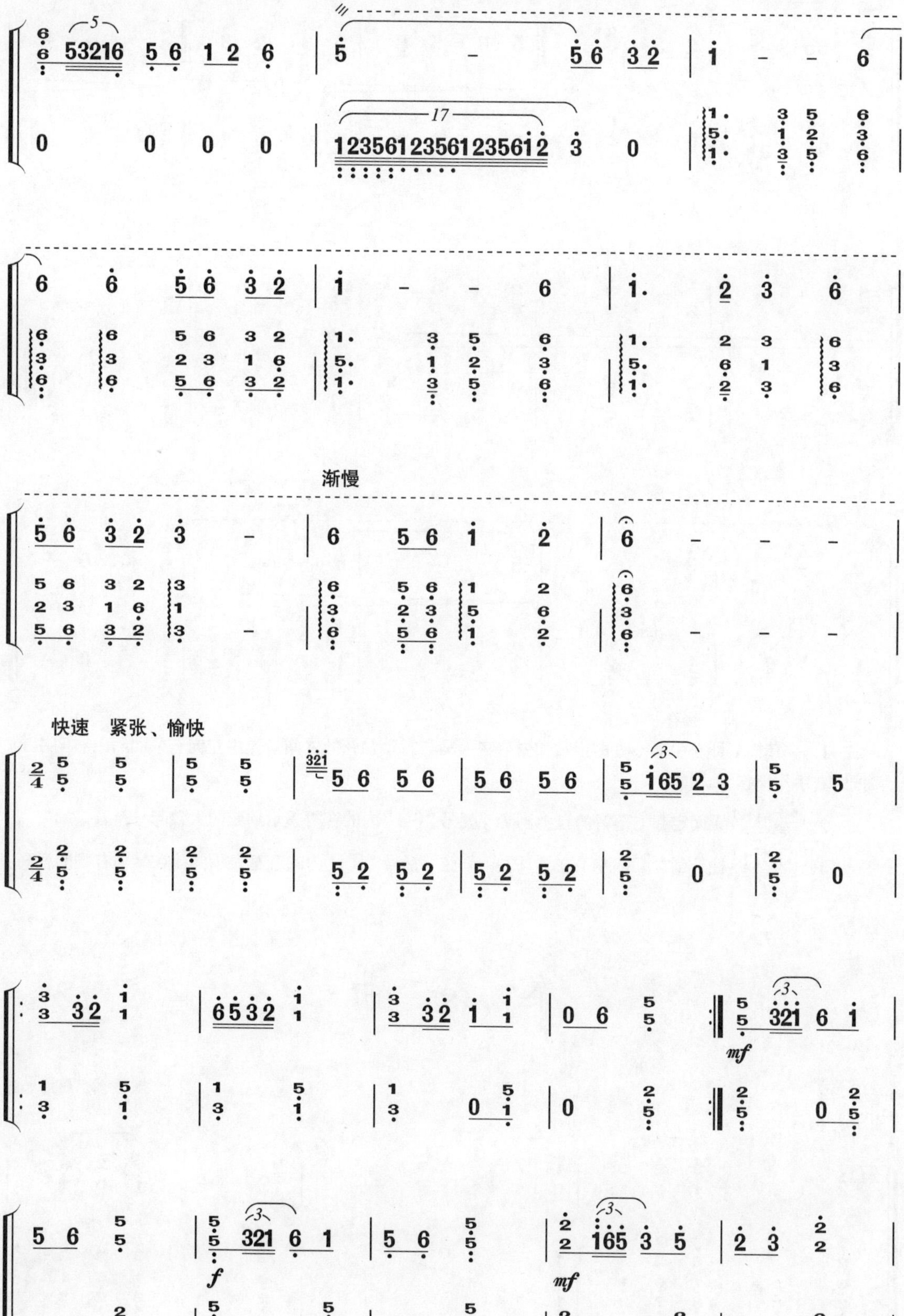
渐慢
快速　紧张、愉快
mf
f
mf

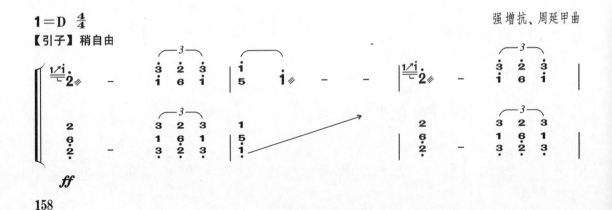

注：1. ⤧ 扣摇，即左手拇、食两指紧扣弦，在琴马与右手触弦处之间，先由左向右，而后由右向左拨动，同时右手作拇指摇。

2. (i̠)↘(5) 无固定起、落音的自由刮奏，括号"（ ）"内的音符表示划弦的大致起、落音。

3. [5̠]↗[i̠] 柱外刮奏，即左手在琴马左侧划弦，括号"[ ]"内的音符表示同弦在琴马右侧的音高。

秦 桑 曲

1＝D 4/4

强增抗、周延甲曲

【引子】稍自由

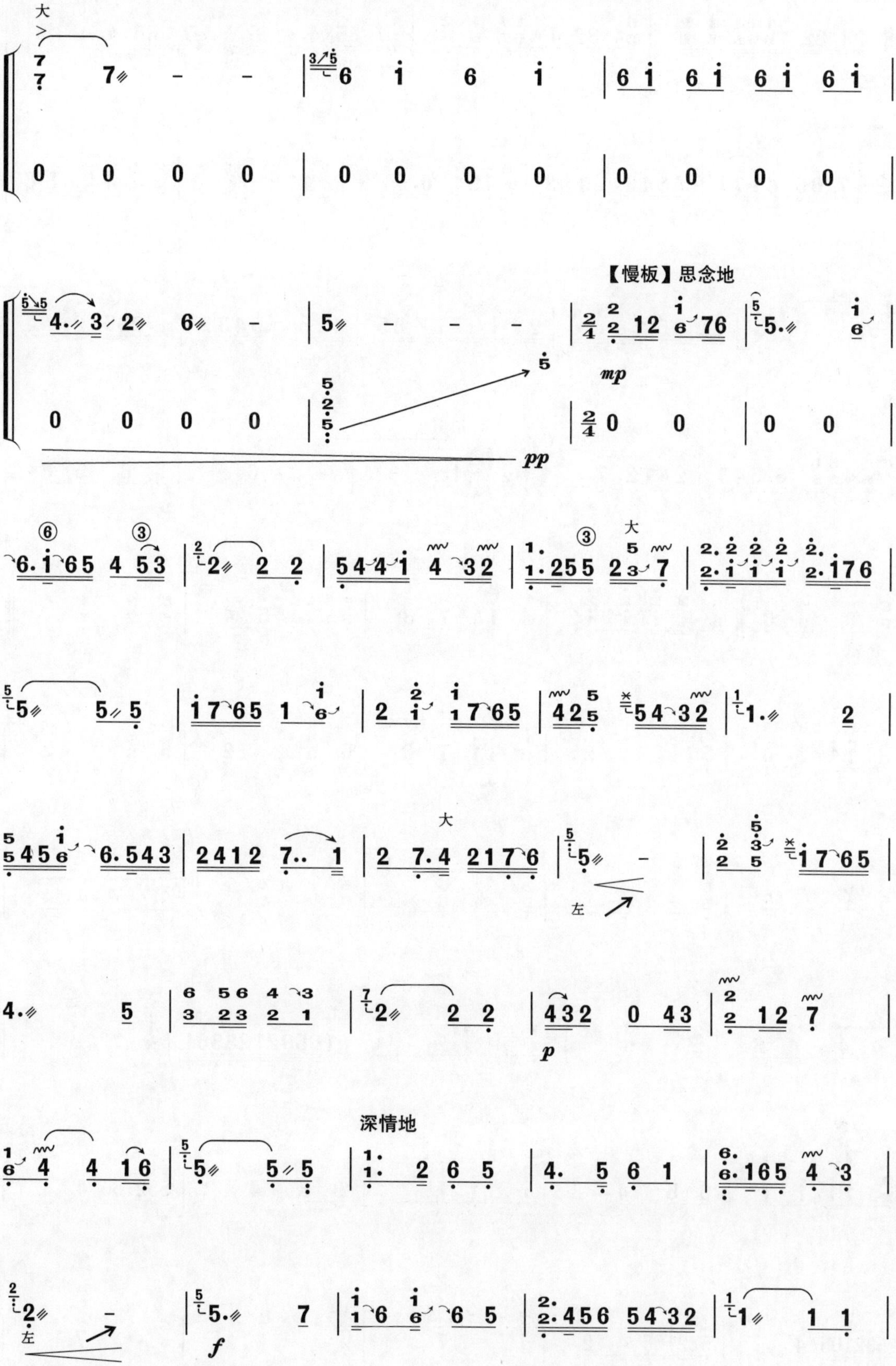
大
【慢板】思念地
mp
pp
大
大
左
p
深情地
f
左

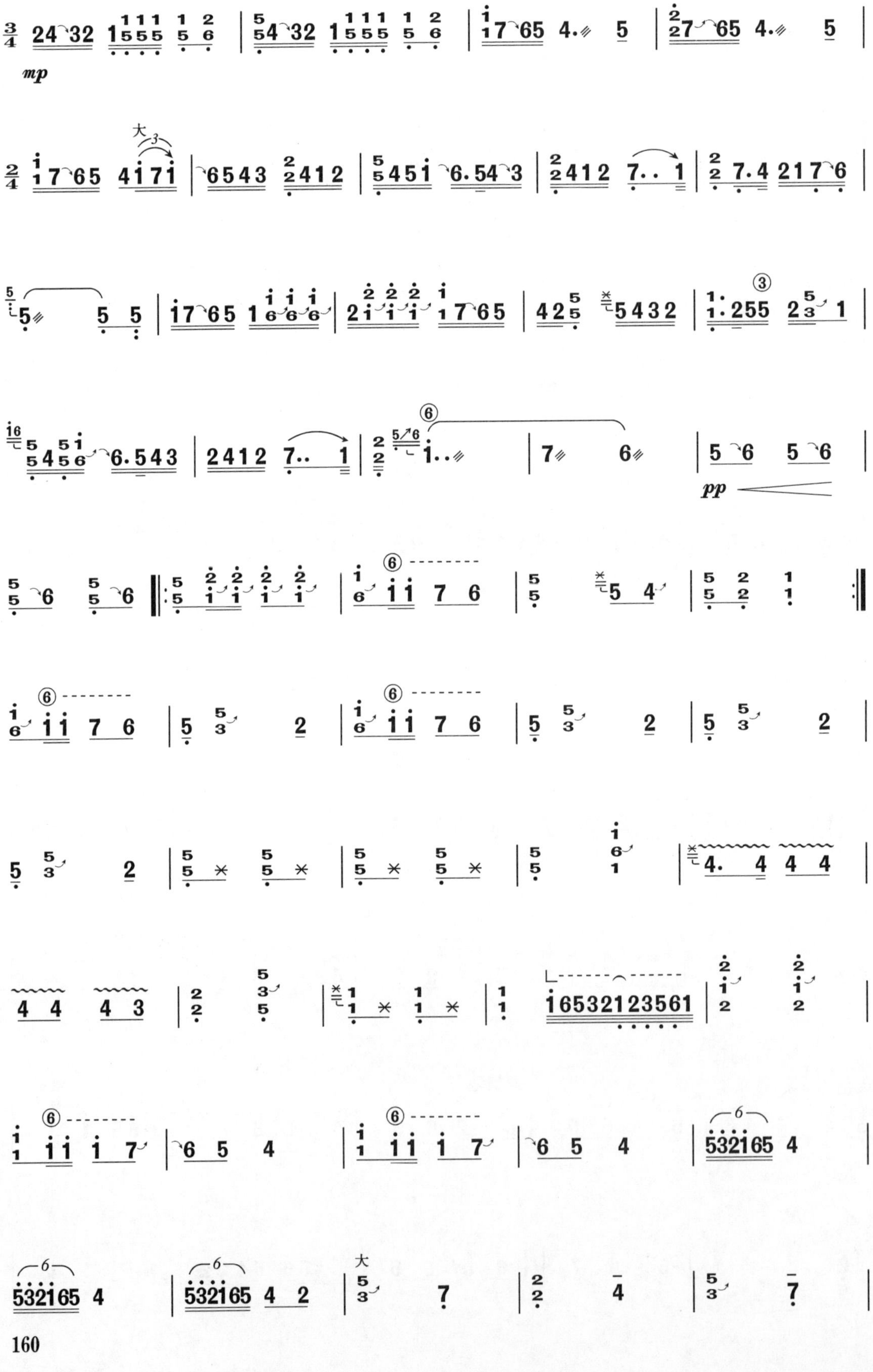
mp
大
pp
大

彝 族 舞 曲

王 惠 然 曲
潘 妙 兴 整理

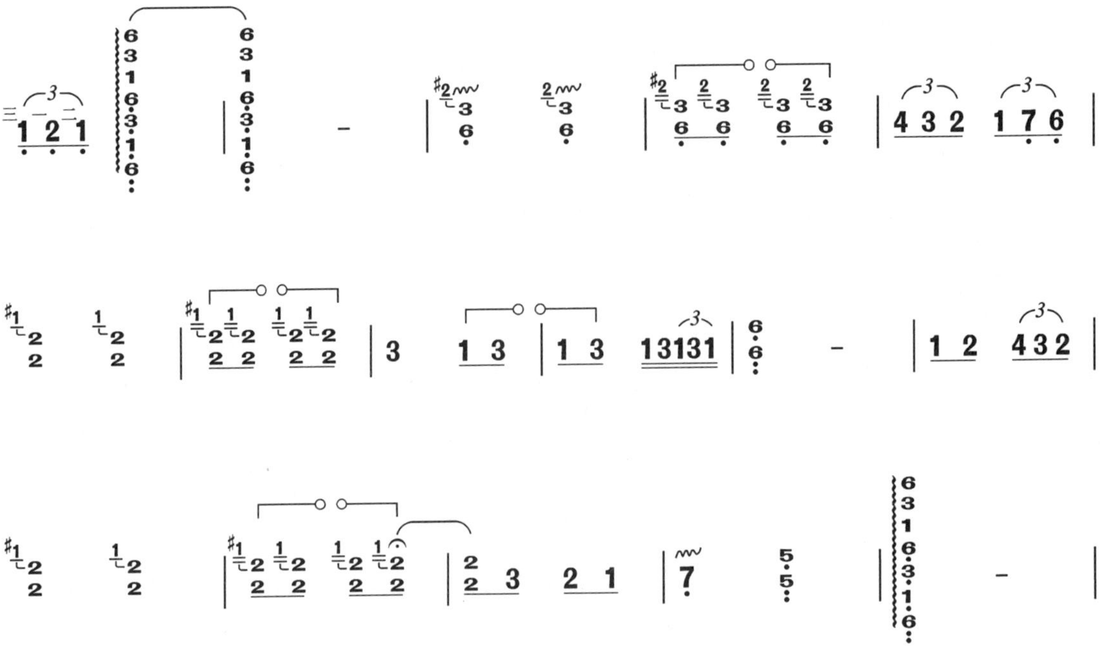

【二】姑娘漫舞　优美地 ♩=60

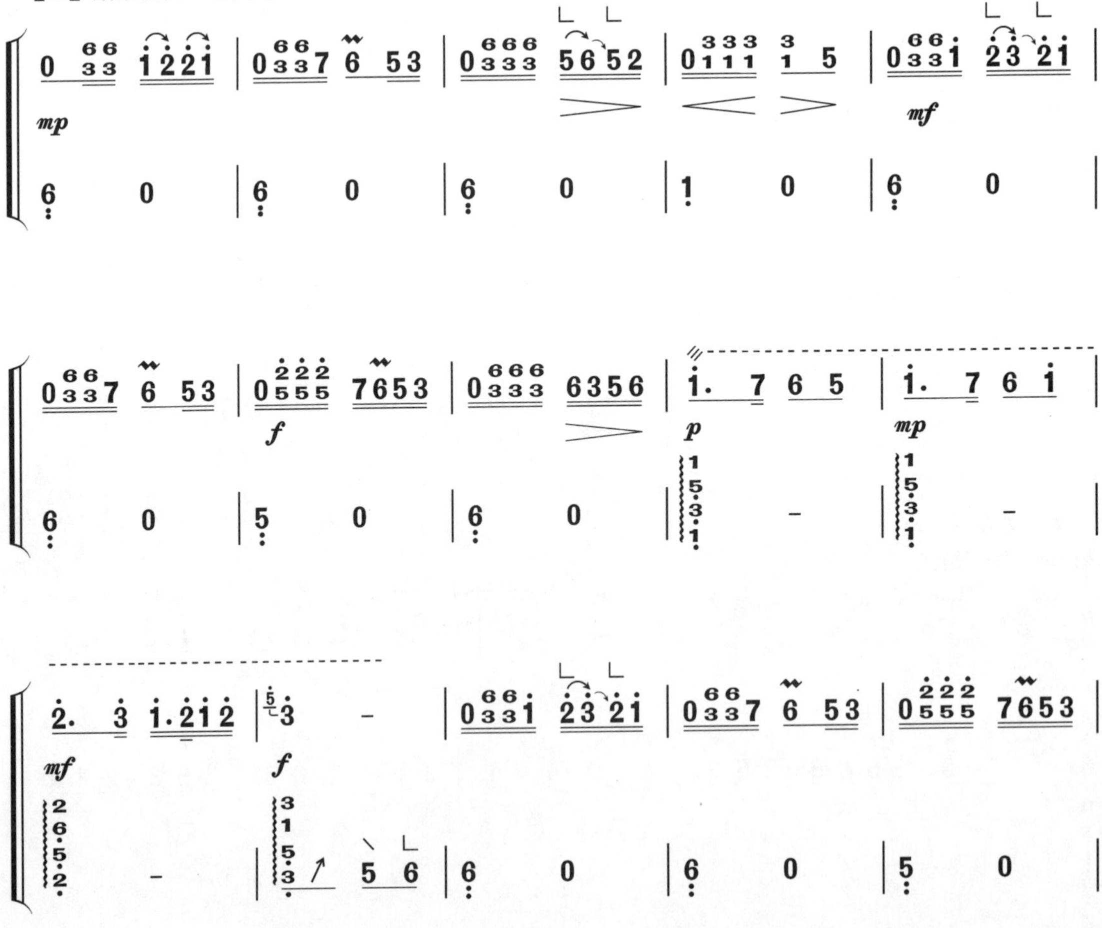

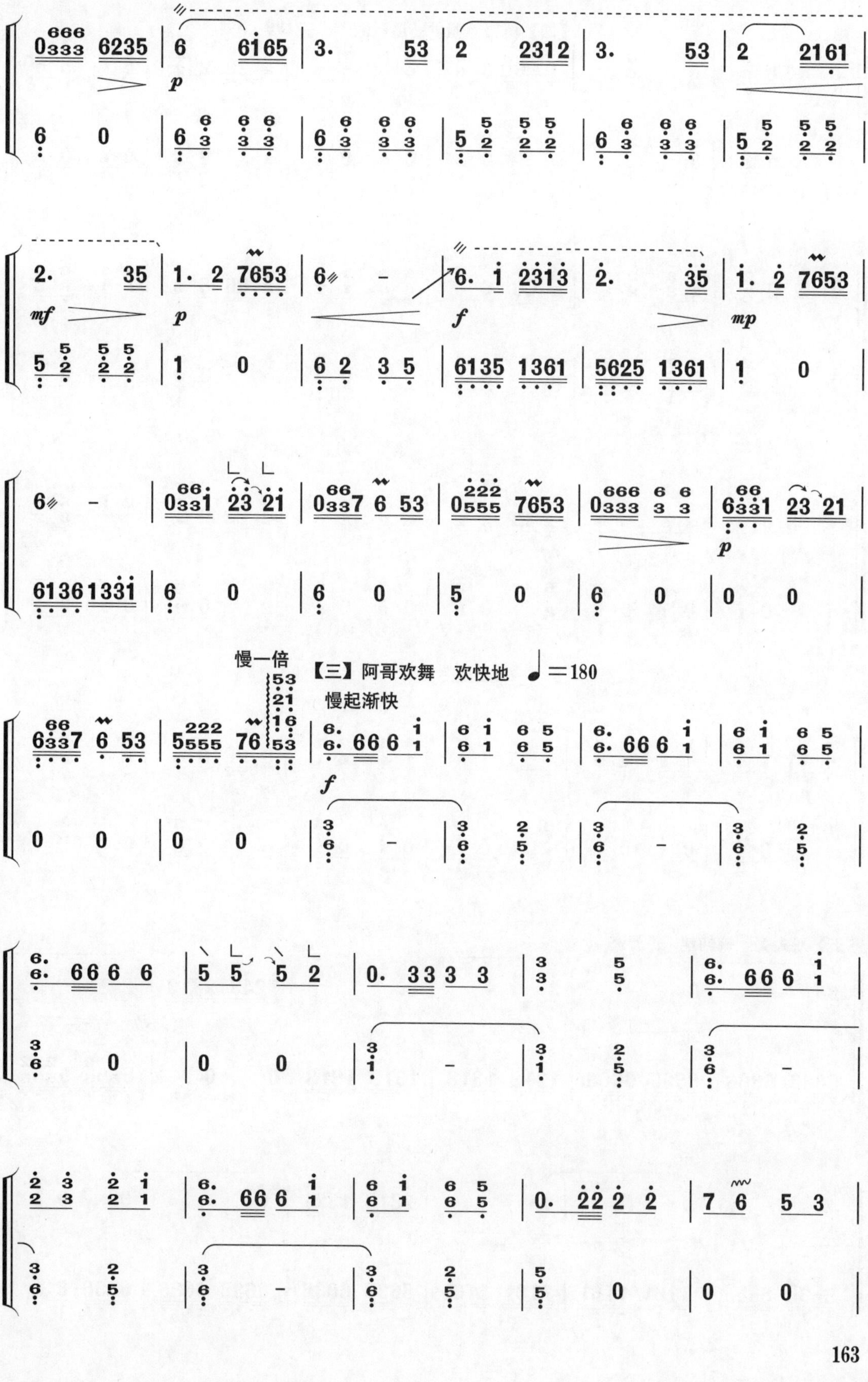
慢一倍
【三】阿哥欢舞 欢快地 ♩=180
慢起渐快

164

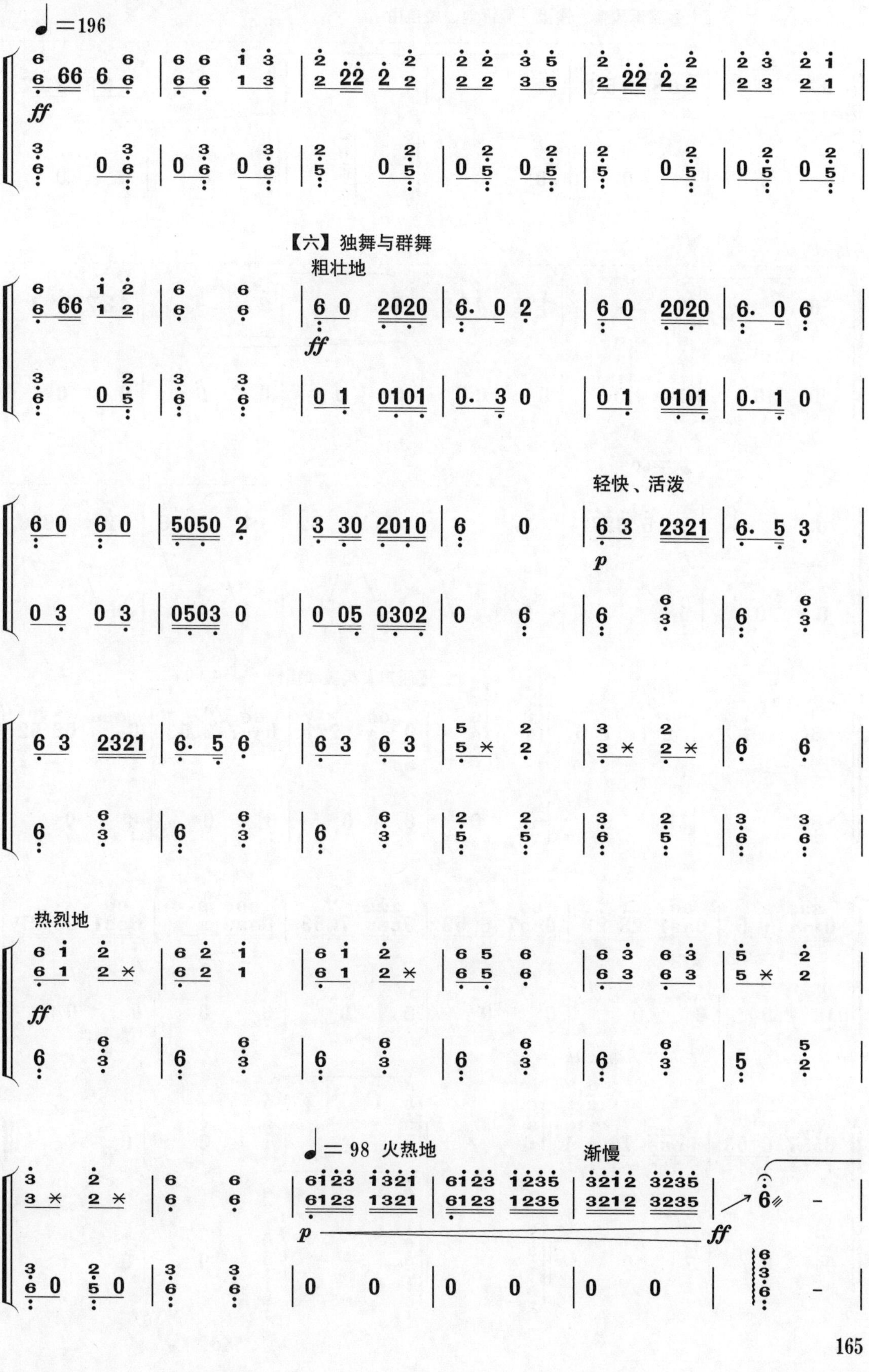
♩=196
ff
【六】独舞与群舞
粗壮地
ff
轻快、活泼
p
热烈地
ff
♩=98 火热地
渐慢
p
ff

166

雪山春晓

范上娥、格桑达吉曲

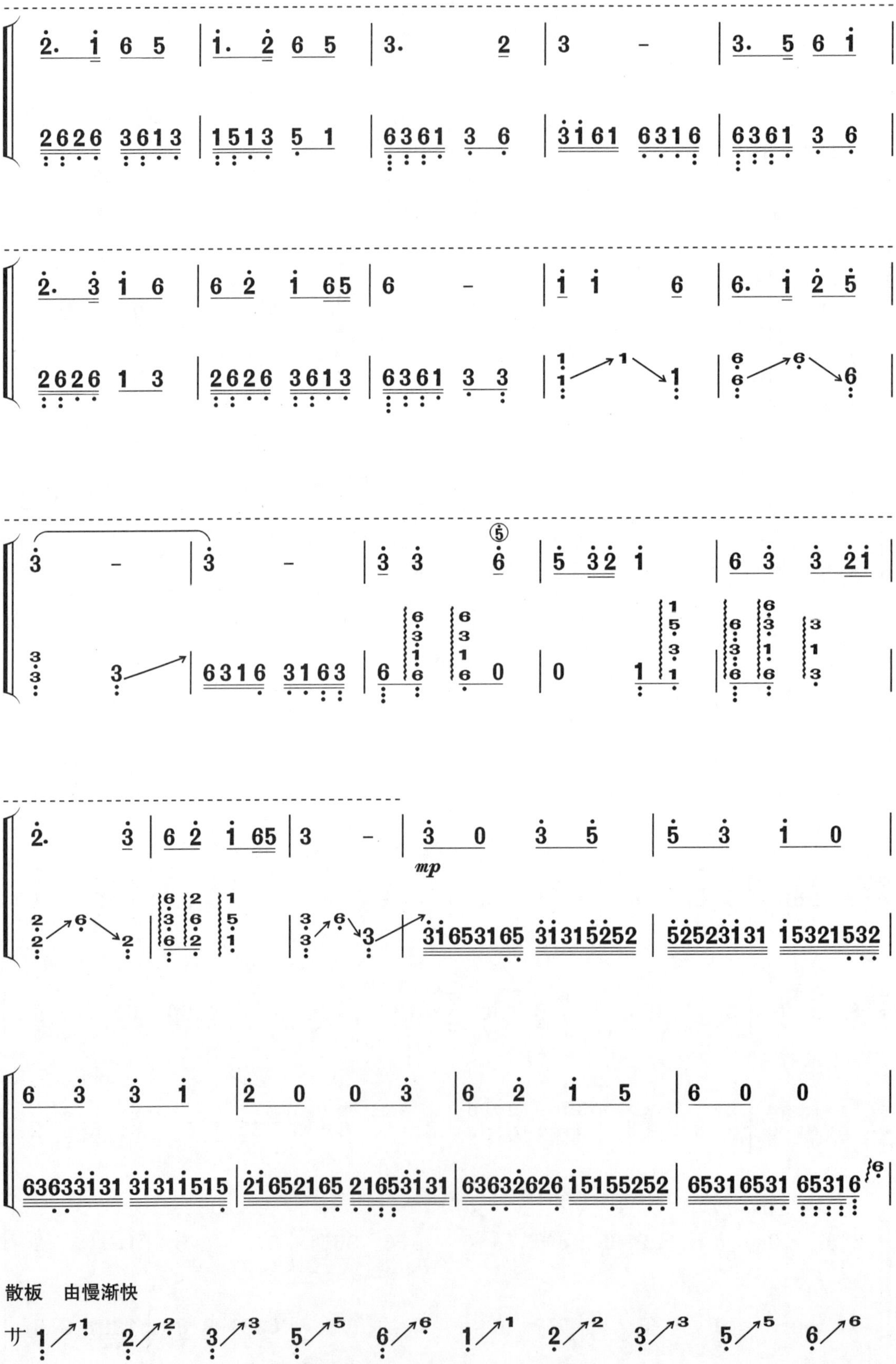
mp
散板　由慢渐快

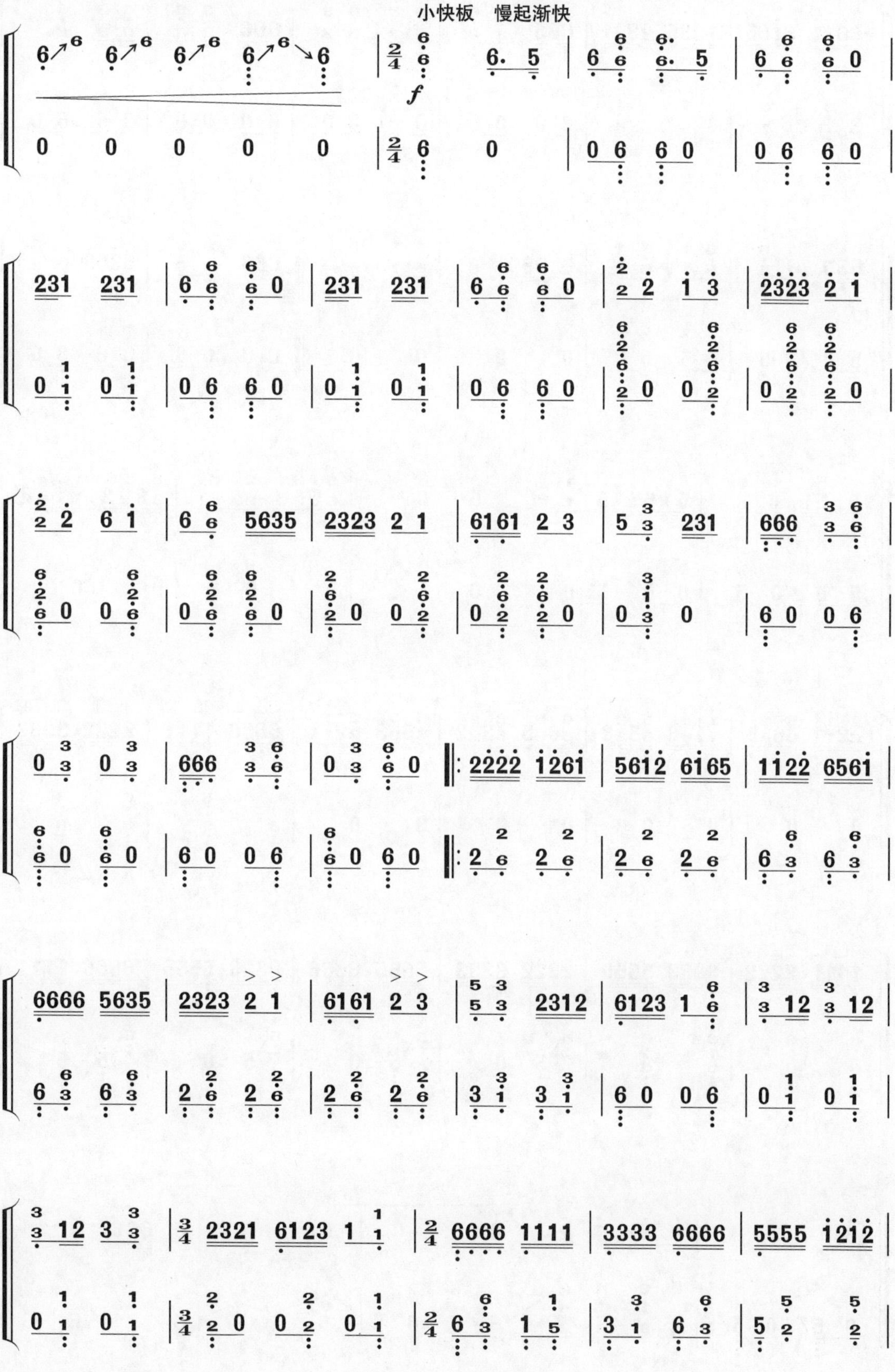
小快板　慢起渐快

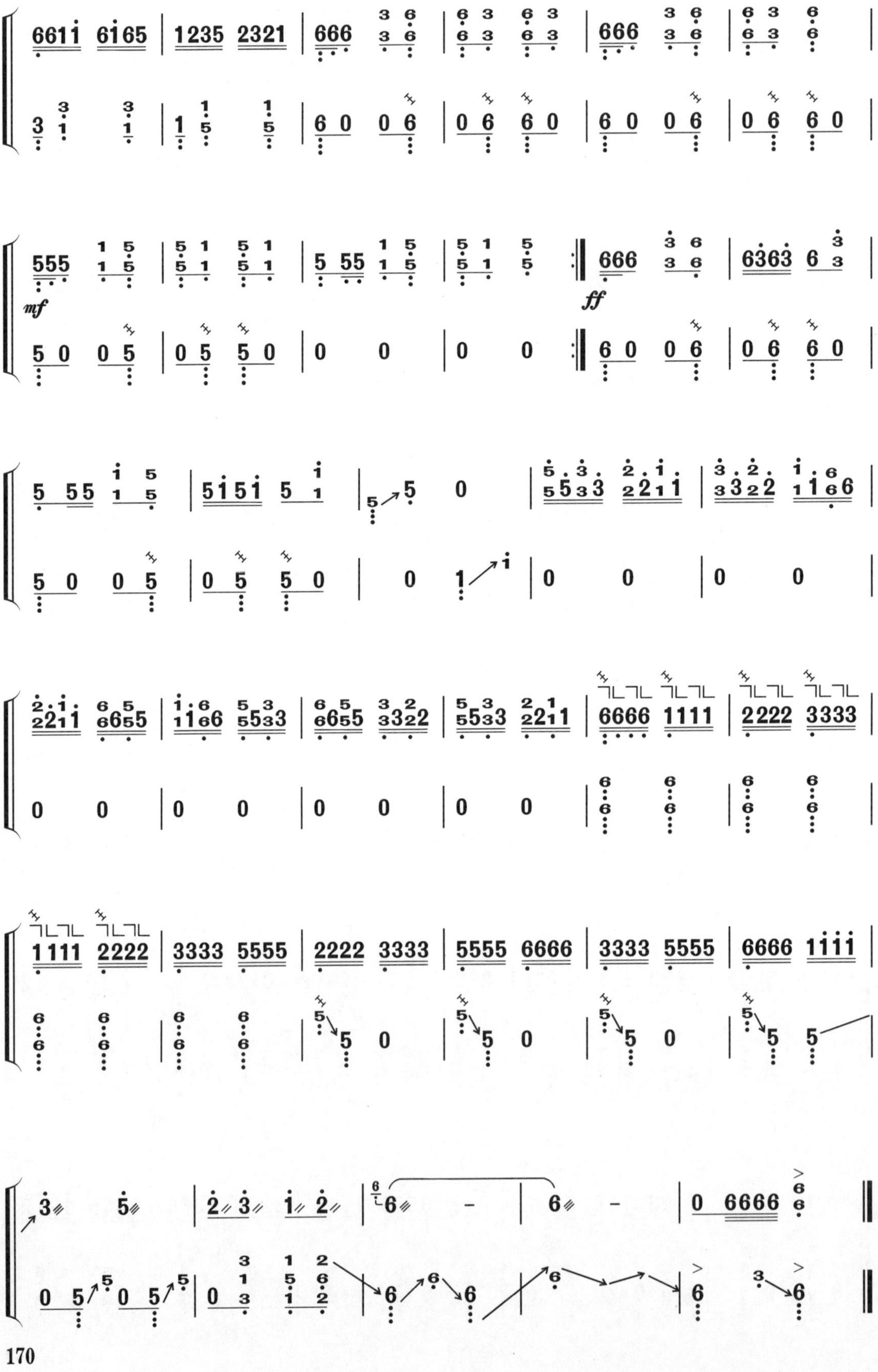

春 潮

朱晓谷曲

171

172

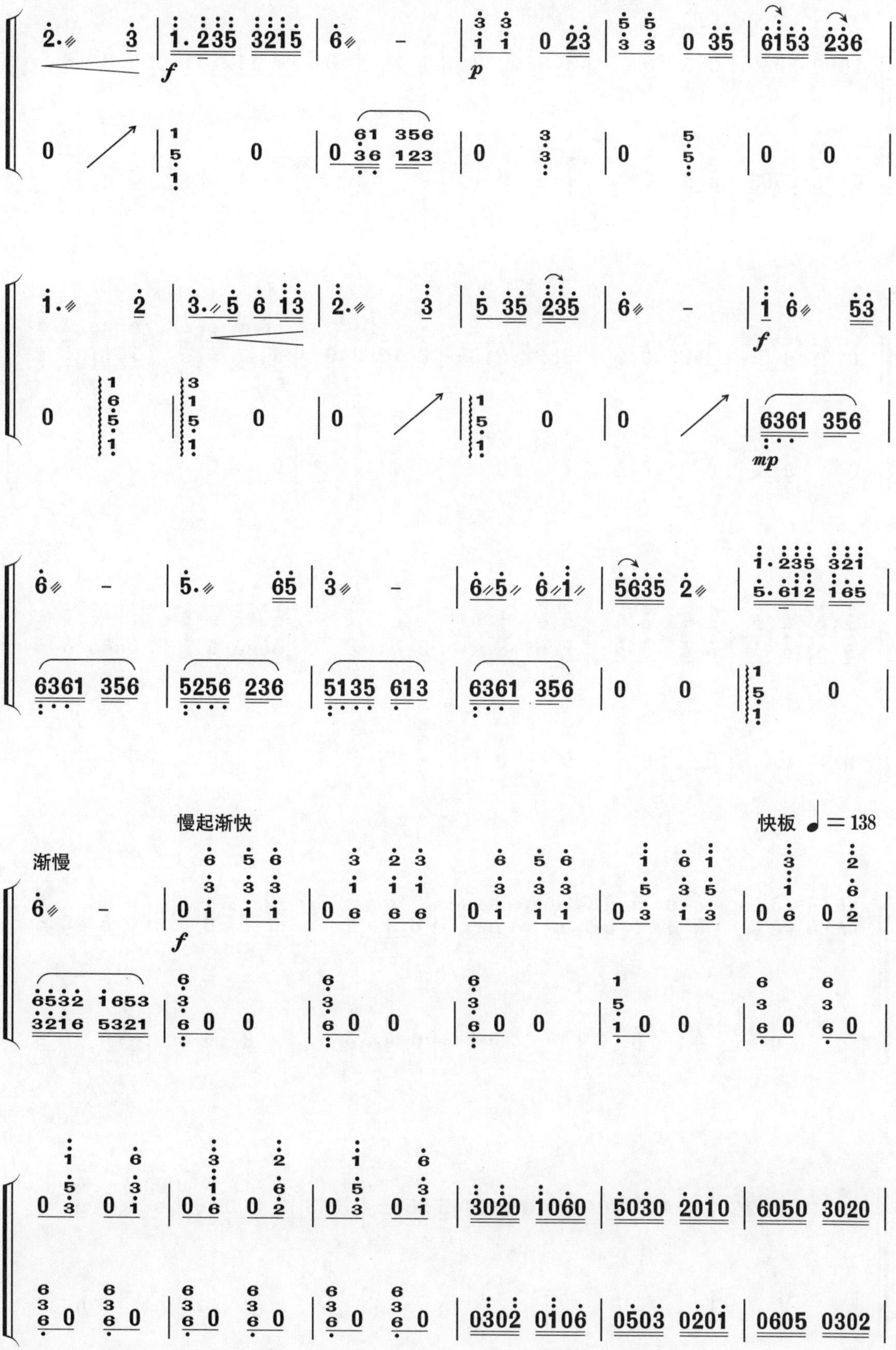
慢起渐快
快板 ♩=138
渐慢

174

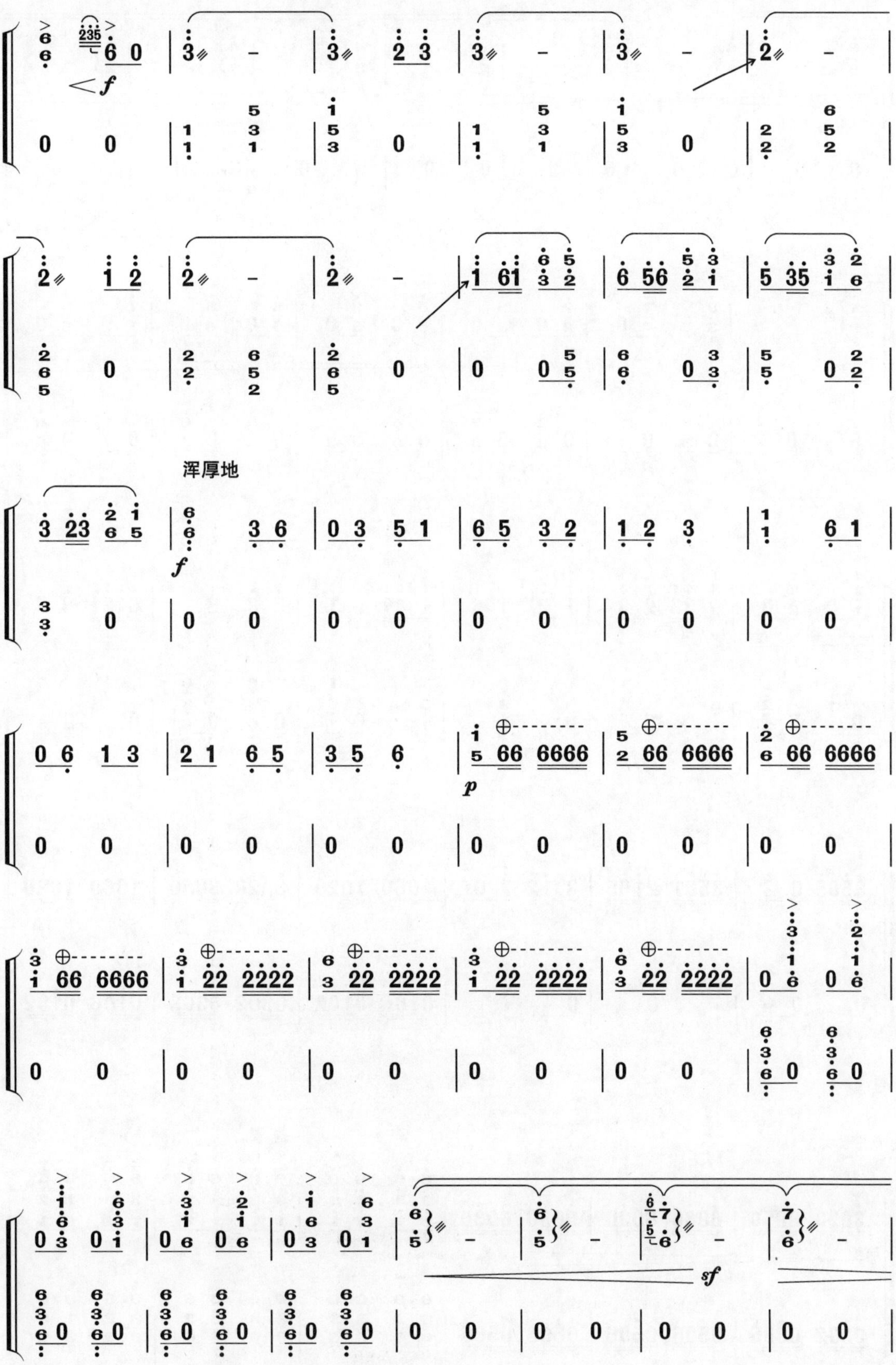

f
浑厚地
f
p
sf

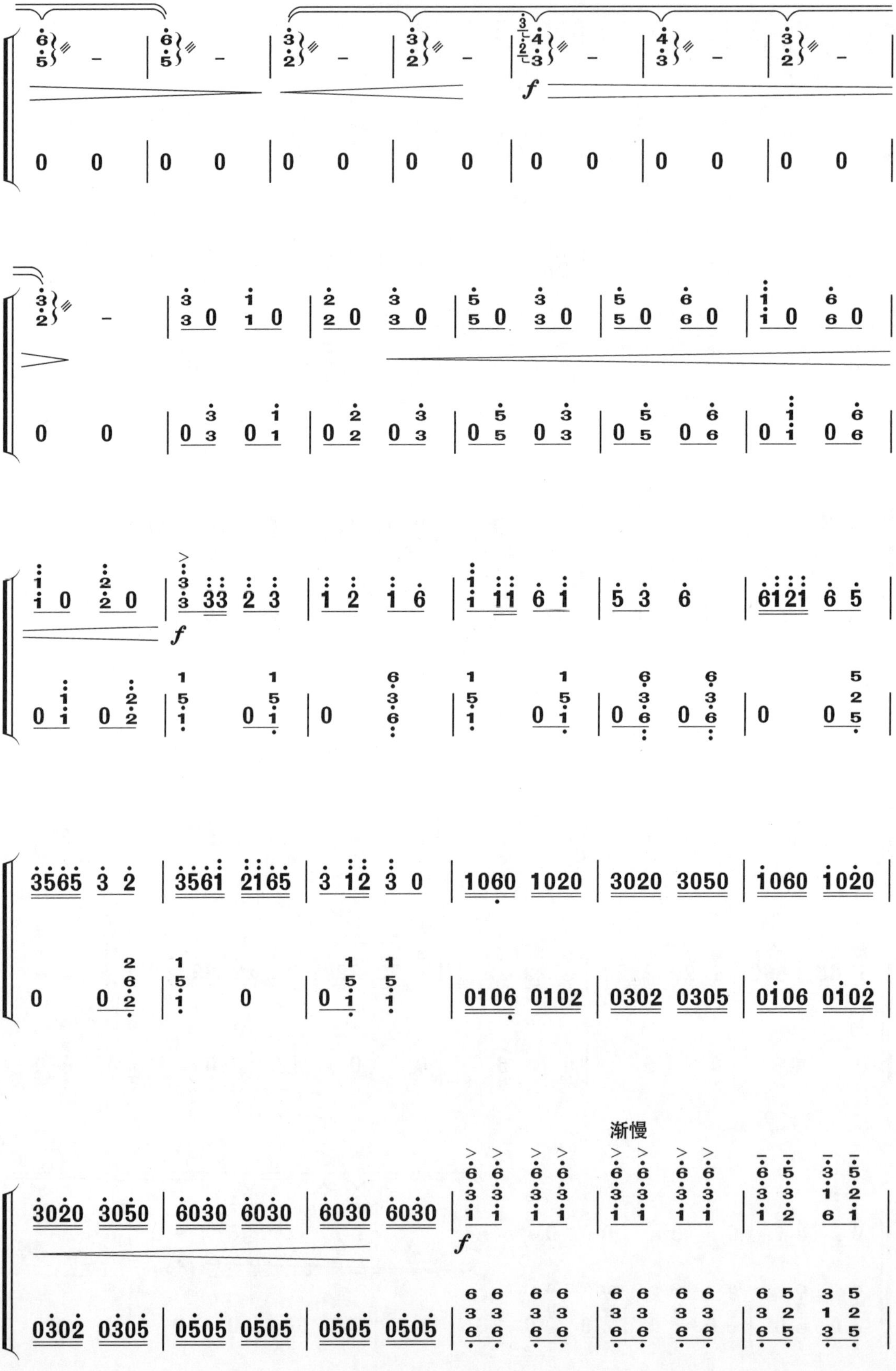
渐慢

注：此曲为高八度记谱。乐曲生动描述了大地回春，冰雪融化，一派欣欣向荣的景象。

月 夜 情 歌

杨娜妮、柴　珏编曲

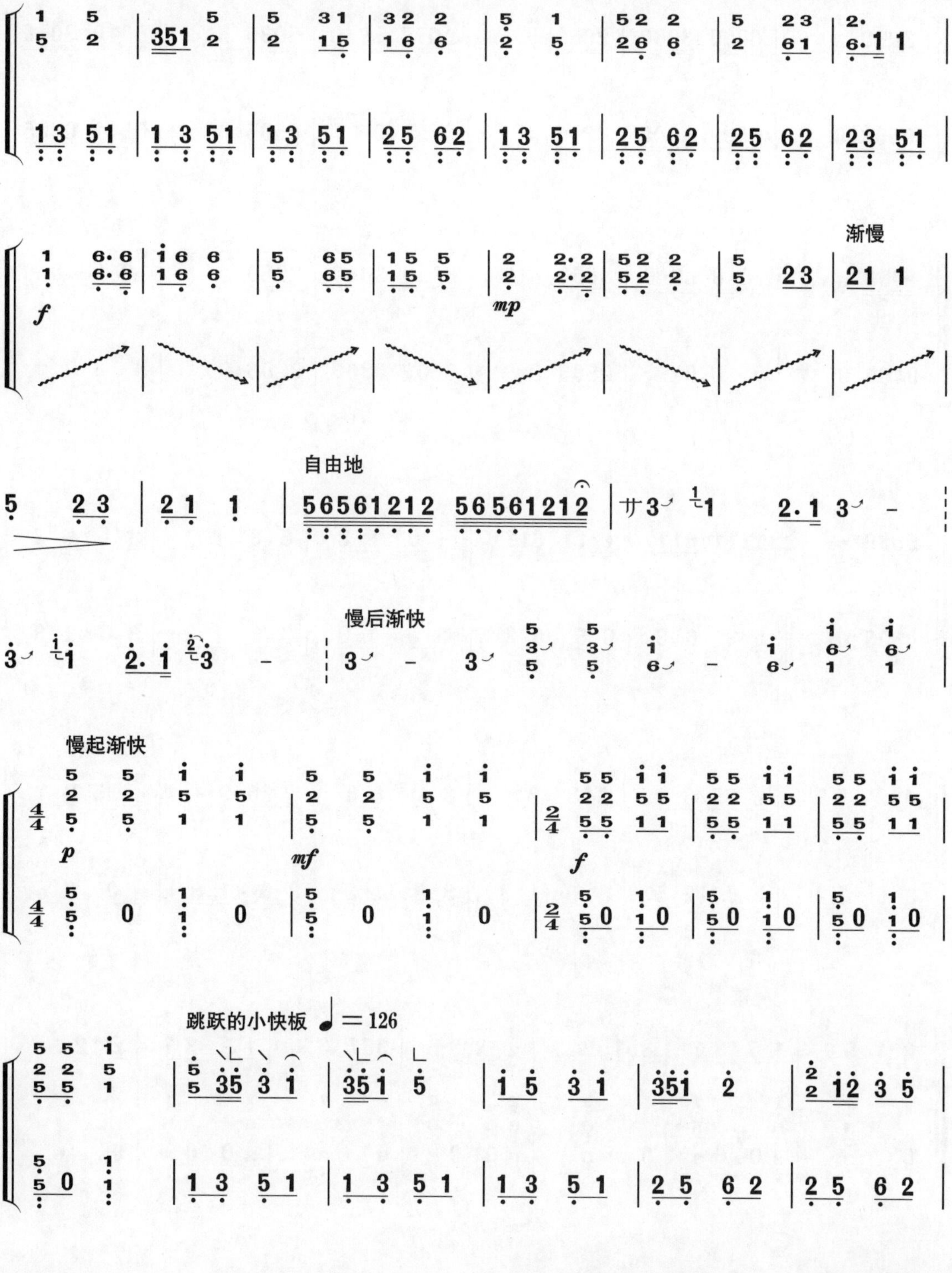

渐慢
f
mp
自由地
慢后渐快
慢起渐快
p
mf
f
跳跃的小快板 ♩=126

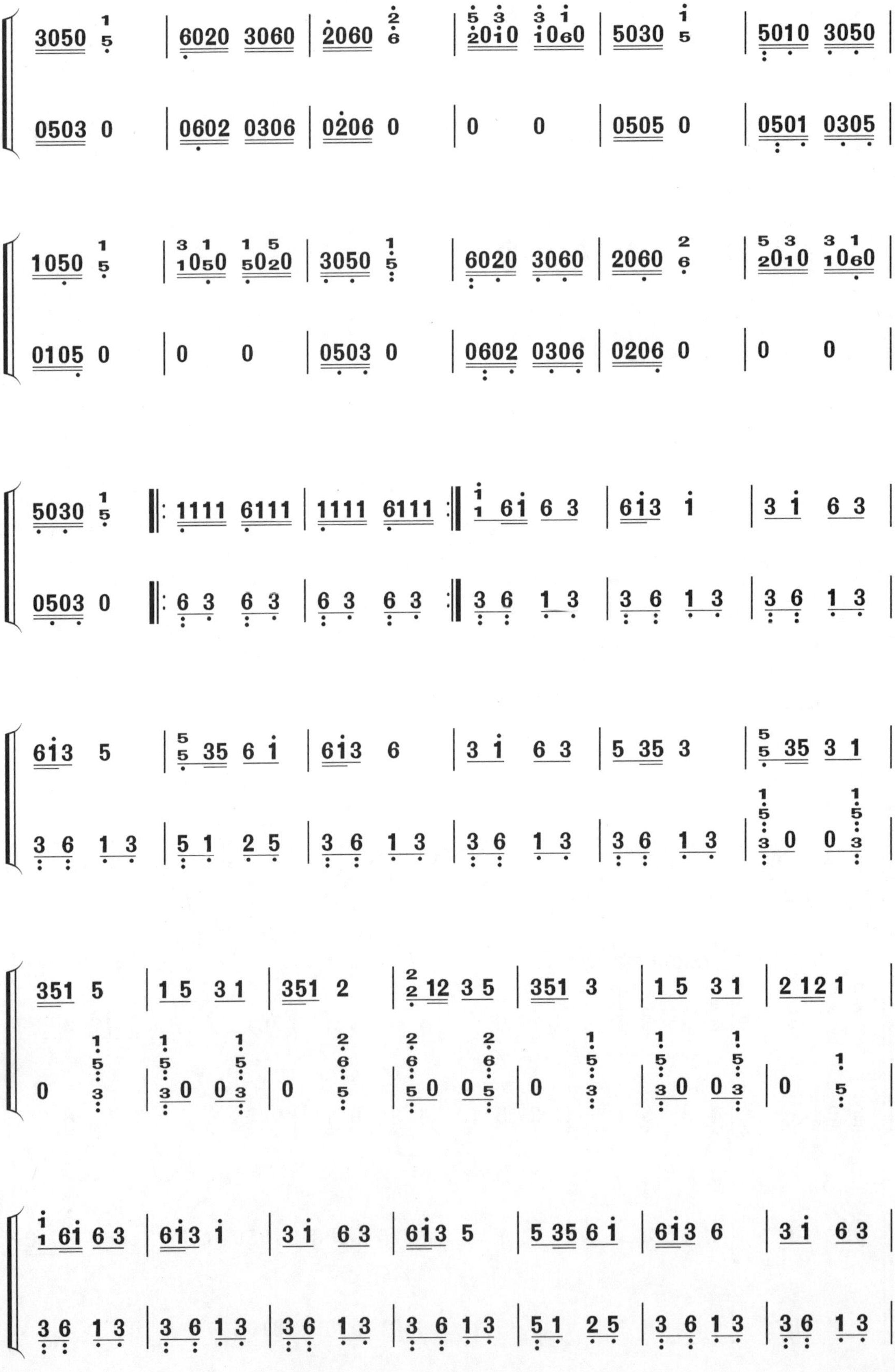

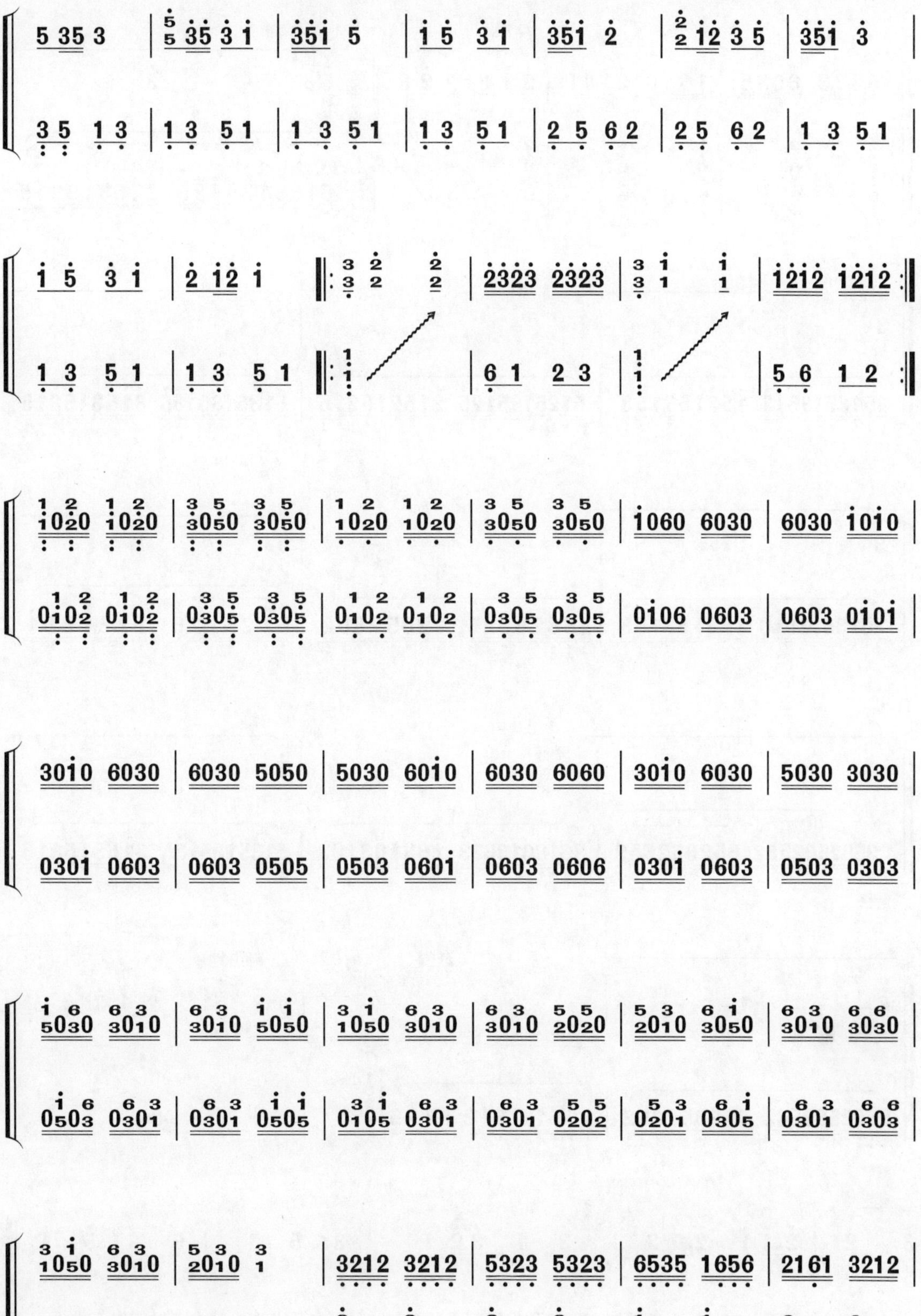

注：此曲采用西南地区少数民族——拉祜族民间乐器小三弦的同名乐曲作为基本素材创作而成。引子中的散板音乐模拟了小三弦的演奏风格，旋律清新朦胧、委婉细腻，具有浓郁的拉祜族民间音乐风格。全曲形象地描绘了在朦胧的月光下拉祜族男女青年倾诉衷情、载歌载舞的情景。

幸福渠水到俺村

沈立良、项斯华、范上娥曲

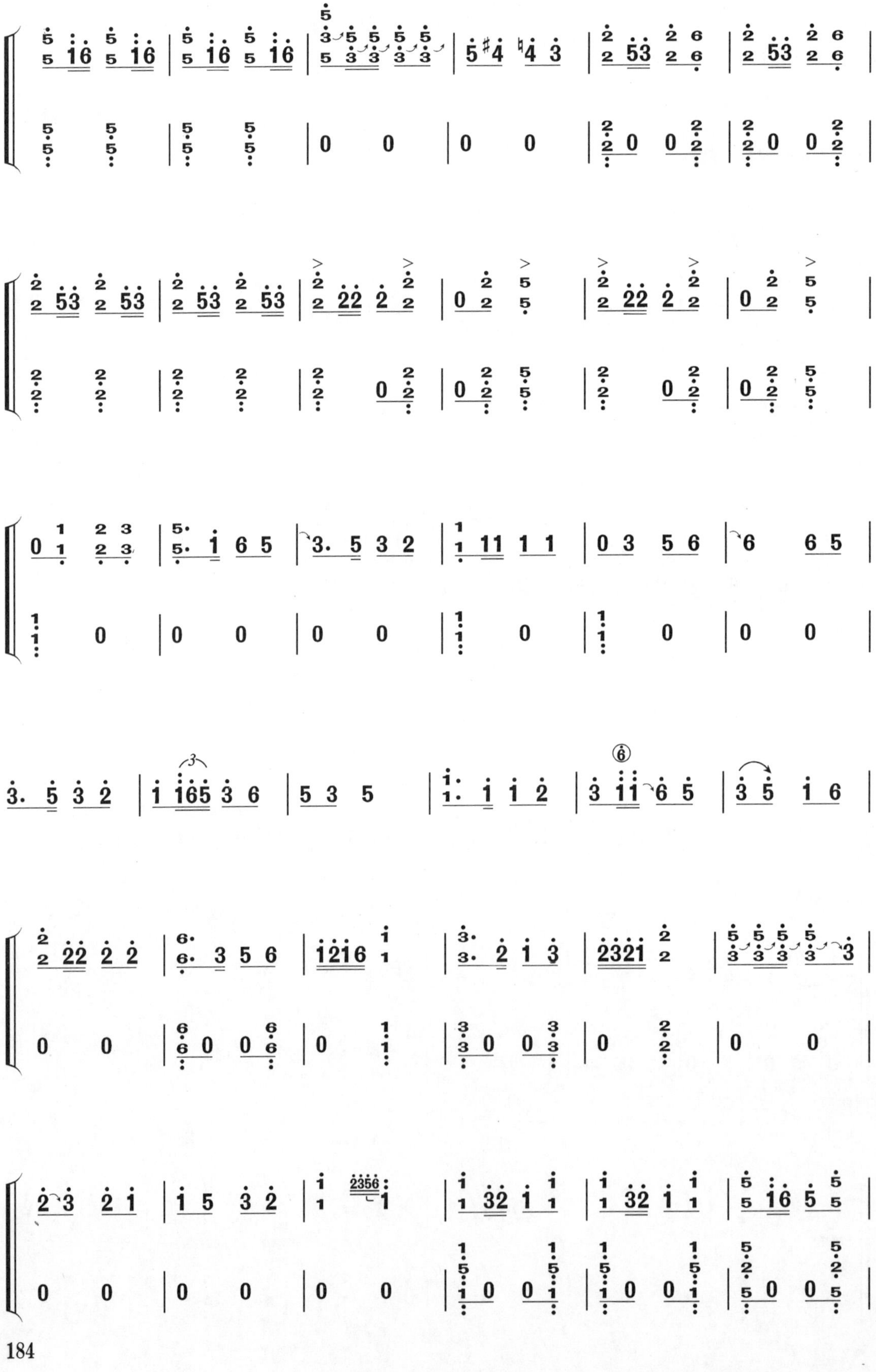

185

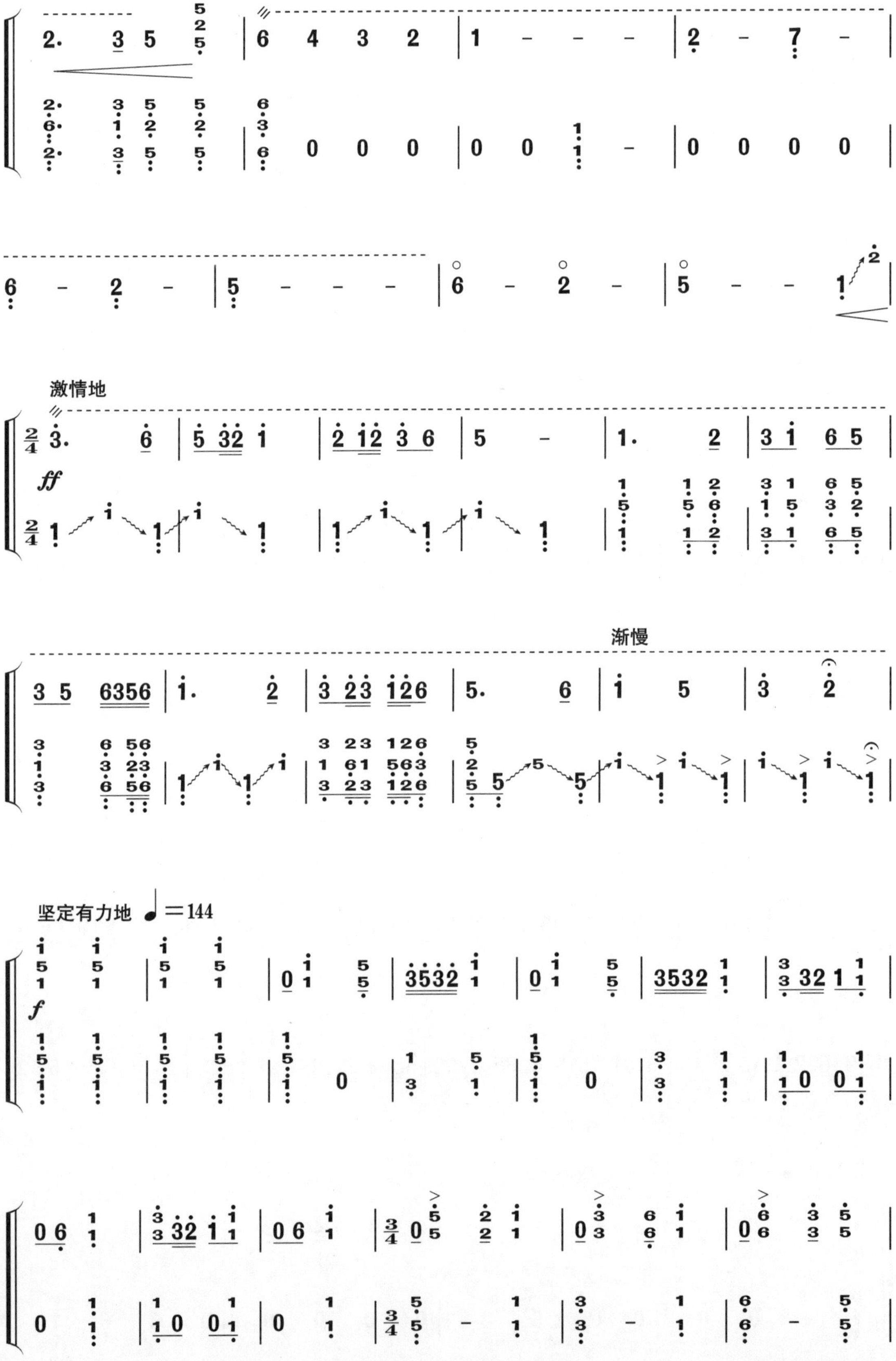
激情地
ff
渐慢
坚定有力地 ♩=144
f

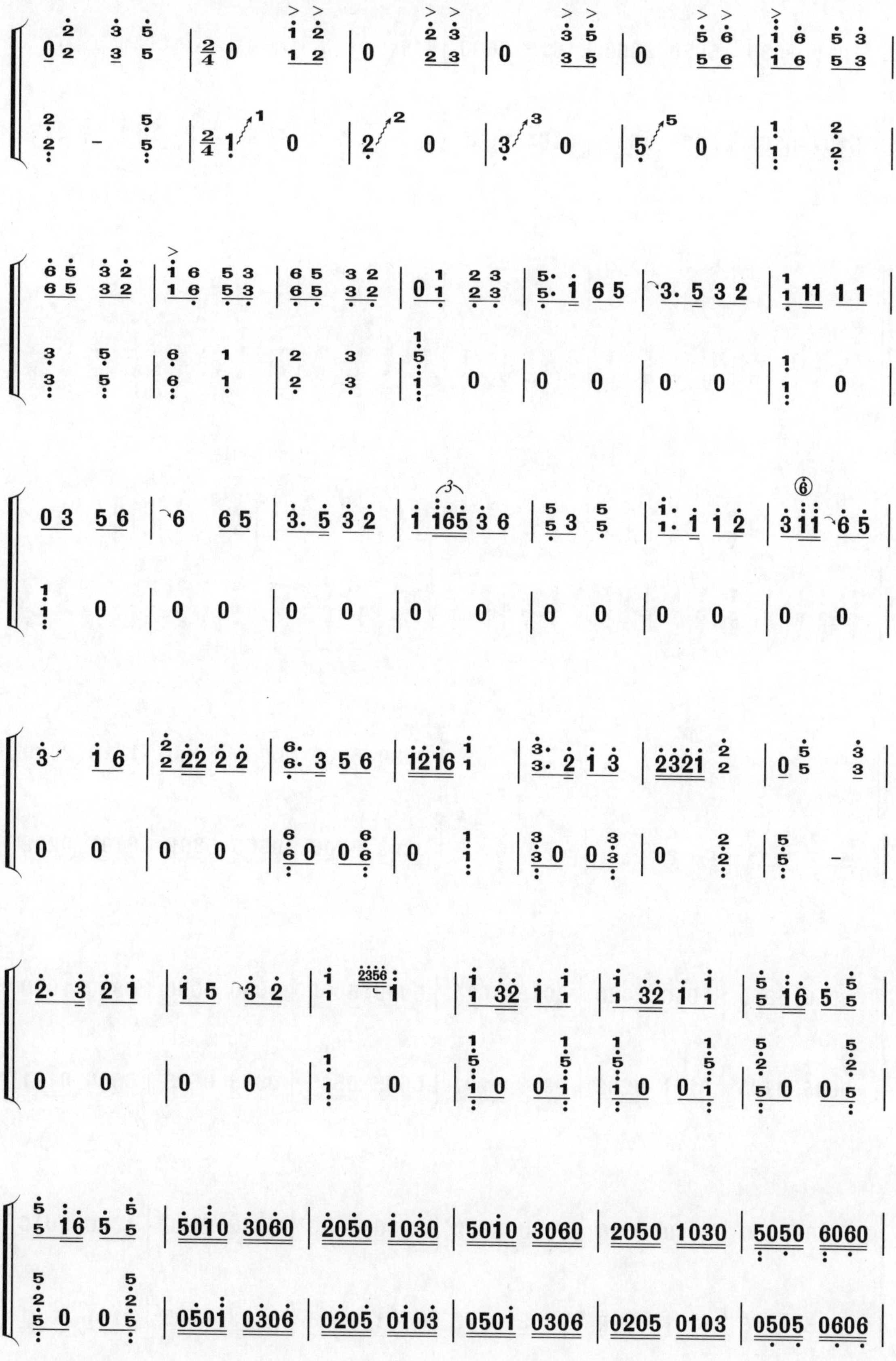

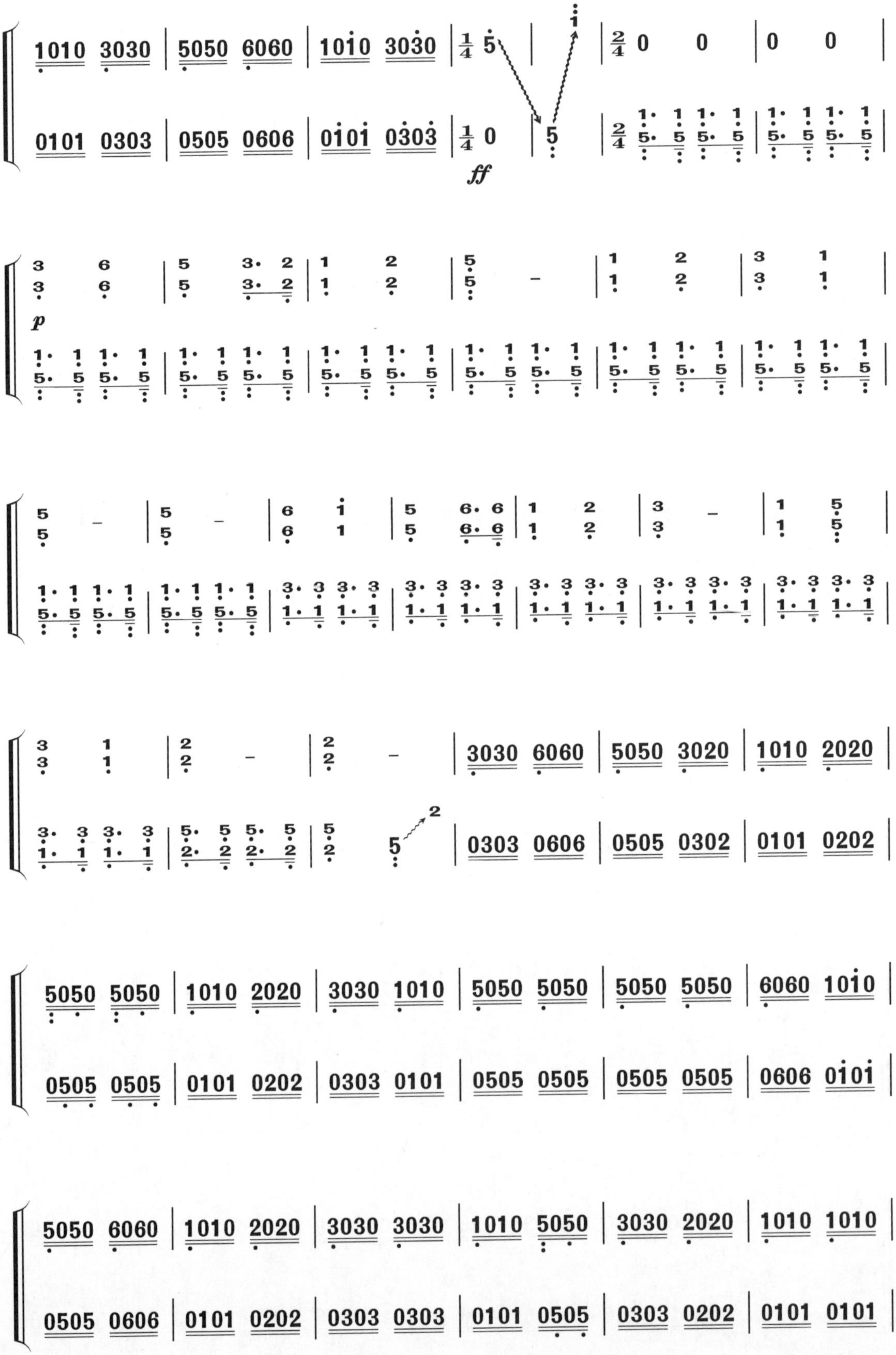
ff
p

注：此曲取材于河南民间音乐，具有浓厚的地方色彩。

常 用 符 号 说 明

∟	托	大指向外弹弦。
⌐	劈	大指向里弹弦。
ヽ	抹	食指向里弹弦。
╱	挑	食指向外弹弦。
⌒	勾	中指向里弹弦。
⌣	剔	中指向外弹弦。
∧	打	无名指向里弹弦。
∟_	连托	大指向外连续托。
ヽ_	连抹	食指向里连续抹。
⫽(与)	摇指	大指或食指连续向里、向外快速弹弦。
∟	小撮	同时用"托""抹"得双音。
⊏	大撮	同时用"托""勾"得双音。
✳	花指	用由高音至低音的连"托",音多少视需要而定。
⅙	扫弦	左手或右手用一指或多指向内或向外快速拨数弦。
⦙	琶音	手指由低音到高音依次弹奏。
⁓	颤音（吟音）	右手弹弦,左手在该弦上连续上下地颤动。
⁓⁓	大颤音	弦颤动幅度较大,即 $\overset{\frown}{2}$ 等于 <u>23232323</u> 。
○	泛音	右手指弹弦,左手指浮按该弦泛音点。
⌐	上滑音	右手先弹弦,左手再按弦,使音上滑二度或三度。
⌐	下滑音	左手先按弦,右手弹弦后,左手即提起使音下滑。
$\frac{③}{5}$	按音	即 5 音是由 3 弦按弹而出。
▽	点音	左右手同时触弦,但左手一拨即离弦;或右手弹弦后左手再一压即离弦。
↙↗	刮奏（历音）	按弦序由高向低或由低向高连续快速地拨弦。
⋯⋯		连续记号,某种指法的连续演奏。

注：乐曲若用两行记谱,则上面一行谱由右手演奏,下面一行谱由左手演奏。

190

中国古筝考级曲集

最新修订版

（下）

上海筝会编

上海音乐出版社

目　录

十级

注：标＊号的乐曲为考级规定曲目。

八级（高级）

演奏提示及要求：

1. 巩固并熟练掌握各类技巧，加强指力、耐力、爆发力及速度等方面的训练，强调技术的完整性及把握性。

2. 传统乐曲方面要求较准确地掌握山东、河南、潮州、客家、浙江等各流派代表曲目的技法、风格特点、加花变奏及调性规律等；创作或改编的乐曲方面应注意变化音、临时升降号的掌握及训练，并要求做到演奏熟练，无明显技术障碍。

3. 必须达到乐曲所规定的速度、力度及情绪要求，对音乐的表达要有一定的深度，并努力培养五线谱的视奏能力。

将 军 令

浙江筝曲
王巽之传谱

1 = G 2/4

【一】有气势地 ♩=92

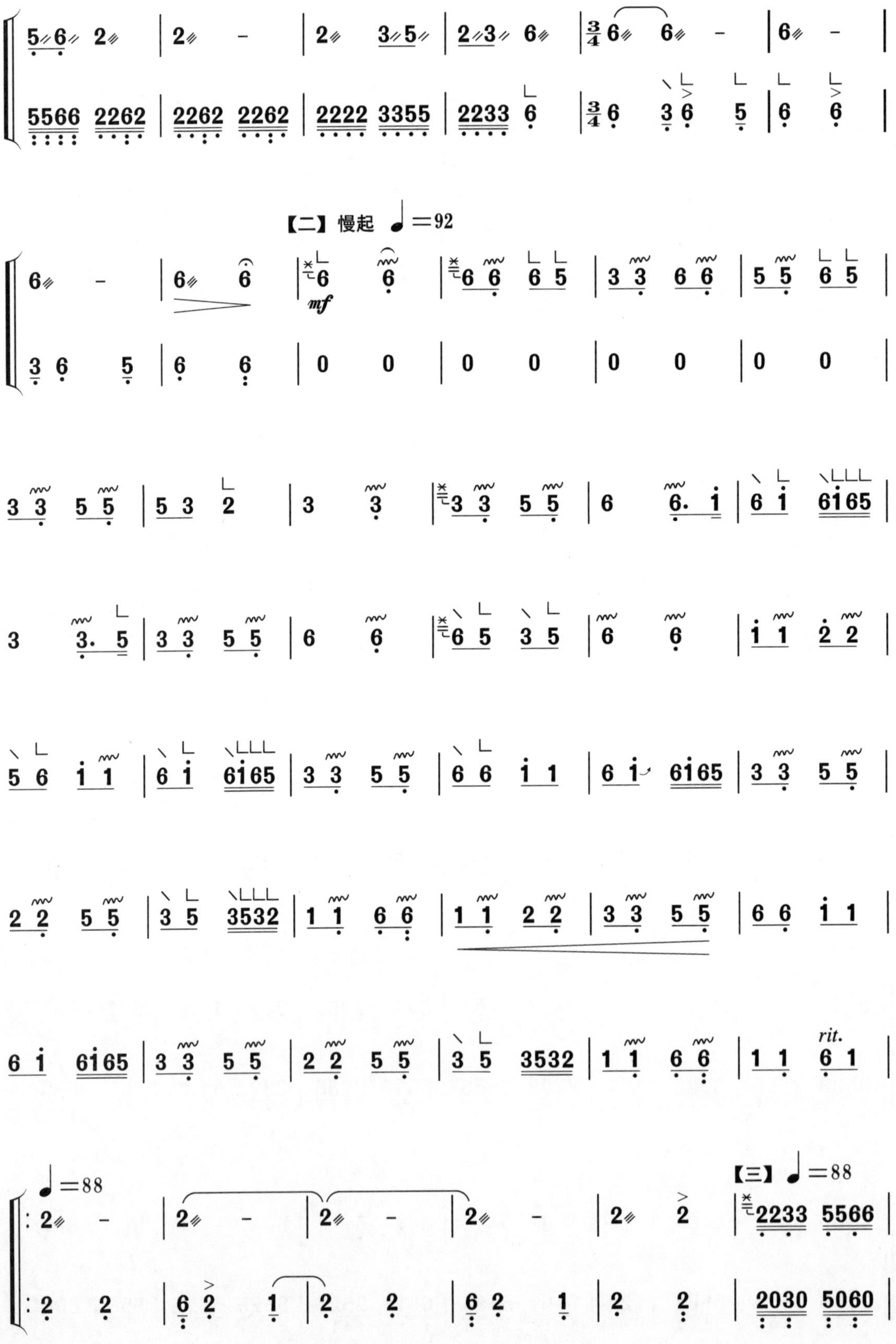
【二】慢起 ♩=92
mf
rit.
♩=88
【三】♩=88

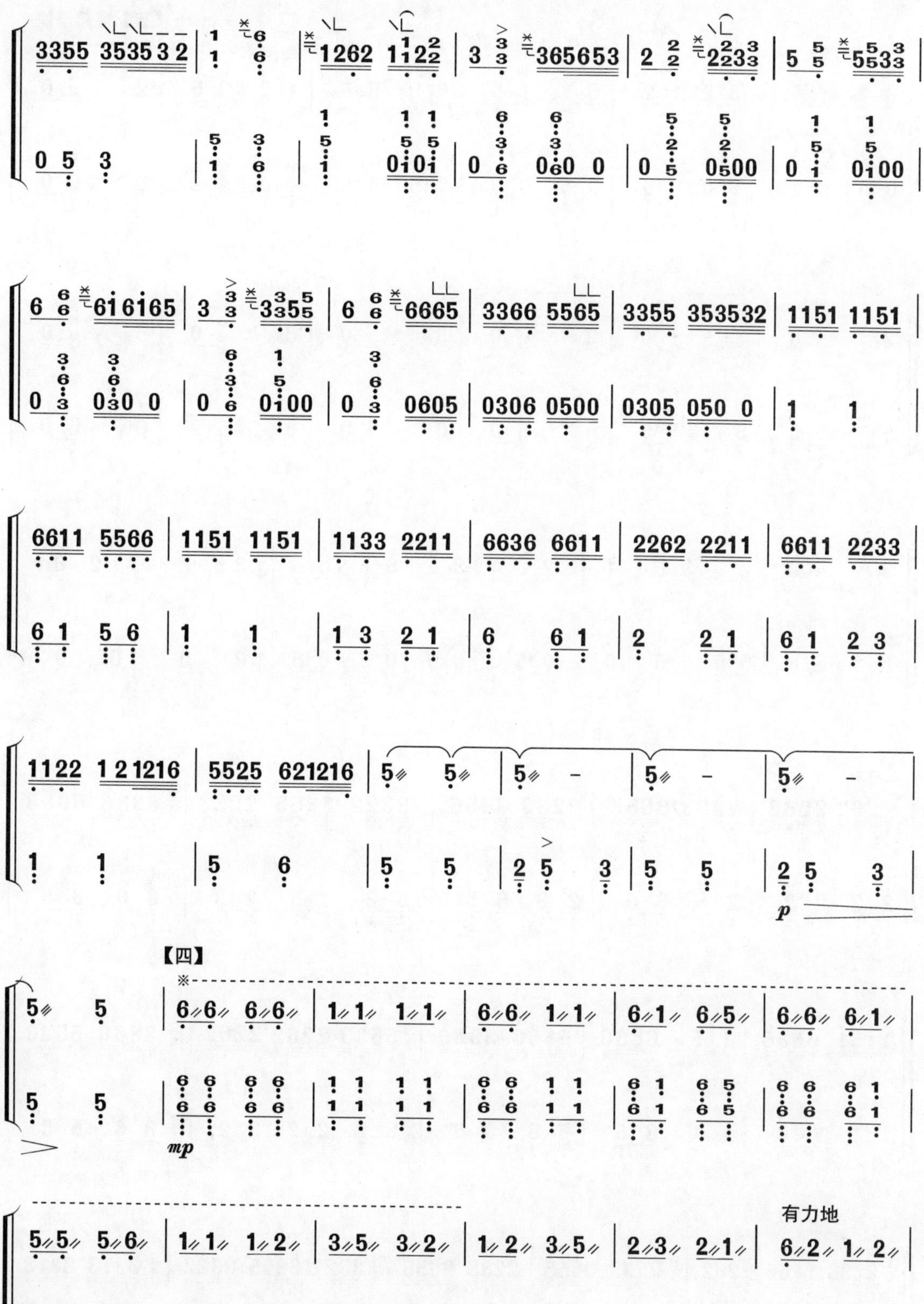
【四】
mp
有力地

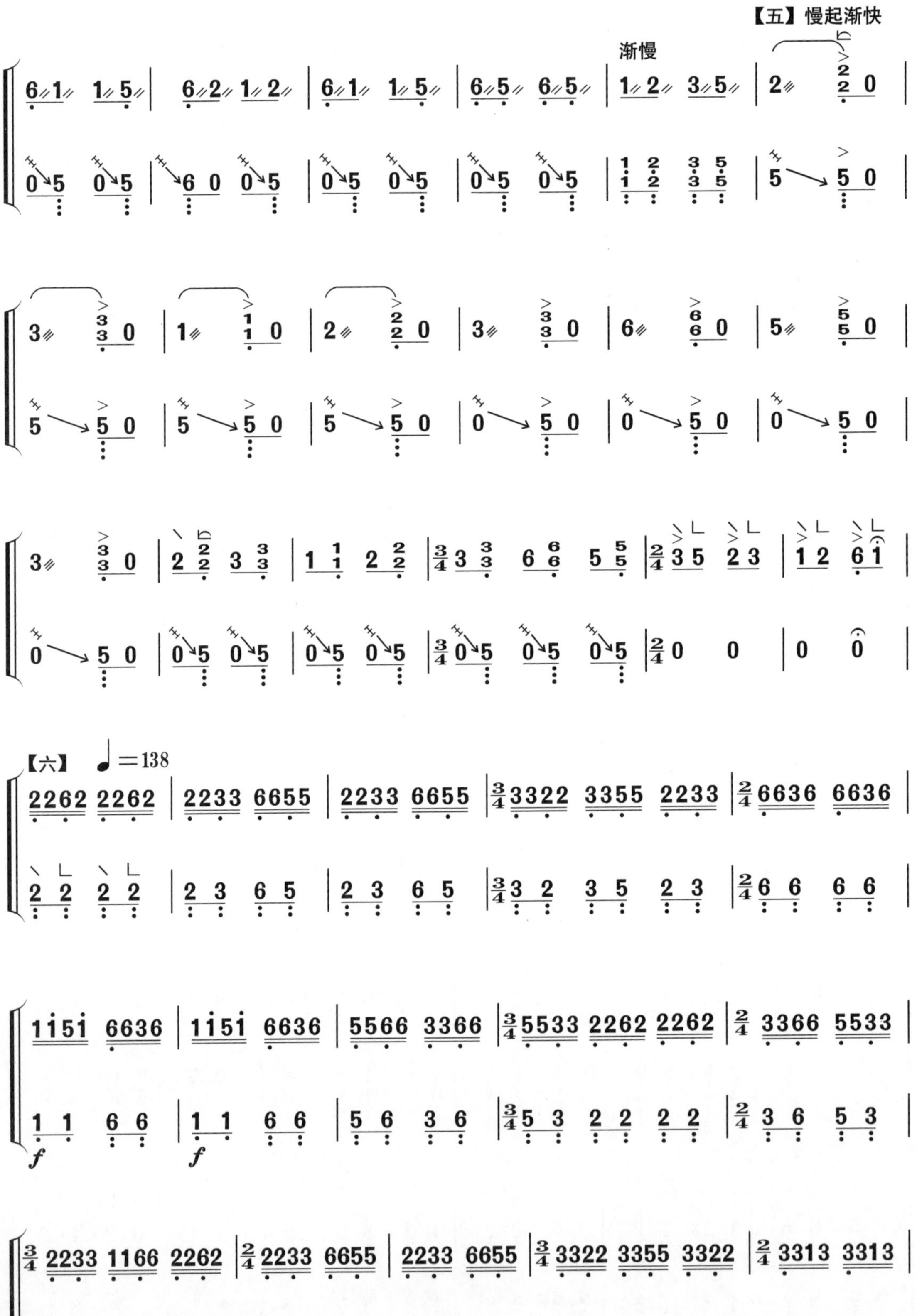
【五】慢起渐快
渐慢
【六】 ♩=138
f
f

6636 6636 | 2211 1122 | 3355 3322 | 3/4 1151 1151 6611 | 5566 1151 1151 |

6 6 6 6 | 2 1 1 2 | 3 5 3 2 | 3/4 1 1 1 1 6 1 | 5 6 1 1 1 1 |

【七】 ♩=138

2/4 1122 3313 | 1122 1166 | 5525 6655 | 6611 3322 | 3030 3030 | 3060 5030 |

2/4 1 2 3 3 | 1 2 1 6 | 5 5 6 5 | 6 1 3 2 | 0303 0303 | 0306 0503 |

2030 1060 | 2020 2030 | 5050 2030 | 5050 3020 | 3050 2030 | 6060 6060 |

0203 0106 | 0202 0203 | 0505 0203 | 0505 0302 | 0305 0203 | 0606 0606 |

1010 6060 | 1010 6060 | 5060 3060 | 3/4 5030 2020 2020 | 3060 5030 2030 |

0101 0606 | 0101 0606 | 0506 0306 | 3/4 0503 0202 0202 | 0306 0503 0203 |

2/4 1060 2020 | 2030 5050 | 2030 5050 | 3/4 3020 3050 3020 | 3030 3030 |

2/4 0106 0202 | 0203 0505 | 0203 0505 | 3/4 0302 0305 0302 | 0303 0303 |

6060 6060 | 2010 1020 | 3050 3020 | 1010 1010 | 6010 5060 | 1010 1010 |

0606 0606 | 0201 0102 | 0305 0302 | 0101 0101 | 0601 0506 | 0101 0101 |

195

注："※"是指在靠近琴马的部位摇指。

思　凡

（轻六调）

潮州民间乐曲
林 玉 波传谱
林 毛 根演奏
何 宝 泉记谱

1＝F（或G）　4/4

【一】引子　节奏自由的慢板

196

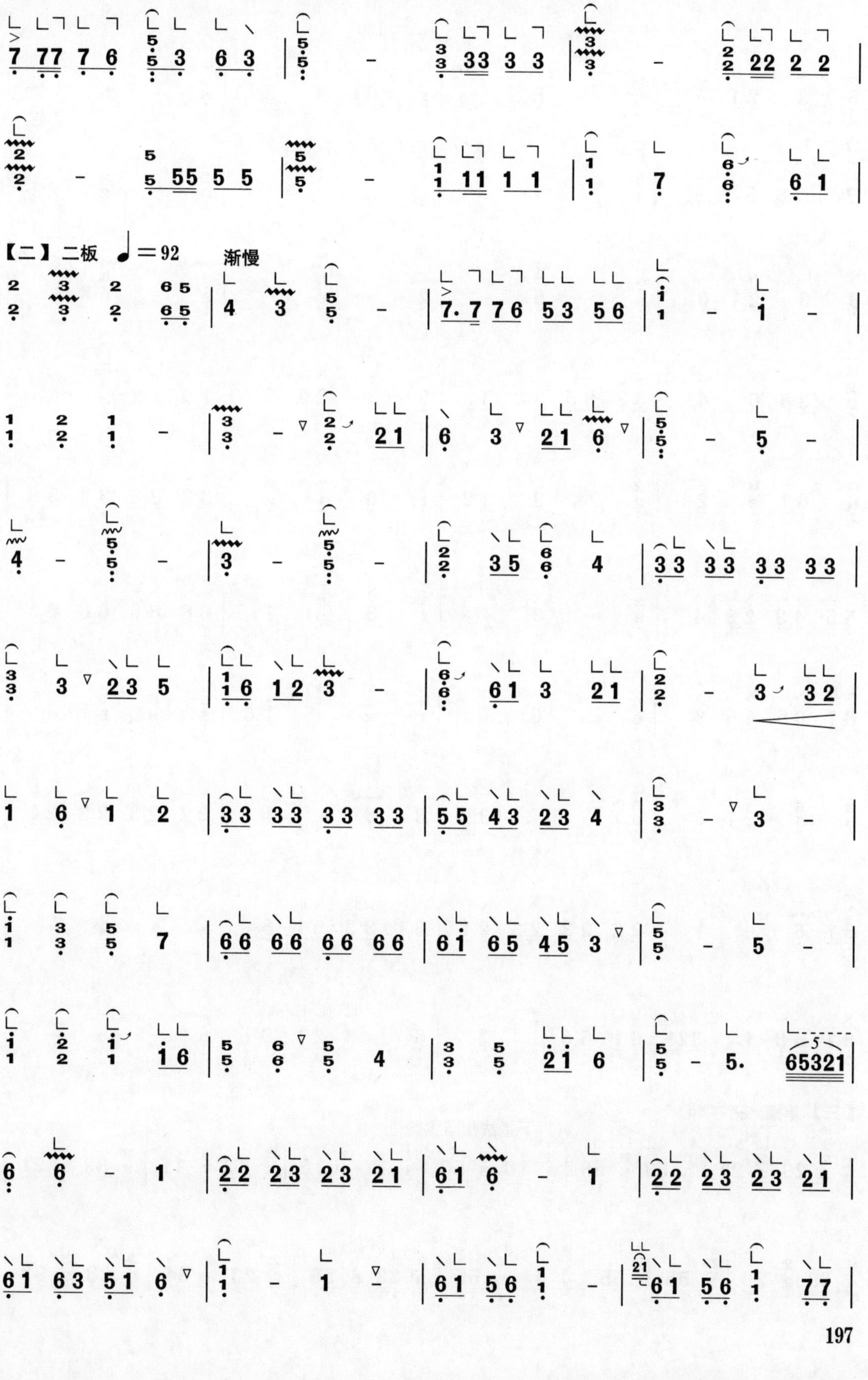
【二】二板 ♩=92
渐慢

198

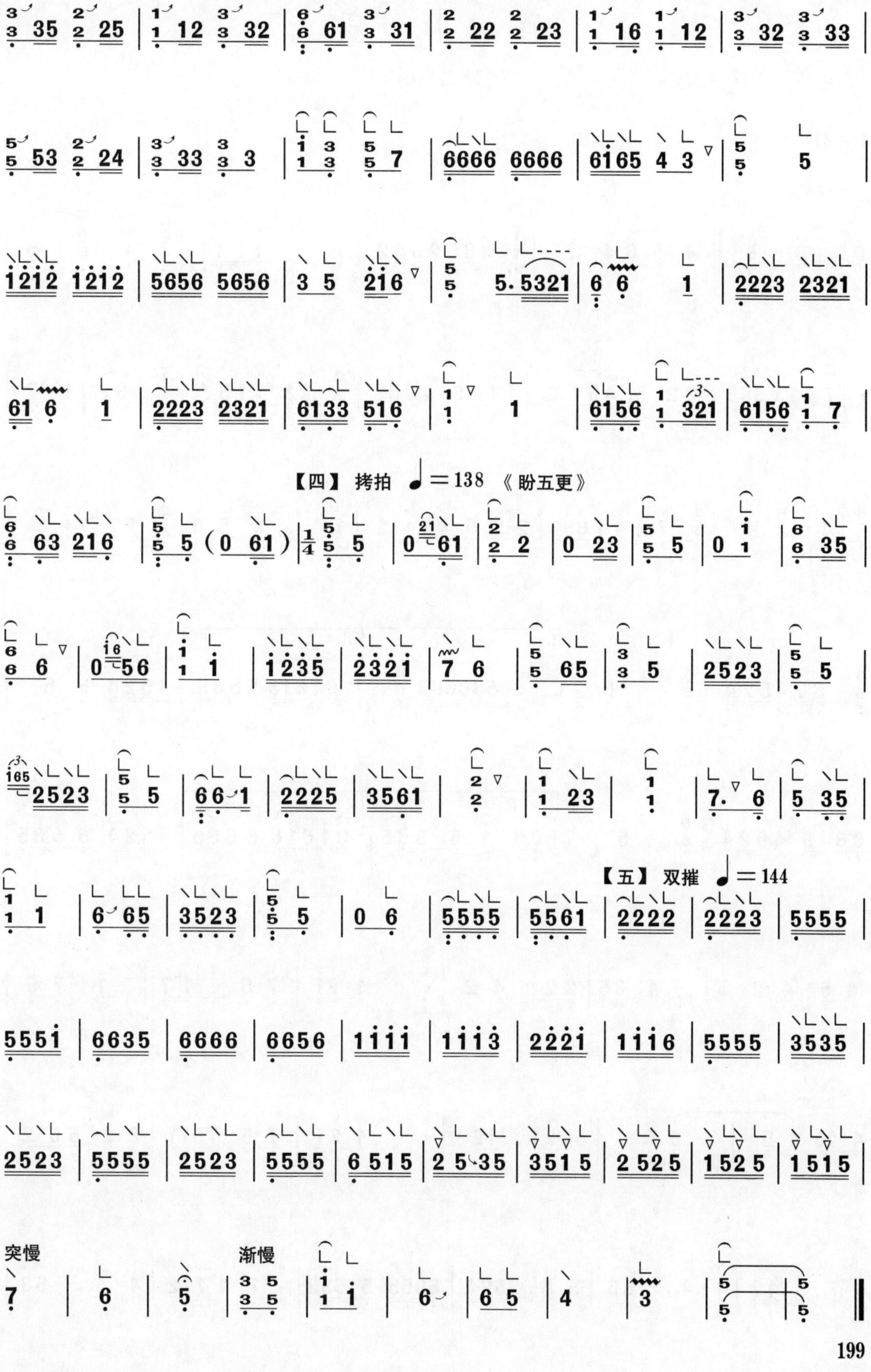
【四】 拷拍 ♩＝138 《盼五更》
【五】 双推 ♩＝144
突慢
渐慢

崖 山 哀

(《原名靠山》)

客家筝曲
罗九香传谱
何宝泉整理

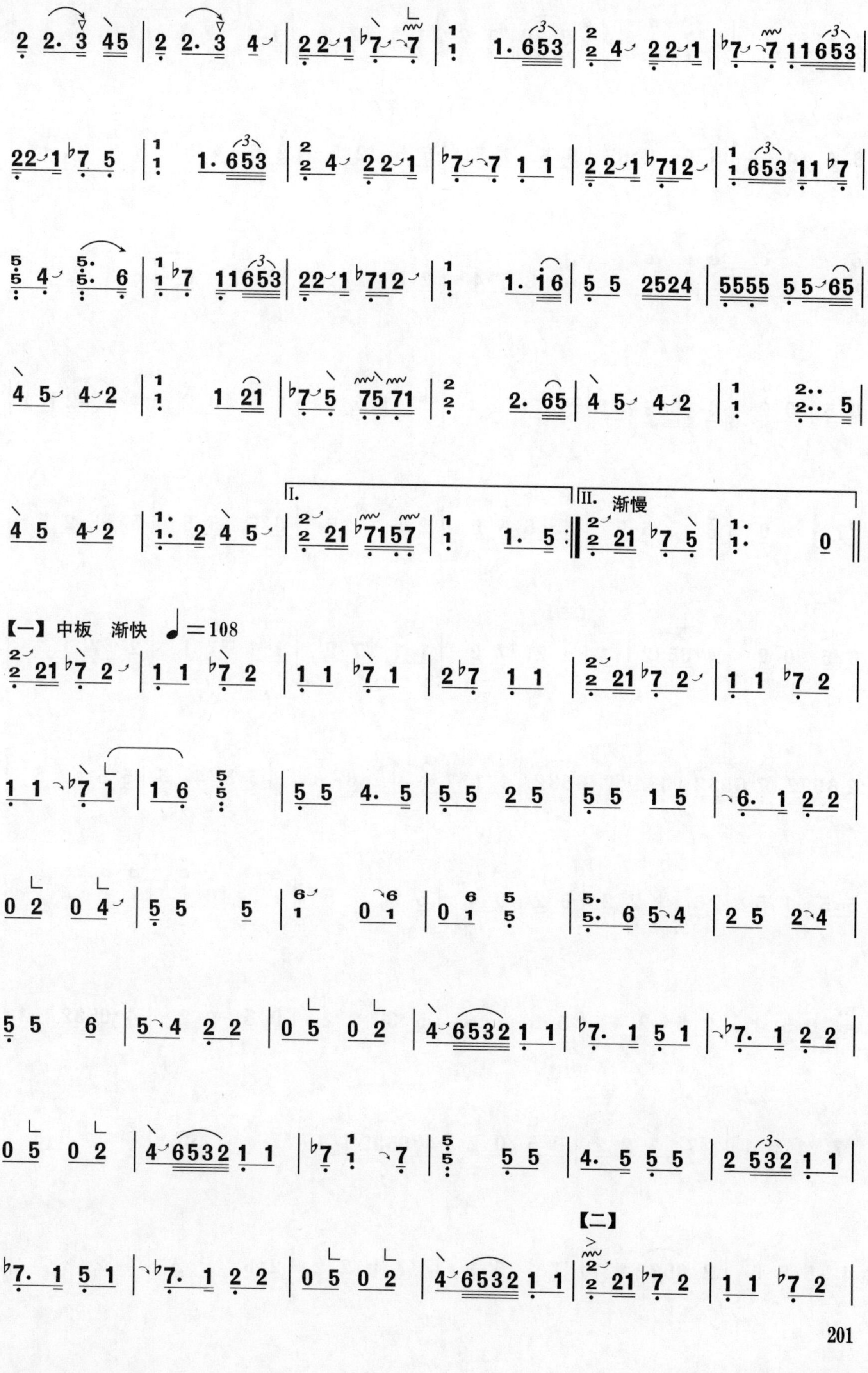
I.
II. 渐慢
【一】中板 渐快 ♩=108
【二】

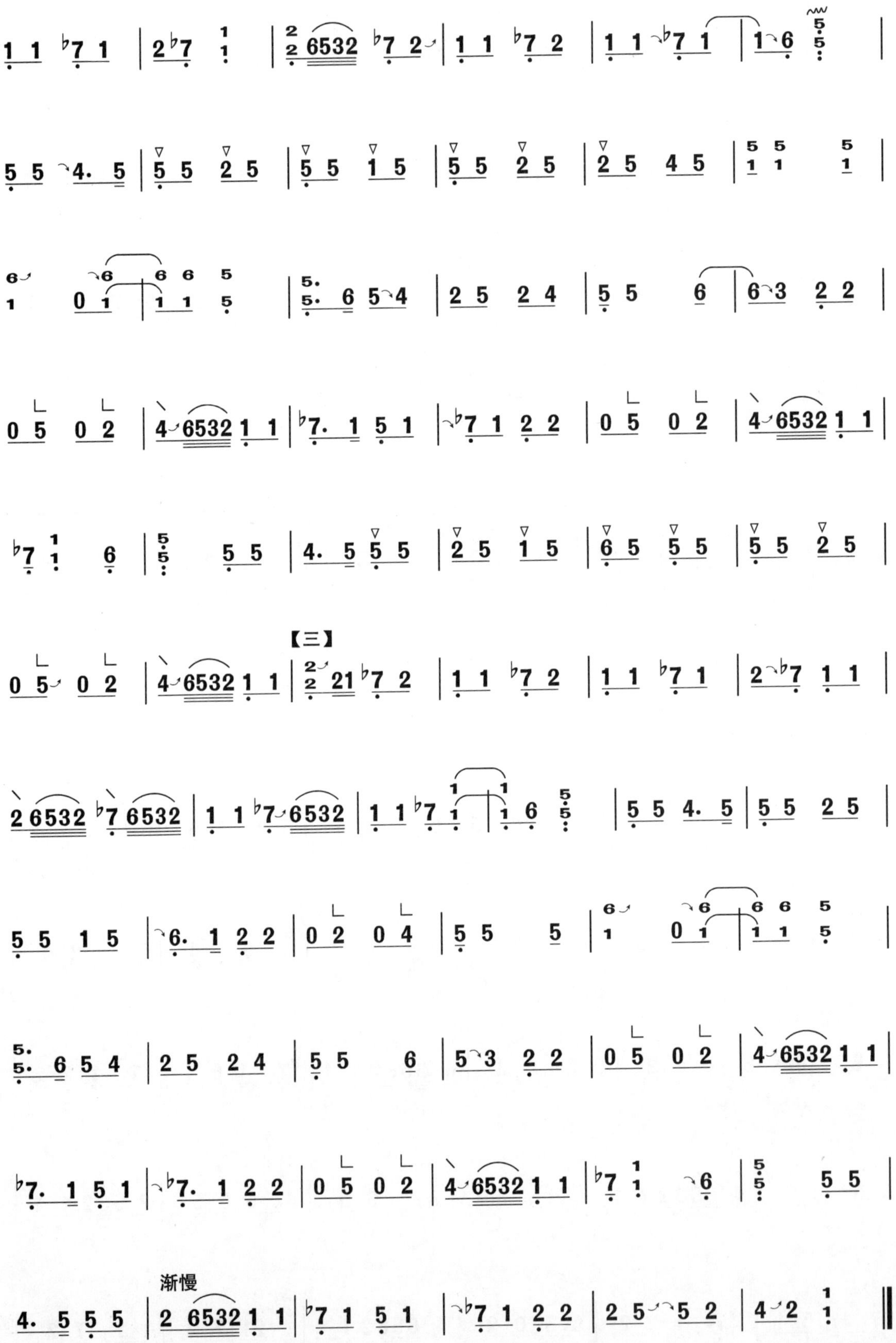
【三】
渐慢

陈杏元落院

河南筝曲
曹东扶传谱

广　陵　散

古 琴 曲
王昌元移植

1＝D　$\frac{5}{4}$　$\frac{4}{4}$　$\frac{3}{4}$　$\frac{2}{4}$

铿锵有力、节奏稍自由

♩＝66

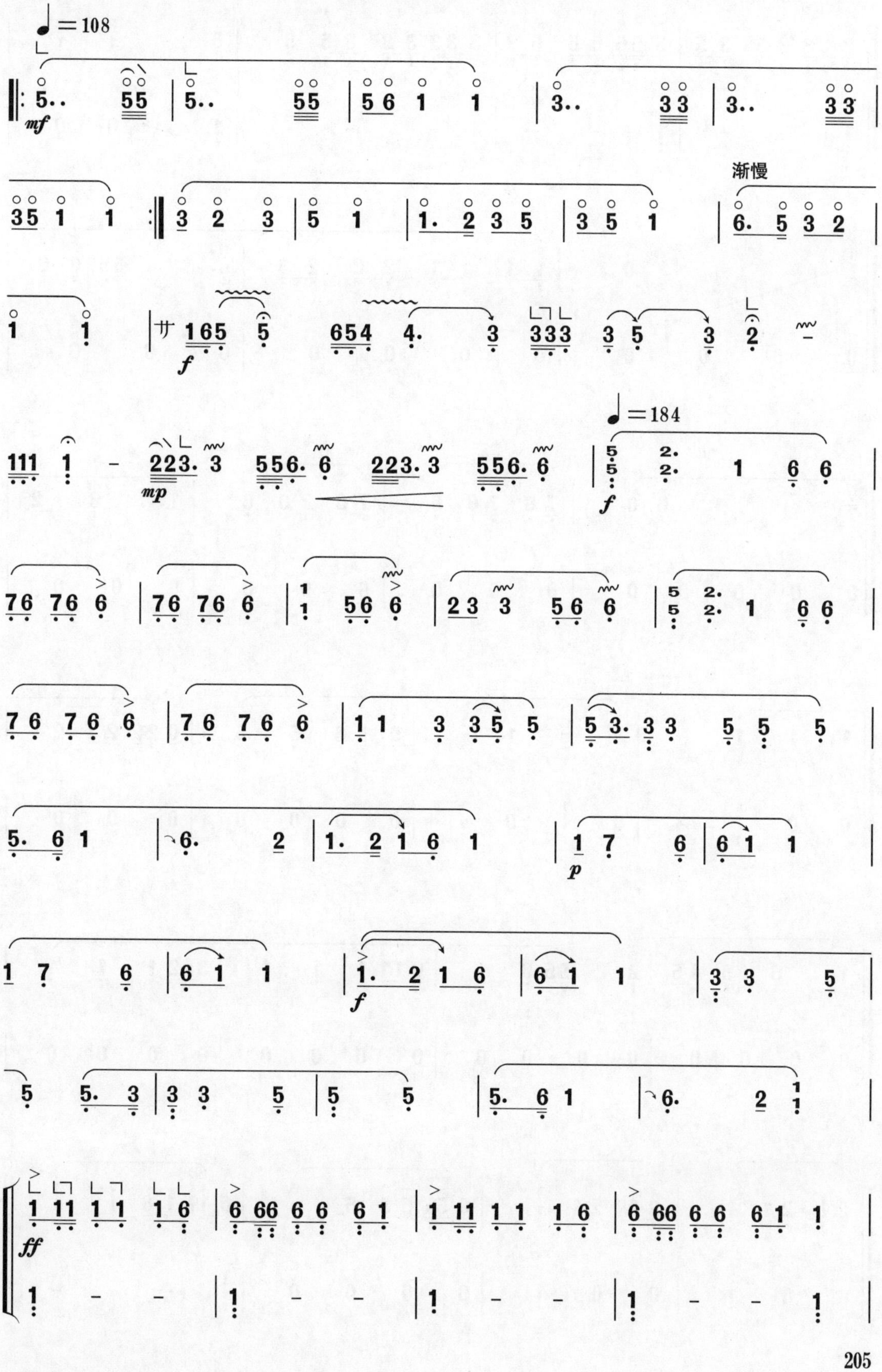
♩=108
渐慢
♩=184

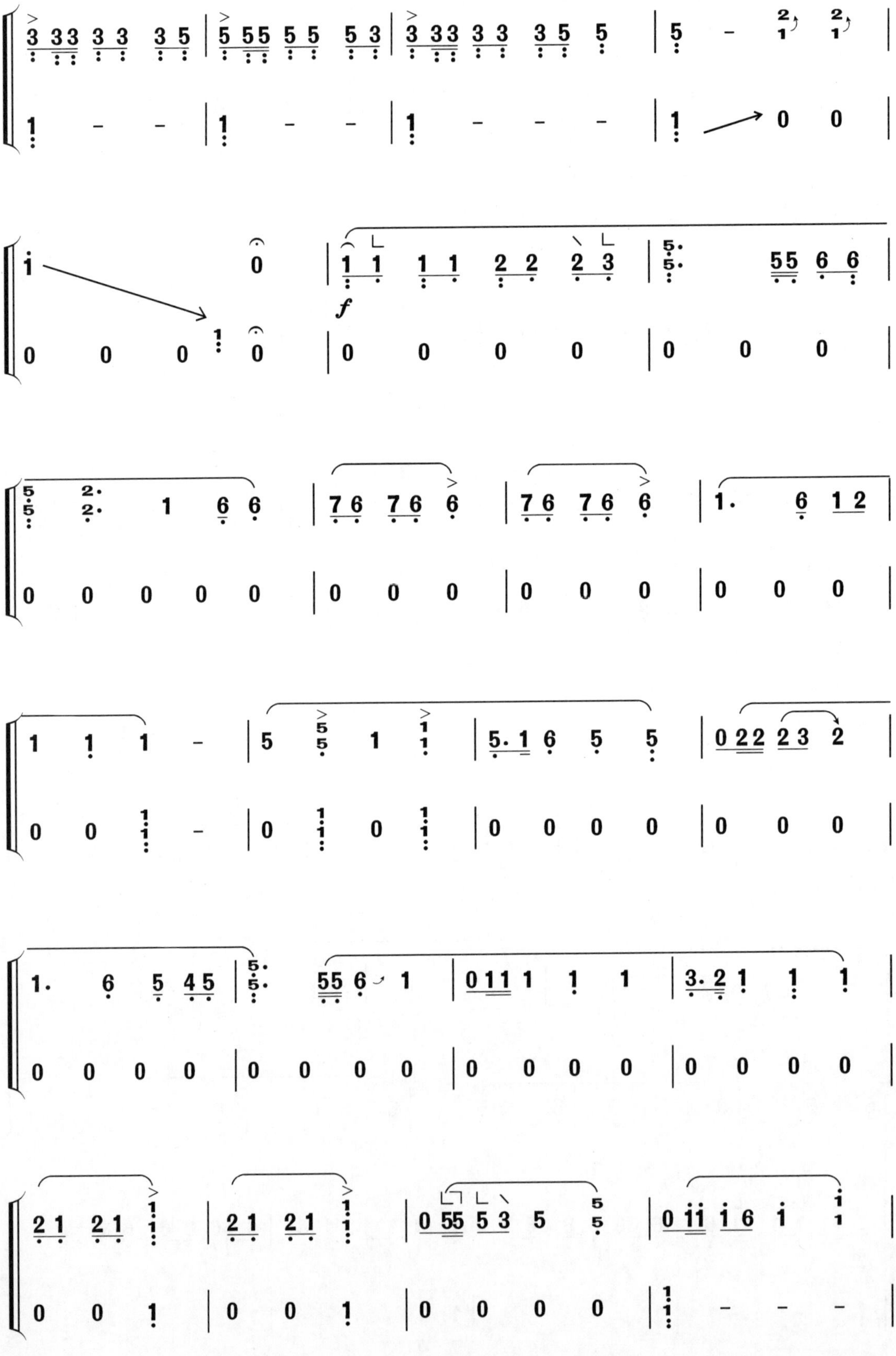

207

蝶 恋 花

赵 开 生曲
胡登跳改编

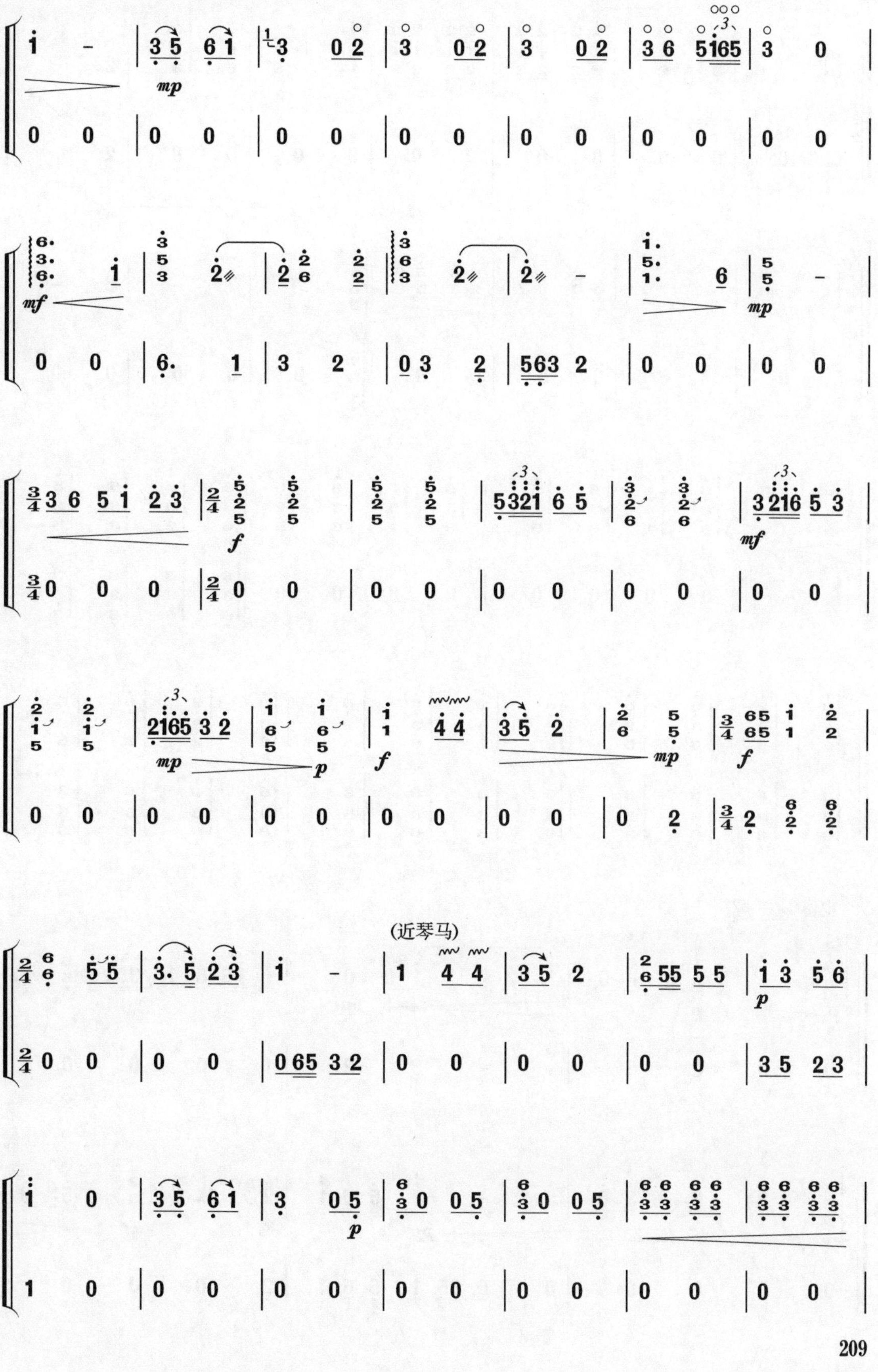
(近琴马)

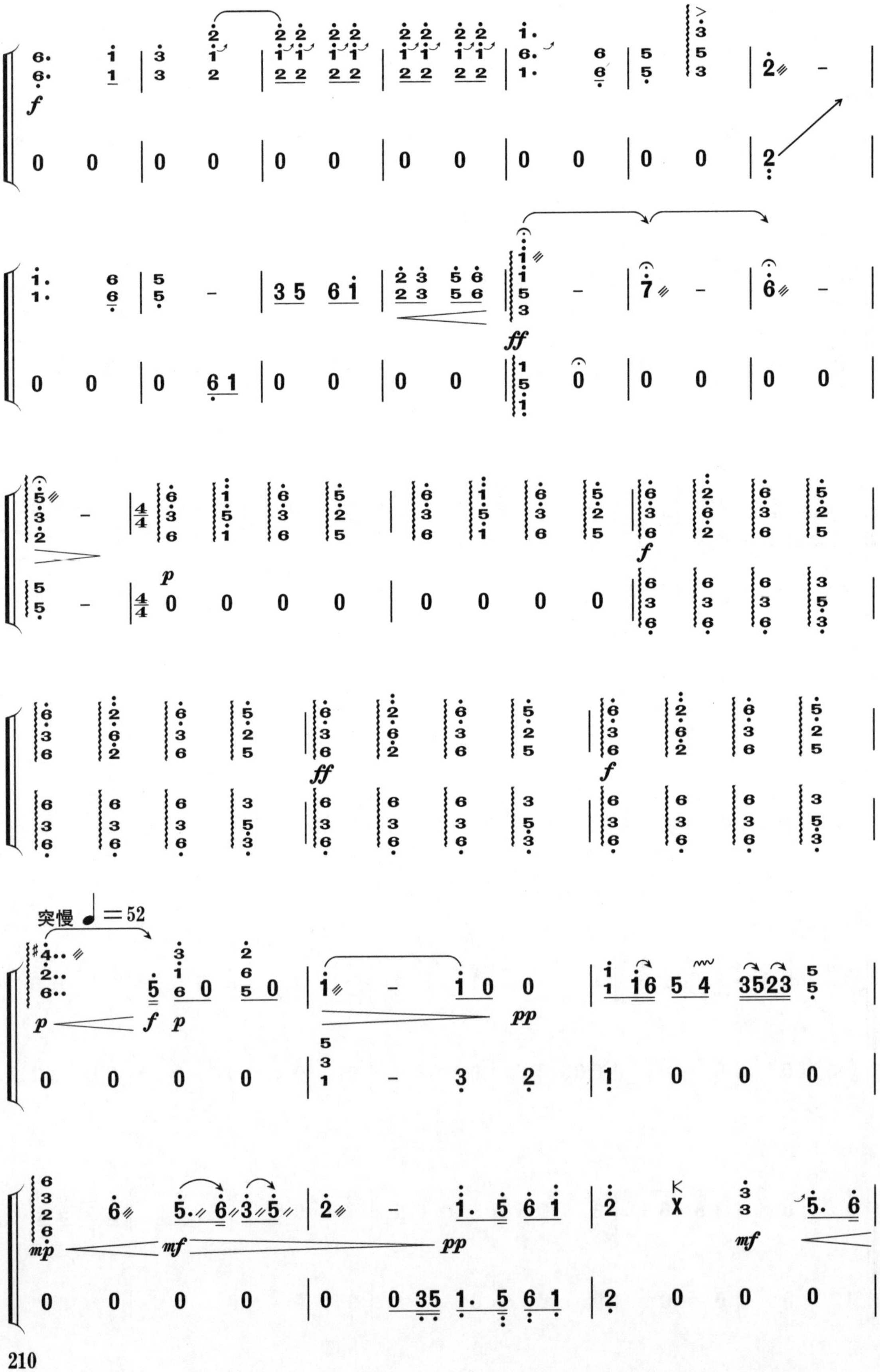
突慢 ♩=52

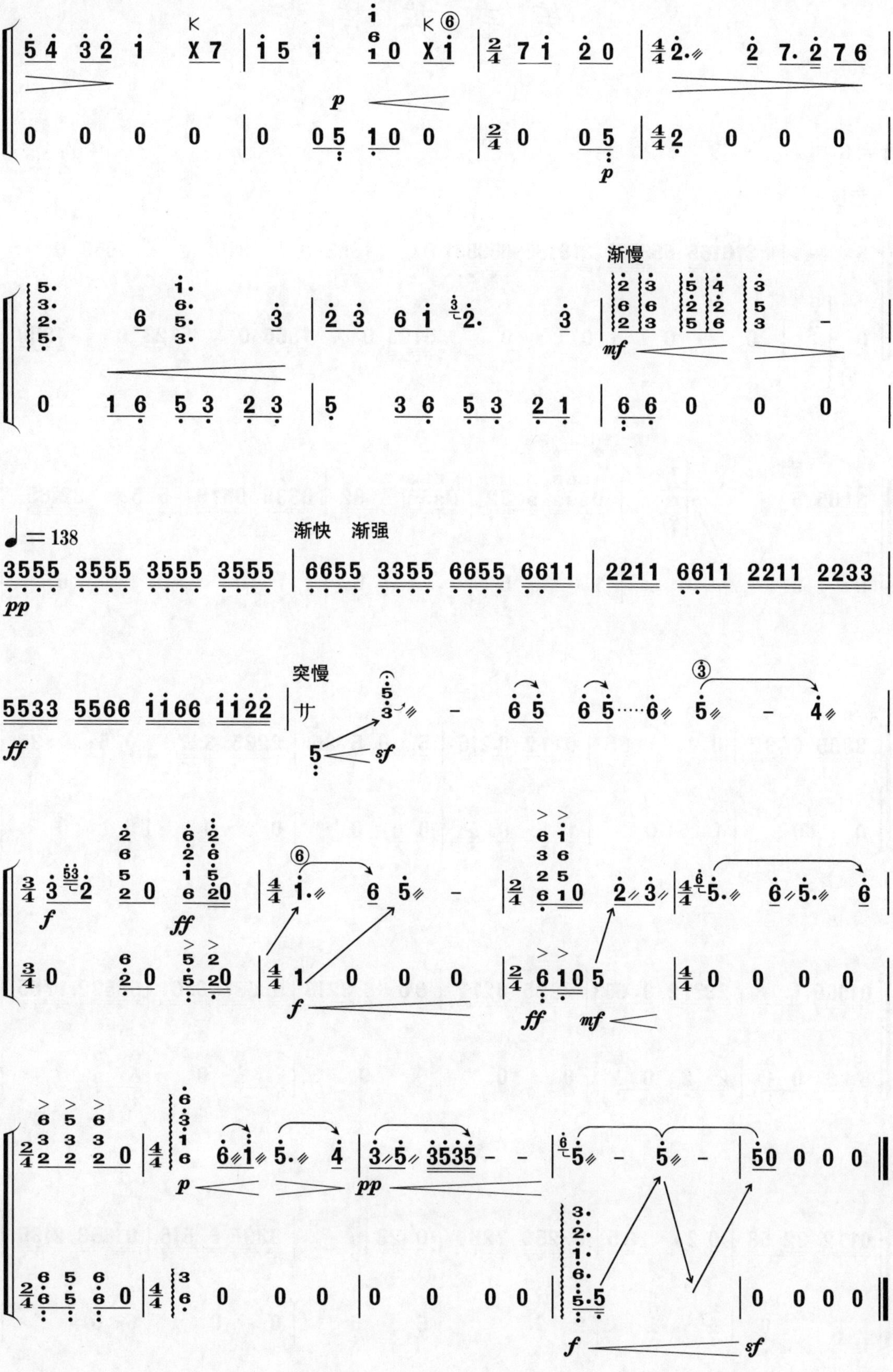
渐慢
♩=138
渐快　渐强
突慢

茉 莉 芬 芳

1 = G 2/4

何占豪曲

柔板

渐慢

♩ = 46

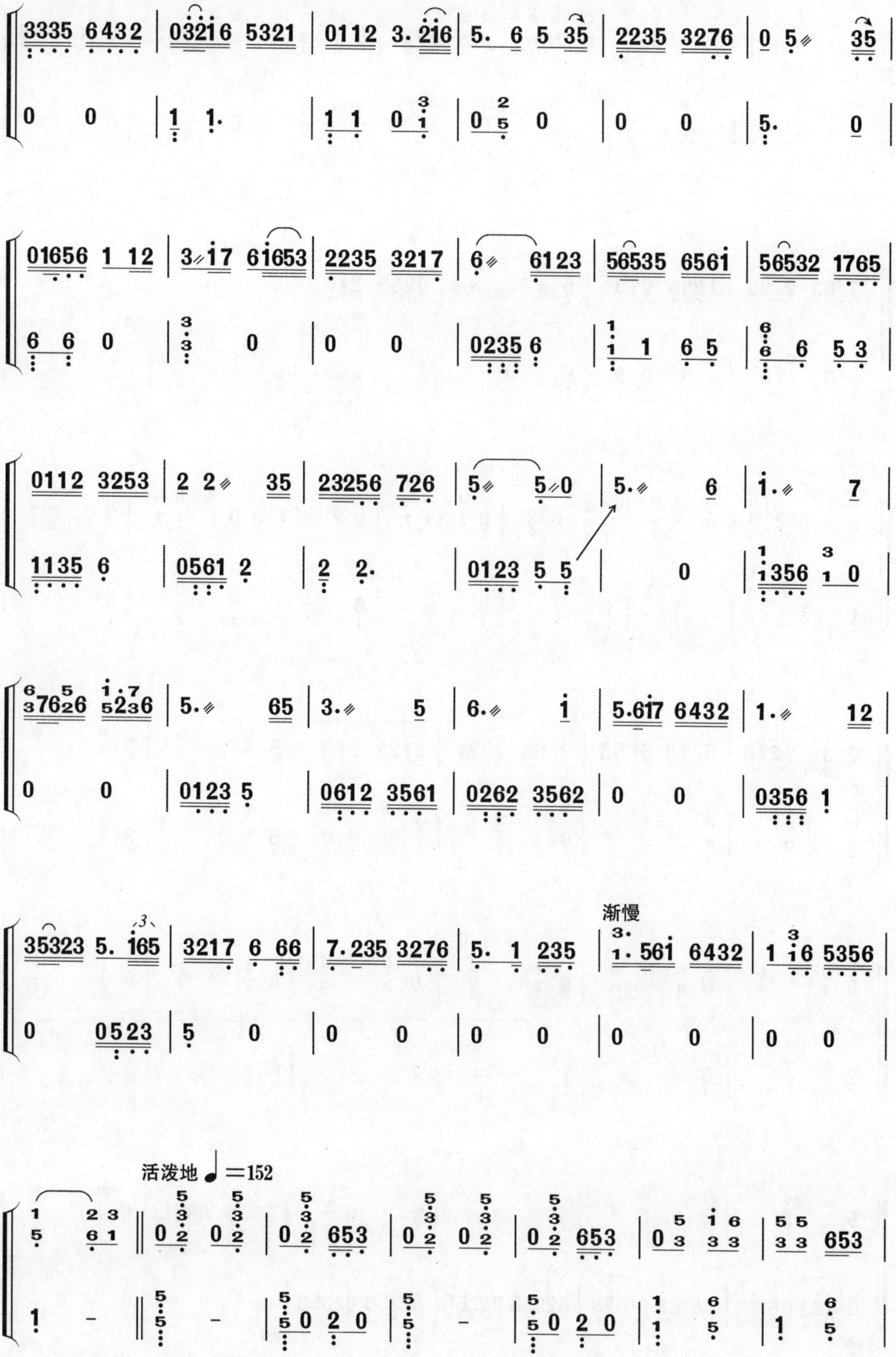
渐慢
活泼地 ♩=152

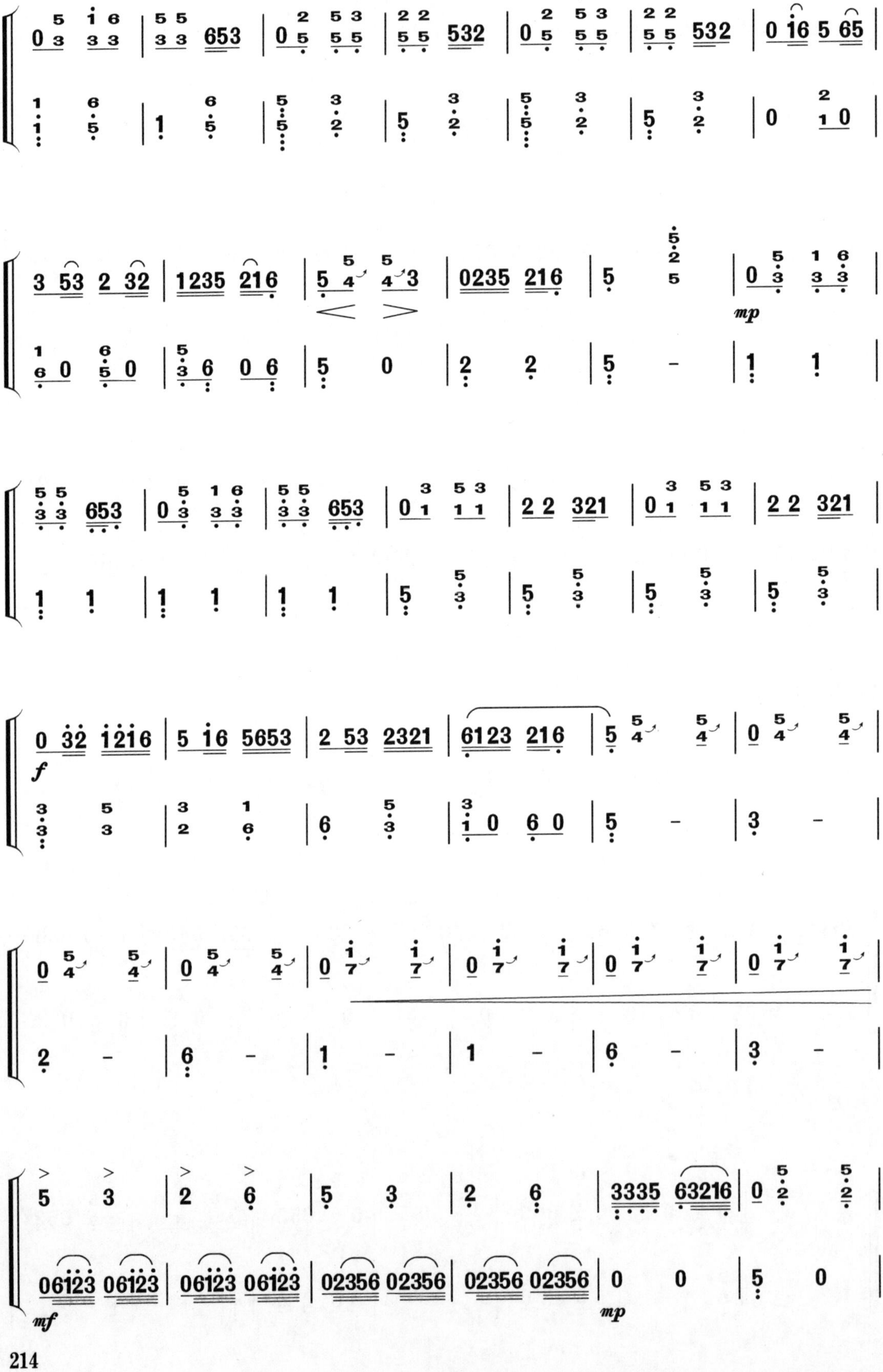
mp
f
mf
mp

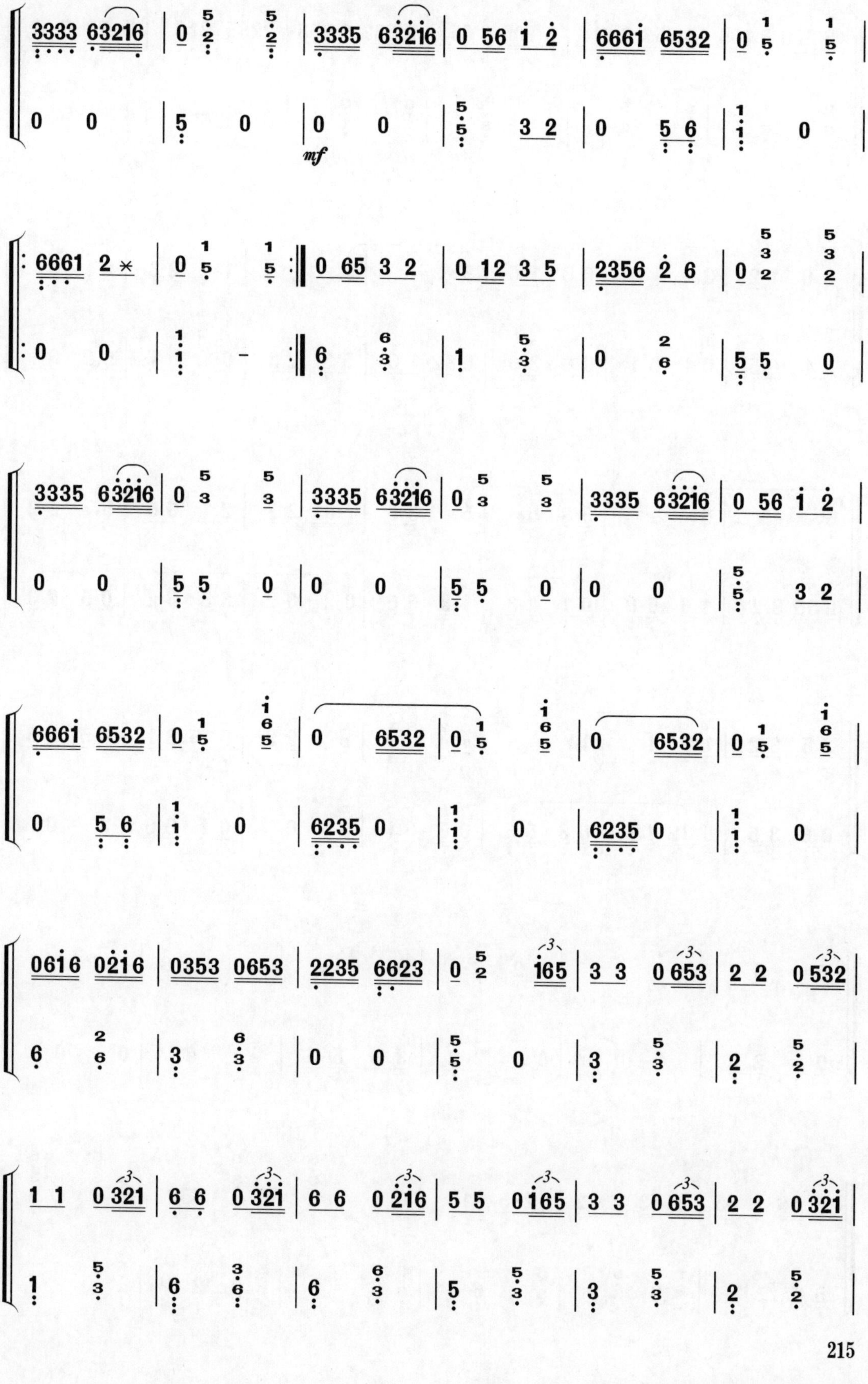
mf

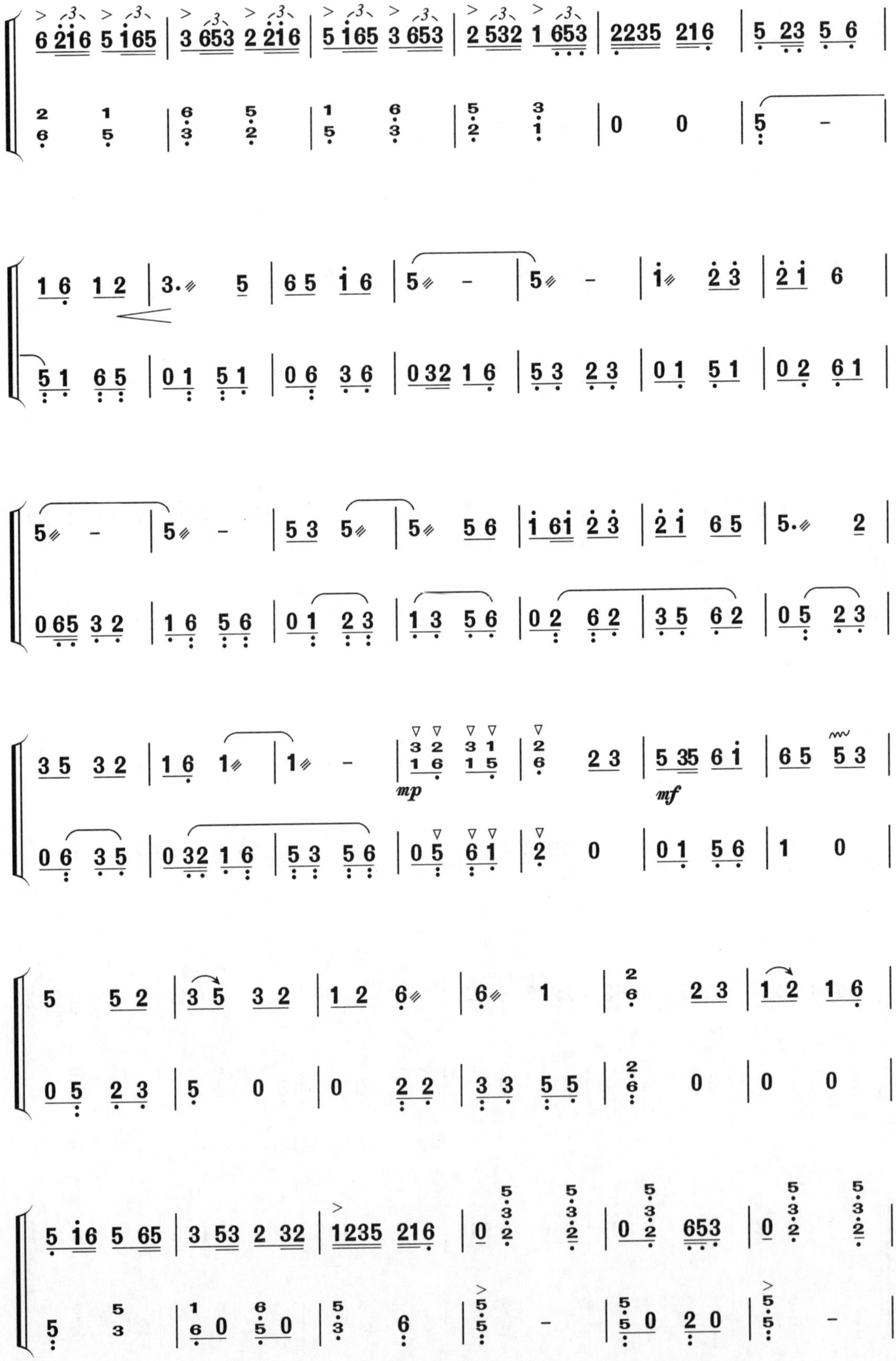

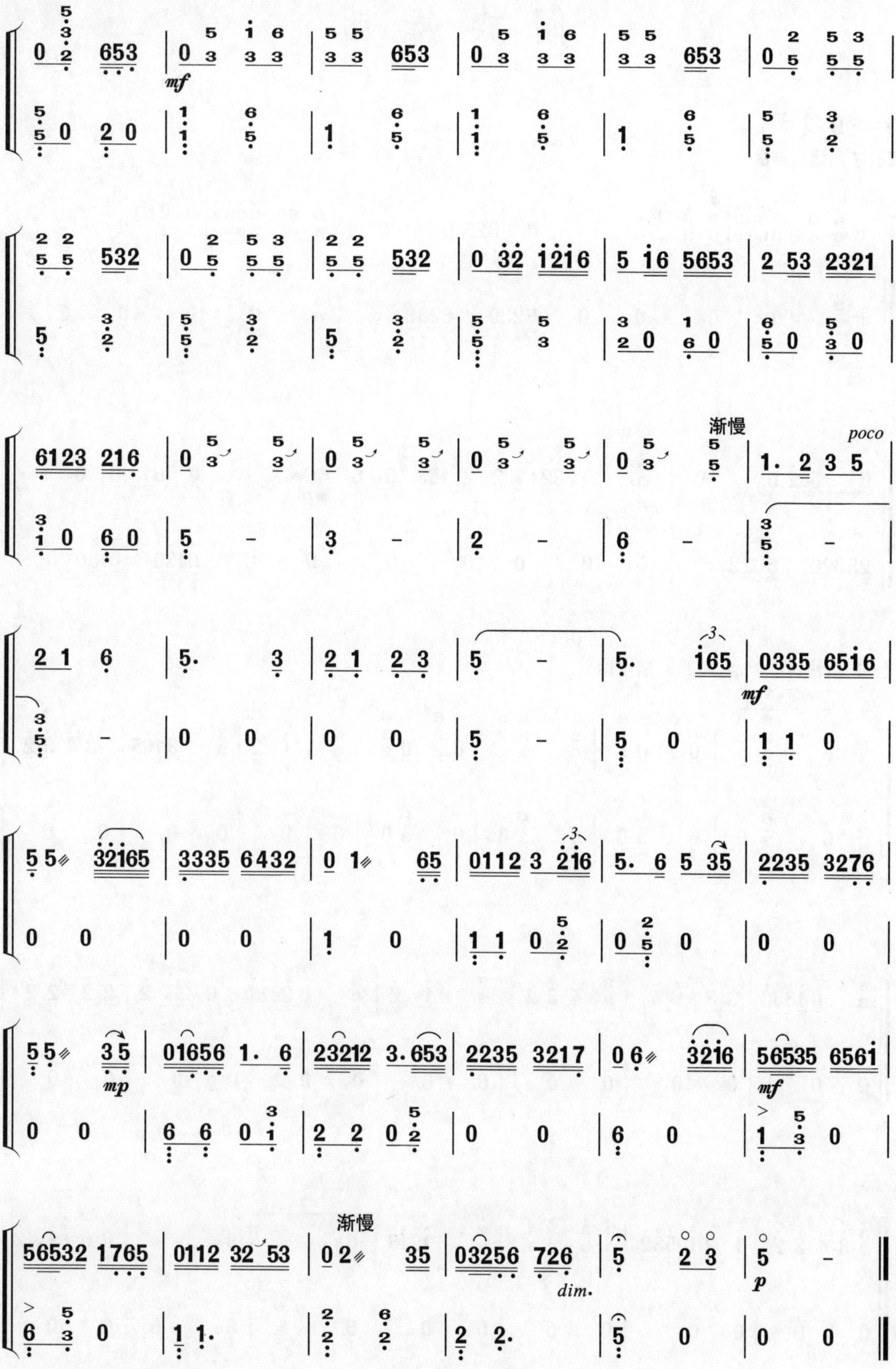
mf
渐慢
poco
mf
mp
mf
渐慢
dim.
p

侗 族 舞 曲

焦金海曲

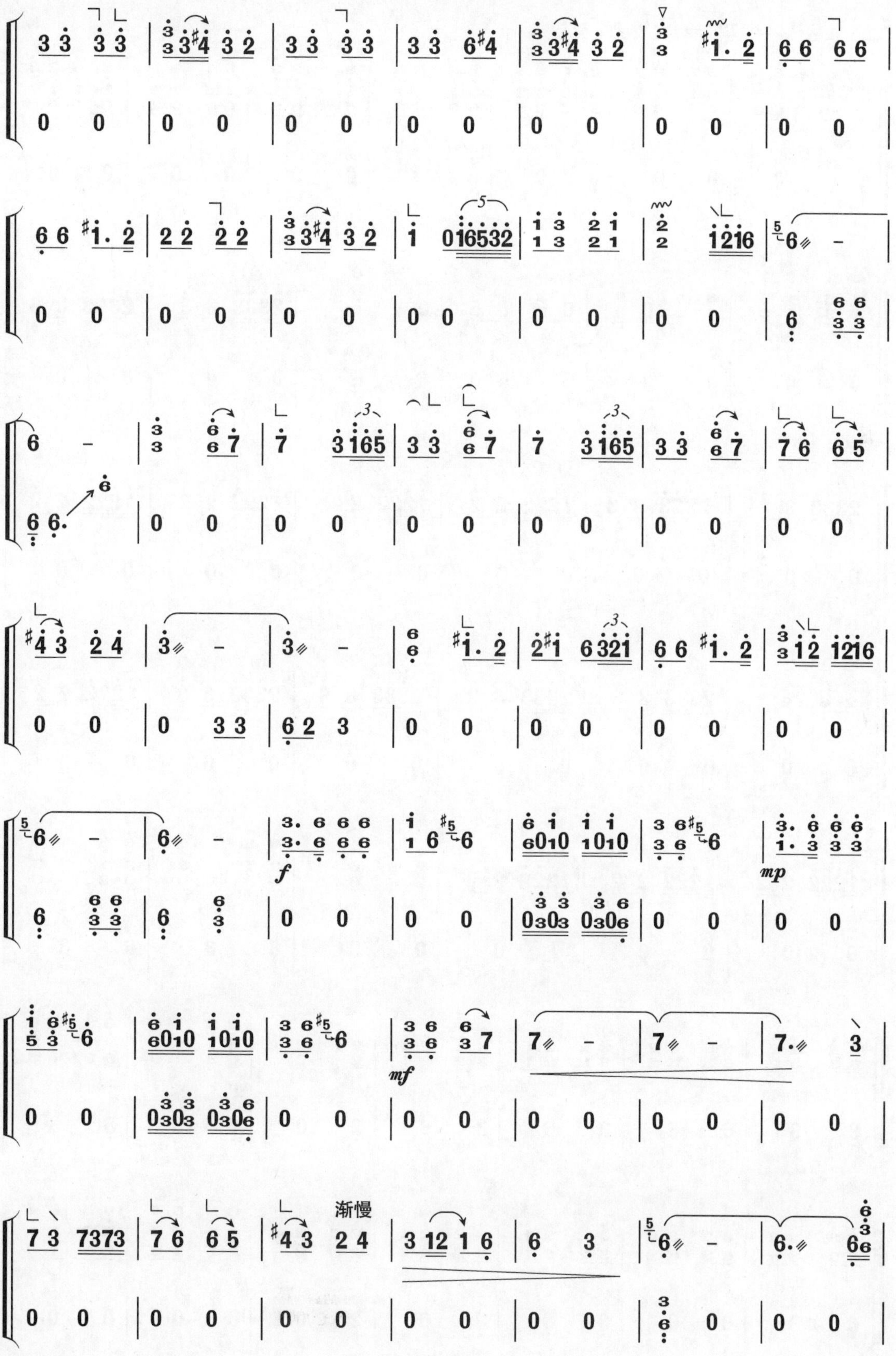
渐慢

【二】快板 ♩＝172 粗犷、热烈、奔放

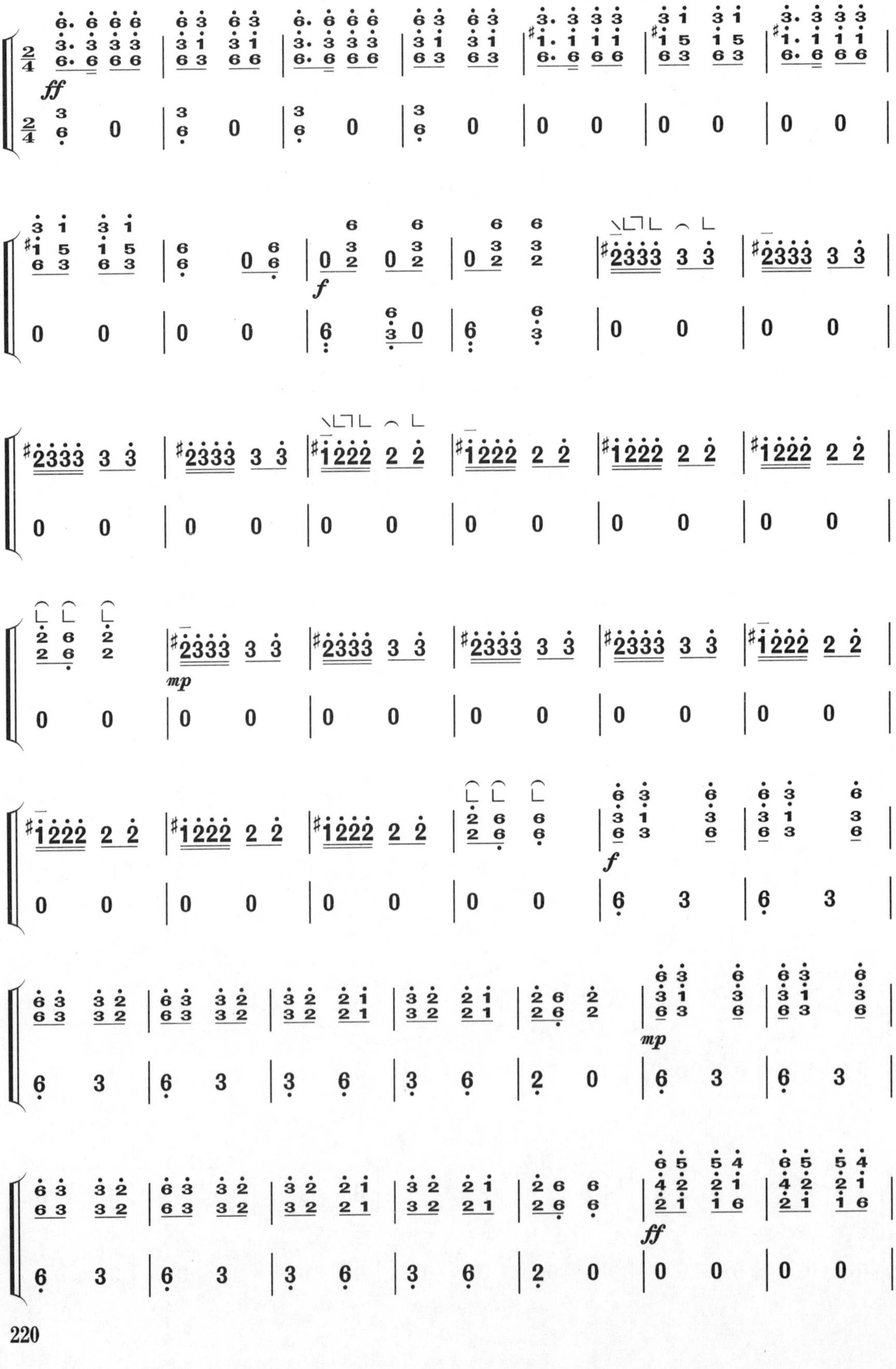

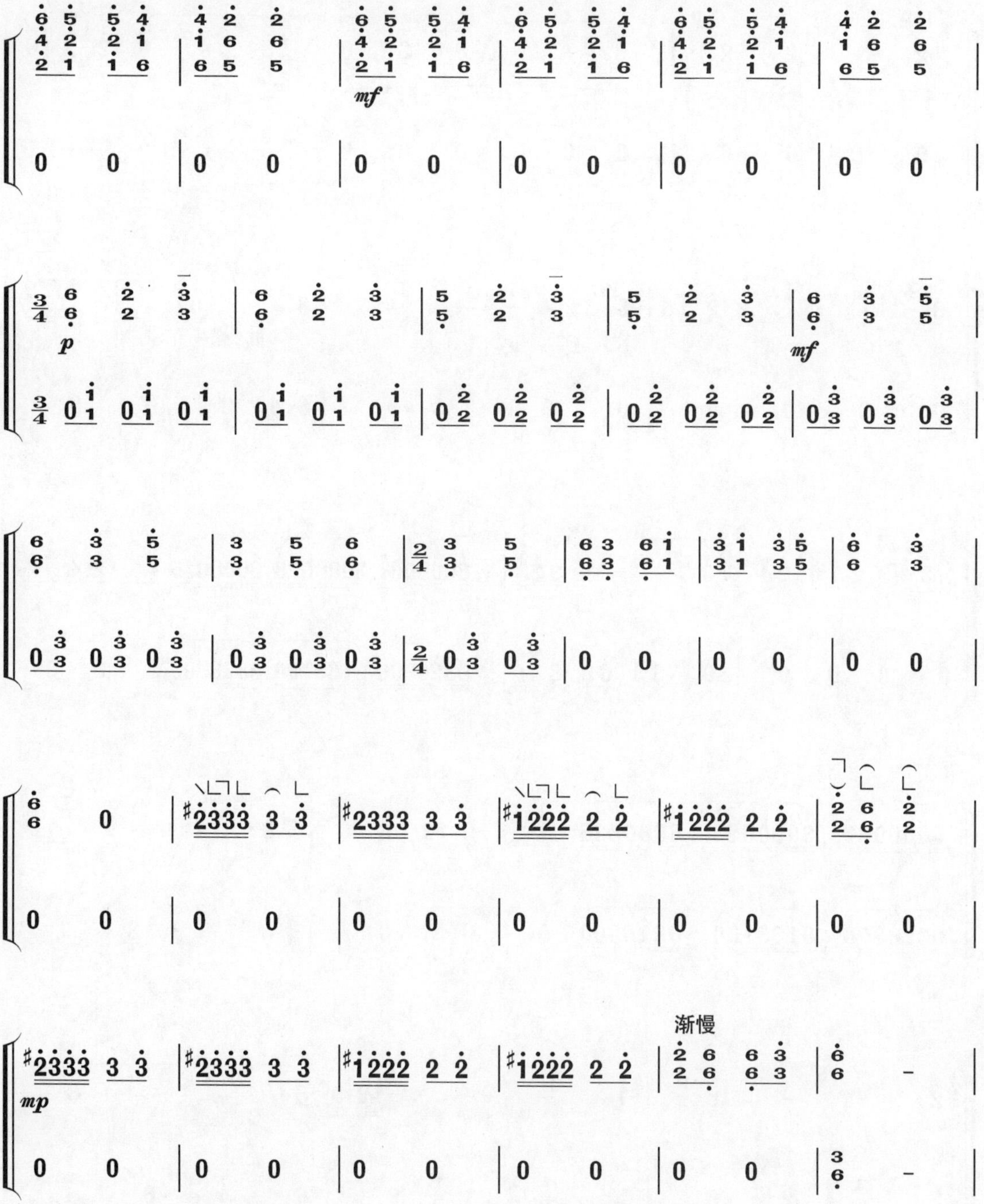

【三】慢板 ♩＝68 深情地

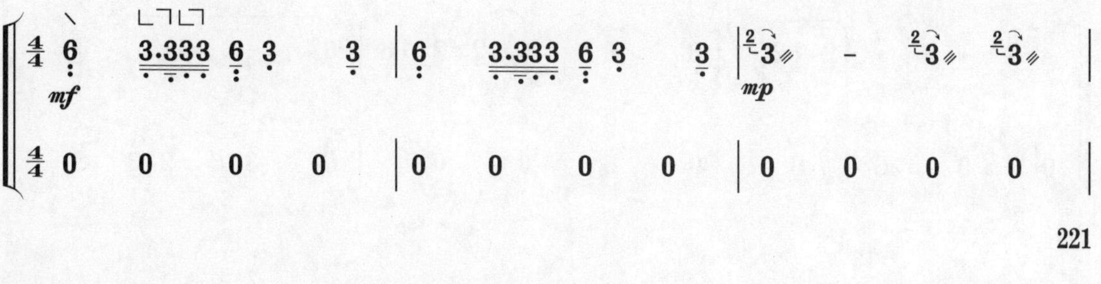

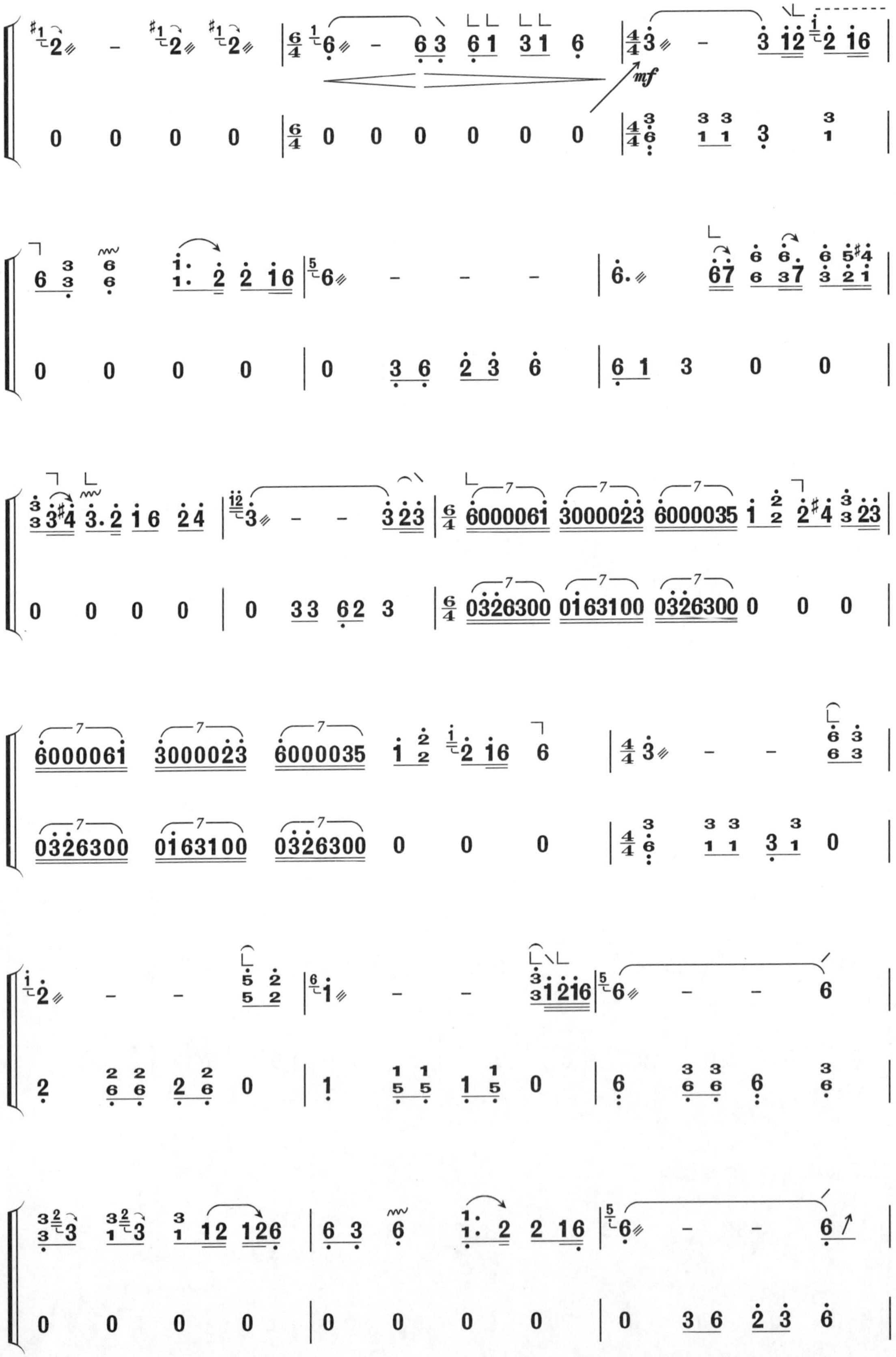
mf

223

伊 犁 河 畔

成公亮曲

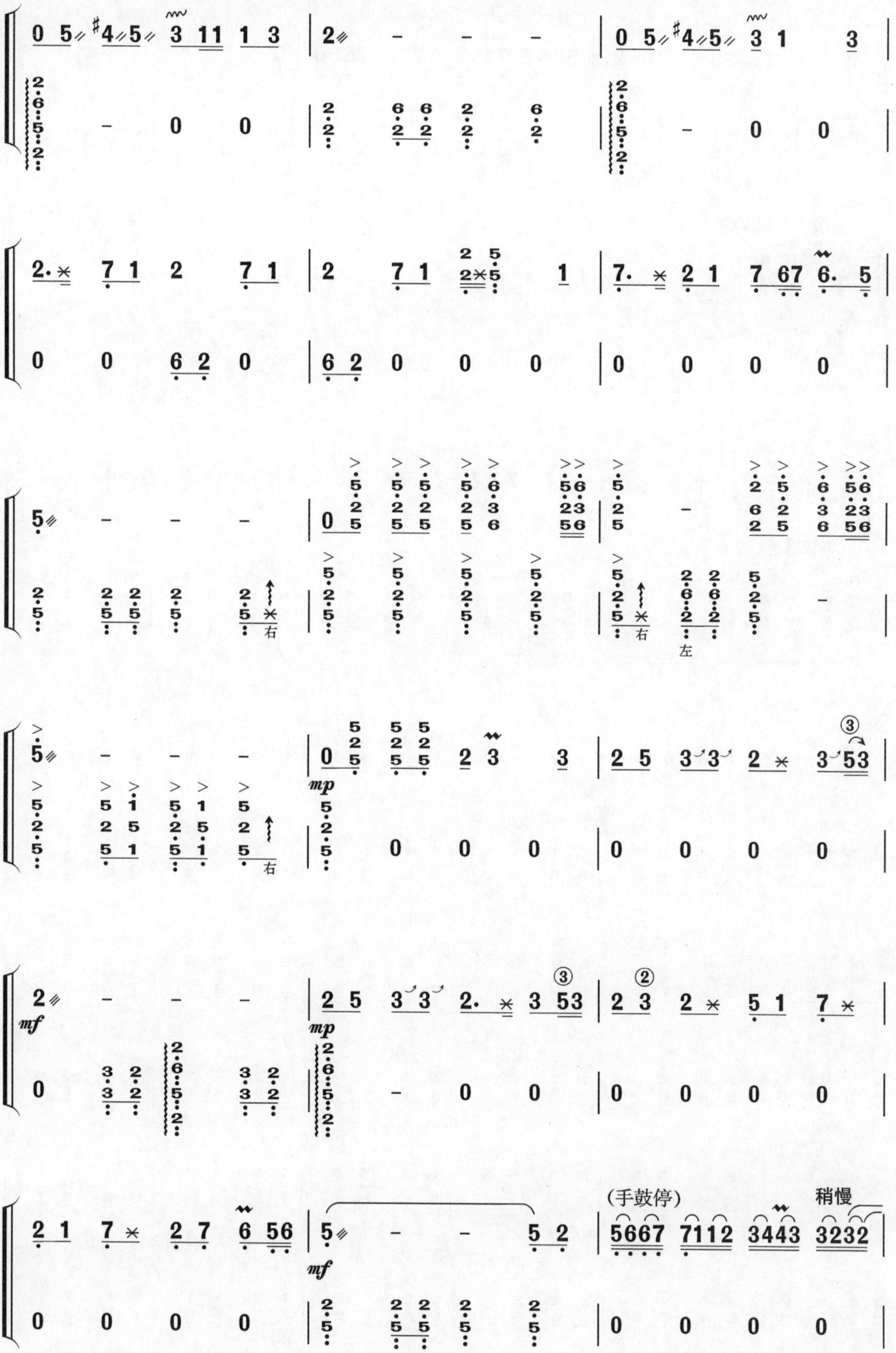
右
左
mp
mf
(手鼓停)
稍慢

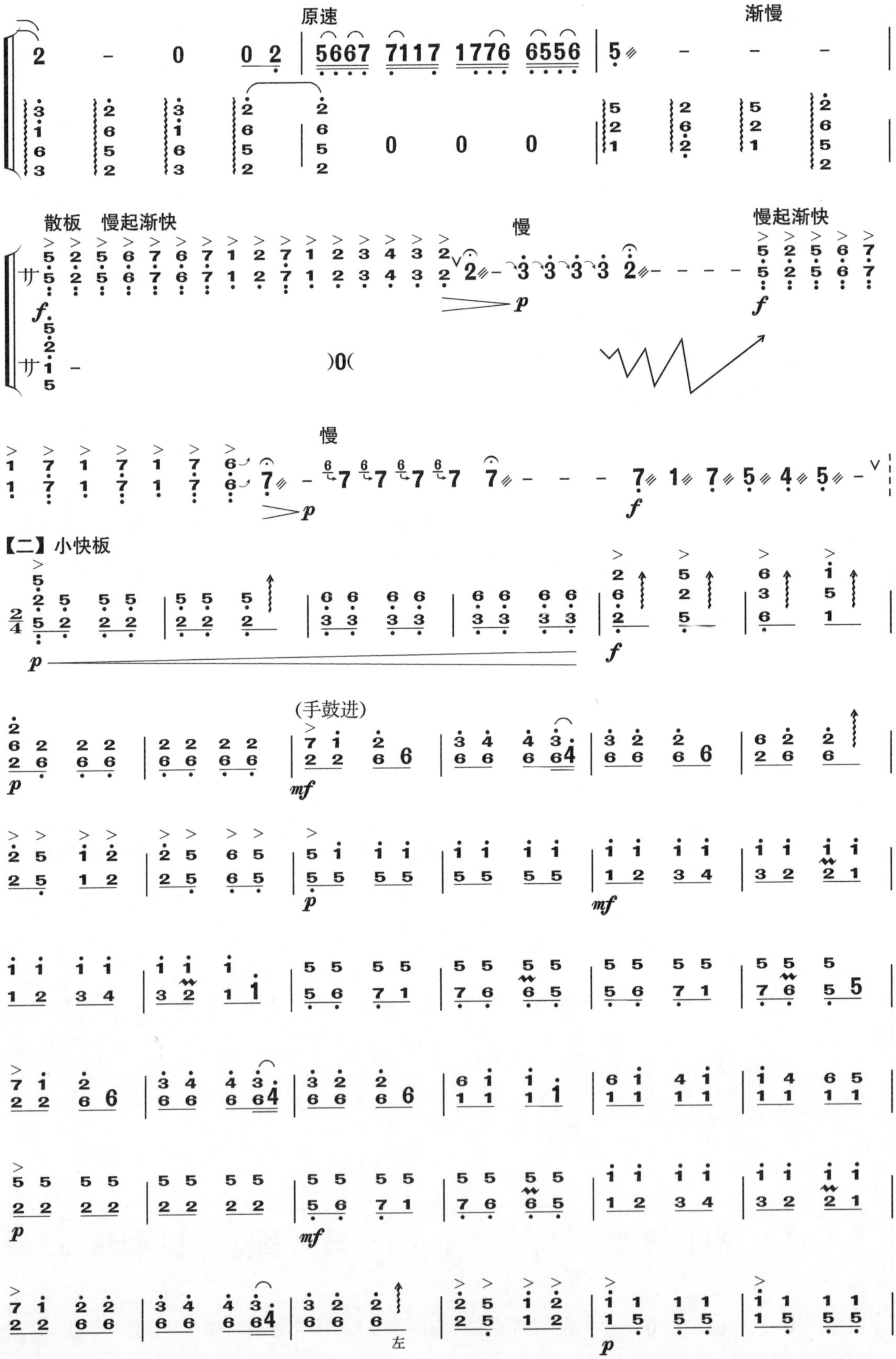
原速
渐慢
散板 慢起渐快
慢
慢起渐快
慢
【二】小快板
(手鼓进)
左

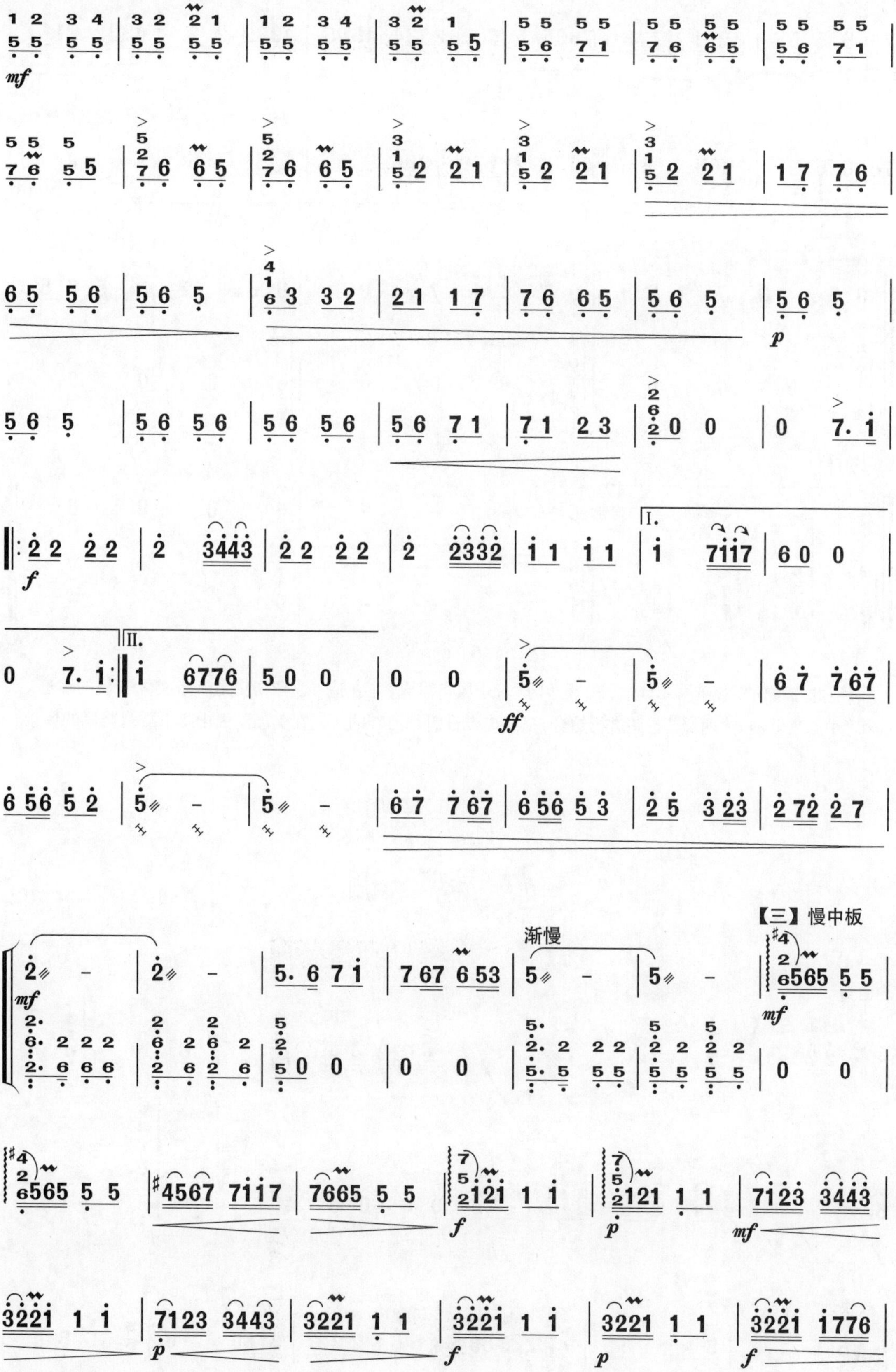
渐慢
【三】慢中板

注：此曲模仿新疆维吾尔族歌舞"赛乃姆"音乐风格写成，意在追寻汉唐历史上音乐文化交流的踪迹。该曲将"中原"乐器与"西域"音调进行结合，描绘出今日伊犁河畔的人们在美丽的天山脚下载歌载舞的场景。

包 楞 调

韩庭贵曲

1 = D

自由地

欢快地

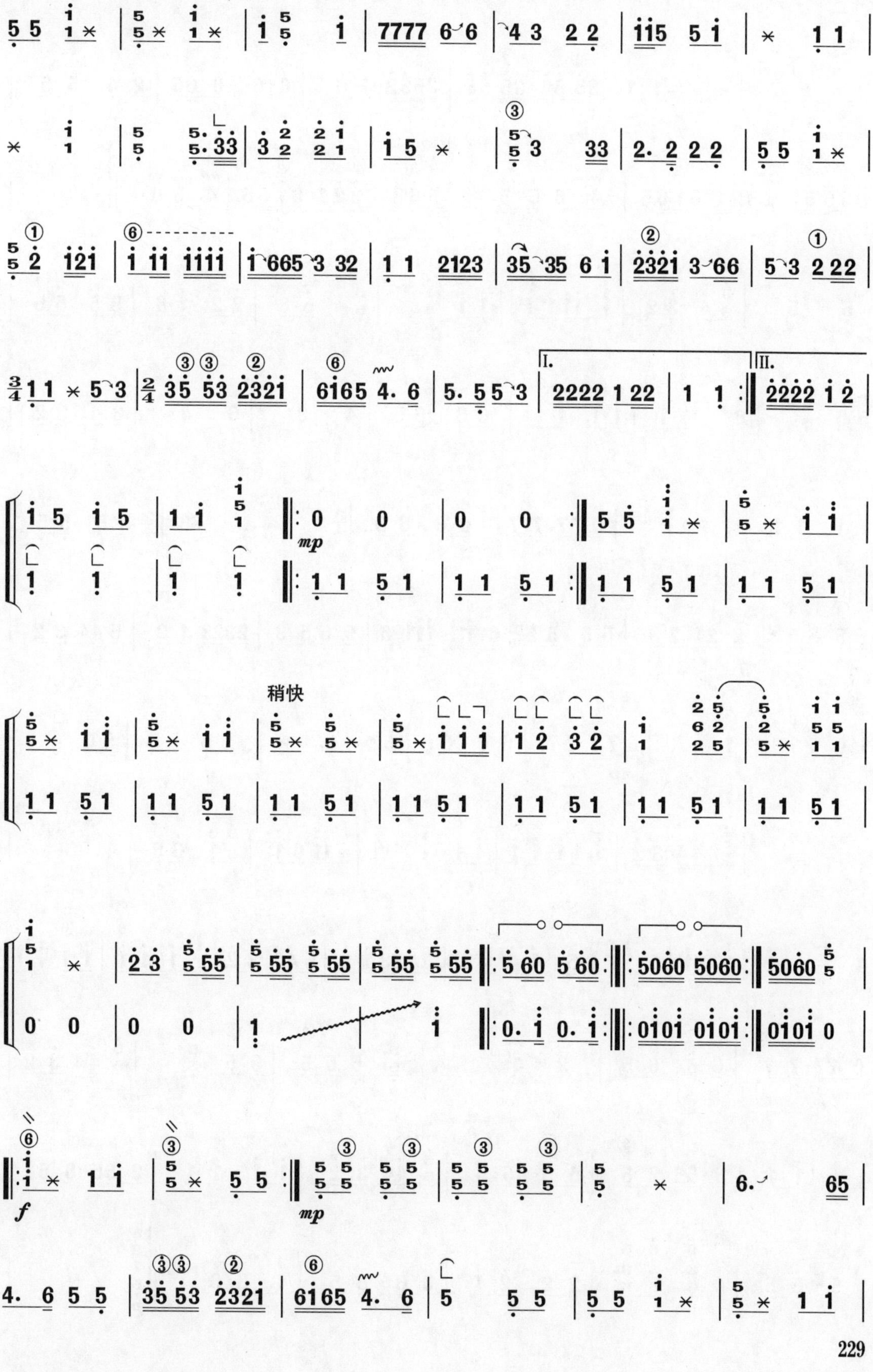
稍快

230

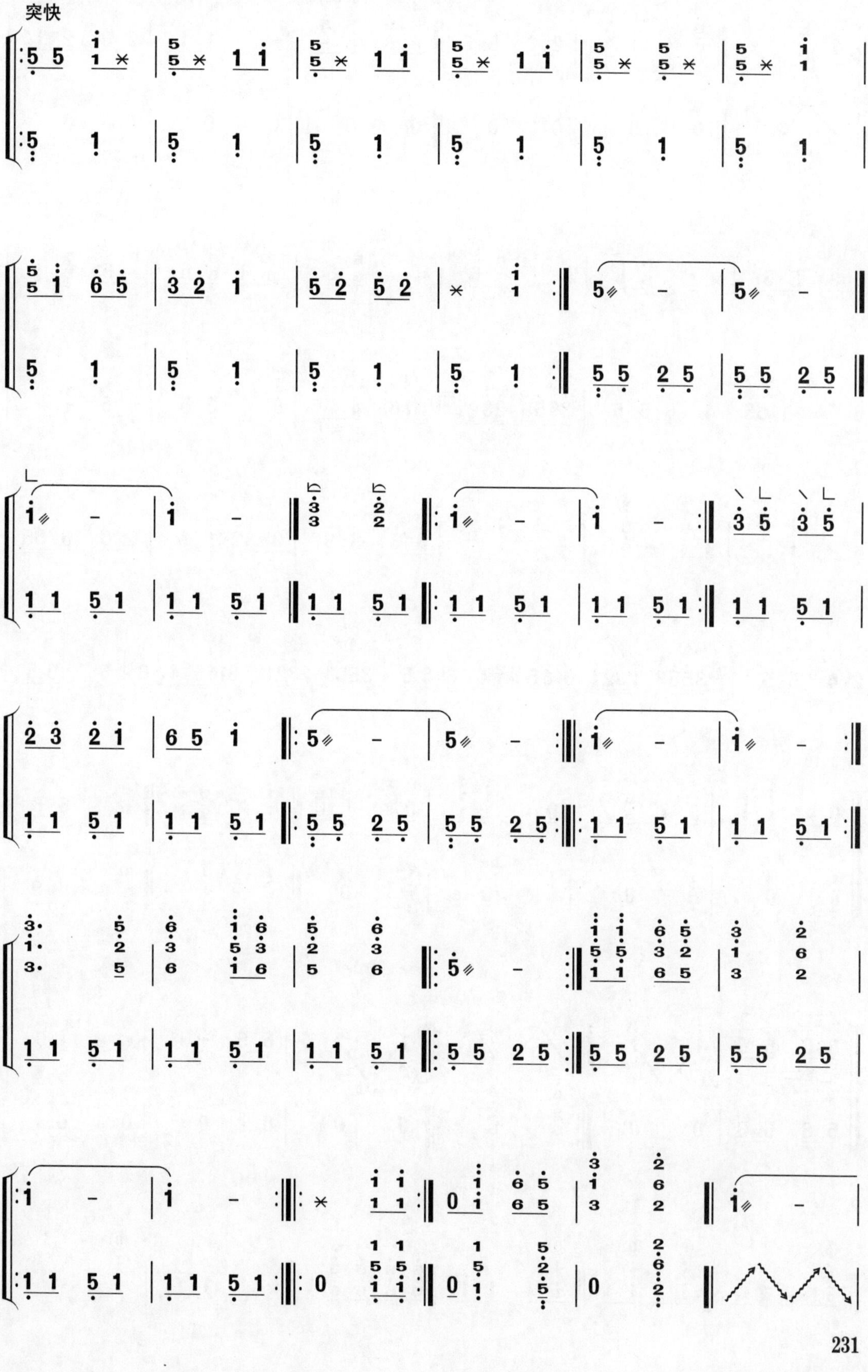
突快

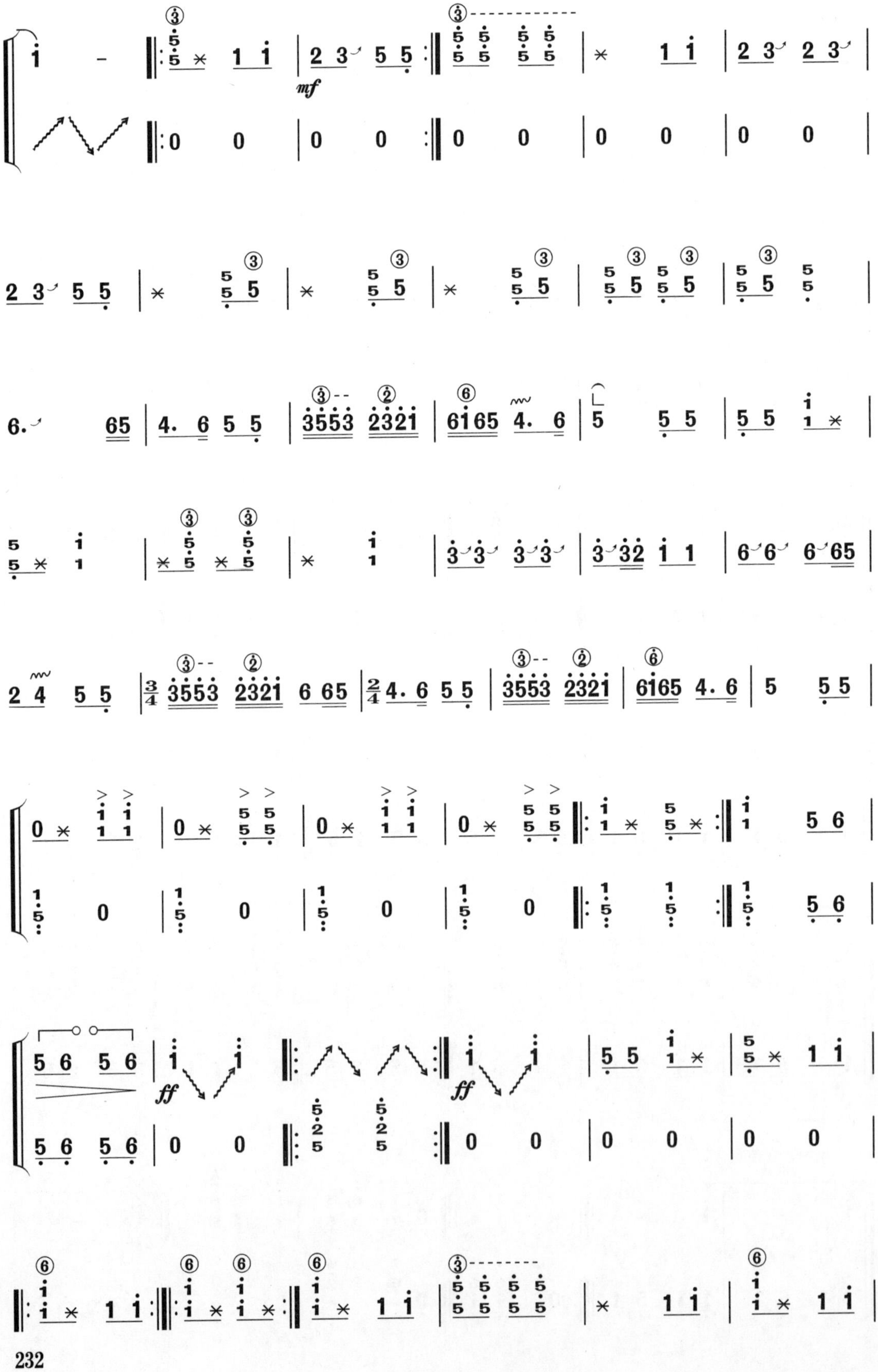
mf
ff
ff

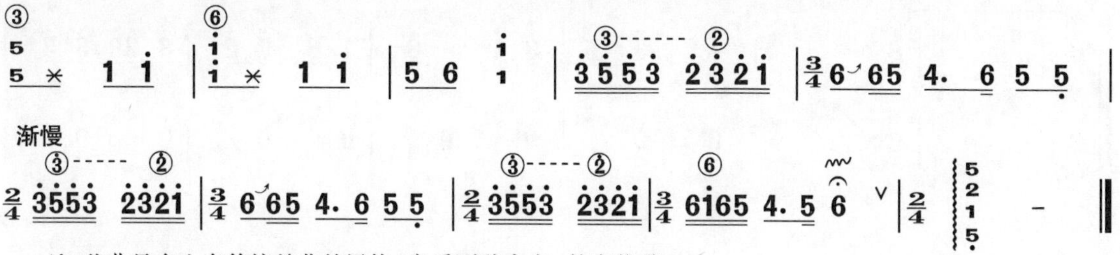

注：此曲具有山东传统筝曲的风格，音乐刚劲内在、朴实优美。

银河碧波

1＝G

范上娥曲

【引子】散板　自由地

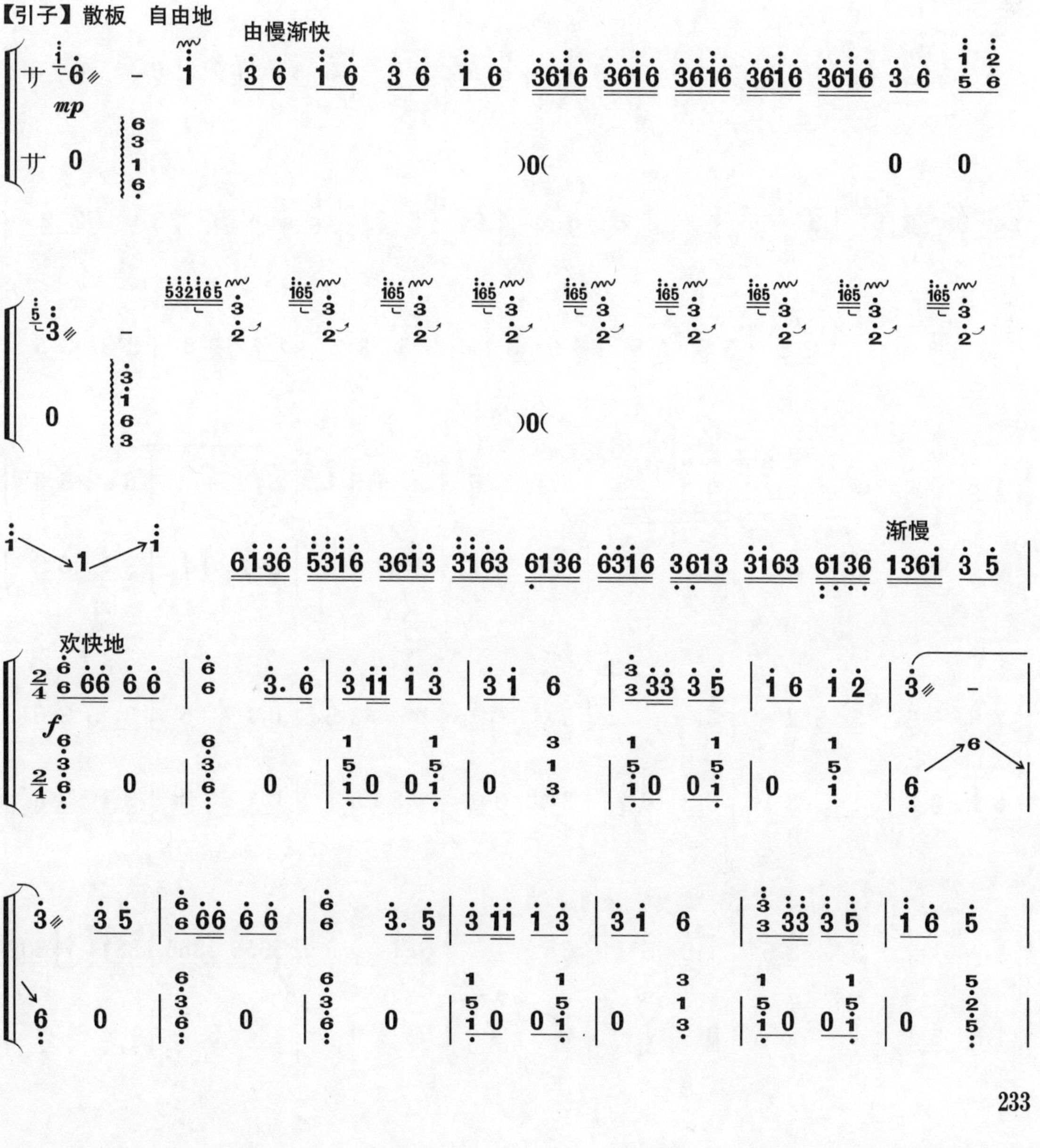

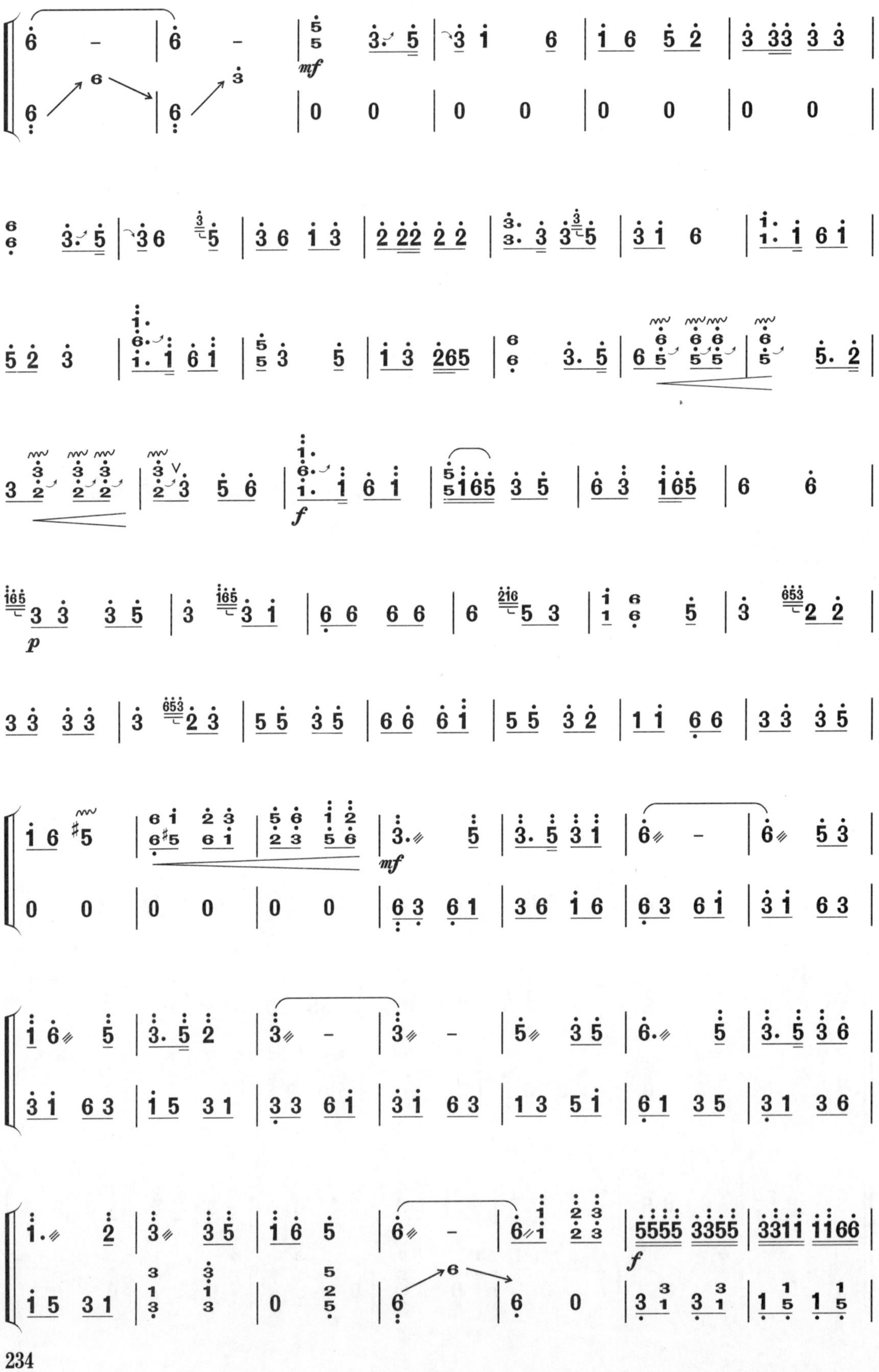

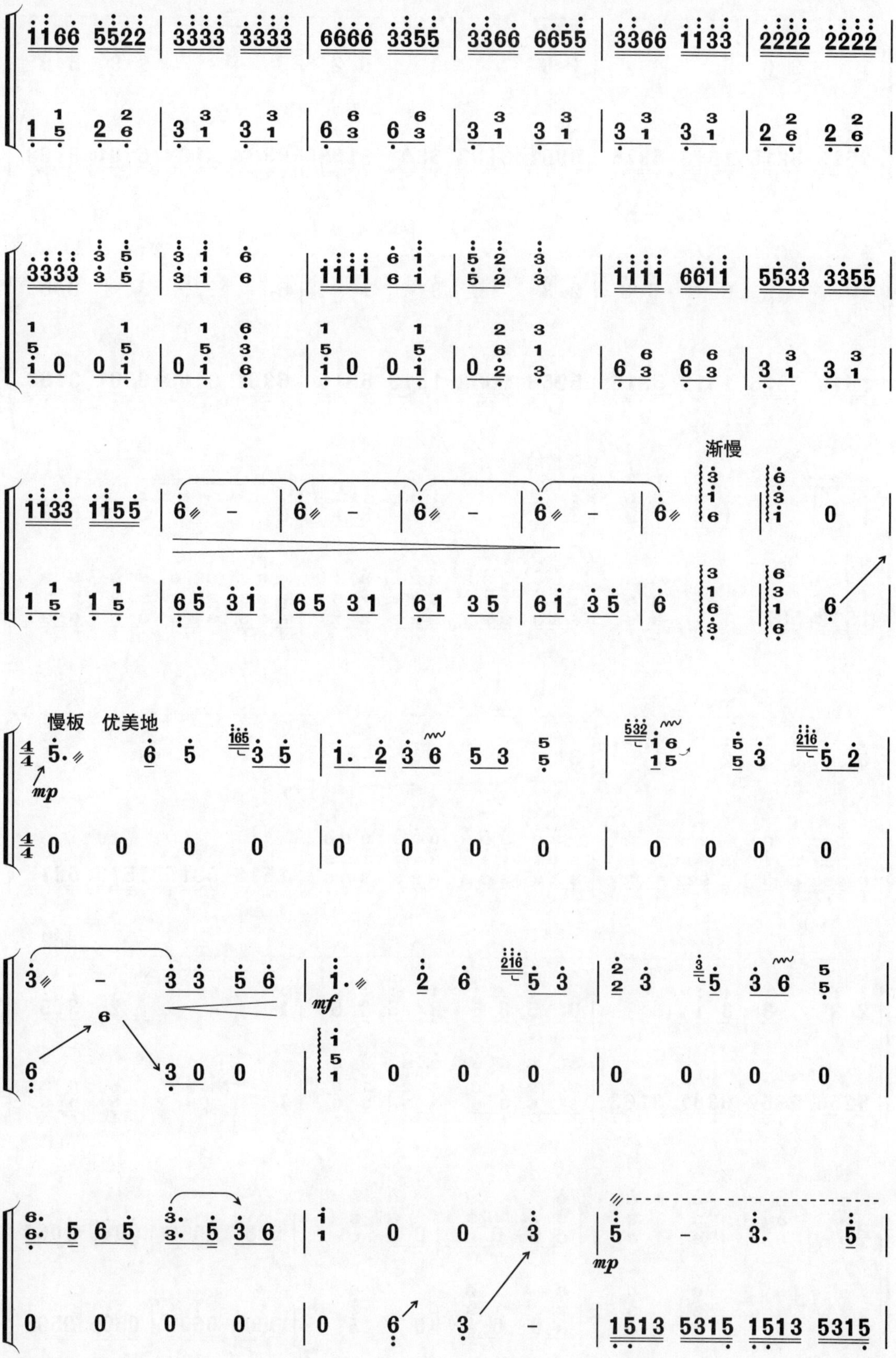
渐慢
慢板　优美地
mp
mf
mp

236

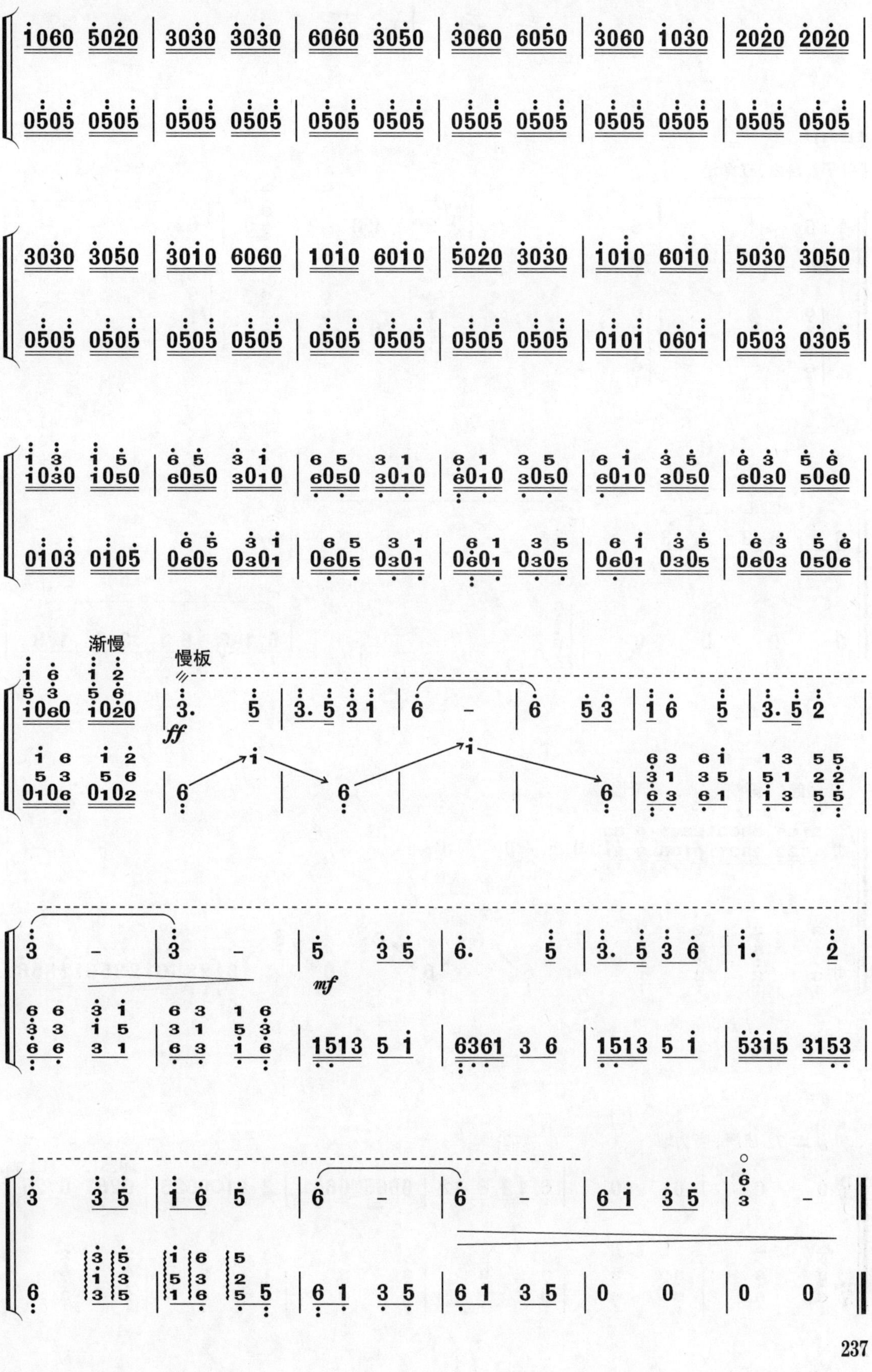
渐慢
慢板
ff
mf

春 到 拉 萨

史兆元曲

238

239

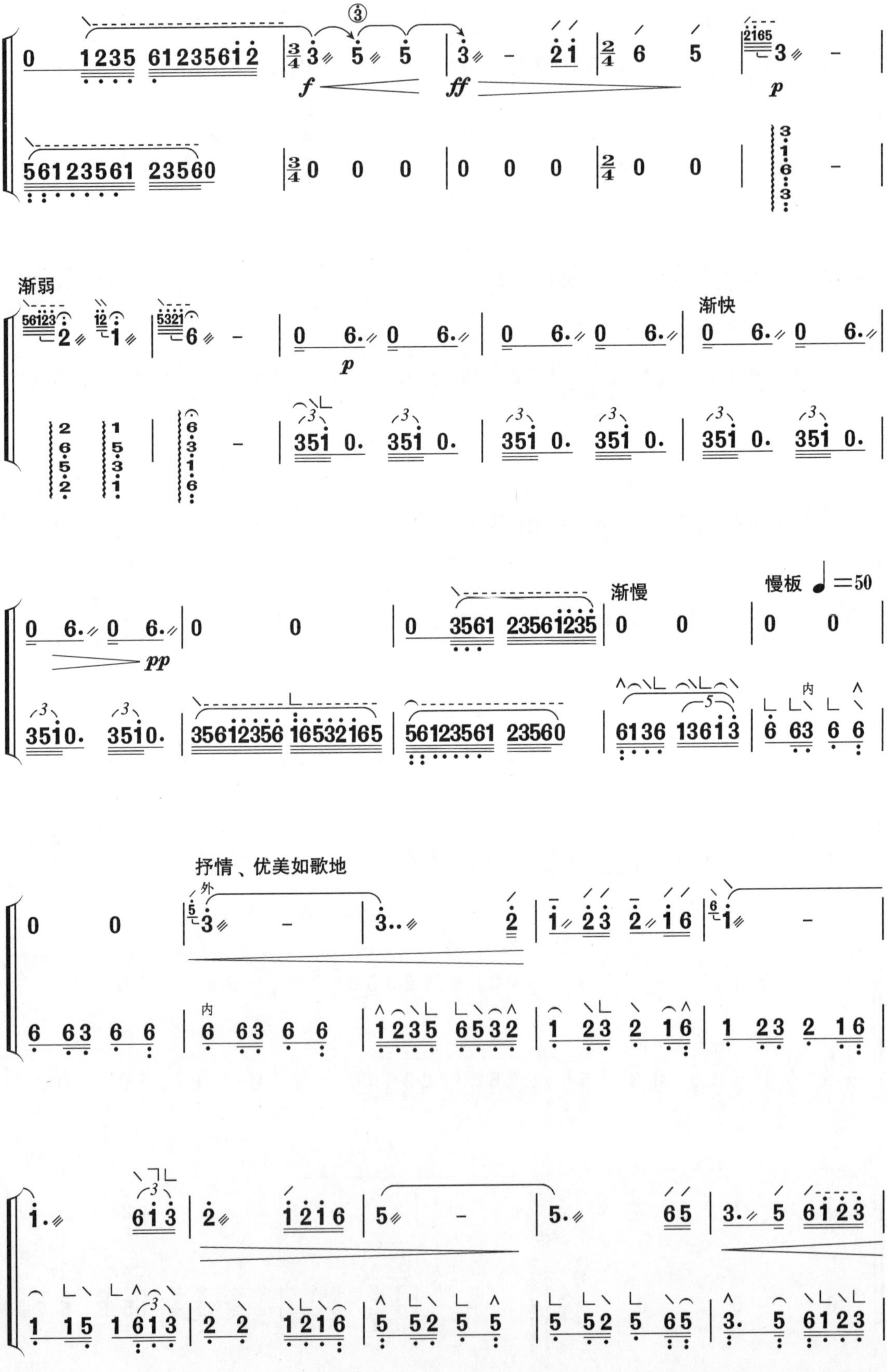
渐弱
渐快
渐慢
慢板 ♩=50
抒情、优美如歌地
外
内

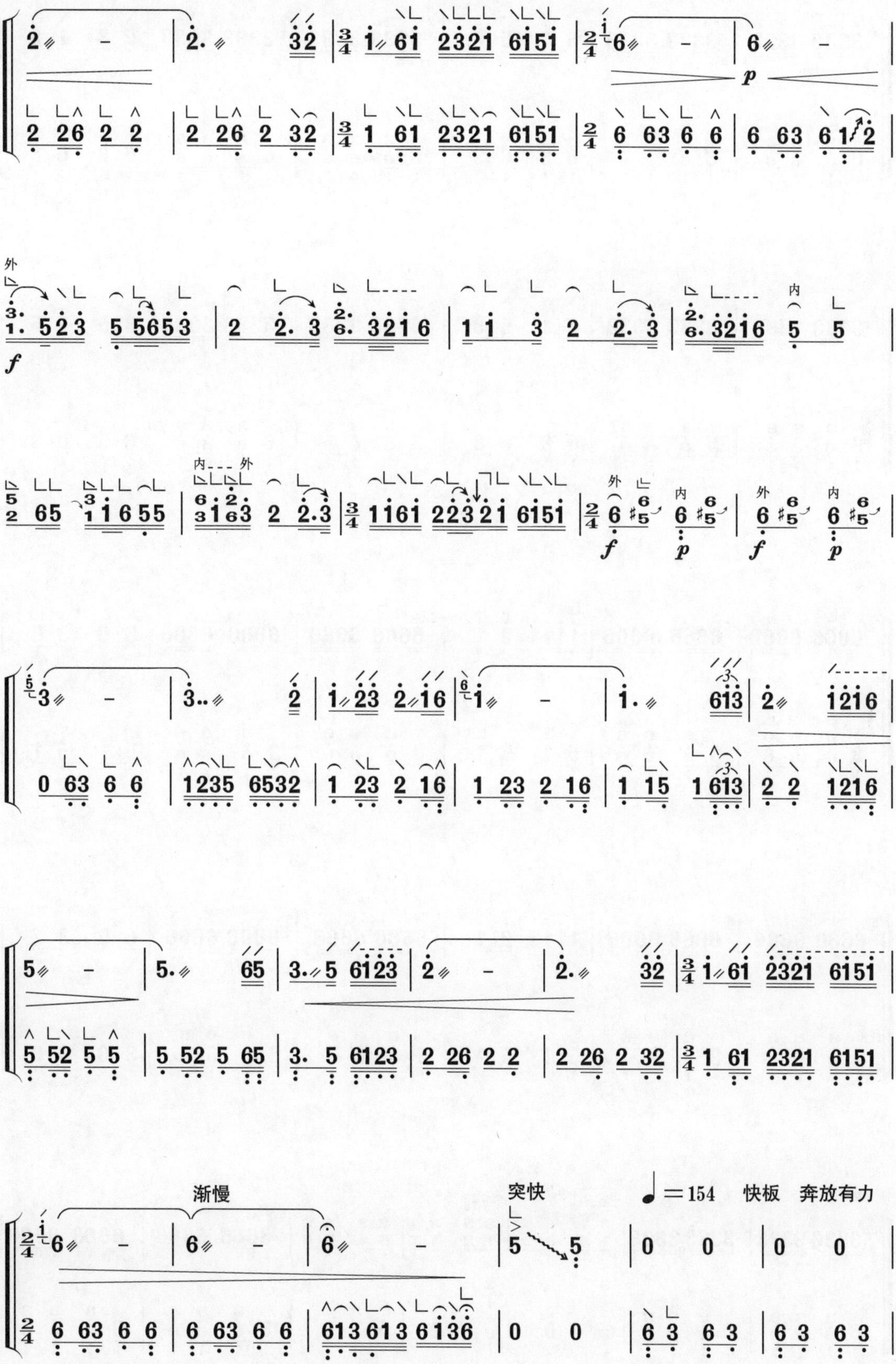
外
内
外
渐慢
突快
♩=154 快板 奔放有力

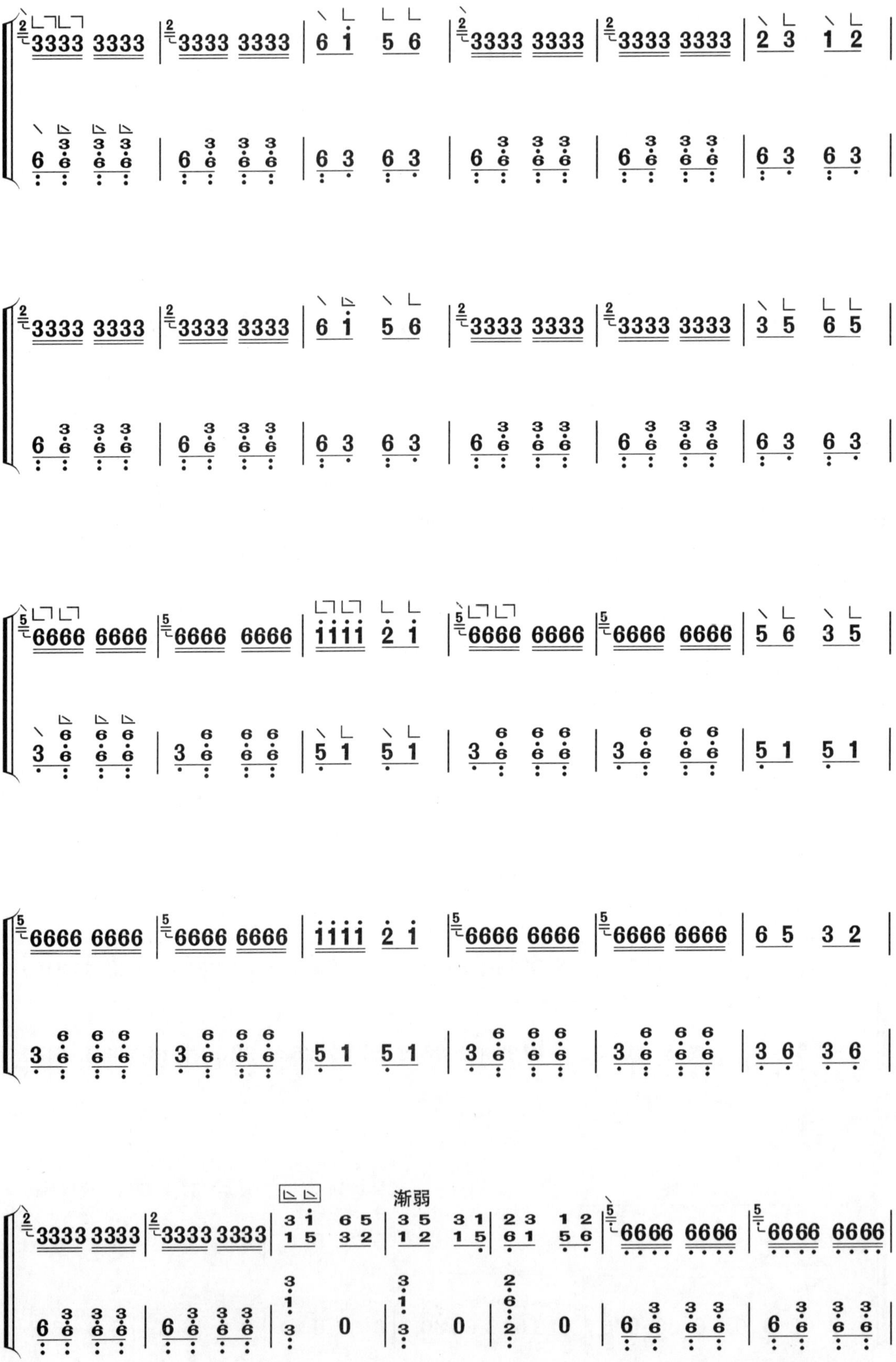
渐弱

注：此曲取材于藏族民歌《金色的太阳》主旋律。音乐开始由低音区向高音区过渡，给人一种由沉重走回光明的感觉，预示着百万农奴必将获得解放的趋势。最后发展到散板，主旋律似雅鲁藏布江的波涛层层起伏，描写藏族人民终于挣脱桎梏获得新生。

曲中应注意以下几点：1. 内　右手弹奏弦的中部，发音松厚。

2. 外　右手弹弦位置应尽量靠近右侧岳山，发音清脆。

3. 用左手名、中、食三指由内向外同时扫 **3**、**2**、**1** 三根弦。

243

九级

演奏提示与要求

1. 双手各类技巧更加巩固和熟练运用,快速弹奏时应尽量以最小的动作去完成最快的速度,并提高复调性乐曲的演奏能力。

2. 掌握传统、创作或改编、移植的经典代表曲目及技术难度较高的曲目,并进行一些新创作的现代乐曲的学习。

3. 演奏中处理好左右手之间的主次关系;强调音乐内涵的正确表达,演奏上要有一定的张力,既要讲究音乐表现的细腻与夸张,同时又不能失去音乐本身的朴素与自然。

高 山 流 水

山东筝曲
高自成改编

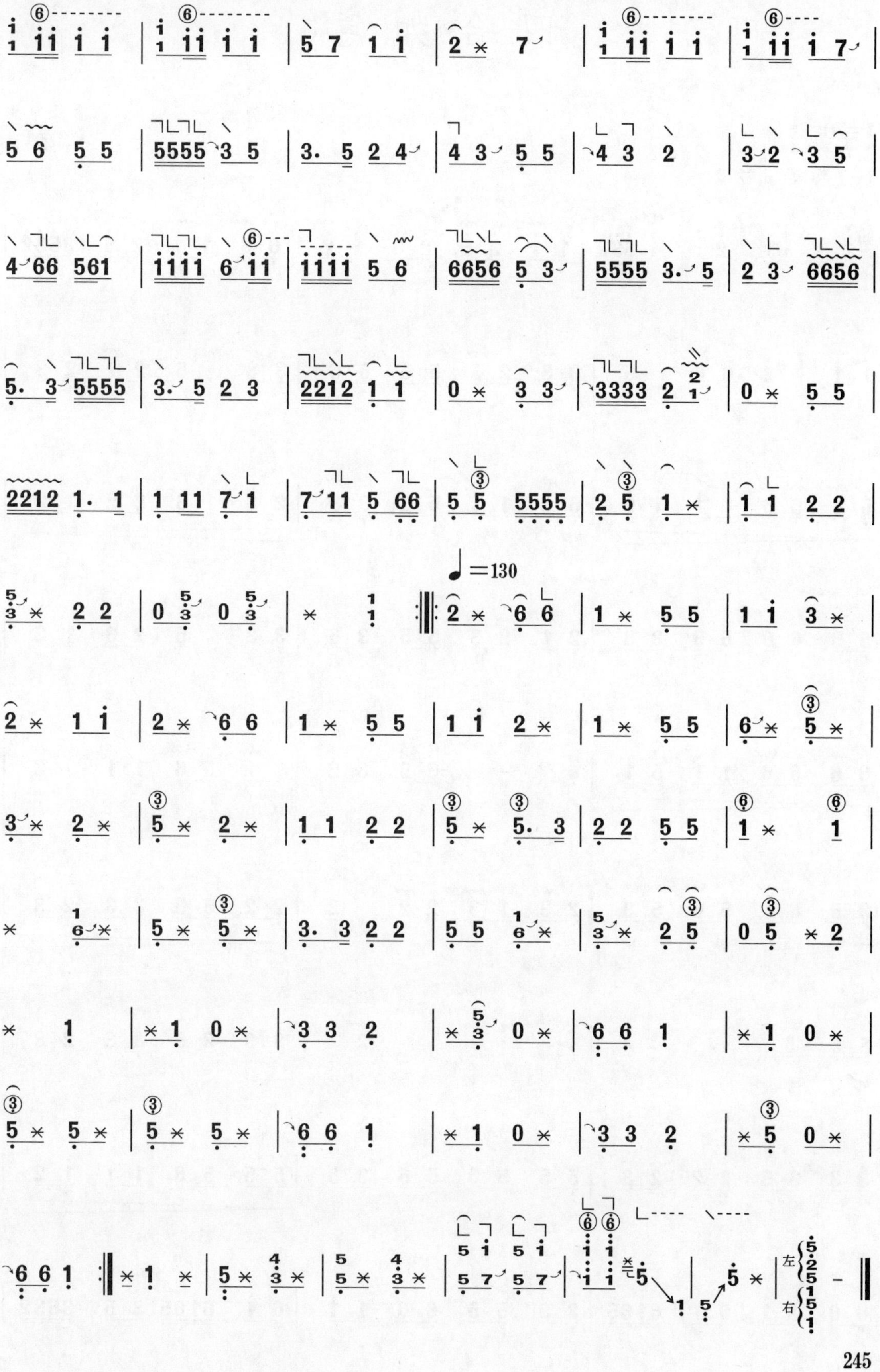
♩=130
左
右

四 合 如 意

浙江筝曲
王巽之传谱

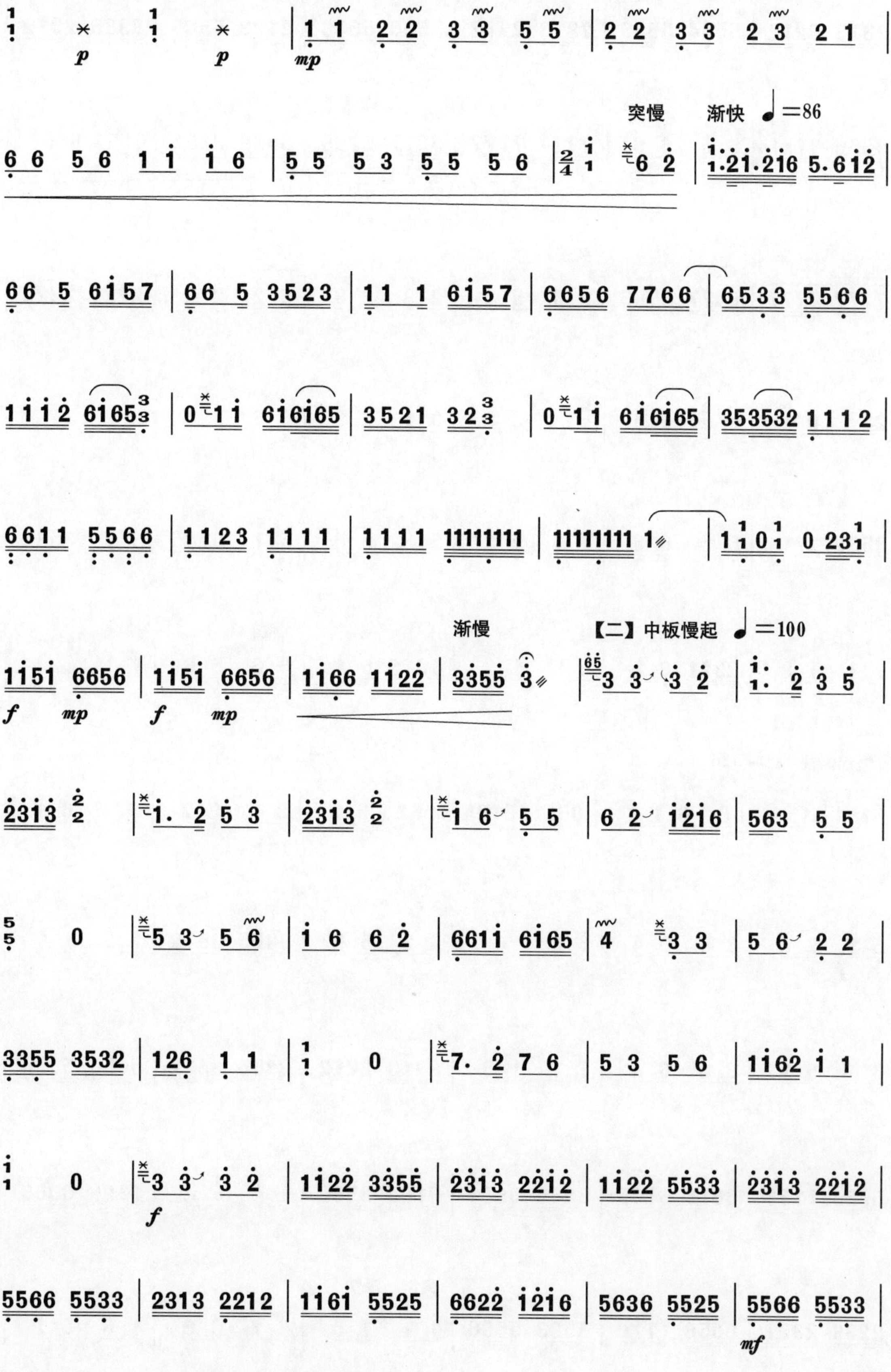
突慢
渐快
♩=86
渐慢
【二】中板慢起
♩=100

2313 2212 | 5544 5533 | 2313 2212 | 5566 5533 | 2123 5535 | 3335 2312 |

6656 1151 | 6 6 6 6 ‖: 7777 7777 | 6677 6765 | 3322 3355 | 6157 6656 :‖

7777 7777 | 6677 6765 | 突慢 3 6 5 3 | 2 3 2 3 | 原速 2 2 2 2 | 2222 2222 |

2 02 2 | 02 2 03 3 | 22 33 | 31 22 | 55 31 | 22 35 |

3532 11 | 65 66 | 13 22 | 23 55 | 51 6165 | 35 3532 |

11 13 | 2321 61 | 56 12 | 1216 51 | 渐慢 66 56 | 1 1 |

慢起渐快 ♩=126 11 16 | 5. 611 | 6611 6165 | 352 33 | 55 22 | 3. 561 |

55 22 | 36 54 | 33. | 33 55 | 3355 3532 | 12 11 |

6 51 | 66 66 | 11 13 | 2313 2212 | 2255 3532 | 5556 5535 |

5556 1151 | 6611 6165 | 3355 6611 | 6165 3532 | 1 1 | 1122 3355 |

突慢 渐快 2233 2321 | 6656 1116 | 5533 5556 | 11 15 | 61 66 | 16 51 |

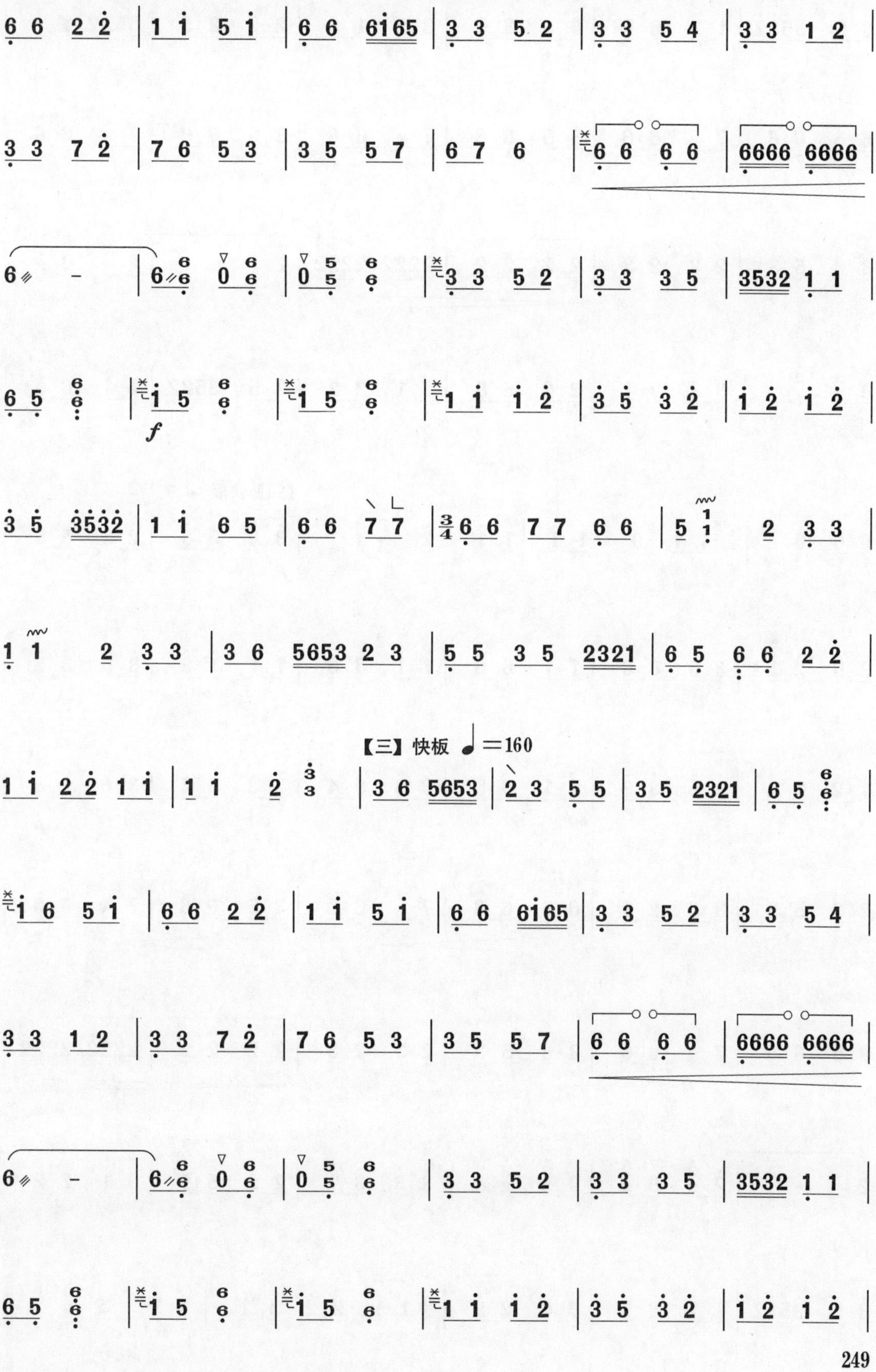
【三】快板 ♩=160

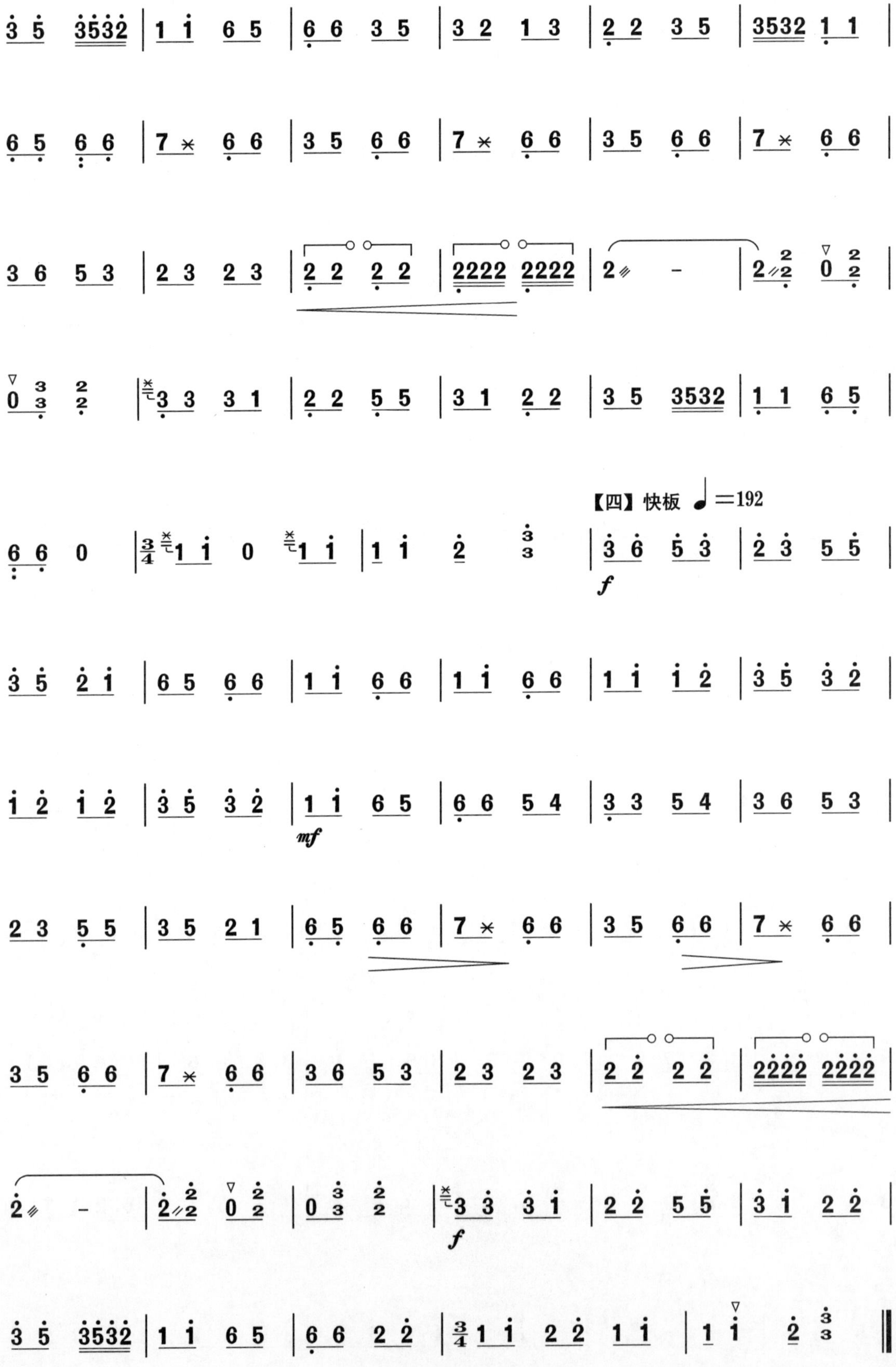
【四】快板 ♩=192

海青拿天鹅

浙江筝曲
王巽之传谱
项斯华演奏谱

251

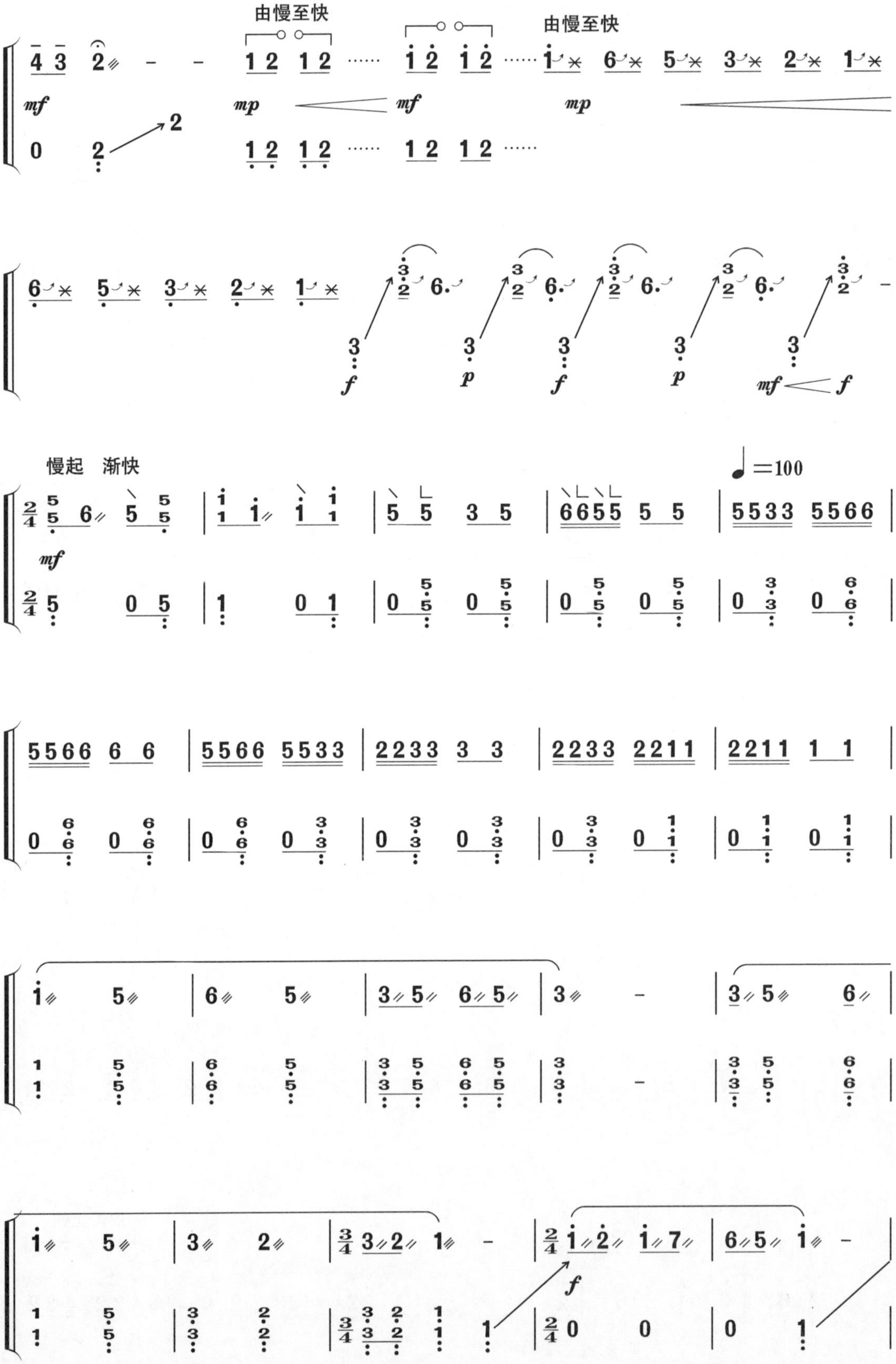
由慢至快
由慢至快
慢起　渐快
♩=100

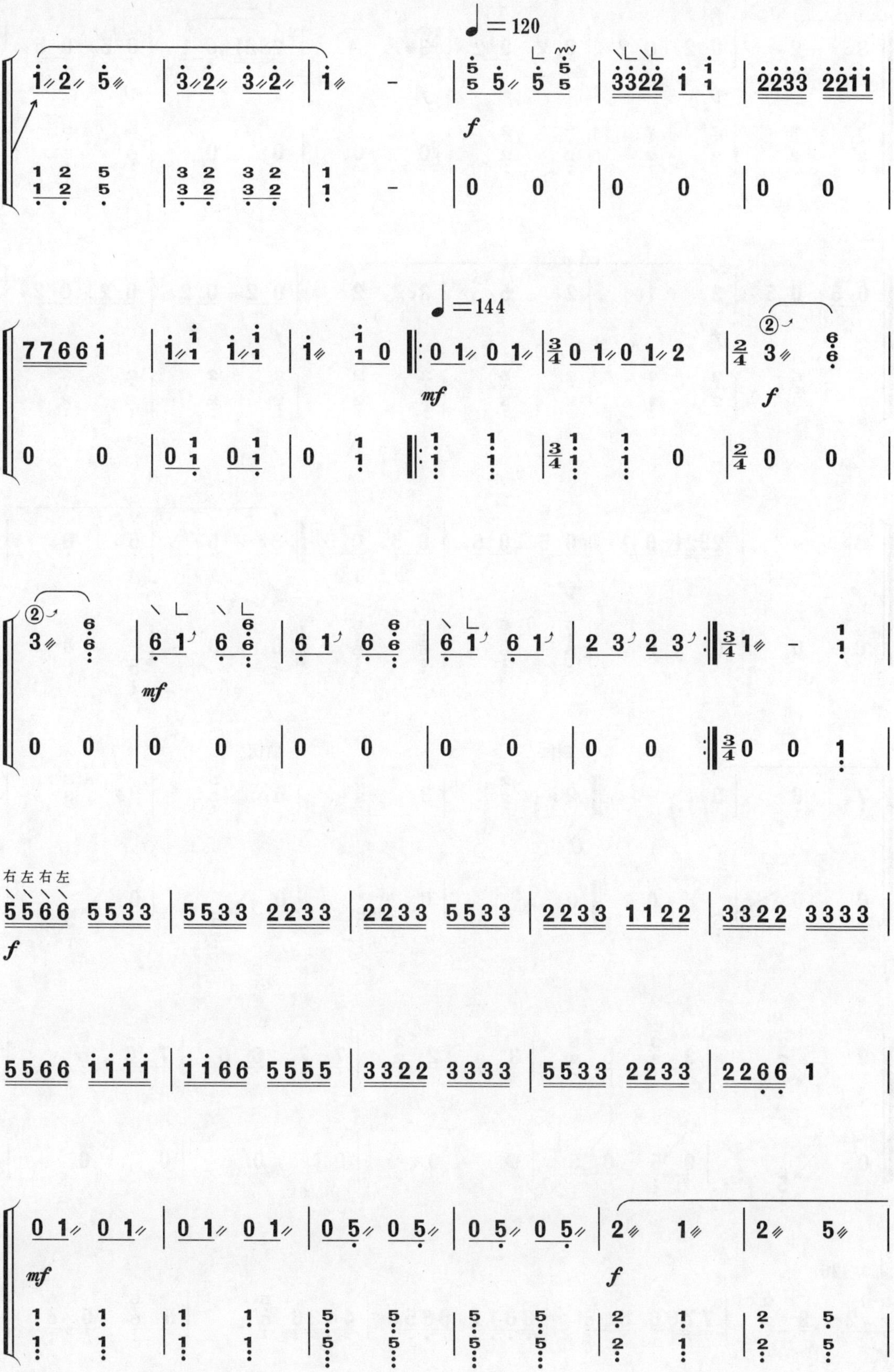
♩=120
f
♩=144
mf
f
mf
右左右左
f
mf
f

254

陈杏元和番

河南筝曲
曹东扶传谱

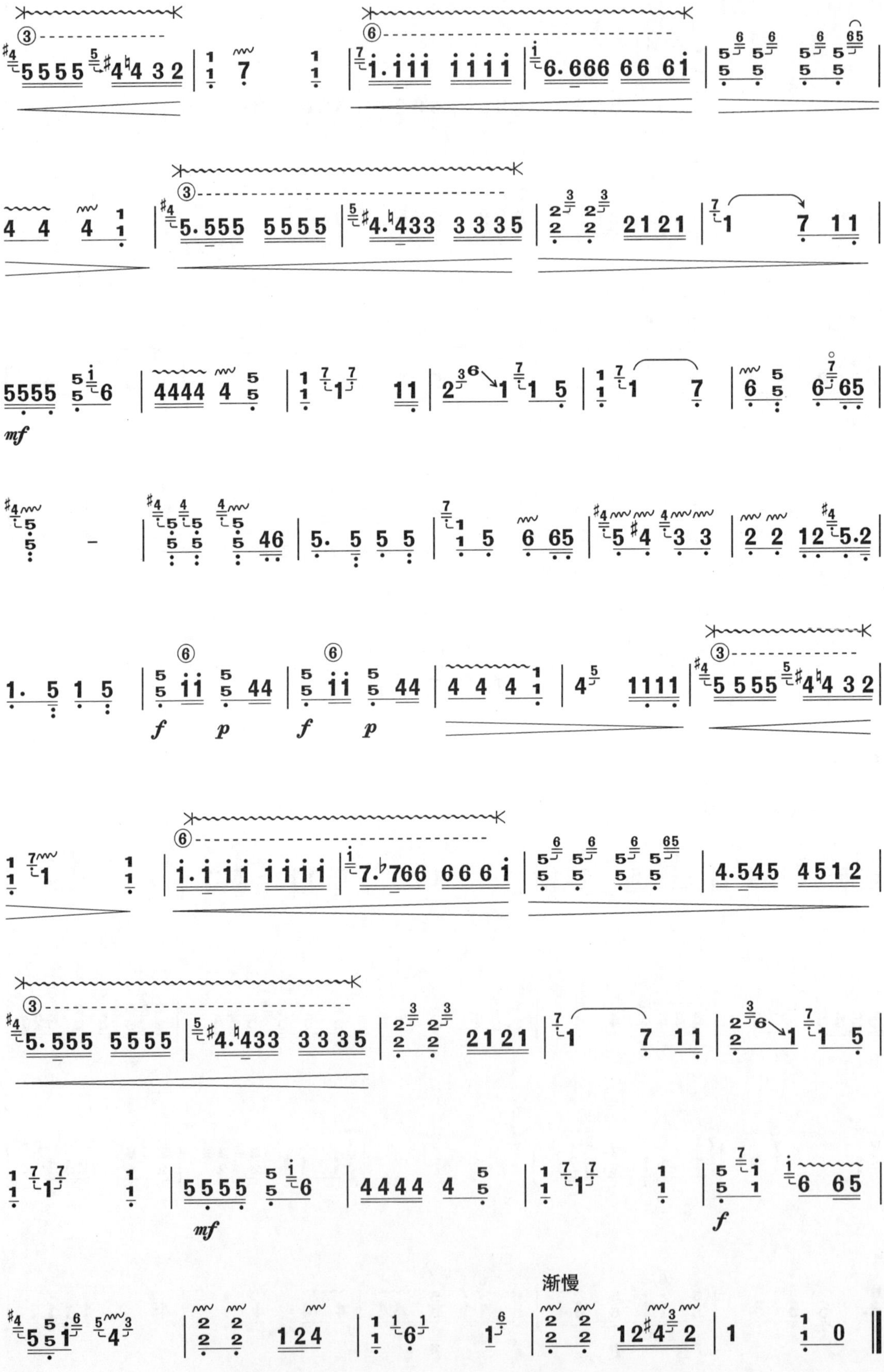
mf
f
p
f
p
mf
f
渐慢

庆 丰 年

1＝D

赵玉斋曲

速度较自由

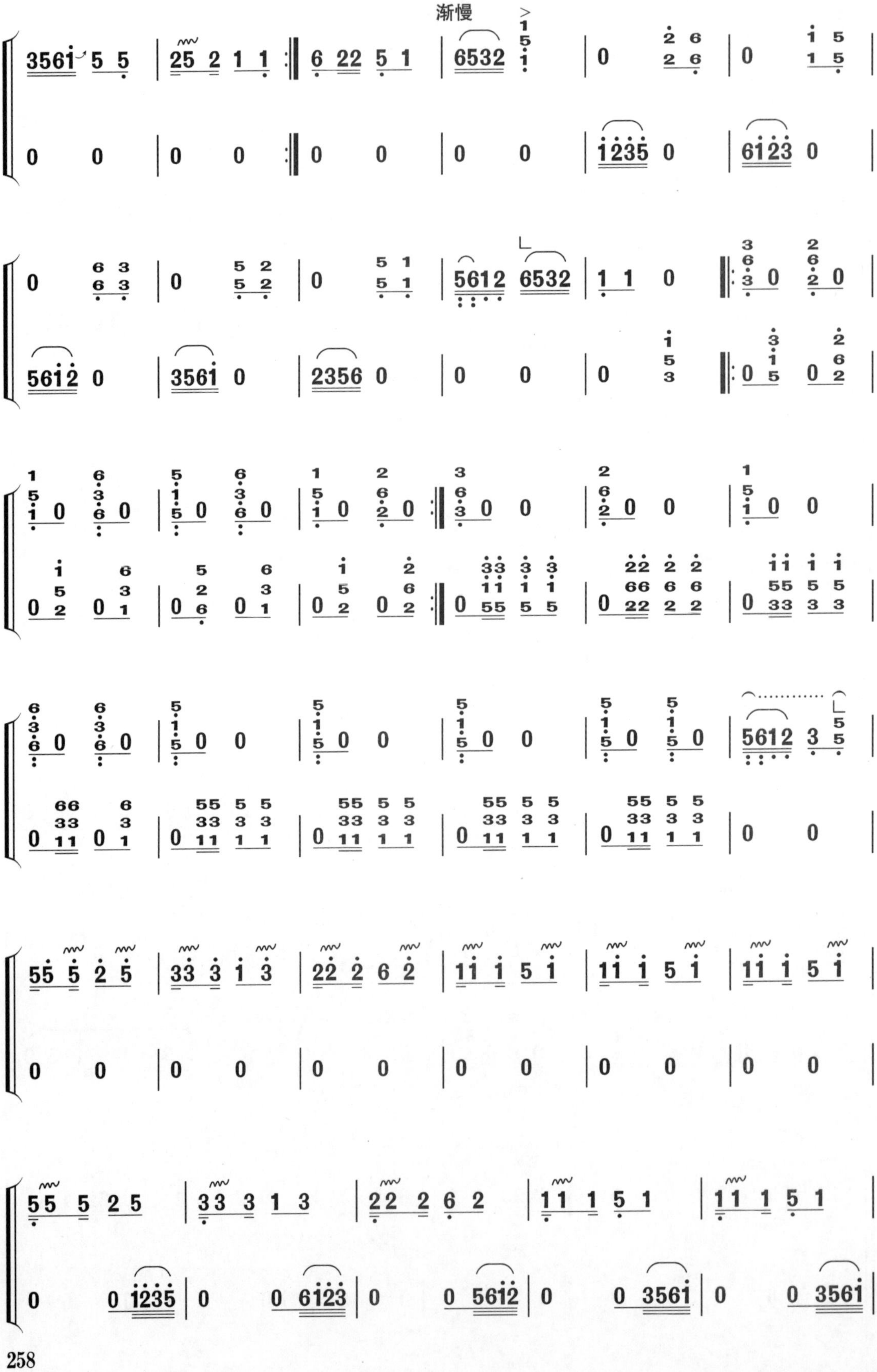
渐慢

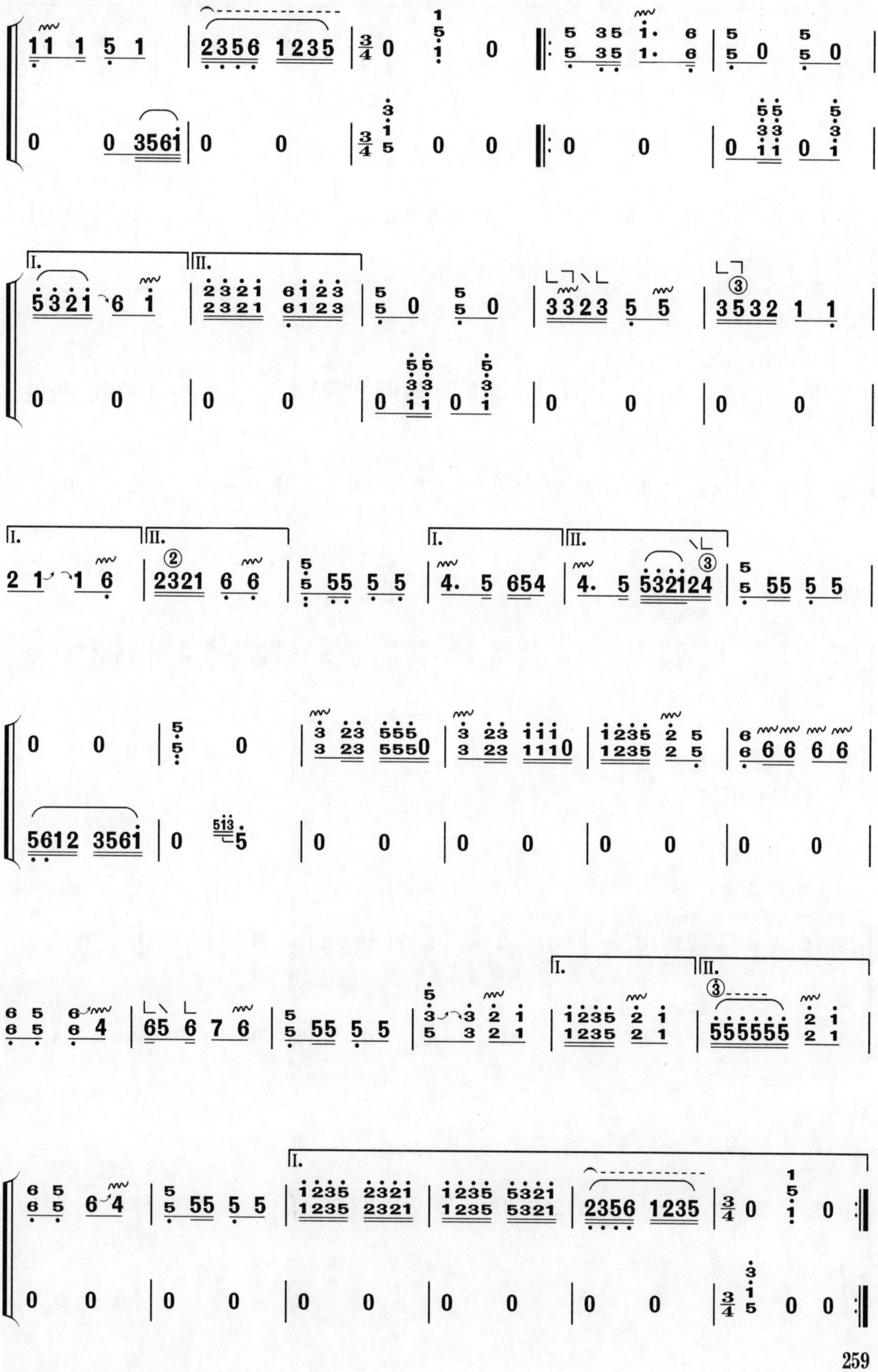

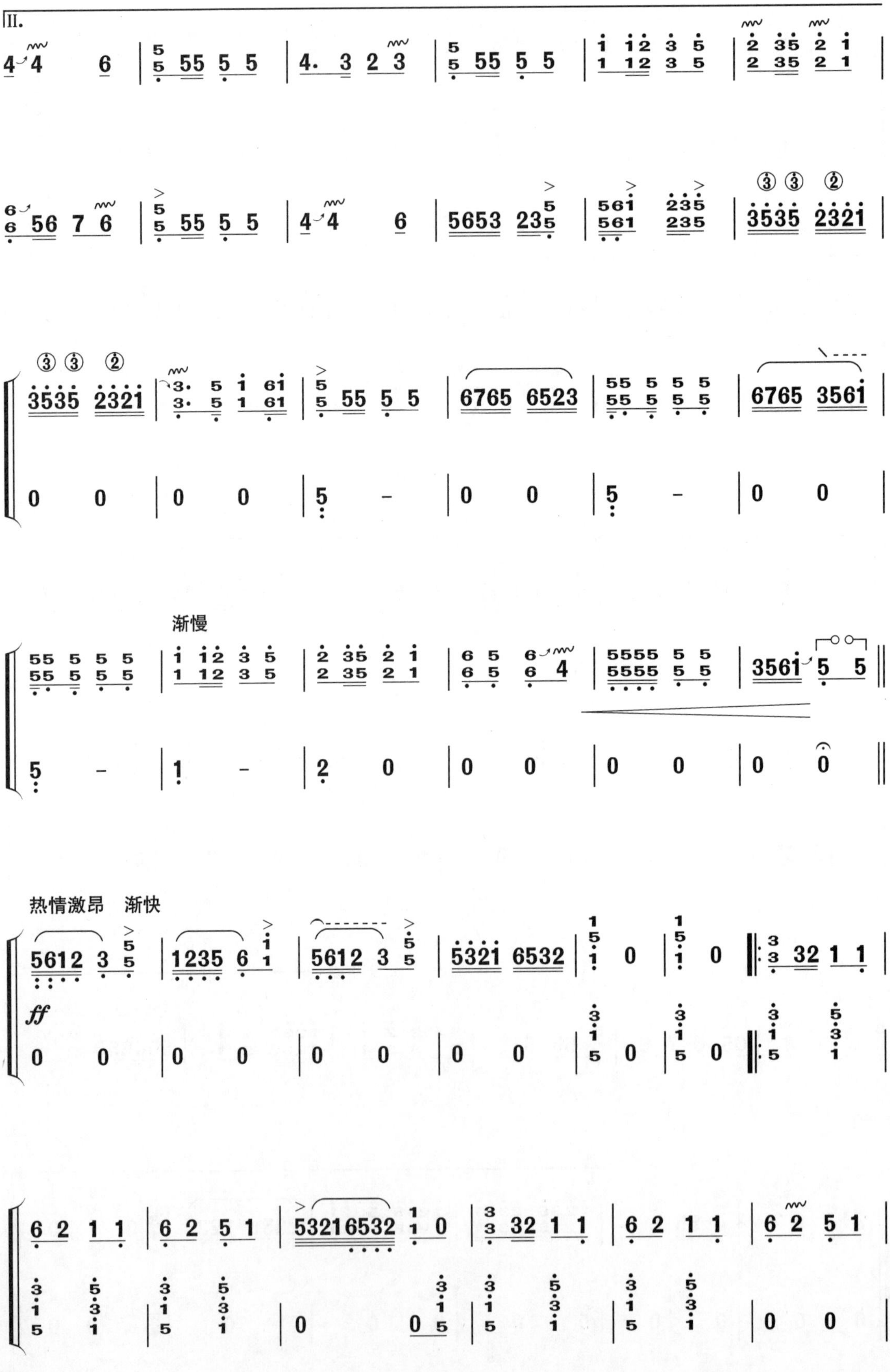
II.
渐慢
热情激昂 渐快
ff

261

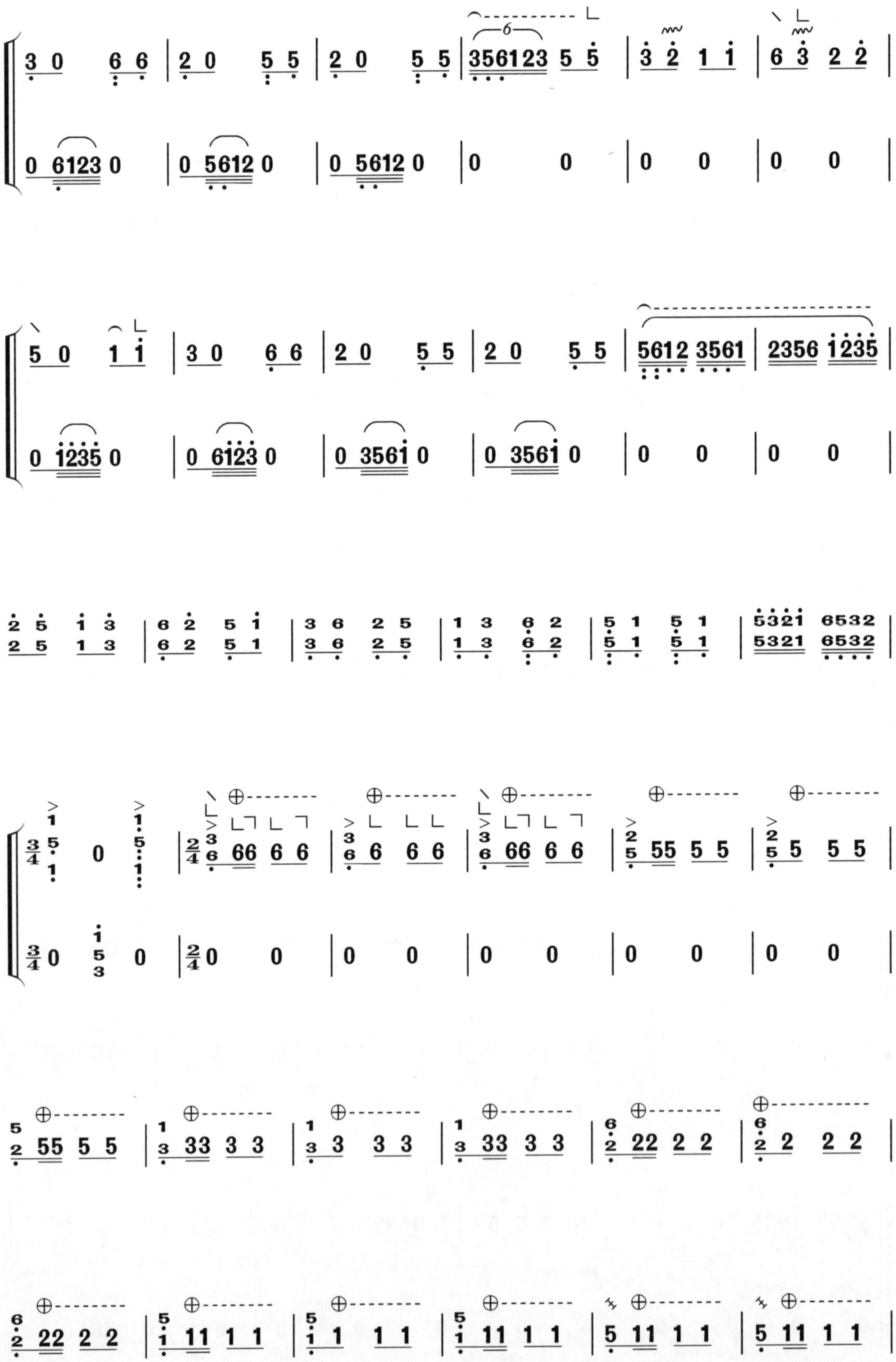

由弱到强

注：此曲为古筝大师赵玉斋先生之代表作，亦为现代筝曲之经典名作。音乐取材于山东传统的"老八板"音调，同时将山东套曲《小溪流水》的旋律为主题加以变化发展。曲中运用双手交替弹奏和弦以及点柱摇指等指法，成功地描写出锣鼓喧天、万众庆贺丰收年景的生动场面。

"⊕"为右手拨弹、左手食指点柱，音似鼓声。

铁 马 吟

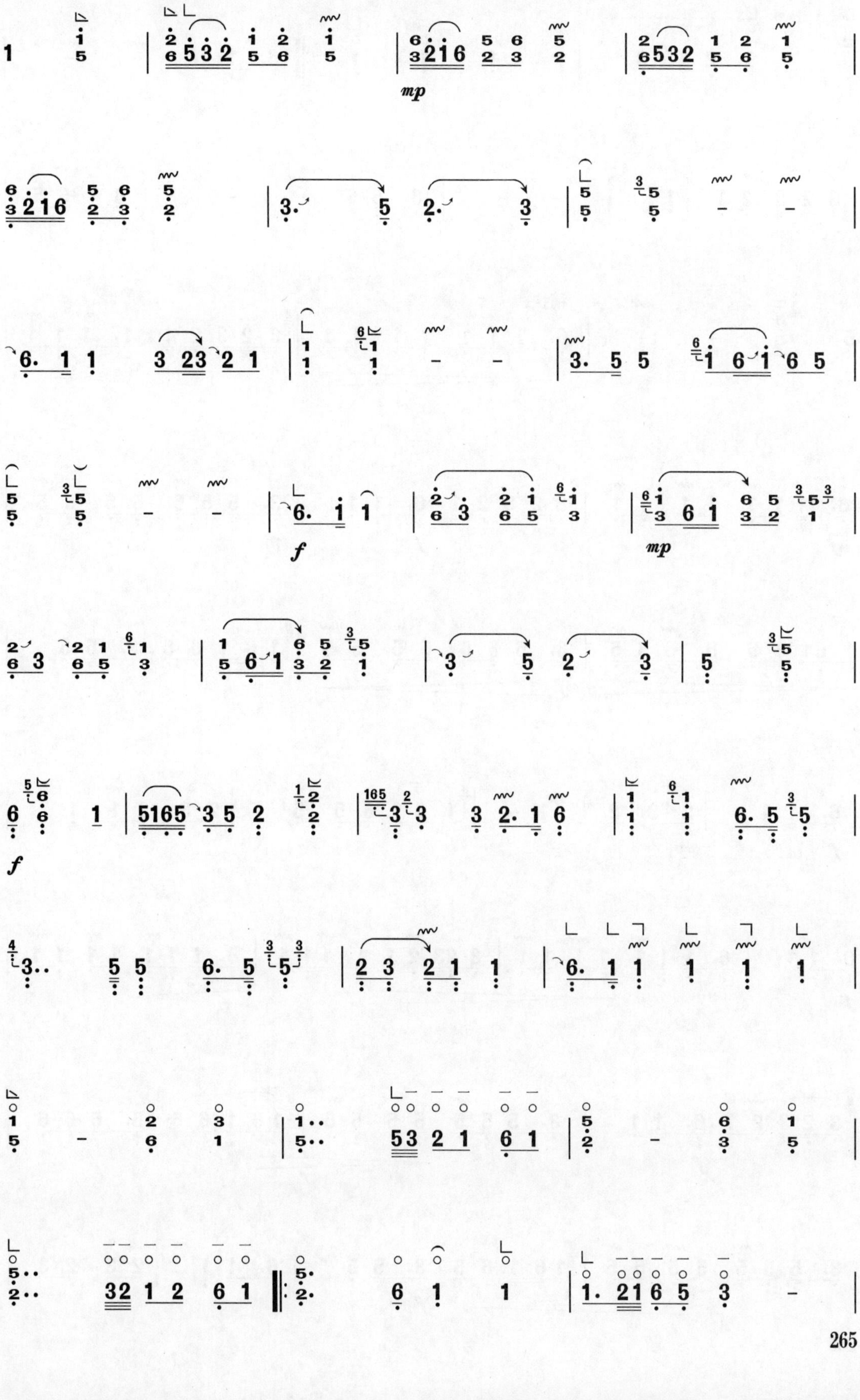

mp
f
mp
f

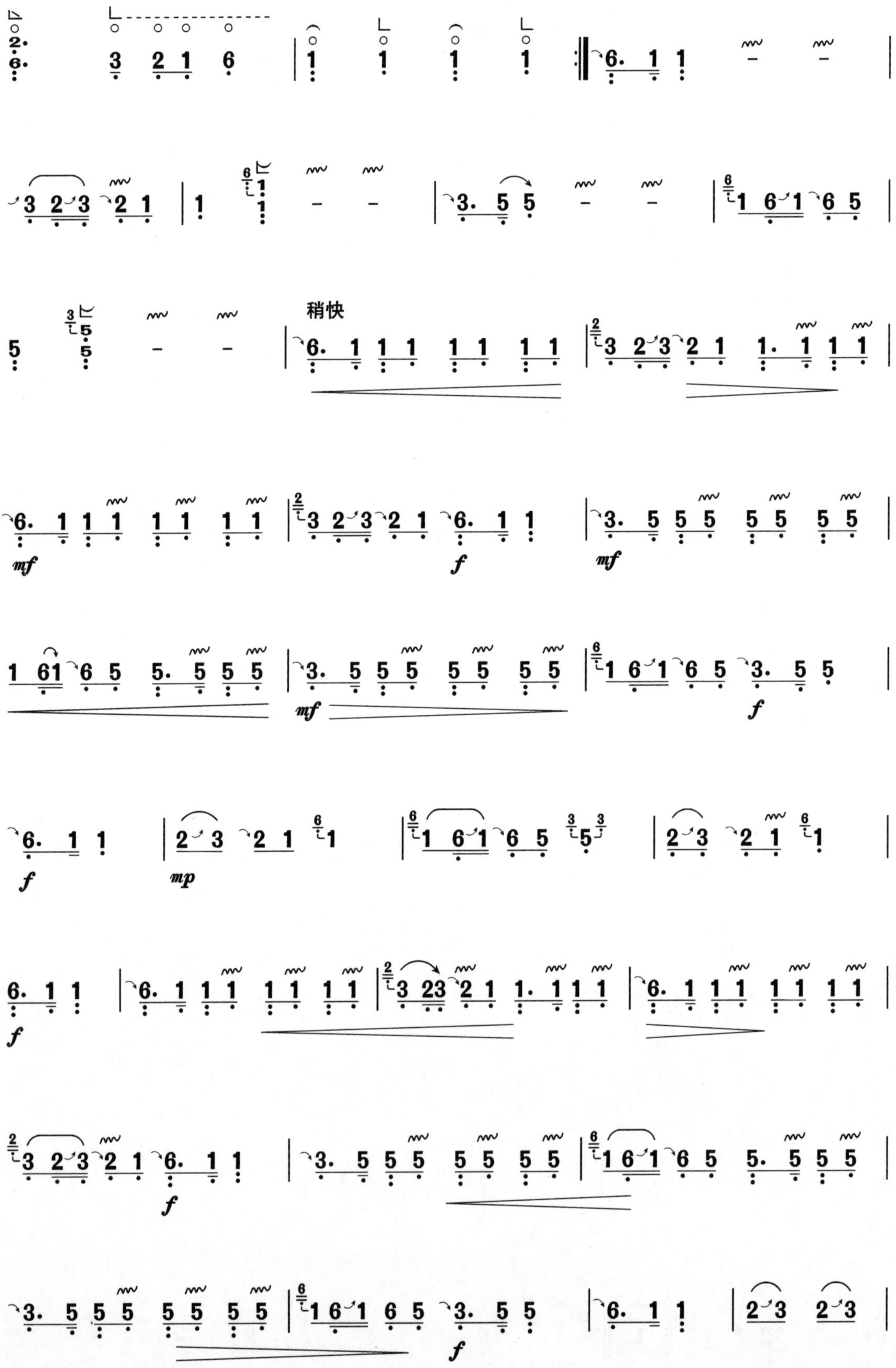
稍快

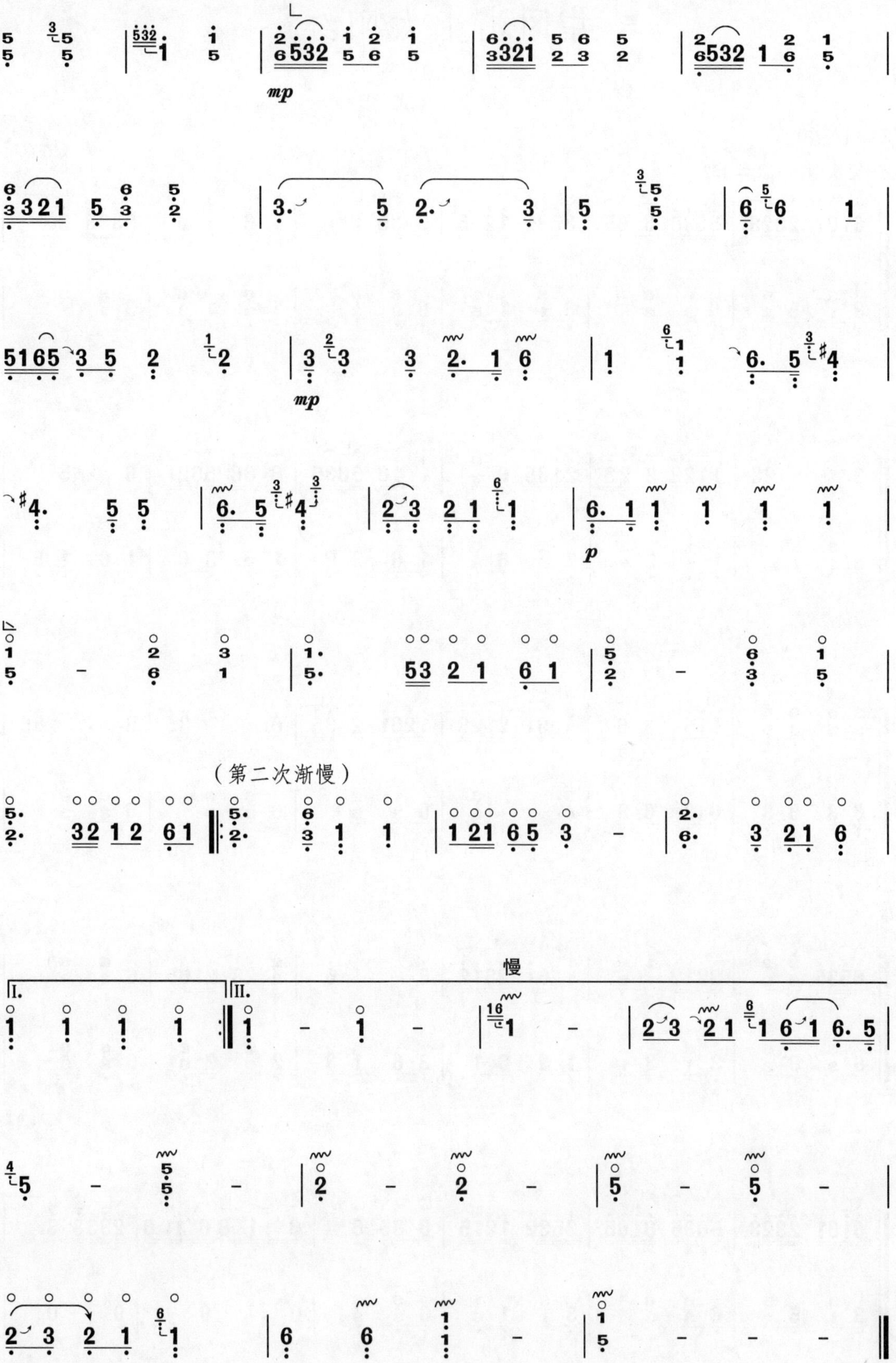
mp
mp
p
（第二次渐慢）
I.
II.
慢

井冈山上太阳红

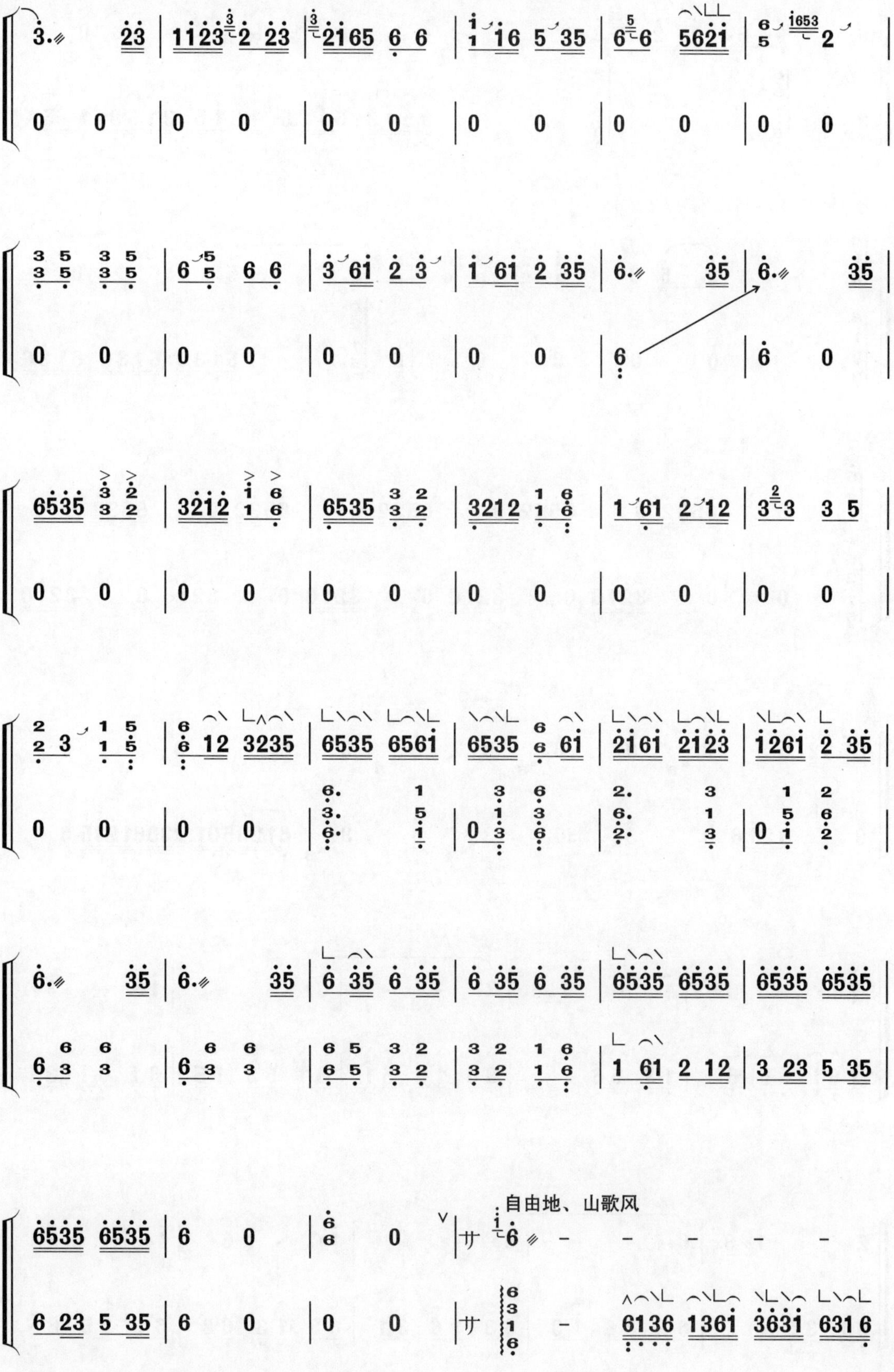
自由地、山歌风

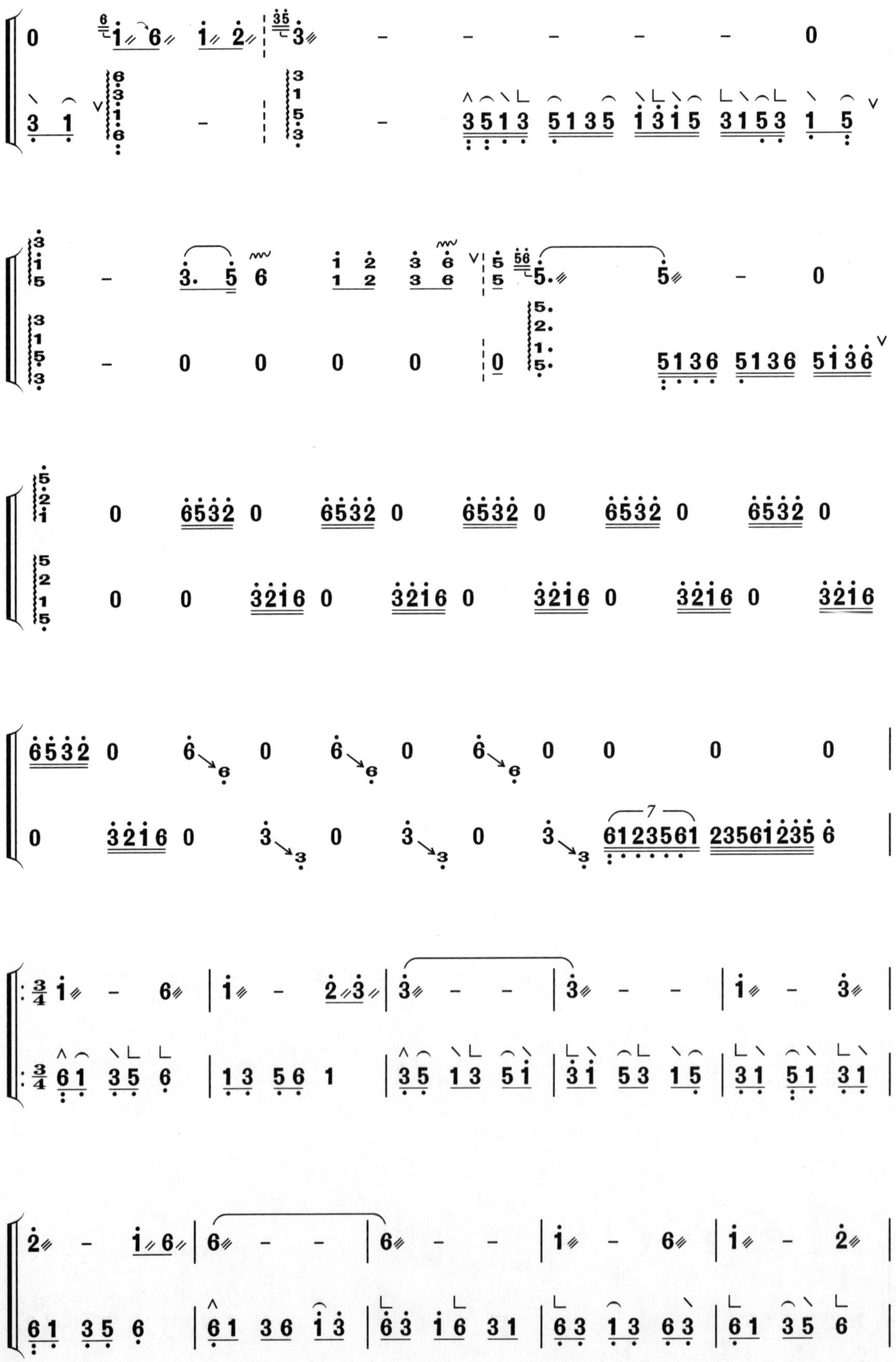

271

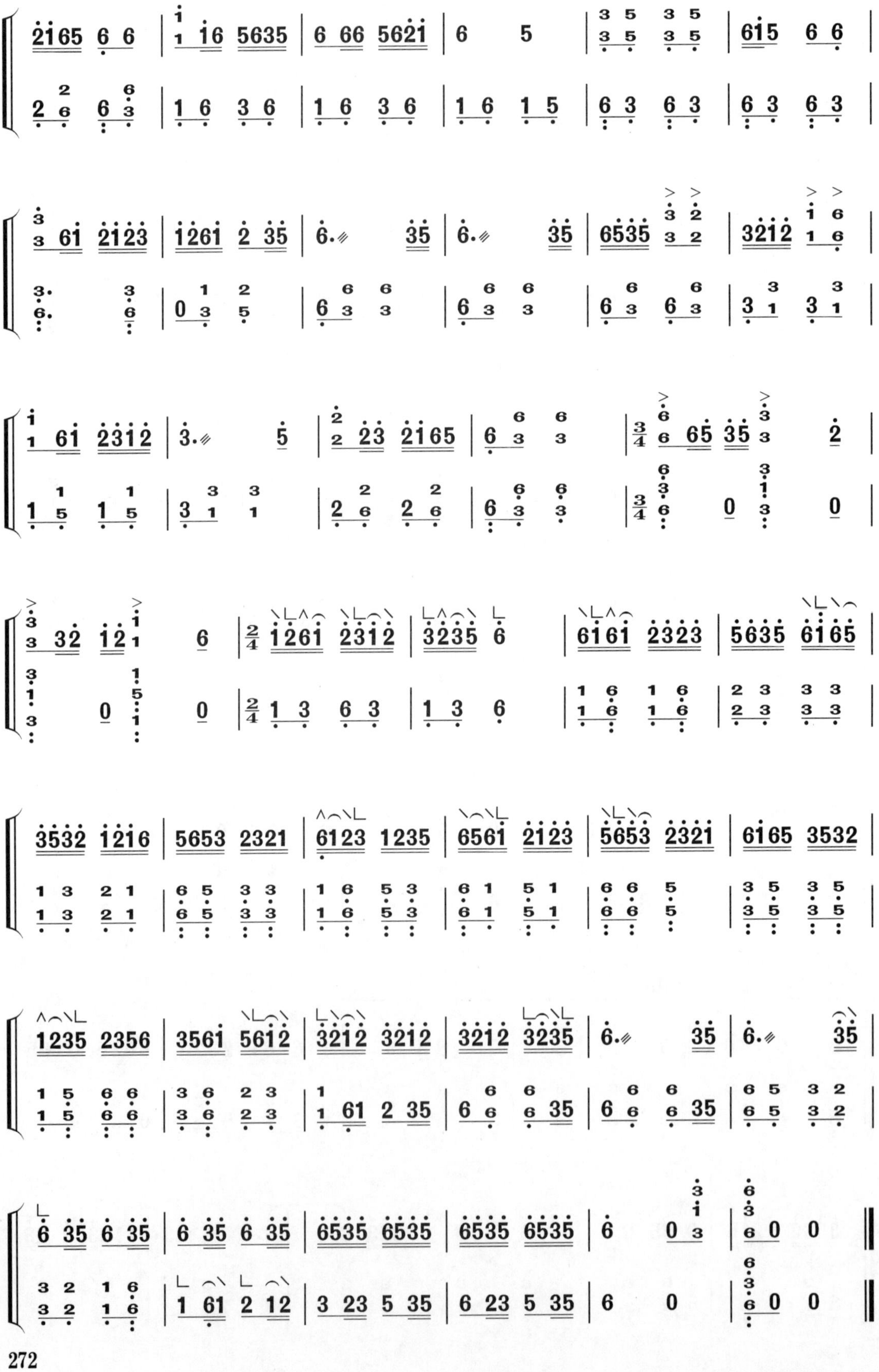

东海渔歌

1＝C

张 燕曲

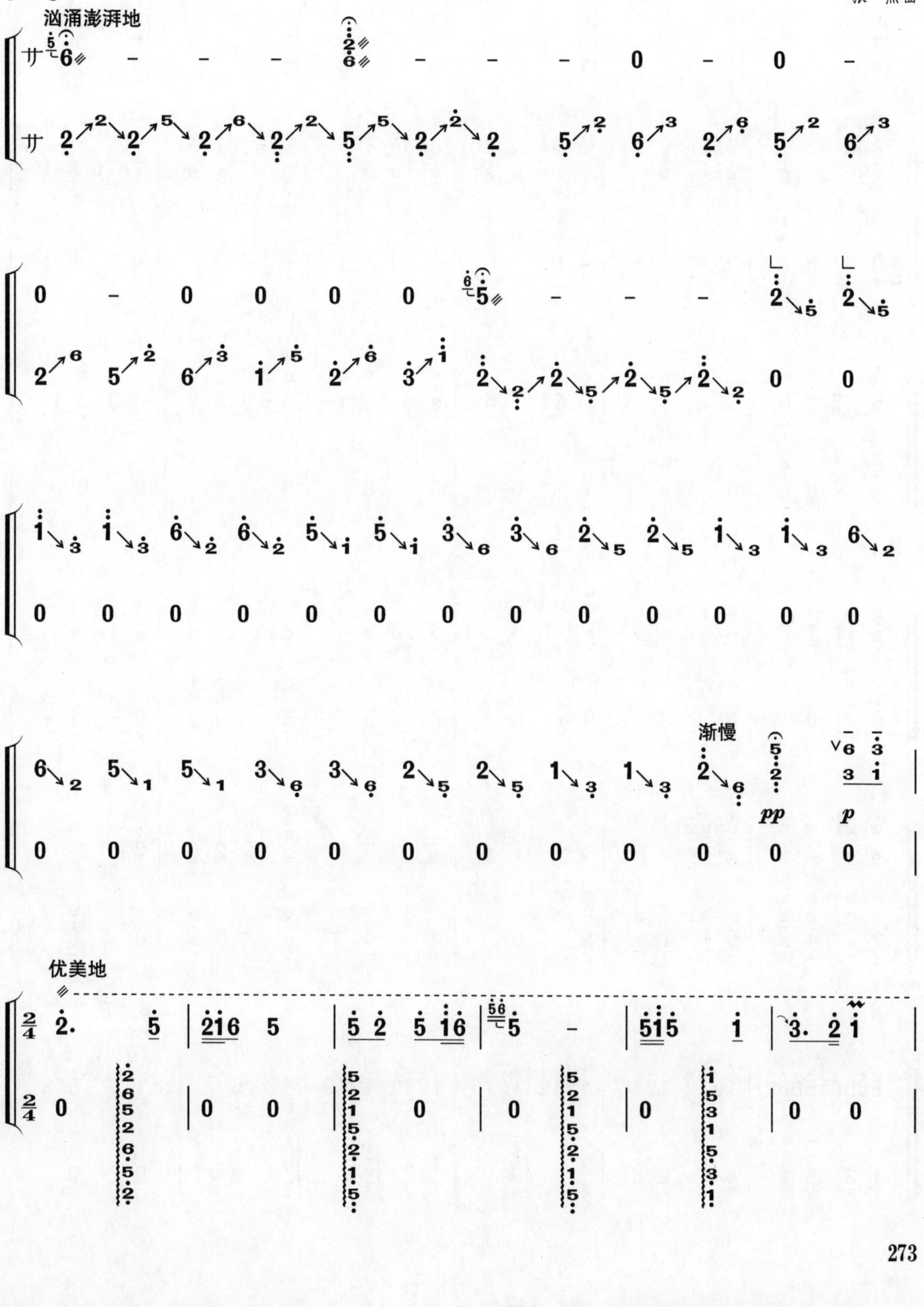

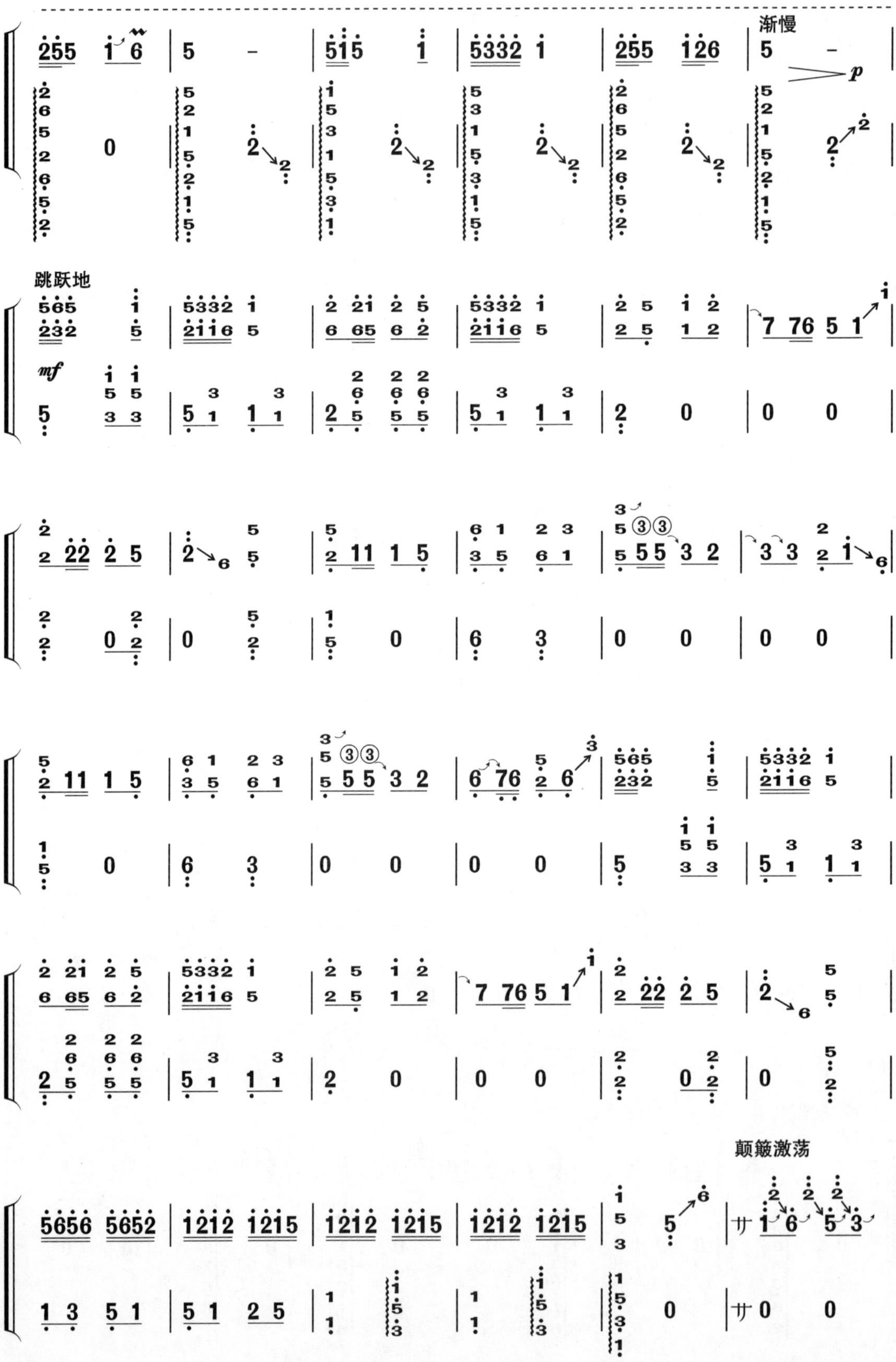
渐慢
p
跳跃地
mf
颠簸激荡

号召性地

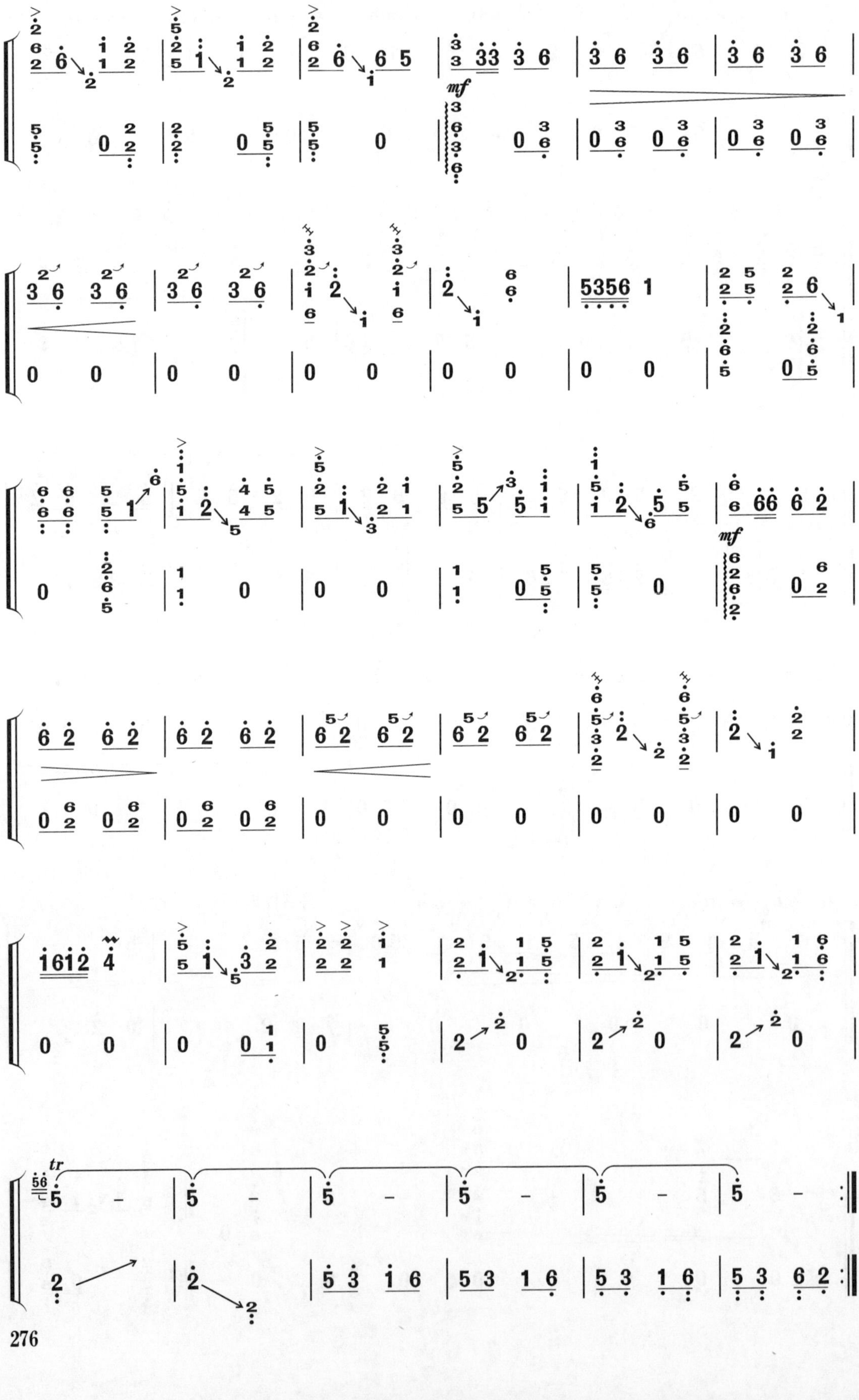

mf
mf
tr

277

姜 女 泪

陕西鄜鄠音乐

周 延 甲编曲

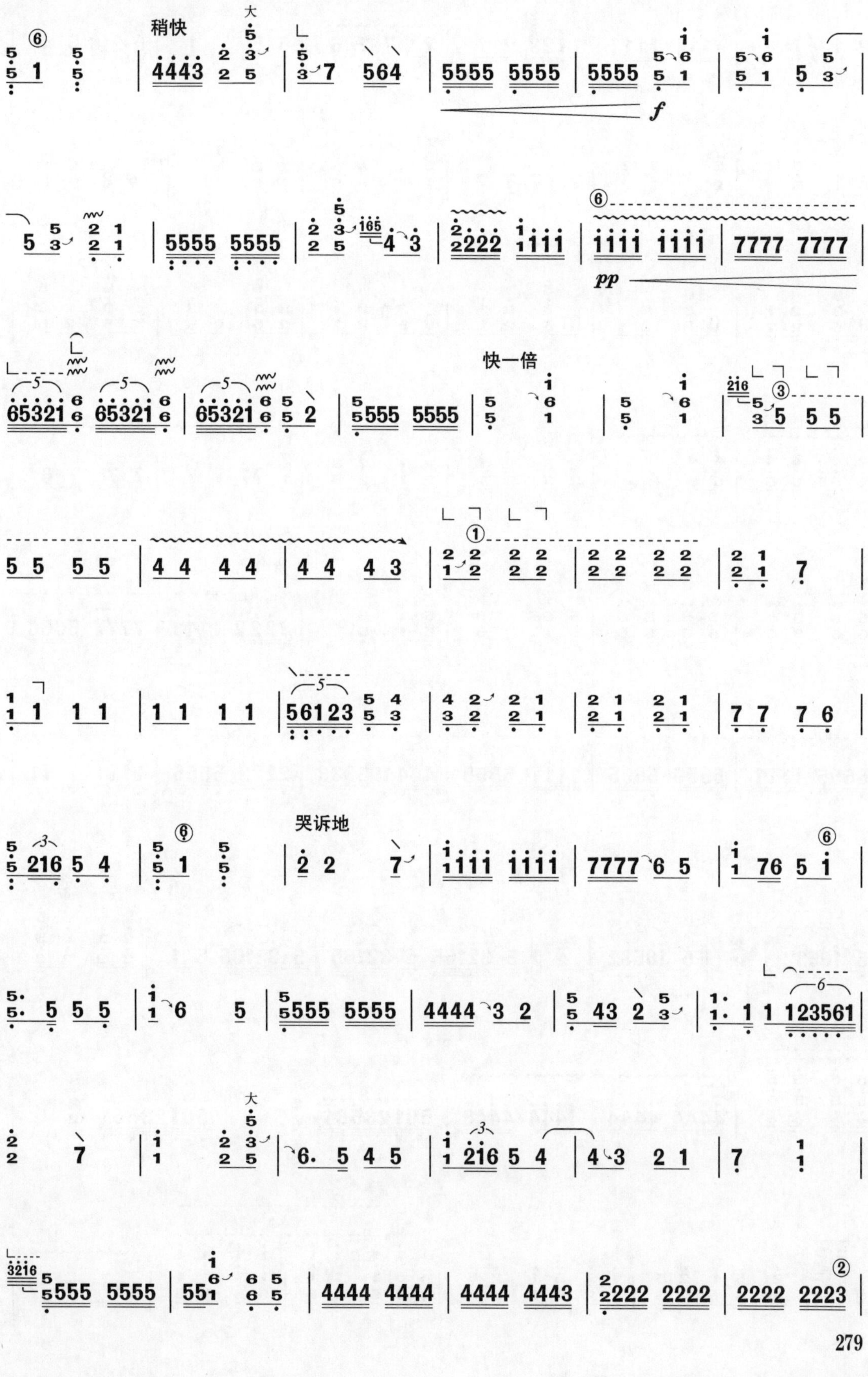
稍快
大
快一倍
哭诉地
大

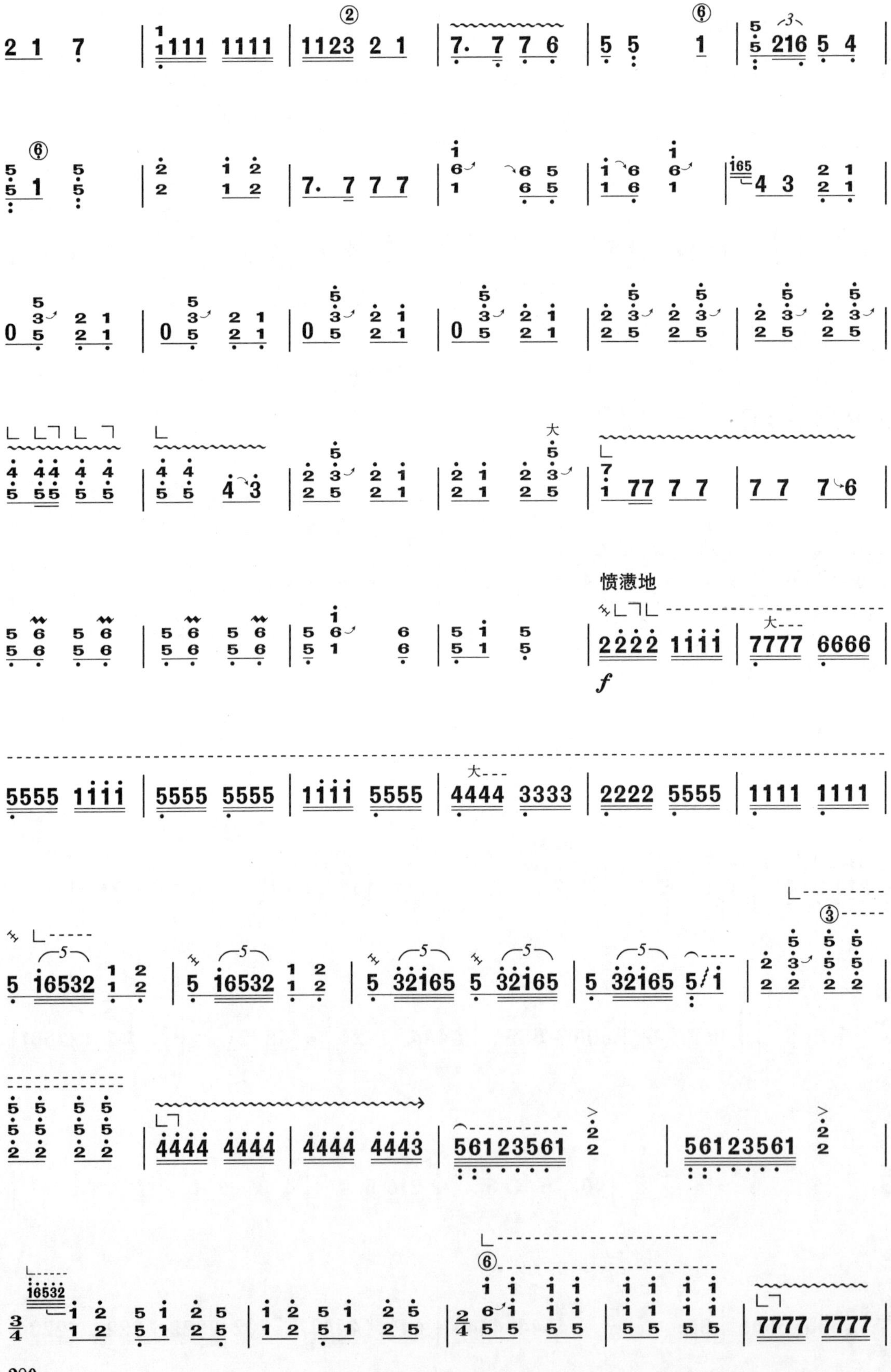
愤懑地
大
f

注：孟姜女哭长城的故事，在陕西鄜鄂音乐中的"长城调"、"哭长城"等曲段有所反映。经连缀改编后，表现了在暴君秦始皇苛政下，孟姜女悲怨、哭诉、愤懑的心情。由唐张祜《听筝》诗"十指纤纤玉笋红，雁行轻遏翠弦中，分明似说长城苦，水咽云寒一夜风"来看，在一千多年前，筝曲已有《哭长城》。曲中的"4"、"7"音高："4"介乎于"4"、"#4"之间，"7"介乎于"7"、"b7"之间。凡"76"、"43"的连续进行，皆带滑音，如：76=776 43=443。"大"，表示用大指按弦。

281

木卡姆散序与舞曲

1 = G

(定弦 5 7 1 2 4 5 7 1 2 4 5 7 i 2 4 5 7 i 2 4 5)

周　吉、邵光琛、李　玫曲

【一】慢速　节奏自由

283

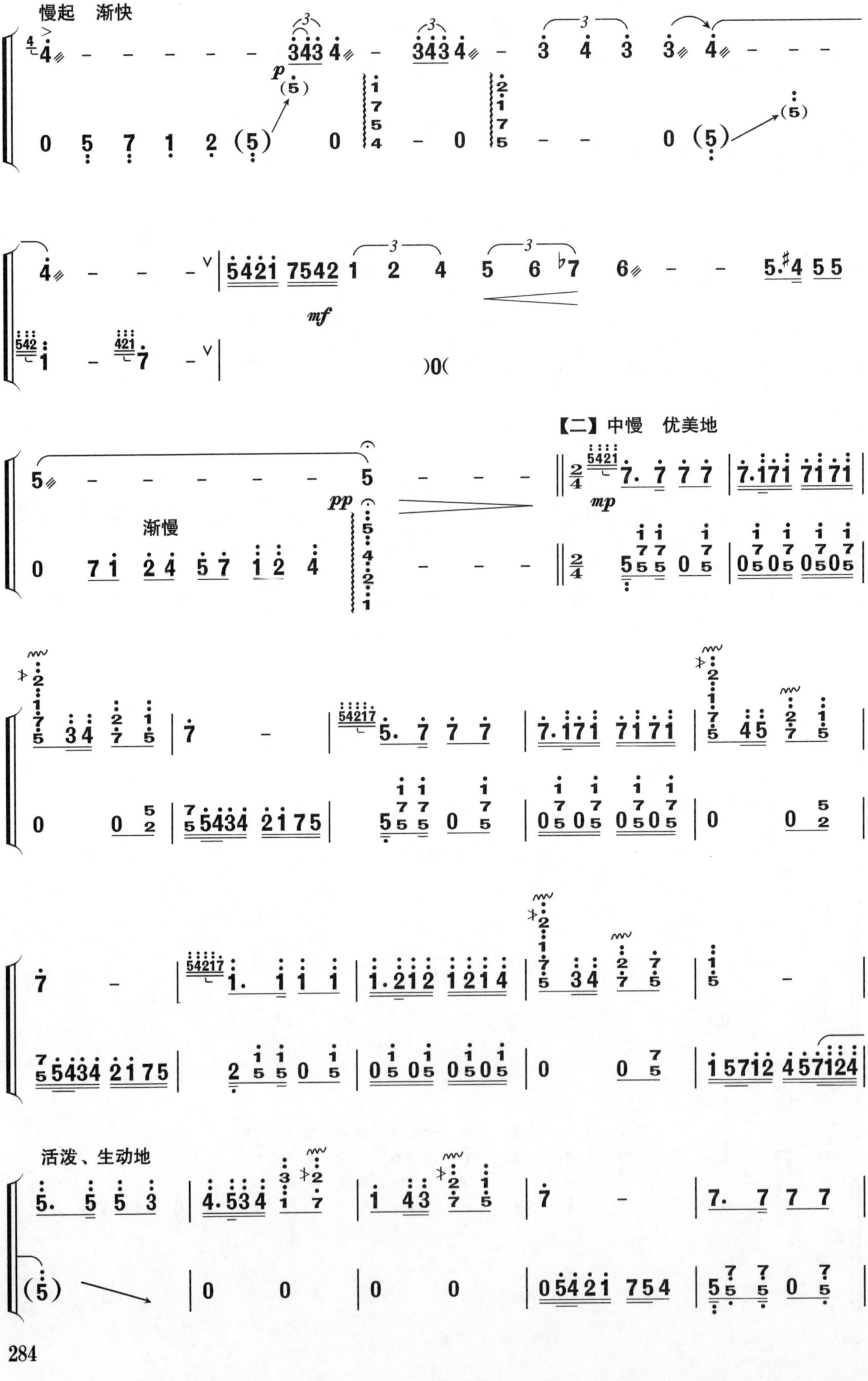
慢起　渐快
p
mf
渐慢
pp
【二】中慢　优美地
mp
活泼、生动地

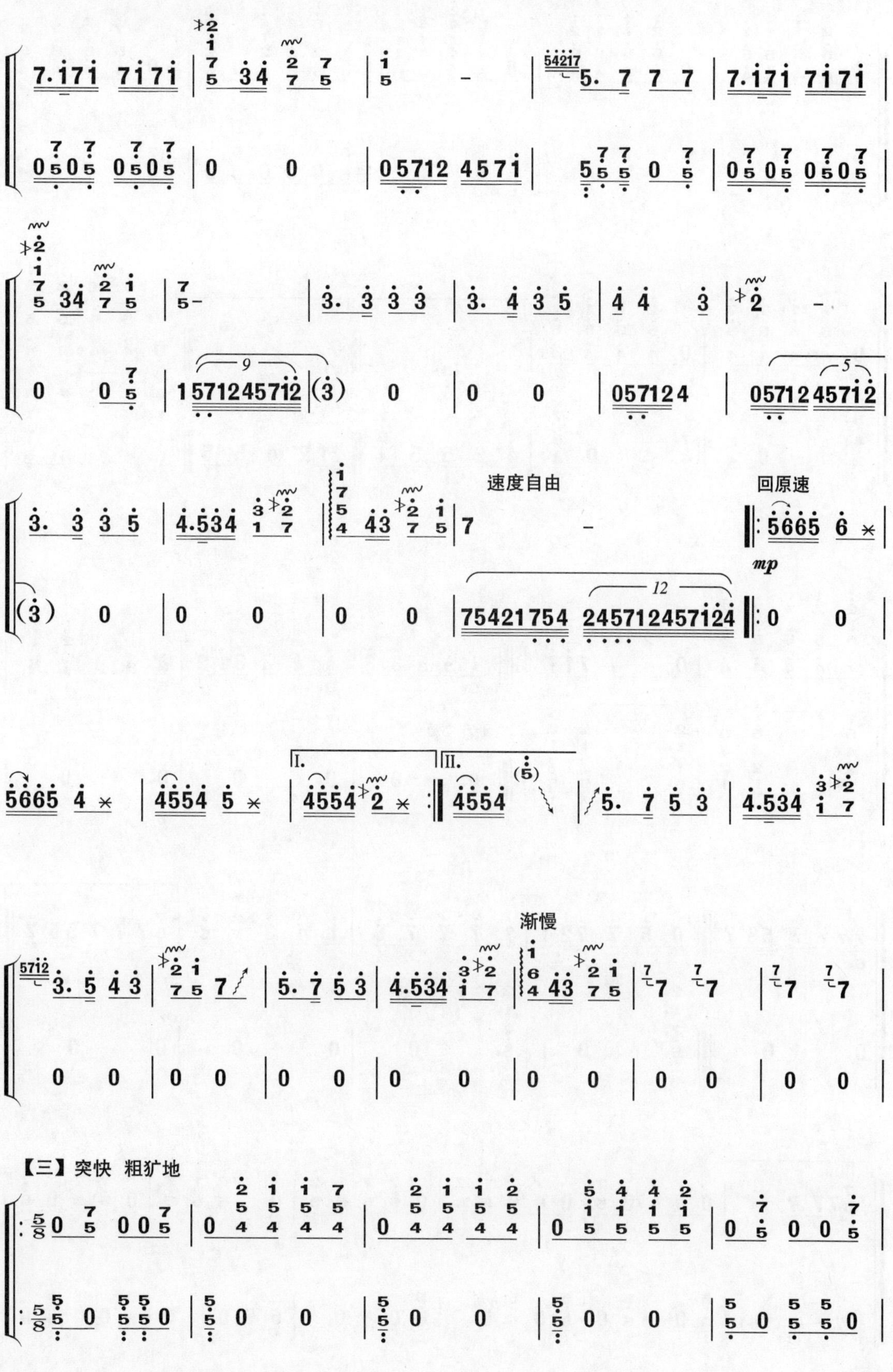
速度自由
回原速
mp
渐慢
【三】突快 粗犷地

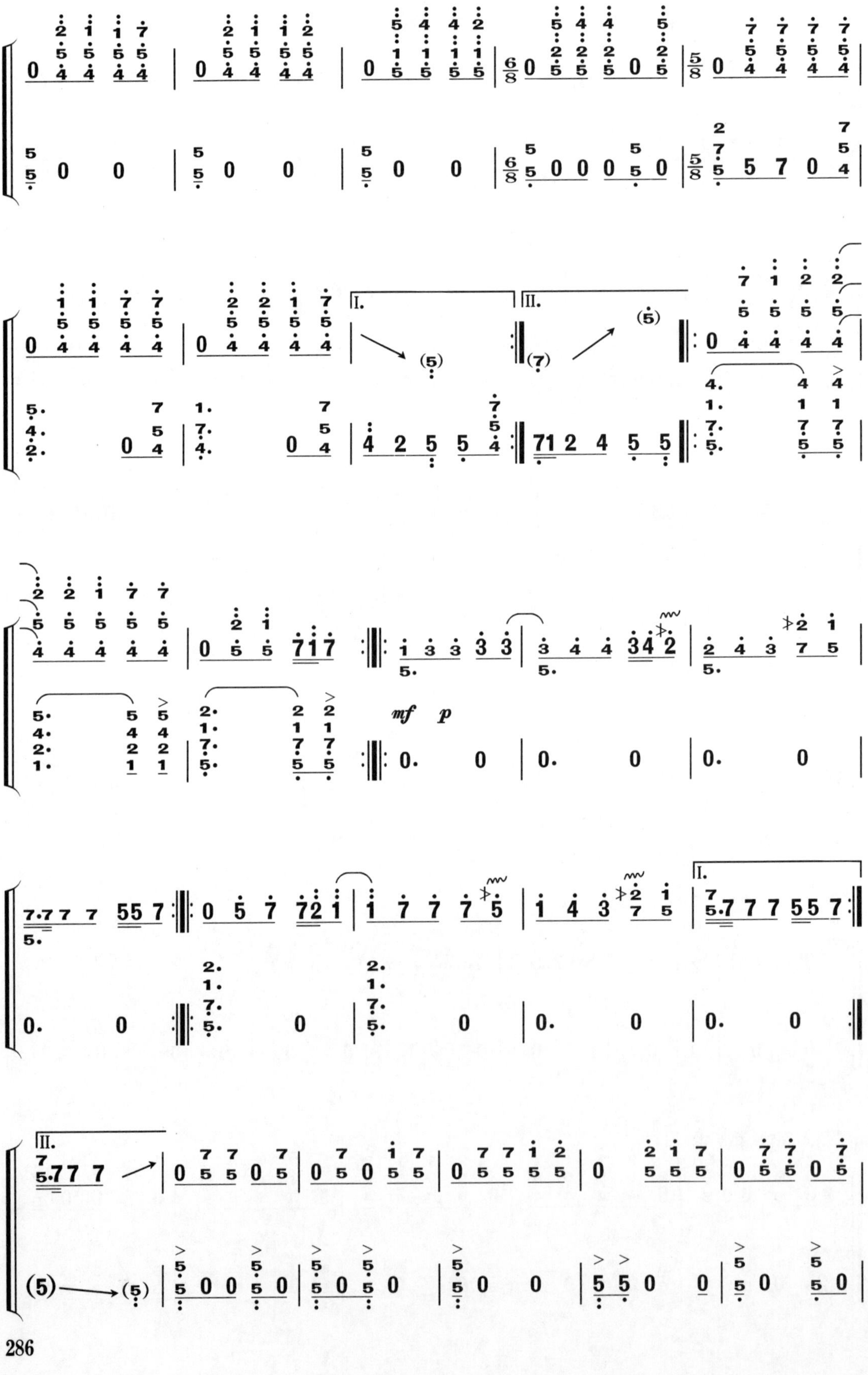
mf p

注：此曲具有浓郁的地方色彩。

1. ♮为半升号，约**50**音分。

2. 〰在此曲中为活音记号，表示以谱面音为中心上下游移。

3. ♪▦在两拍时值内渐强渐密。

草原英雄小姐妹

吴　应　炬曲
刘起超、张　燕改编

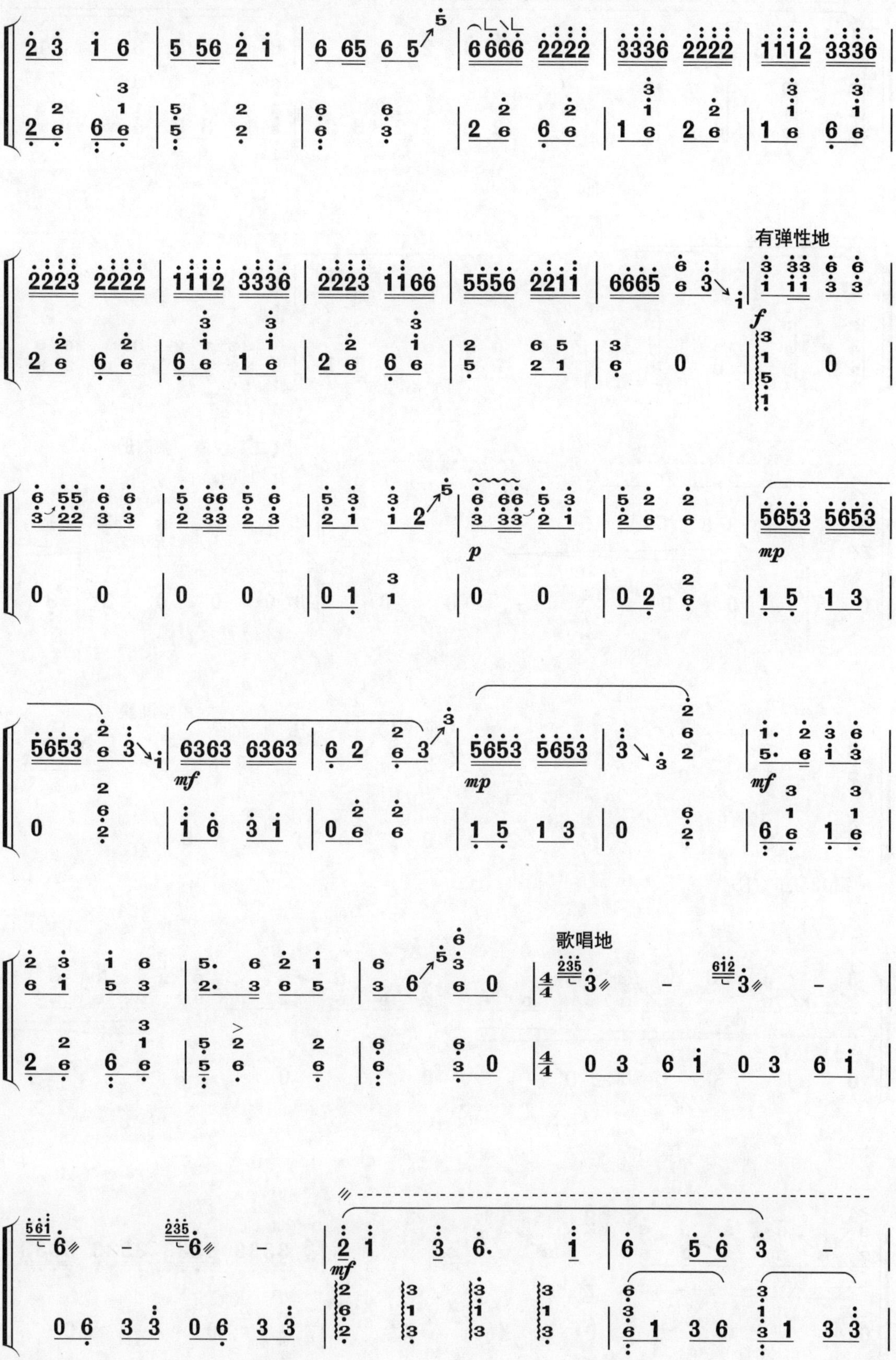
有弹性地
f
p
mp
mf
歌唱地

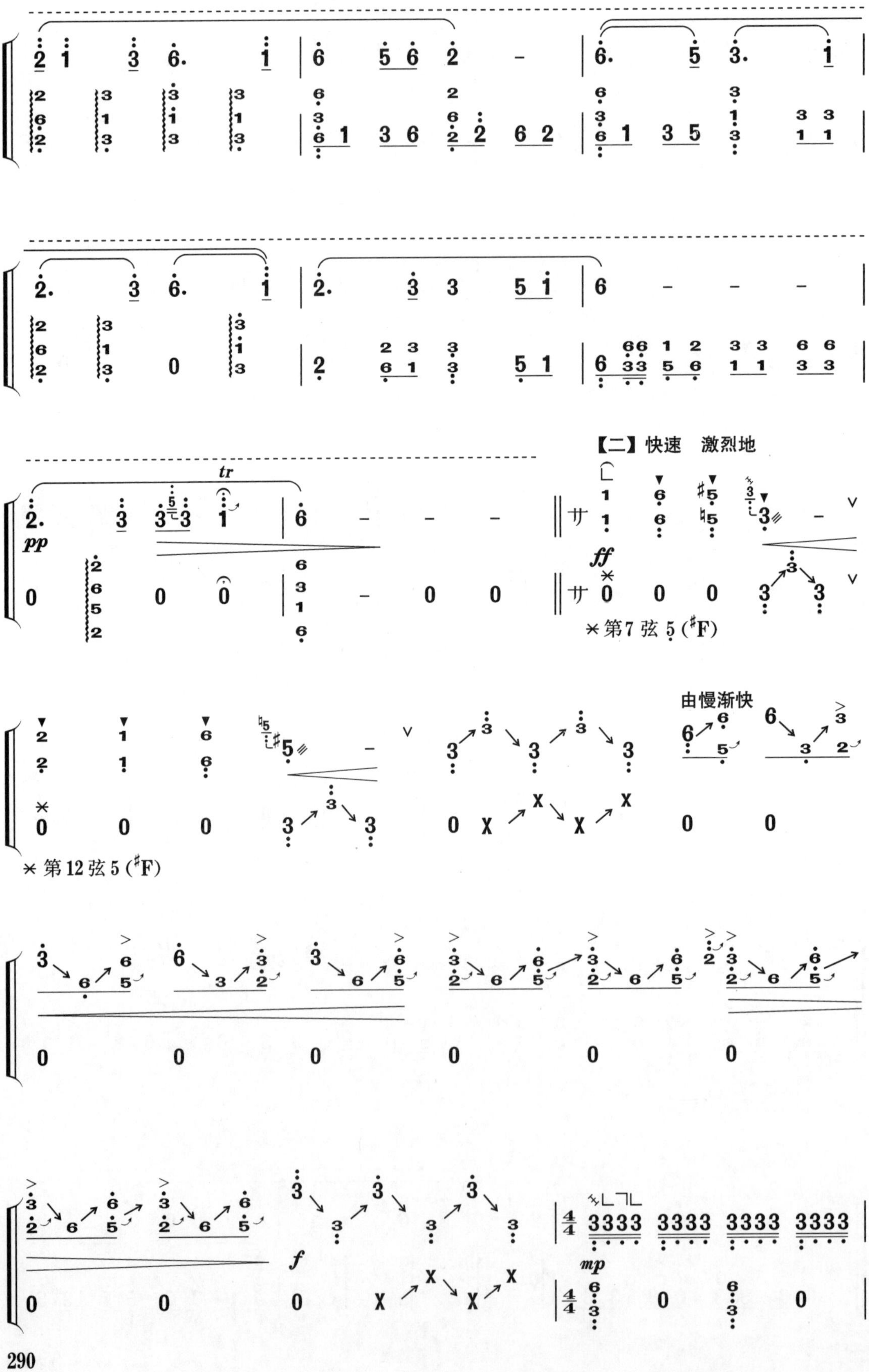
【二】快速　激烈地
ff
＊第7弦 5(♯F)
＊第12弦 5(♯F)
由慢渐快
pp
f
mp

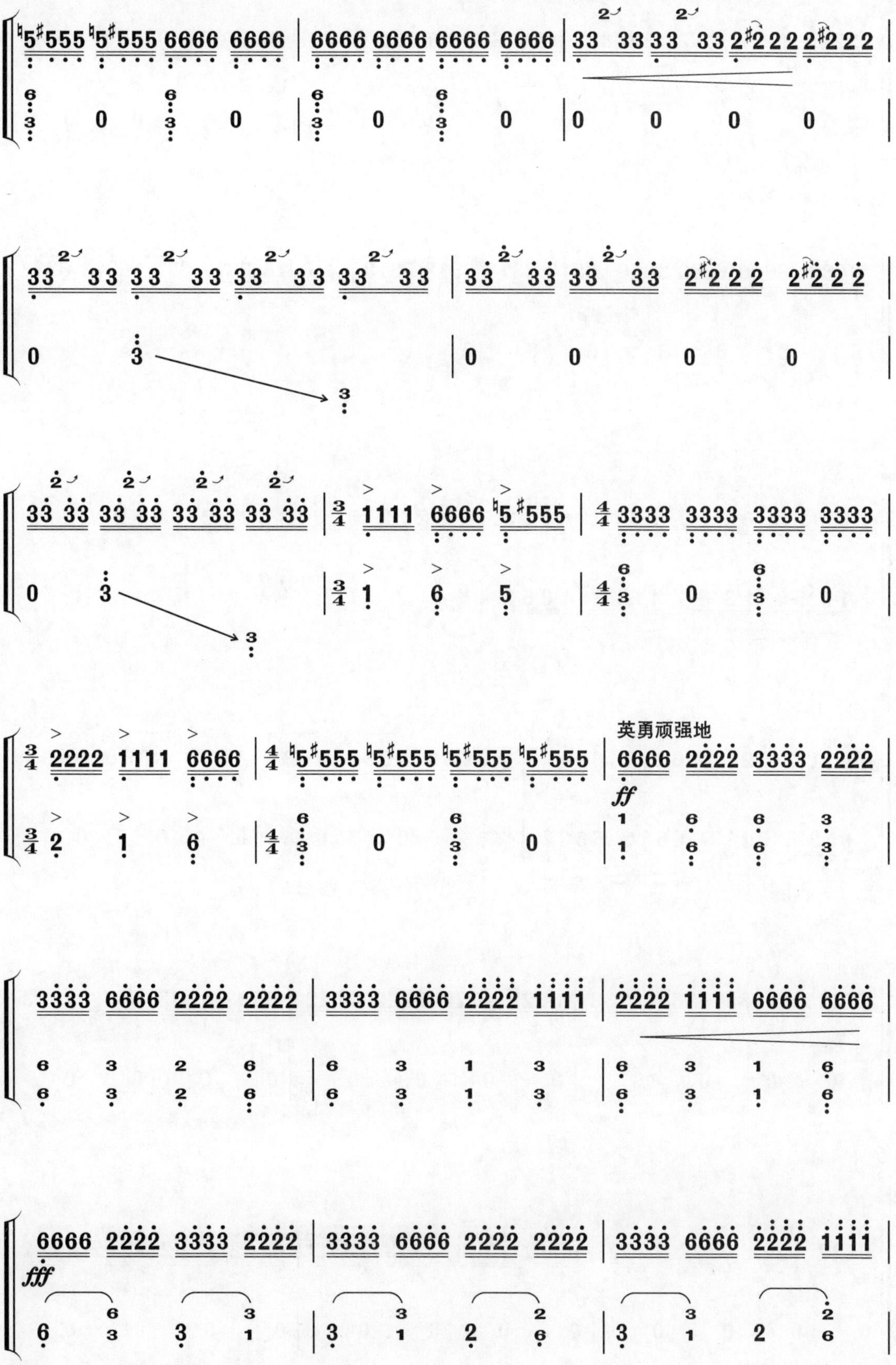
英勇顽强地
ff
fff

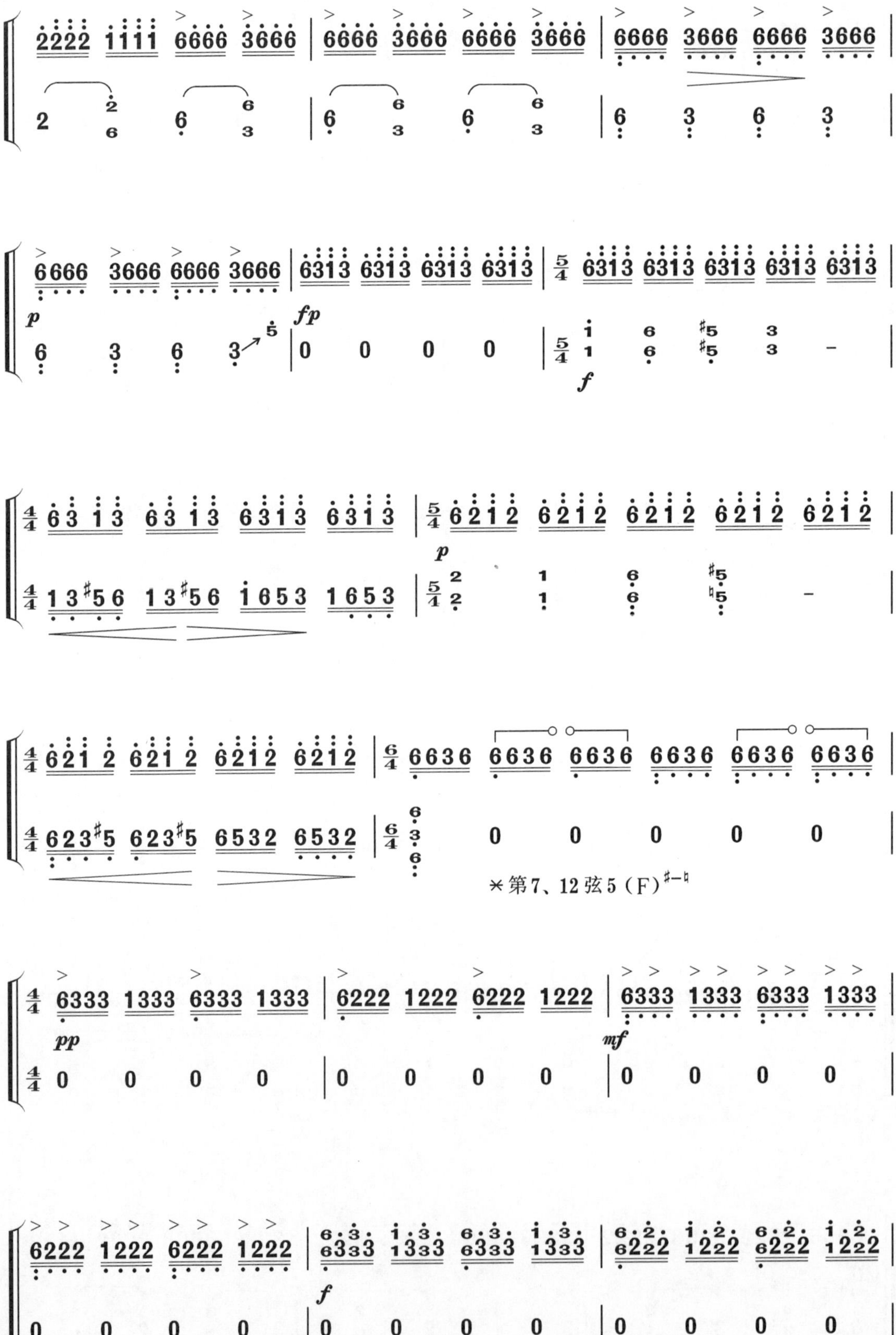
*第7、12弦5（F）♯—♮

293

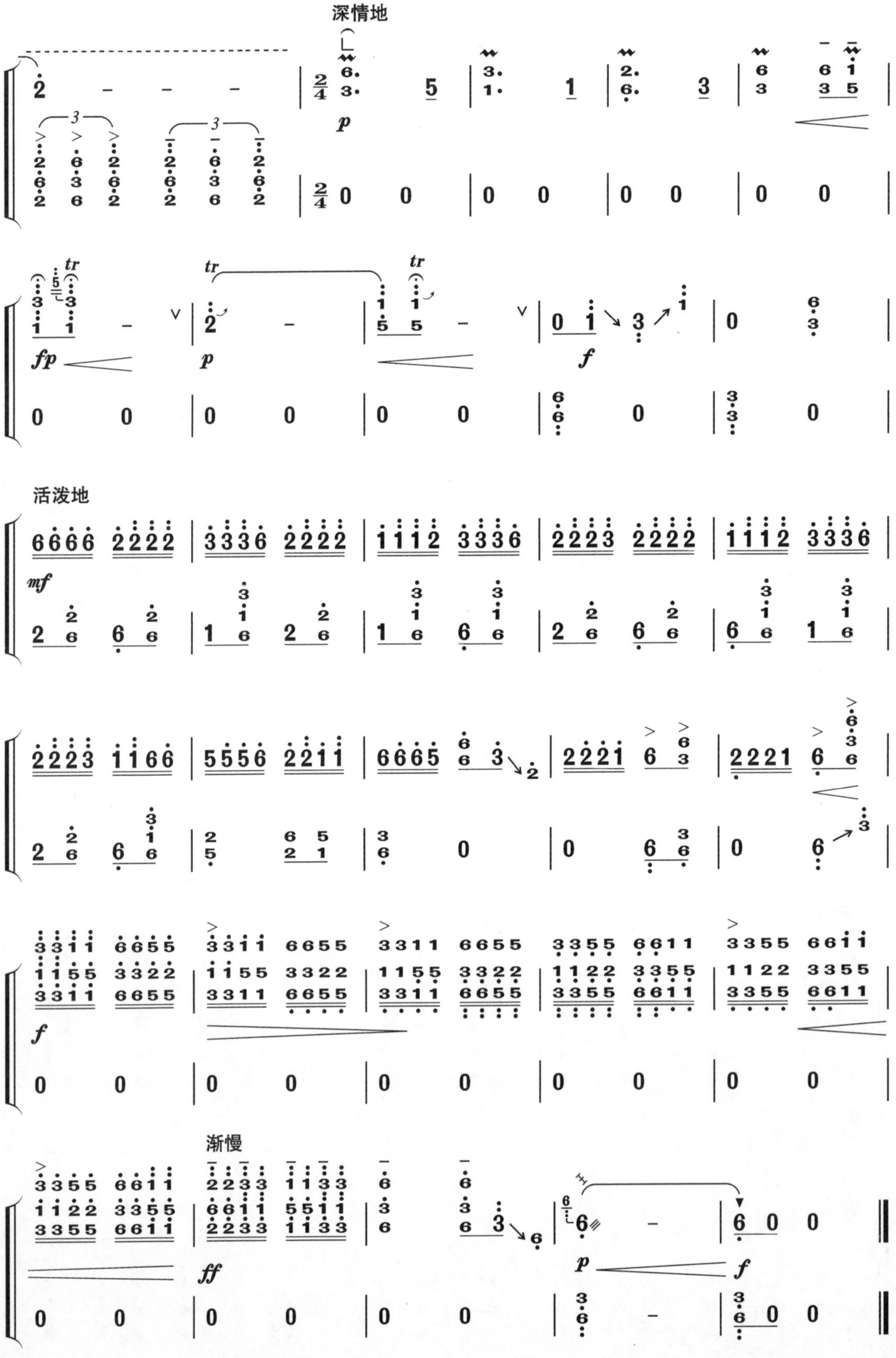
深情地
活泼地
渐慢

塔塔尔族舞曲

李 崇 望曲

高 雁改编

231̇ 6567 1̇71̇2̇ | 3̇3̇3̇3̇ 2̇2̇1̇1̇ 7766 | 5544 3̇3̇3̇3̇ 3̇3̇5̇5̇ | 4̇4̇3̇3̇ 2̇2̇2̇2̇ 2̇2̇1̇1̇ |

7722̇ 1177 7755 | 6666 6633̇ 2̇2̇1̇1̇ | 7722̇ 1177 6666 | 3̇3̇3̇1̇ 6666 6611̇ |

6644̇ 3̇3̇3̇3̇ 2̇2̇2̇2̇ | 2̇2̇1̇1̇ 7722̇ 1177 | 6666 6644 3322 | 3333 6666 6677 |

1133̇ 2̇2̇2̇2̇ 2̇2̇2̇3̇ | 2̇3̇2̇1̇ 6567 1̇71̇2̇ | 3̇3̇3̇3̇ 2̇2̇1̇1̇ 7766 | 5544 3̇3̇3̇3̇ 3̇3̇5̇5̇ |

4̇4̇3̇3̇ 2̇2̇2̇2̇ 2̇2̇1̇1̇ | 7722̇ 1177 7755 | 6666 6633̇ 2̇2̇1̇1̇ | 7777 1̇177 6666 |

3̇3̇3̇1̇ 6666 6611̇ | 6644̇ 3̇3̇3̇3̇ 2̇2̇2̇2̇ | 2̇2̇1̇1̇ 7722̇ 1177 | 6666 6644 3322 |

3333 6666 6677 | 1133̇ 2̇2̇2̇2̇ 2̇2̇3̇3̇ | 2̇3̇2̇1̇ 6567 1̇71̇2̇ | 3̇3̇3̇3̇ 2̇2̇1̇1̇ 7766 |

5544 3̇3̇3̇3̇ 3̇3̇5̇5̇ | 4̇4̇4̇4̇ 3̇3̇3̇3̇ 2̇2̇2̇2̇ | 1̇1̇1̇1̇ 7777 6666 | 2̇2̇2̇2̇ 2̇2̇1̇1̇ 7766 |

5544 3322 2̇2̇4̇4̇ | 3̇3̇3̇3̇ 2̇2̇2̇2̇ 1̇1̇1̇1̇ | 7777 6666 5555 | 1̇1̇1̇1̇ 7766 5544 |

3322 1111 1133̇ | 2̇2̇2̇2̇ 1̇1̇1̇1̇ 7777 | 6666 5555 4444 $\frac{4}{4}$ 3235 6666 6666 6666 |

3235 6666 6666 6666 | 5654 3333 3333 3355 | 4543 2222 2222 2233 |

1217 6666 6666 6622 | 1217 6666 6666 6622 | $\frac{3}{4}$ 1217 6567 1712 |

3235 6567 1̇71̇2̇ | $\begin{matrix}>\\ \dot{3}\\ 3\end{matrix}$ $\begin{matrix}>\\ \dot{2}\\ 2\end{matrix}$ $\begin{matrix}>\\ \dot{1}.\\ 1.\end{matrix}$ $\begin{matrix}>\\ \dot{2}\\ \underline{2}\end{matrix}$ | $\begin{matrix}7.\\ 7.\end{matrix}$ $\begin{matrix}\dot{2}\\ \underline{2}\end{matrix}$ $\begin{matrix}\dot{1}\\ \underline{1}\end{matrix}$ $\begin{matrix}7\\ 7\end{matrix}$ $\begin{matrix}5\\ \underline{5}\end{matrix}$ | $\frac{2}{4}$ 6 3 6 3 |

ff

296

注：这是根据新疆塔塔尔族民间舞曲所编写的一首具有高难度技巧的练习曲。乐曲的速度始终保持在♩＝132，弹奏时应一气呵成，把握好力度和速度的均衡。

A段和C段是练习快速轮指和分指的重点段。弹奏者一定按照乐谱所标的指法和指序进行练习。弹奏轮指时，注意有两种指序的指法标记：一种指法是由无名指开始依次弹奏，一种指法是由大指开始依次弹奏。B段是练习快速勾托、勾托抹托的重点段。由于该段是由连续的十六音符组成，因而弹奏者需注意手指、手腕和手臂的松紧结合，发音要有力点并富有弹性。左手在八度按弦的时候，八度的变化音需要按准。该曲弹奏熟练之后，应注意强弱对比和旋律的起伏。

十级

演奏提示及要求：

1. 通过一定数量、一定难度的各类技巧训练，具备起扎实的基本功和较强的演奏能力，为进一步综合性的提高作必要的准备。

2. 传统、创作或改编、移植类代表性曲目要进一步学习与积累。

3. 演奏上要求做到对乐曲音乐风格、音乐形象把握的准确性，具备较强的音乐表现力。

月 儿 高

浙 江 筝 曲

王 巽 之 传谱

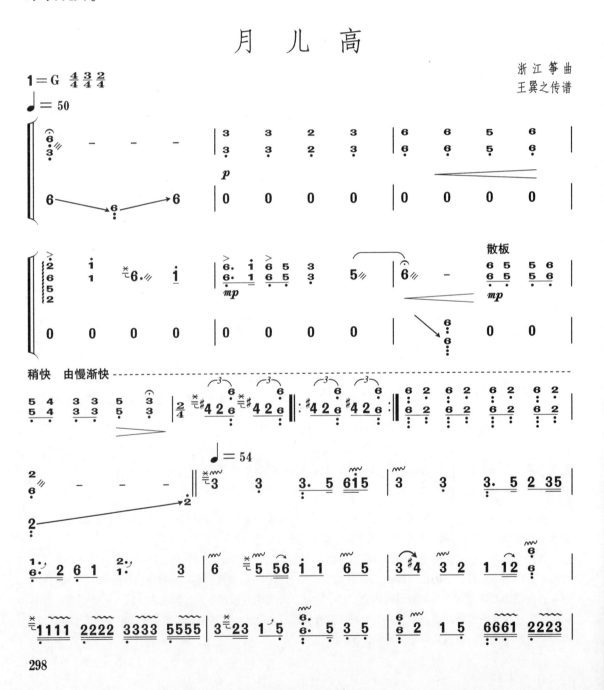

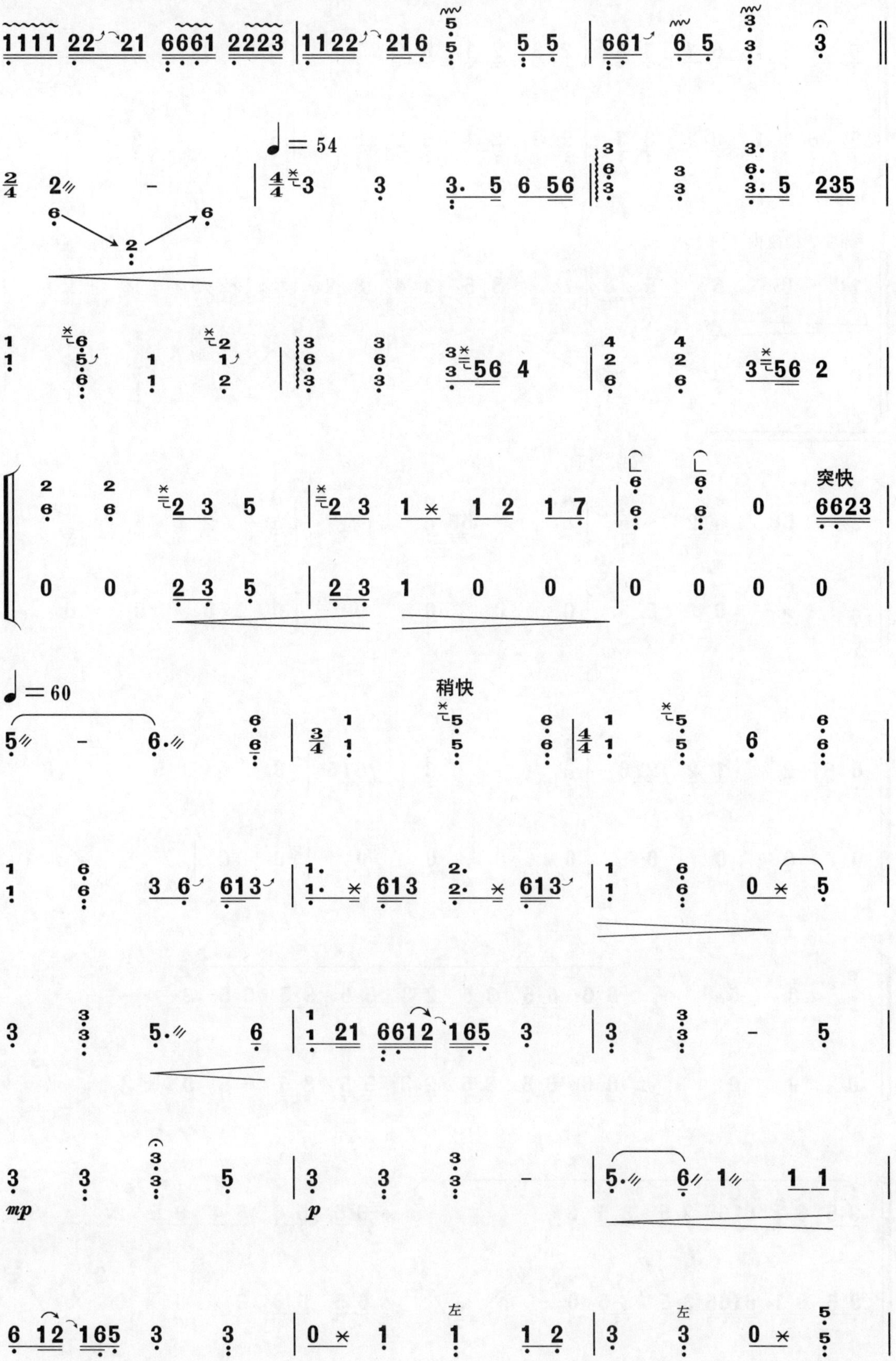
♩＝54
突快
♩＝60
稍快
mp
p
左
左

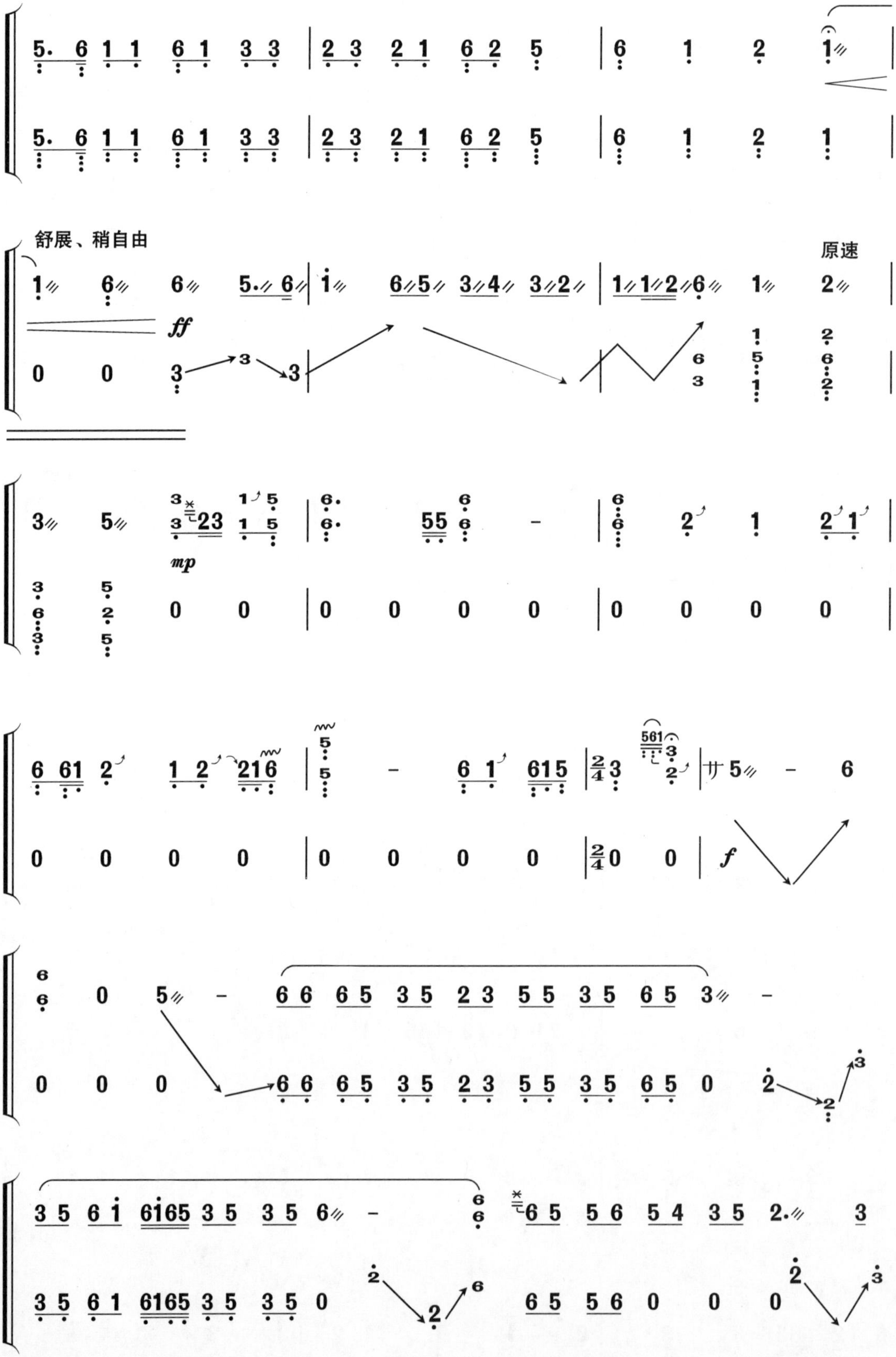
舒展、稍自由
原速
ff
mp
f

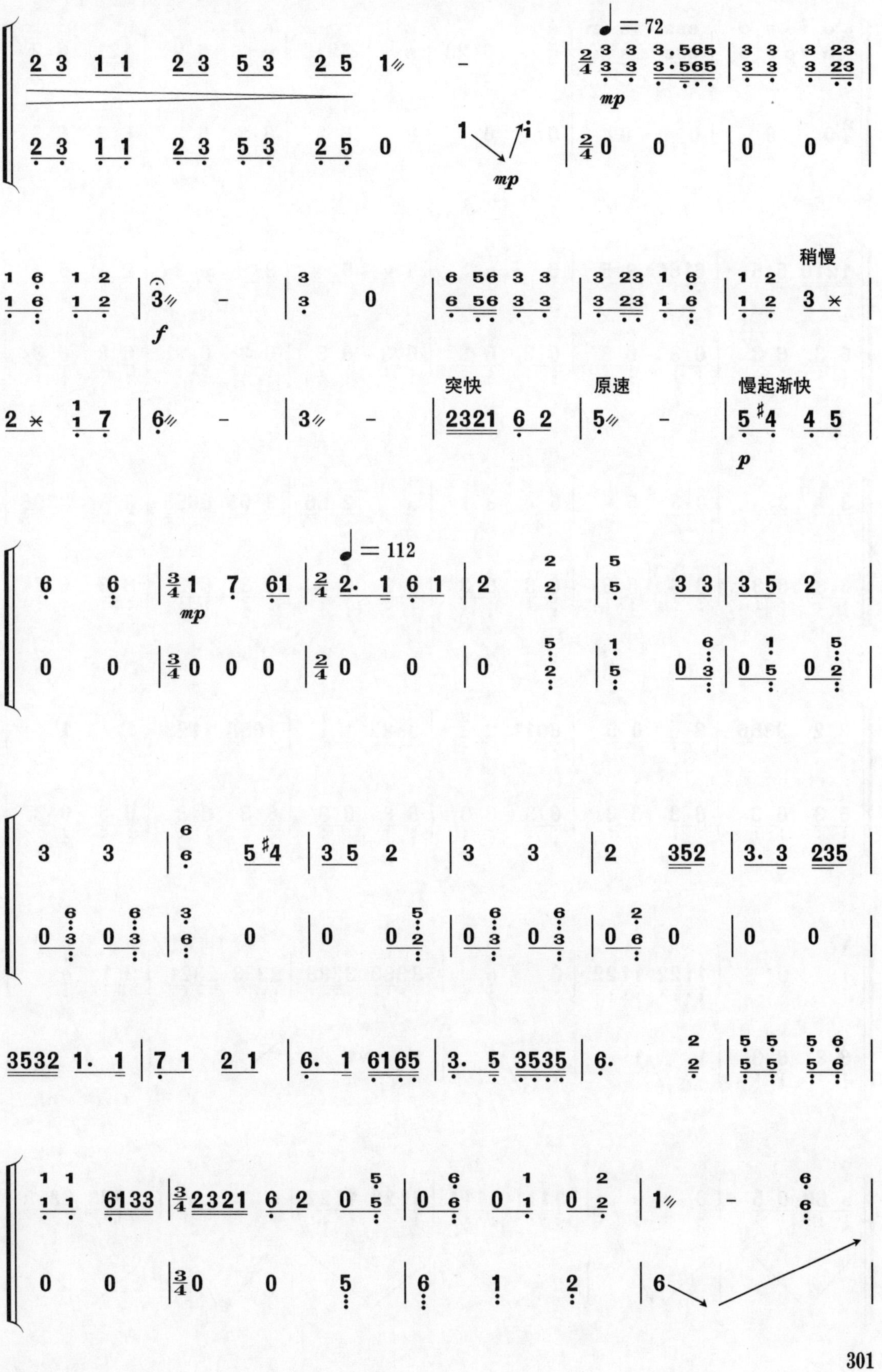
♩= 72
mp
mp
稍慢
f
突快
原速
慢起渐快
p
♩= 112
mp

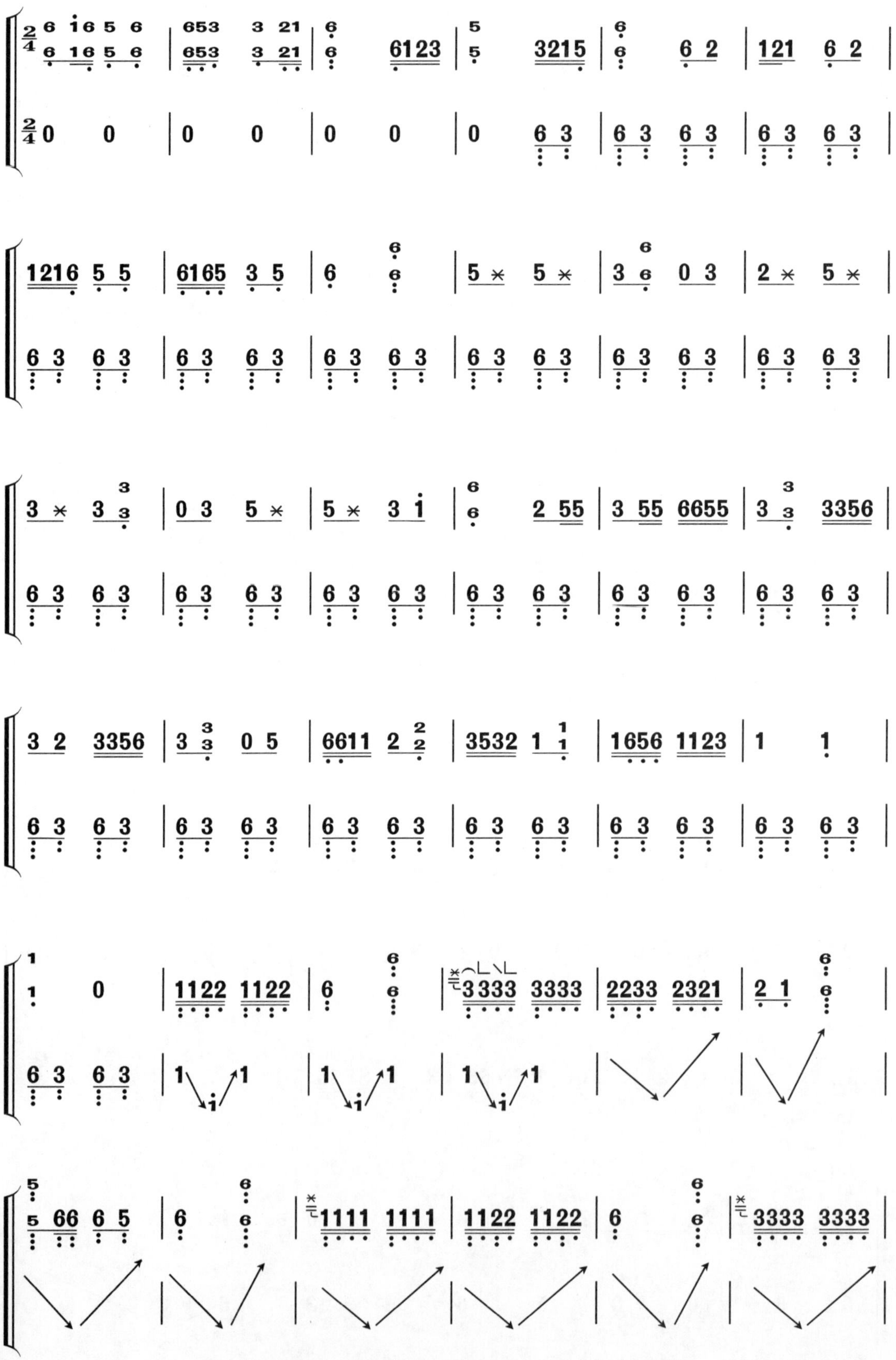

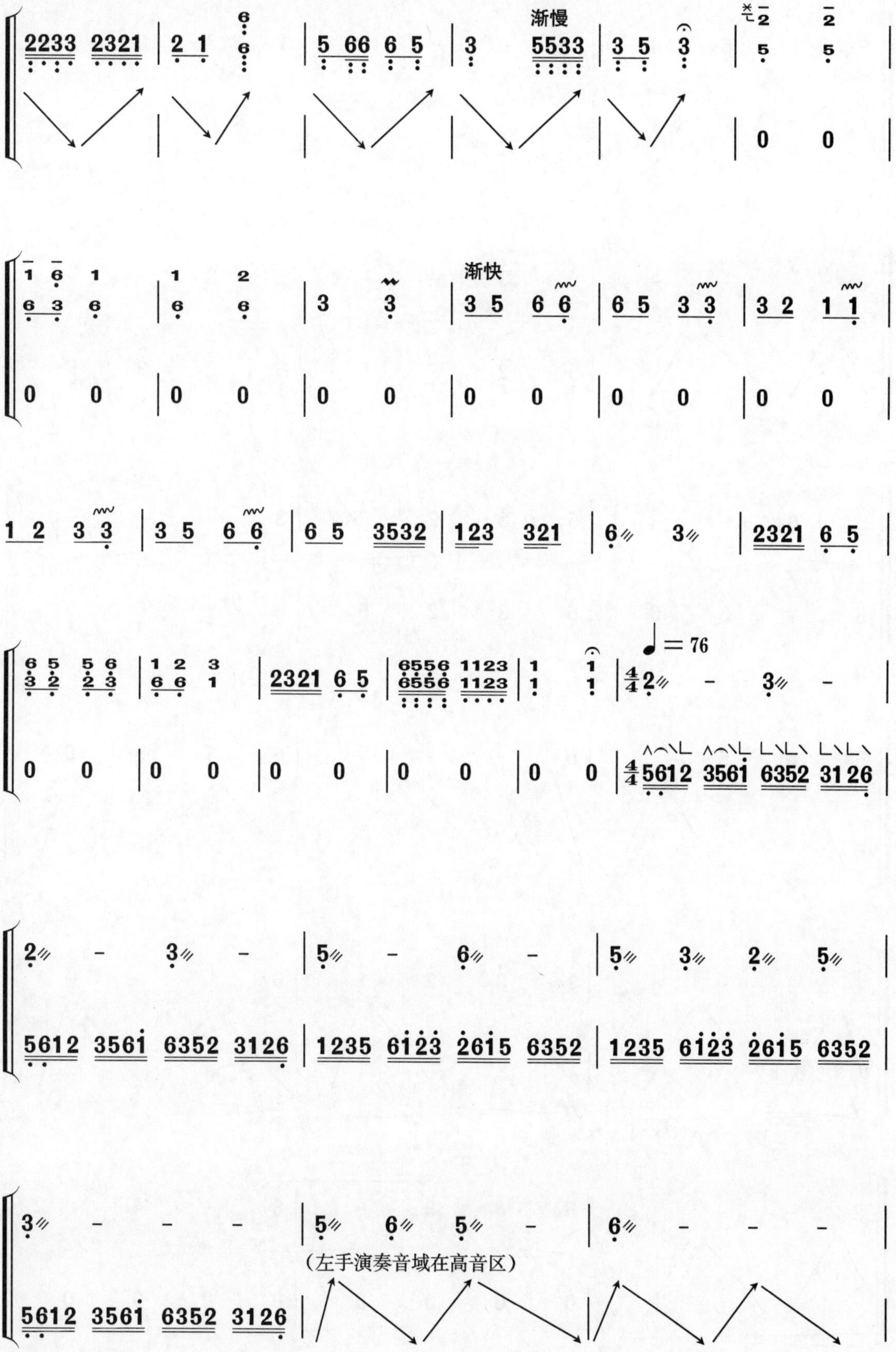
渐慢
渐快
♩ = 76
（左手演奏音域在高音区）

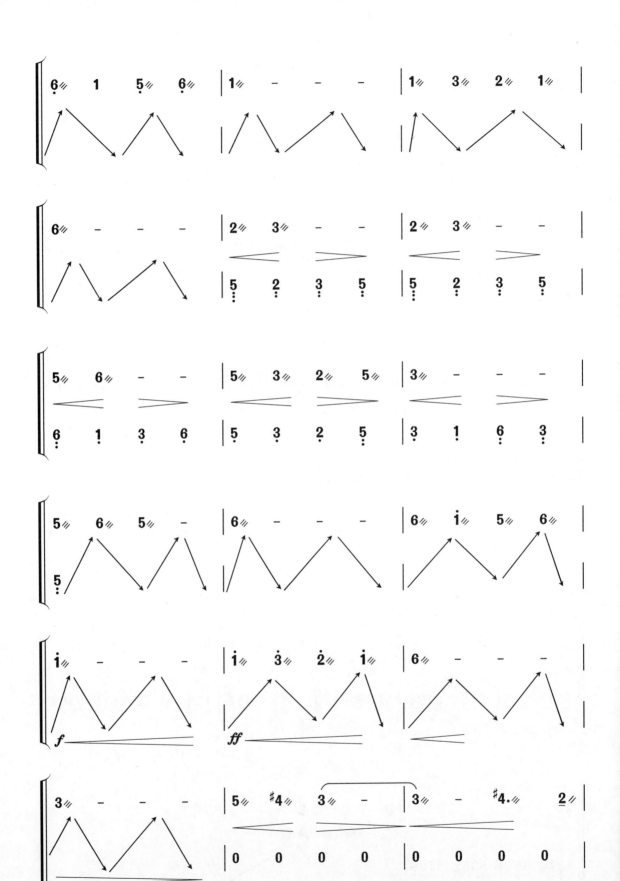

四 段 锦

〔一〕清风弄竹

山东筝曲
赵玉斋编曲

〔二〕山鸣谷应

〔三〕小溪流水

306

〔四〕普天同庆

柳青娘

（活三五调）

潮 州 音 乐

苏文贤、林毛根传谱

汉 江 韵

乔金文曲

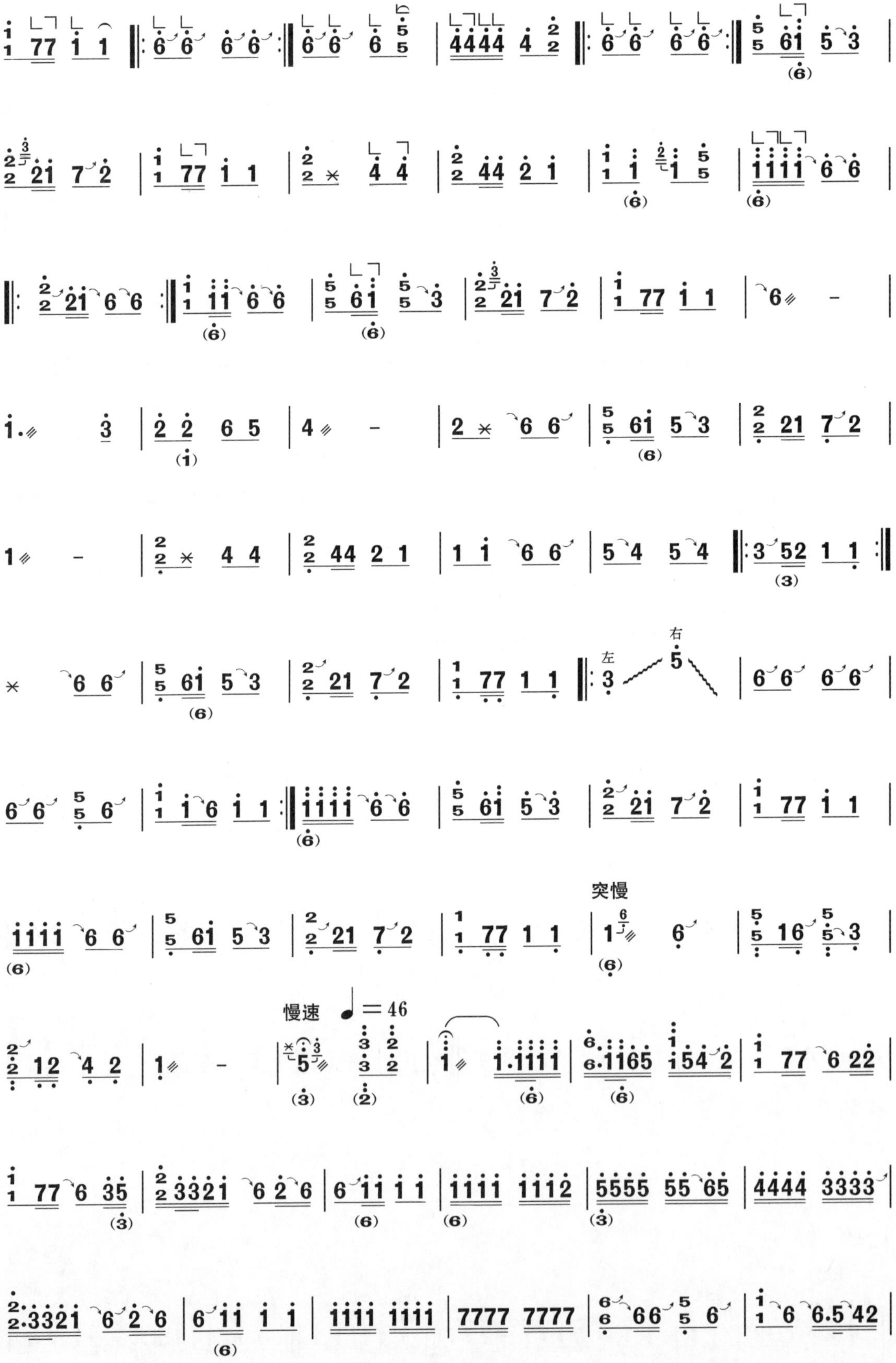
左
右
突慢
慢速 ♩=46

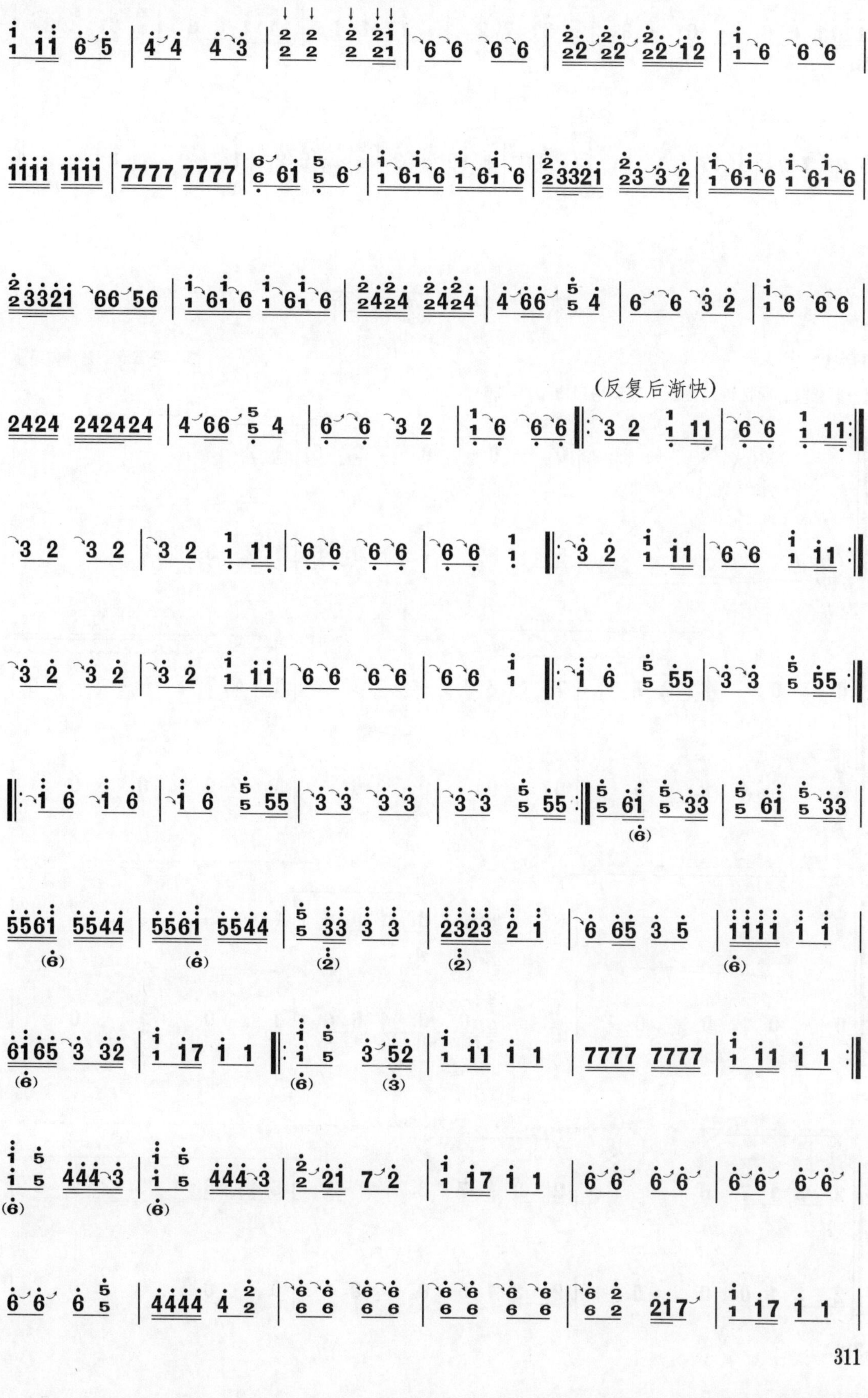
(反复后渐快)

林 冲 夜 奔

1=C 4/4

王巽之、陆修棠编曲

【一】感叹、回忆地　慢板　节奏稍自由 ♩=26

312

313

314

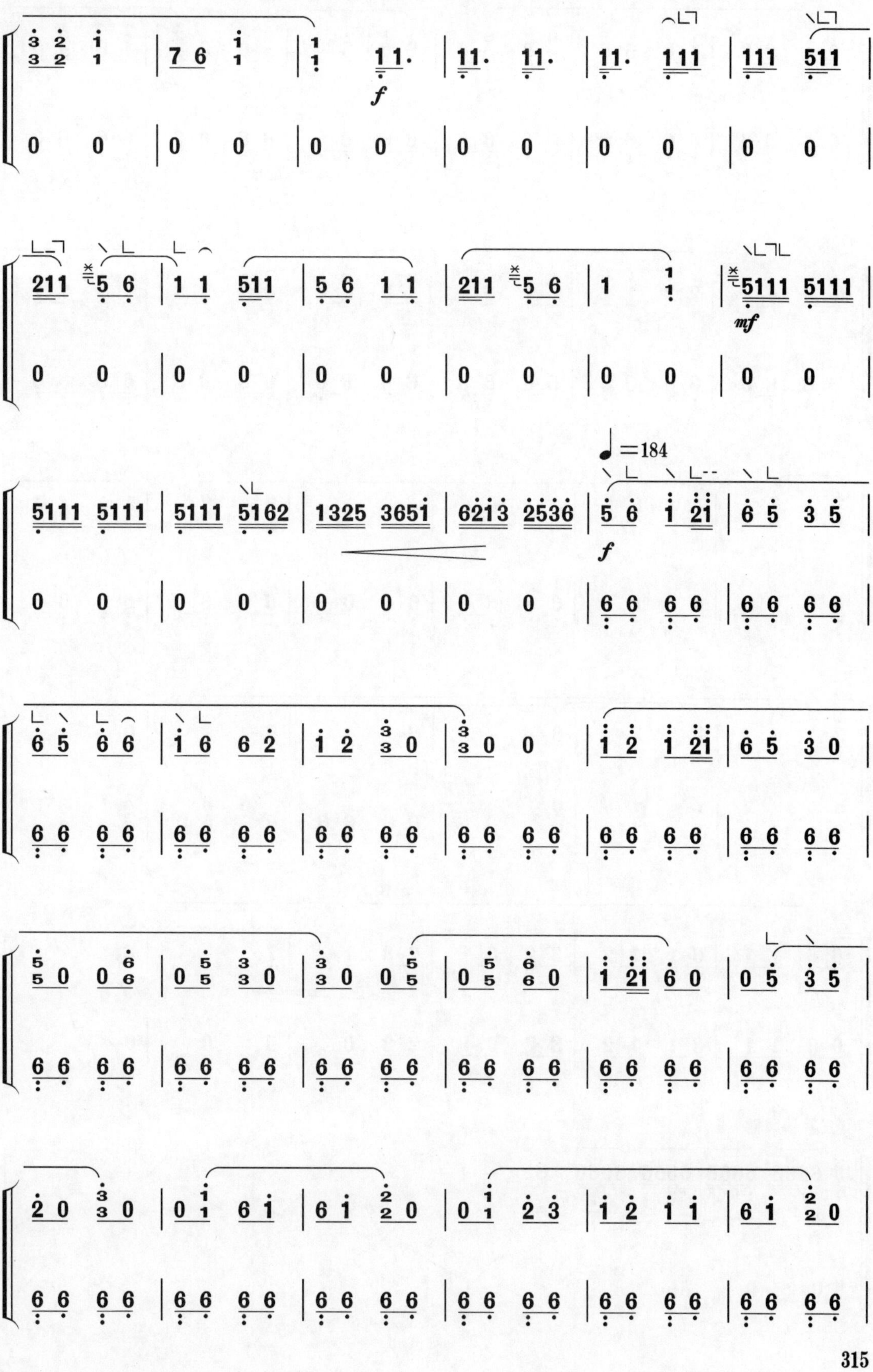
f
mf
♩=184
f

【三】暴风雪

316

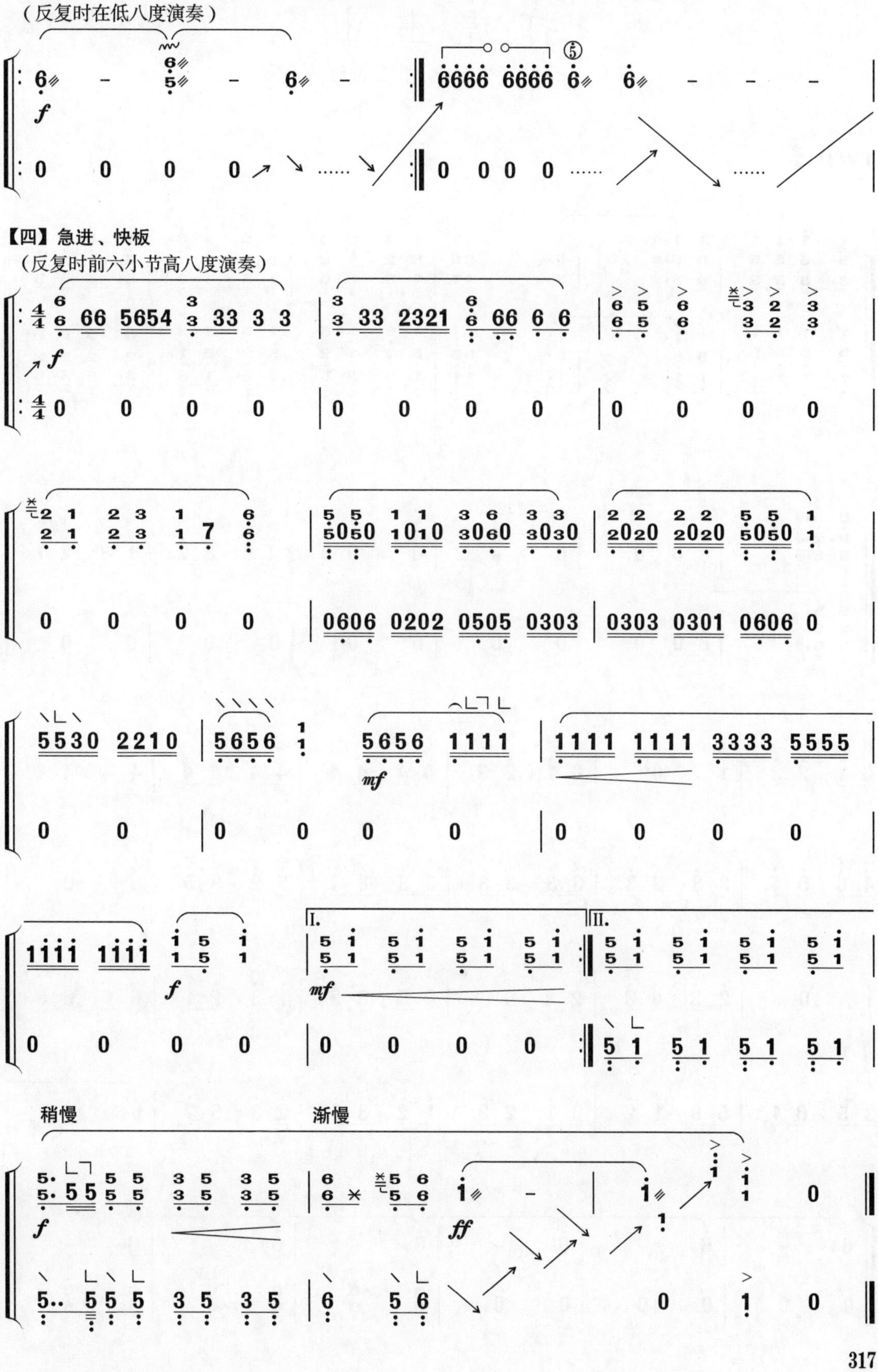
（反复时在低八度演奏）
【四】急进、快板
（反复时前六小节高八度演奏）
稍慢
渐慢

打 虎 上 山

京剧《智取威虎山》选段

上海京剧院《智取威虎山》剧组创作
赵　曼　琴改编

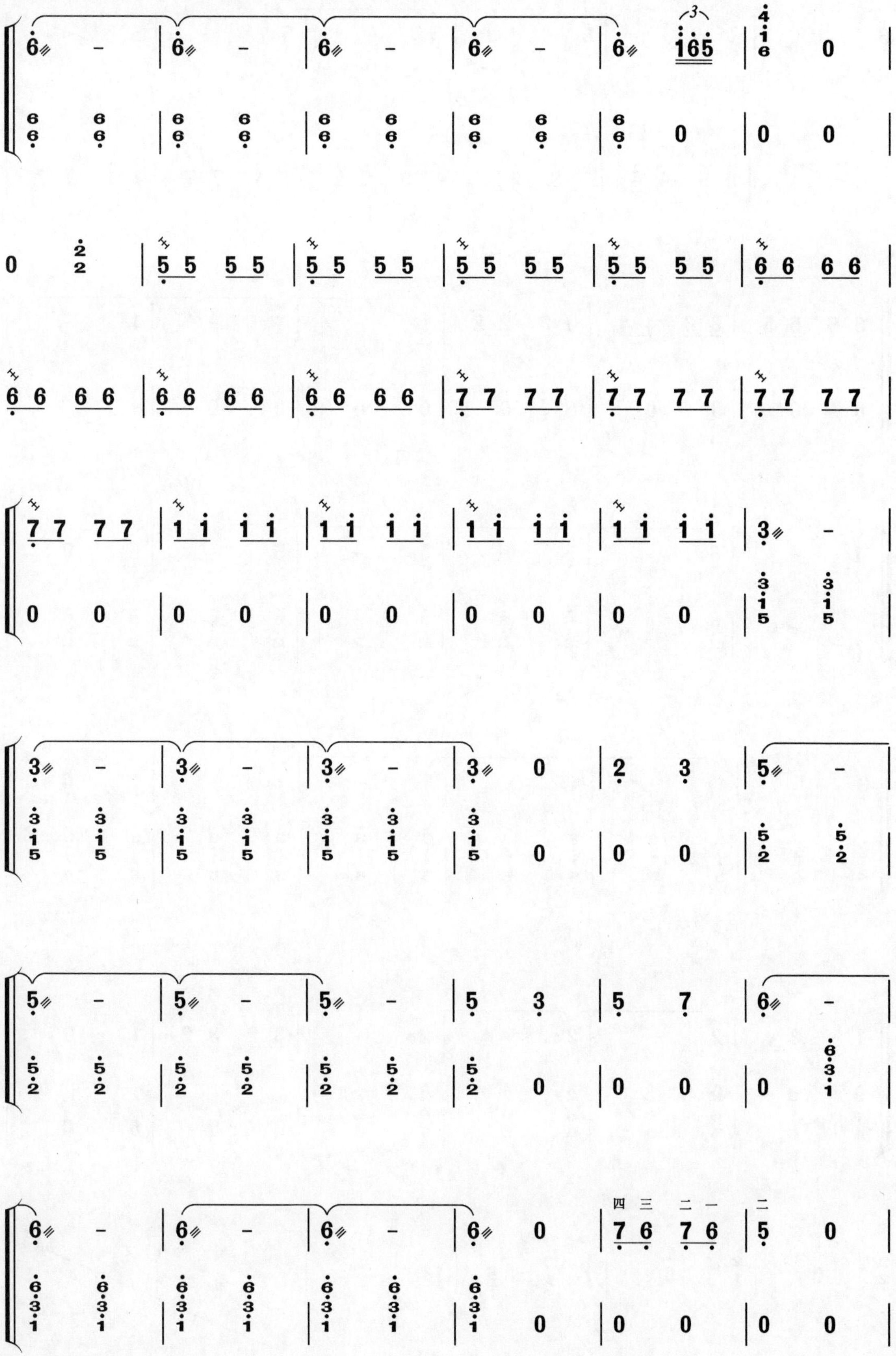
四 三 二 一
二

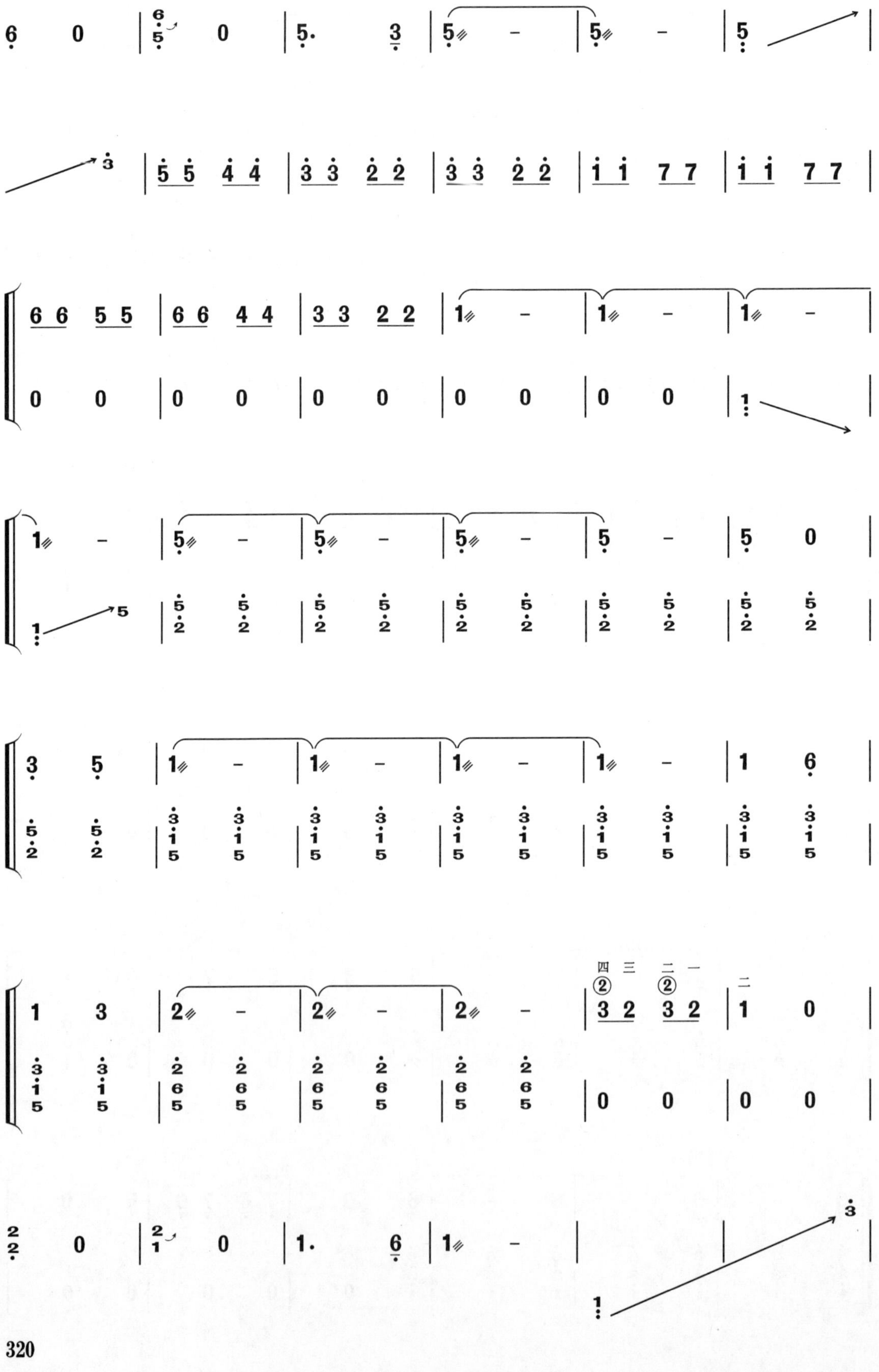
四 三 二 一
② ②
二

$\dot{5}5$ $\dot{4}4$ | $\dot{3}3$ $\dot{2}2$ | $\dot{3}3$ $\dot{2}2$ | $\dot{1}\dot{1}$ 77 | $\dot{1}\dot{1}$ 77 | 66 55 | 66 44 |

33 22 | $\overset{四三}{12}$ $\overset{二一}{35}$ | 23 56 | 35 $6\dot{1}$ | 56 $\dot{1}\dot{2}$ | $\overset{一二}{65}$ 35 | $\overset{三二}{65}$ 35 |

65 35 | 65 35 | 76 56 | 76 56 | 76 56 | 76 56 |

⑥ ⑤
$\dot{1}7$ 67 | $\dot{1}7$ 67 | $\dot{1}7$ 67 | $\dot{1}7$ 67 | $\overset{一四}{\dot{1}7}$ $\overset{三二}{\dot{1}\dot{2}}$ | $\overset{一四}{\dot{3}\dot{2}}$ $\overset{三二}{\dot{3}\dot{5}}$ |

$\dot{6}$ — | $\dot{6}$ — | $\dot{6}$ — | $\dot{6}$ — | $\overset{三二}{\dot{2}\dot{5}}$ $\overset{三二}{\dot{3}\dot{2}}$ | $\dot{1}\dot{3}$ $\dot{2}\dot{1}$ |

$\ddot{1}$ | | | | $\ddot{1}$ | 0 0 | 0 0 |

$\underset{.}{6}$ $\dot{1}$ $\underset{.}{6}$ 5 | 35 $3\underset{.}{2}$ | $1\underset{.}{3}$ $2\underset{.}{1}$ | $\underset{.}{6}\dot{1}$ $\underset{.}{6}\underset{.}{5}$ | $\underset{.}{3}\underset{.}{3}$ $\underset{.}{4}\underset{.}{4}$ | $^{\sharp}4\underset{.}{4}$ $\underset{.}{5}5$ |

$\underset{.}{6}6$ $\underset{.}{7}\underset{.}{7}$ | 11 $^{\sharp}\underset{.}{1}1$ | 22 33 | 44 $^{\sharp}44$ | $\underset{\underset{.}{5}}{5\cdot}$ $\underset{.}{5}$ | 5 $^{\sharp}\underset{乚}{4}5$ |

$\underset{5}{\underset{.}{5}}$ $^{\sharp}\underset{乚}{4}\dot{5}$ | $\underset{5}{\underset{.}{5}}$ $^{\sharp}\underset{乚}{4}5$ | $\underset{5}{\underset{.}{5}}$ $^{\sharp}\underset{乚}{4}5$ | $\underset{5}{\underset{.}{5}}$ $^{\sharp}\underset{乚}{4}5$ | $\overset{三一}{\underset{.}{3}\dot{3}}$ $\overset{二一}{\underset{.}{3}\dot{3}}$ | $\underset{.}{3}\dot{3}$ $\underset{.}{3}\dot{3}$ |

$\underset{.}{3}\dot{3}$ $\underset{.}{3}\dot{3}$ | $\underset{.}{3}\dot{3}$ $\underset{.}{3}\dot{3}$ | $\underset{.}{3}\dot{3}$ $\underset{.}{3}\dot{3}$ | $\underset{.}{2}\dot{2}$ $\underset{.}{3}\dot{3}$ | $\underset{.}{5}\dot{5}$ $^{\sharp}\underset{乚}{4}\dot{5}5$ | $\underset{.}{5}5$ $^{\sharp}\underset{乚}{4}\dot{5}5$ |

$\underset{.}{5}5$ $^{\sharp}\underset{乚}{4}\dot{5}5$ | $\underset{5}{\underset{.}{5}}$ 0 | $\overset{二一}{\underset{.}{5}6}$ $\overset{二一}{\underset{.}{4}3}$ | $\overset{二一}{\underset{.}{2}3}$ $\overset{二一}{\underset{.}{4}3}$ | $\dot{5}$ 0 | $\underset{\underset{.}{5}}{\overset{\dot{5}\cdot}{\underset{.}{3}}}$ $\dot{5}$ |

5 $^{\sharp}\underset{乚}{4}5$ | 5 $^{\sharp}\underset{乚}{4}5$ | 5 $^{\sharp}\underset{乚}{4}5$ | $\underset{.}{3}\dot{3}$ $\underset{.}{3}\dot{3}$ | $\underset{.}{3}\dot{3}$ $\underset{.}{3}\dot{3}$ | $\underset{.}{2}\dot{2}$ $\underset{.}{2}\dot{2}$ |

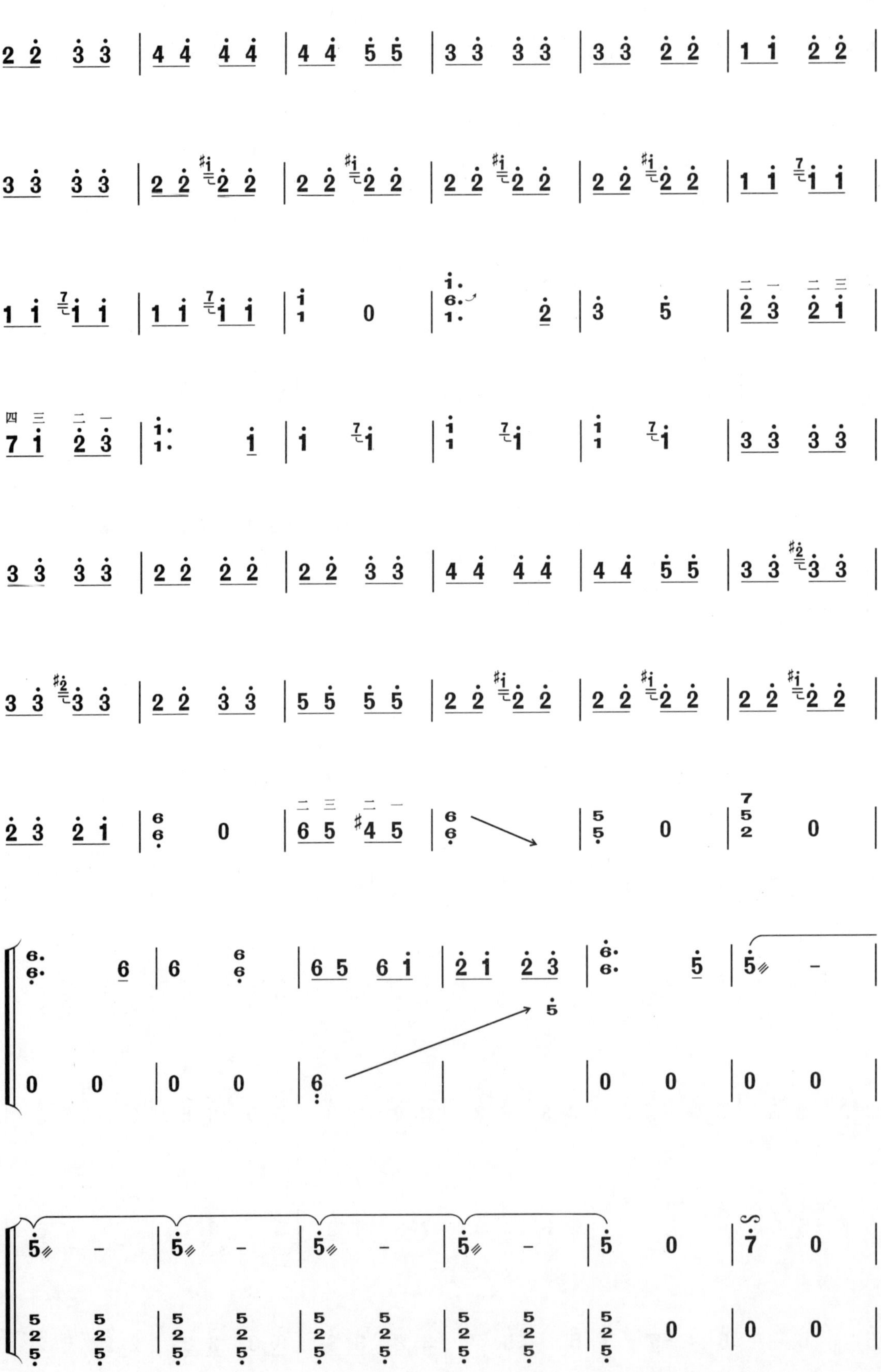

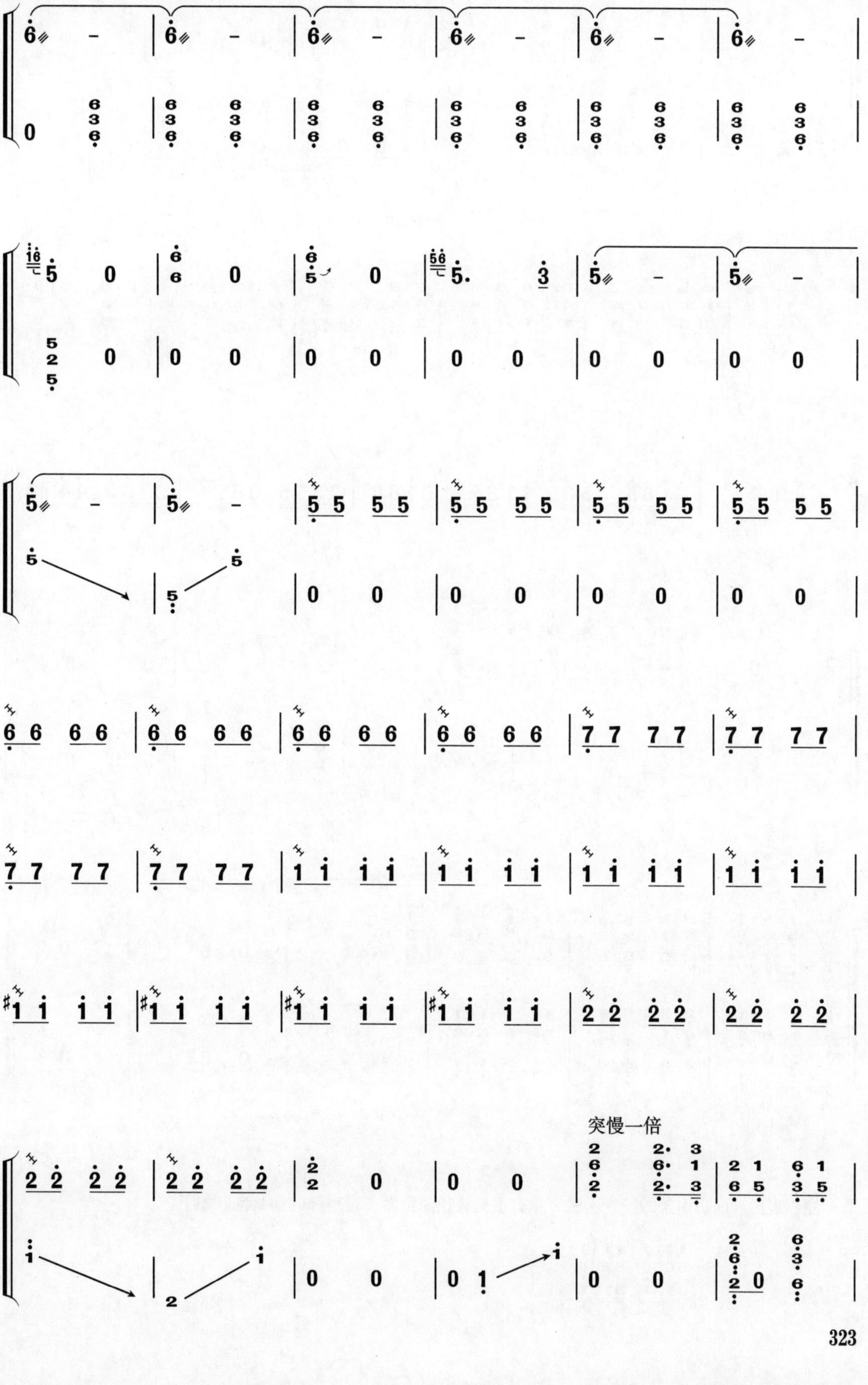
突慢一倍

注：最后和前边引子的长音奏法为左右手交替快速弹奏各自声部的和弦音。如下：

$$\dot{1}1\dot{1}1 \quad \dot{1}1\dot{1}1$$
$$5555 \quad 5555$$
$$3131 \quad 3131$$

钢 水 奔 流

周 德 明曲

潘妙兴整理修订

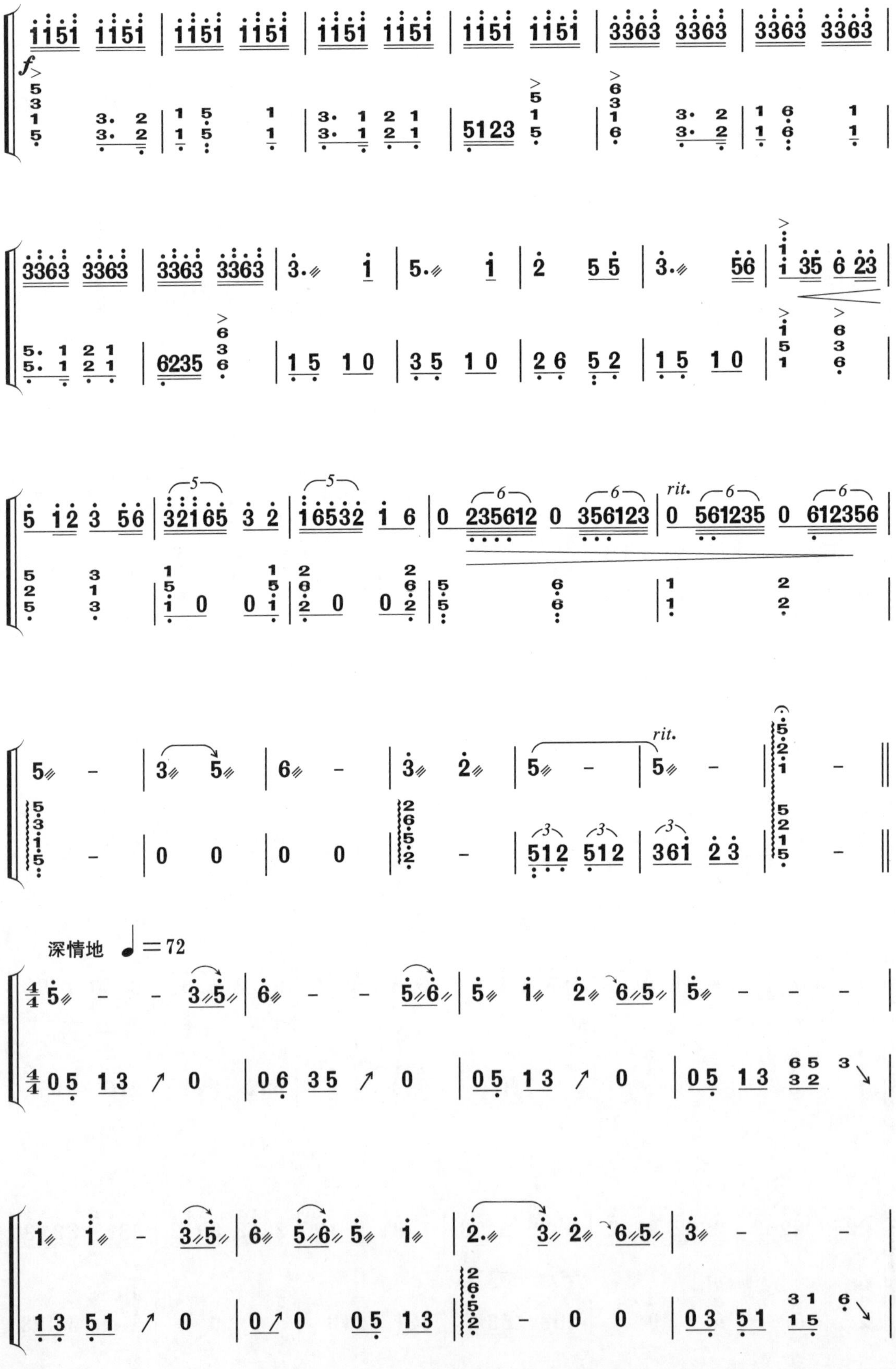
rit.
rit.
深情地 ♩=72

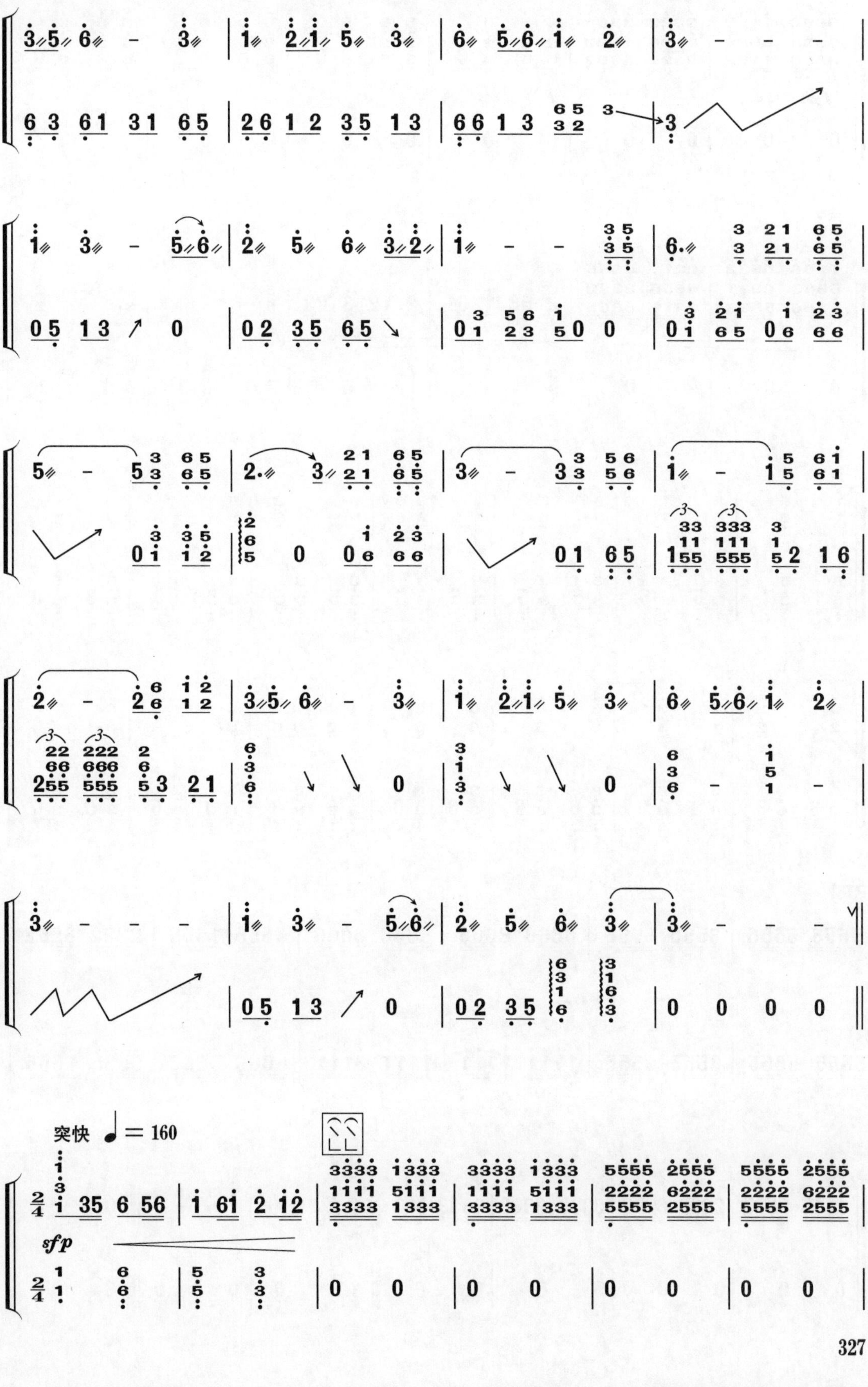
突快 ♩= 160
sfp

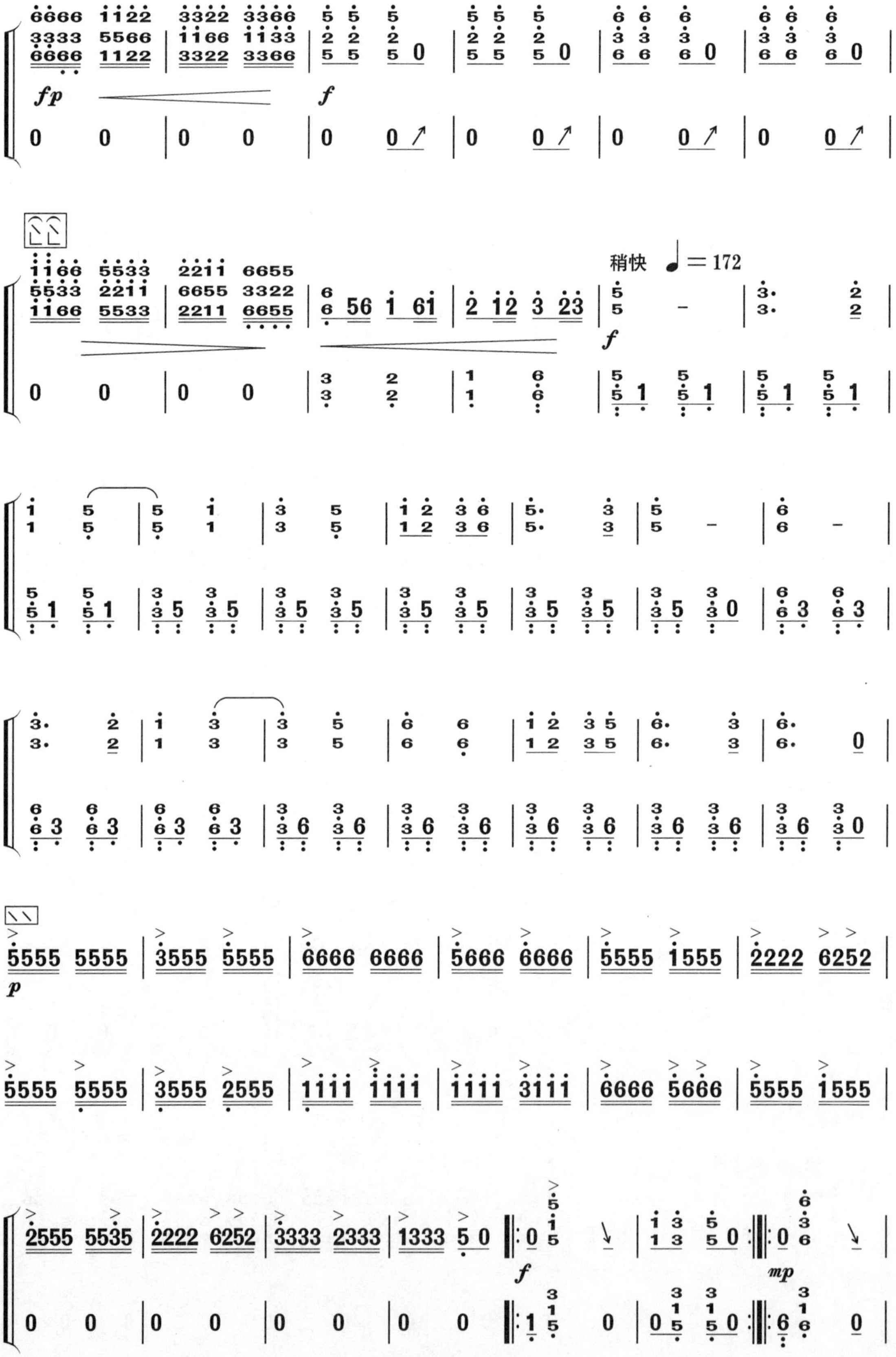
稍快 ♩=172

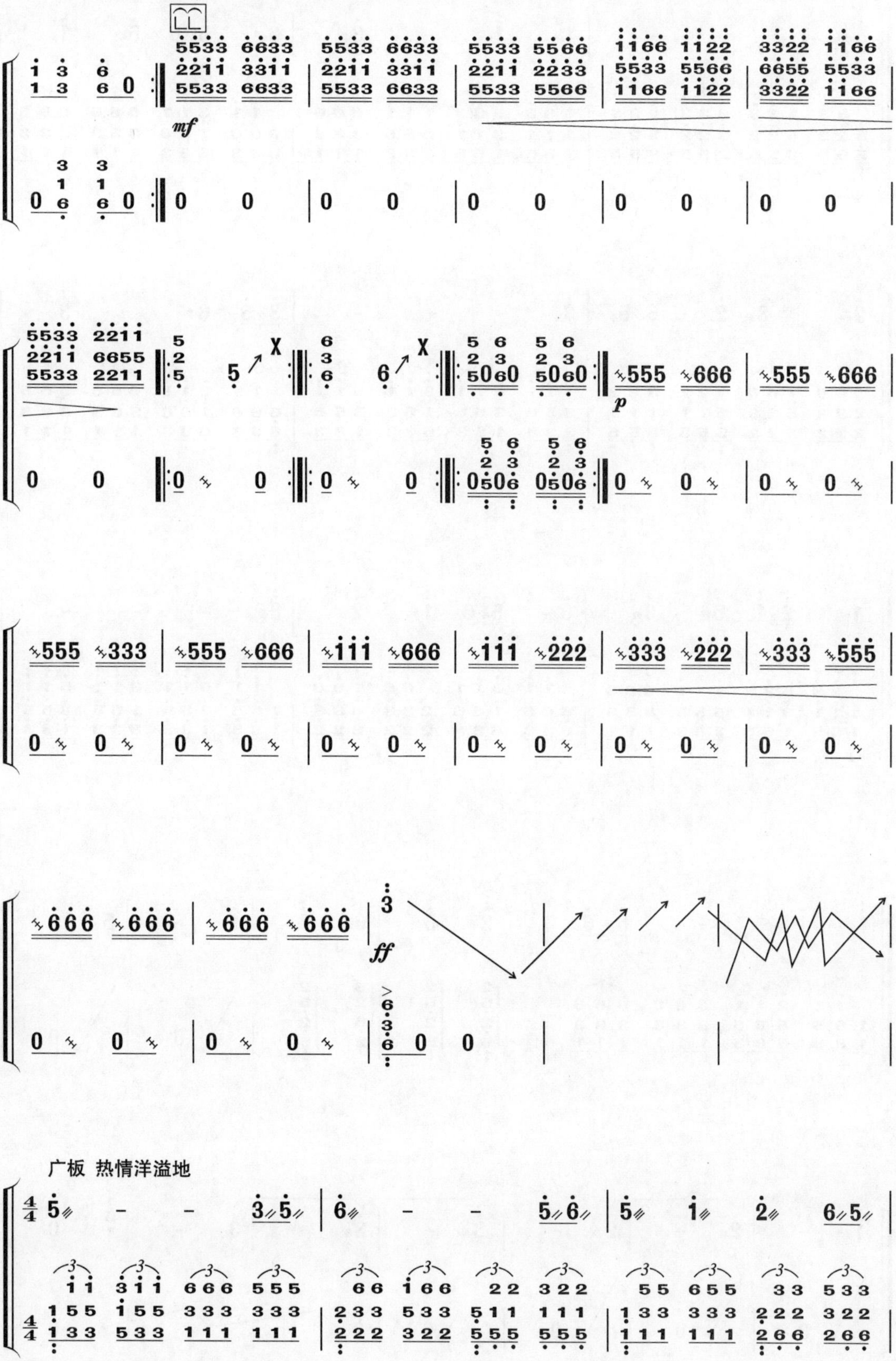
广板 热情洋溢地

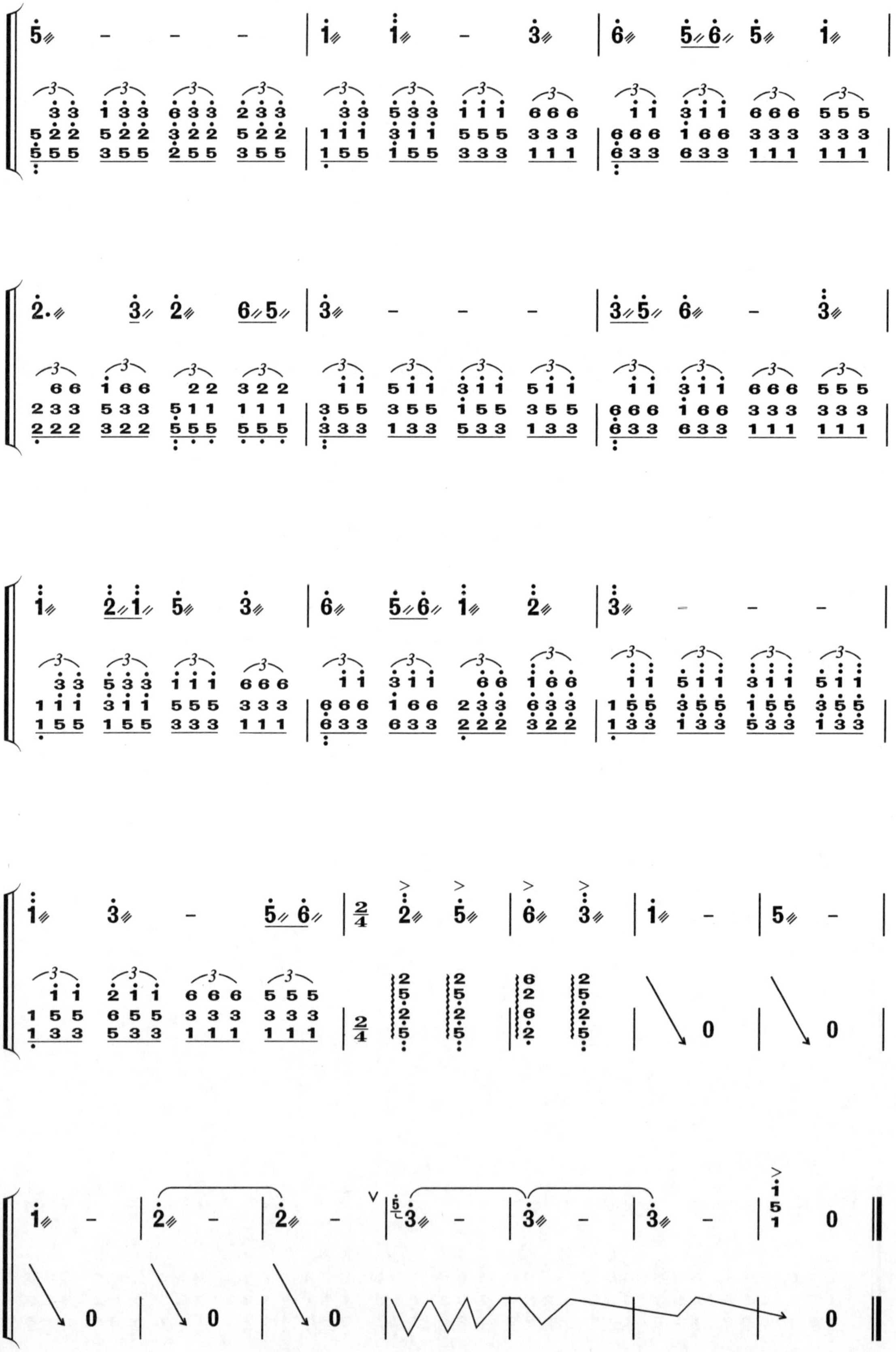

春 到 湘 江

宁 保 山 曲
王中山改编

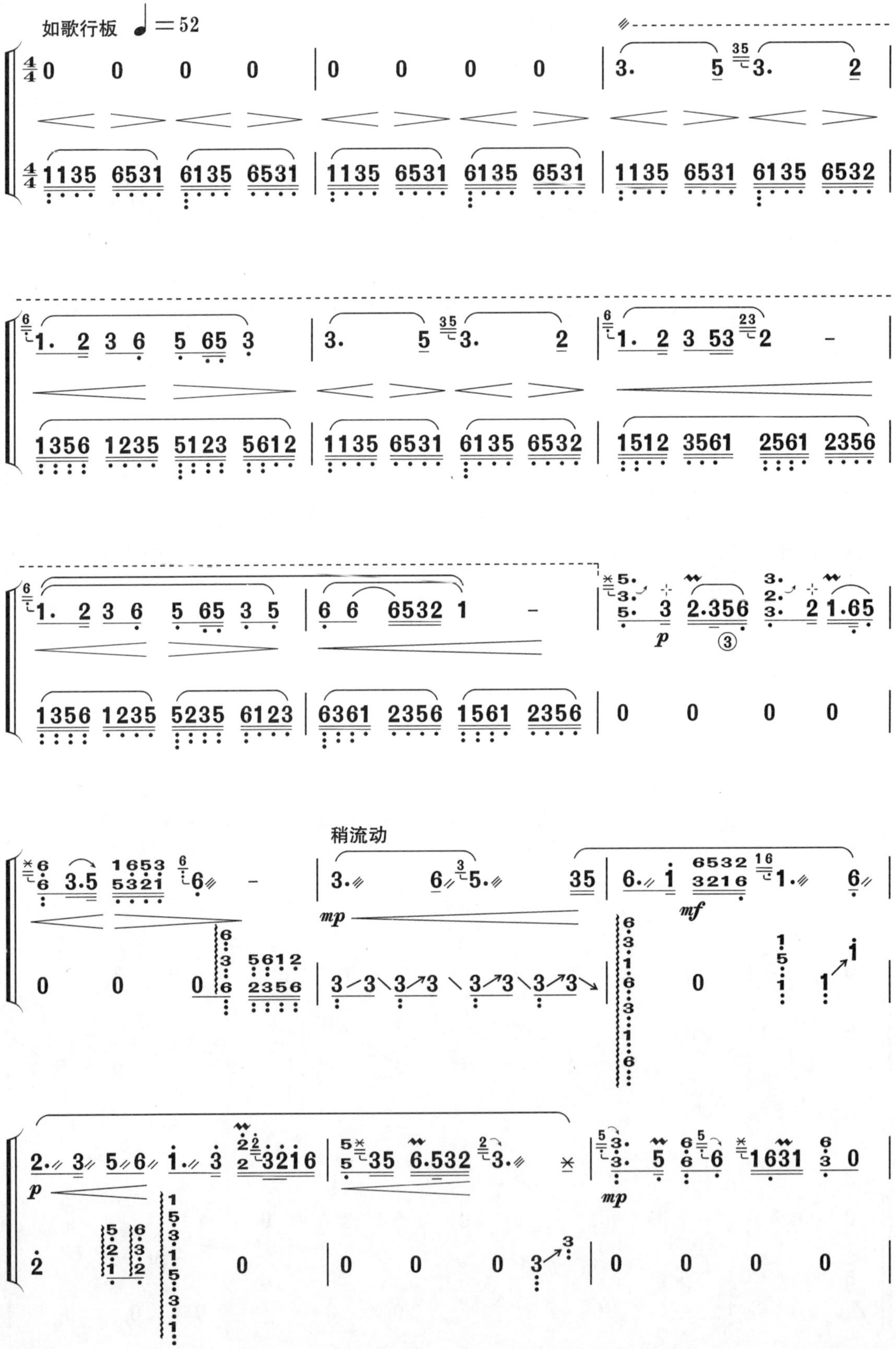
如歌行板 ♩=52
稍流动

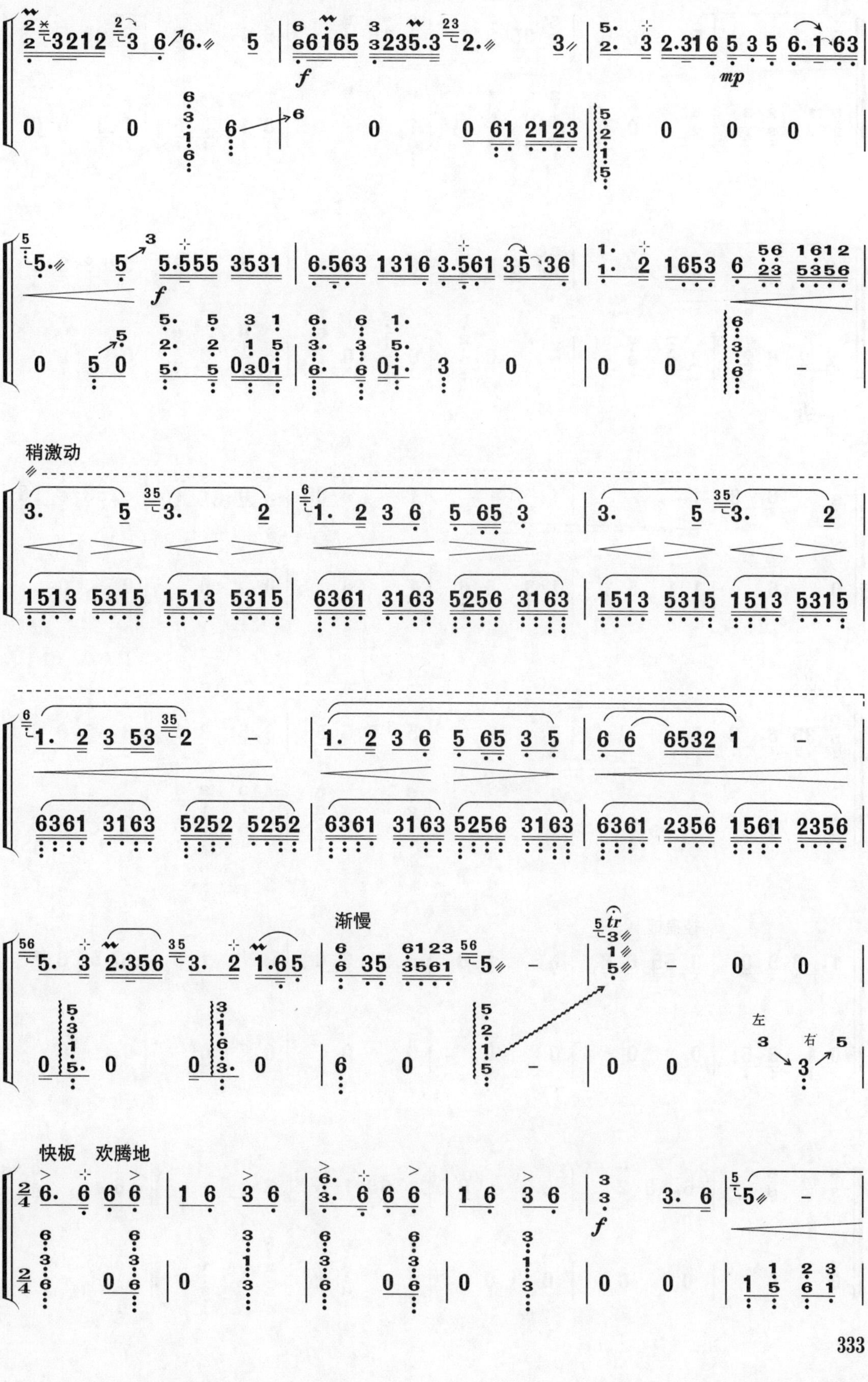
稍激动
渐慢
左
右
快板　欢腾地
f
mp
tr

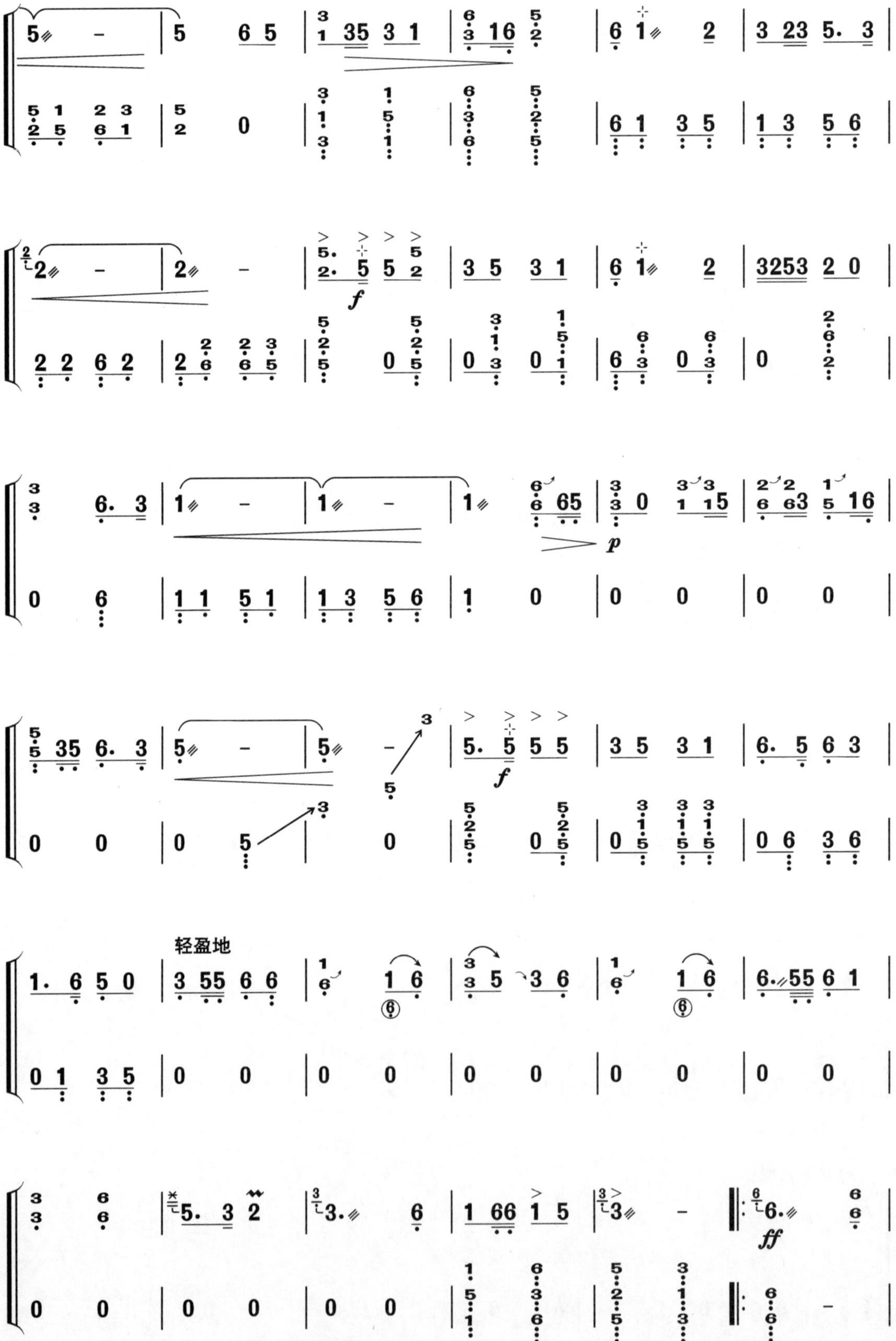
轻盈地

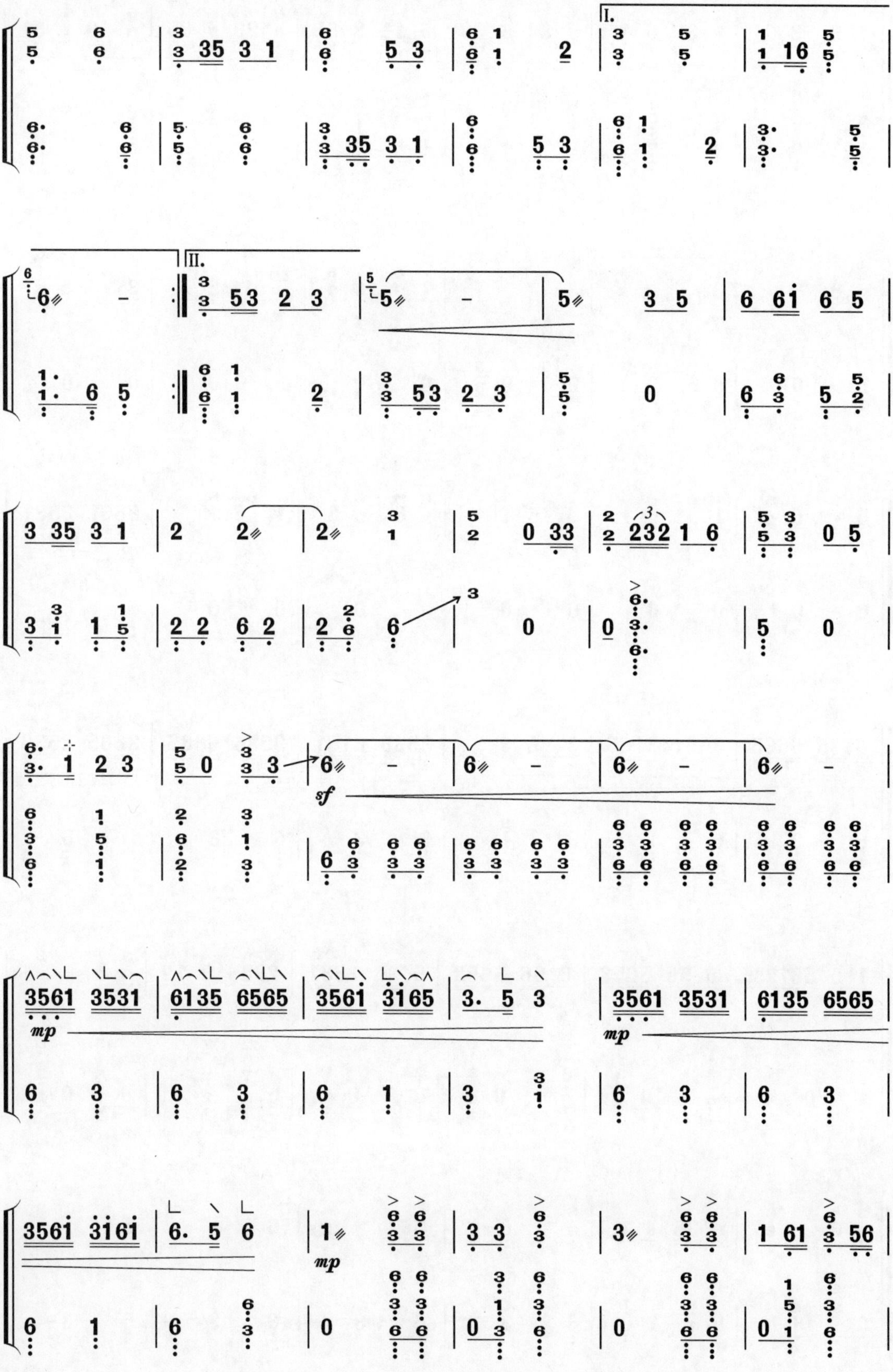
I.
II.
sf
mp
mp
mp

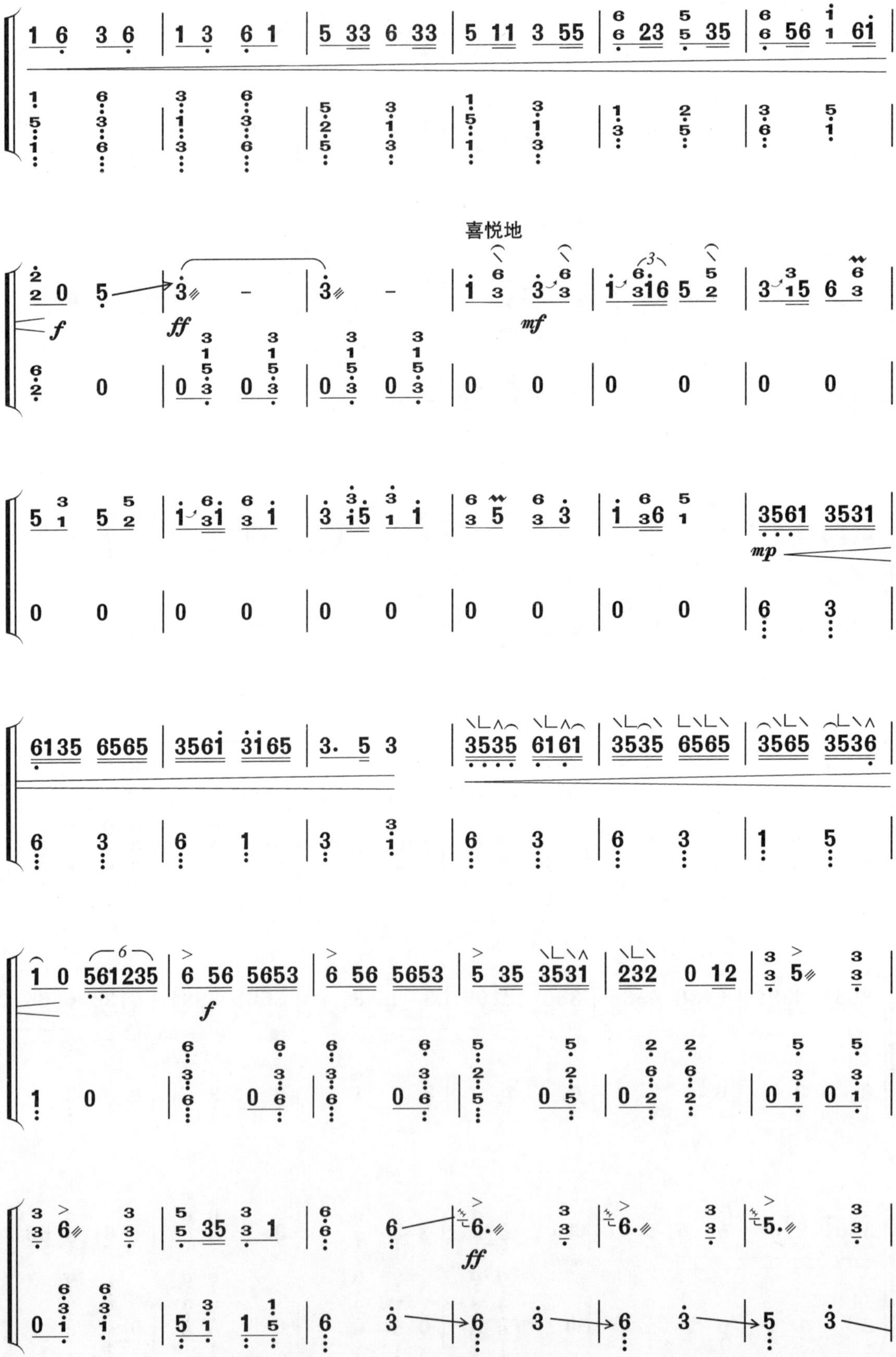
喜悦地

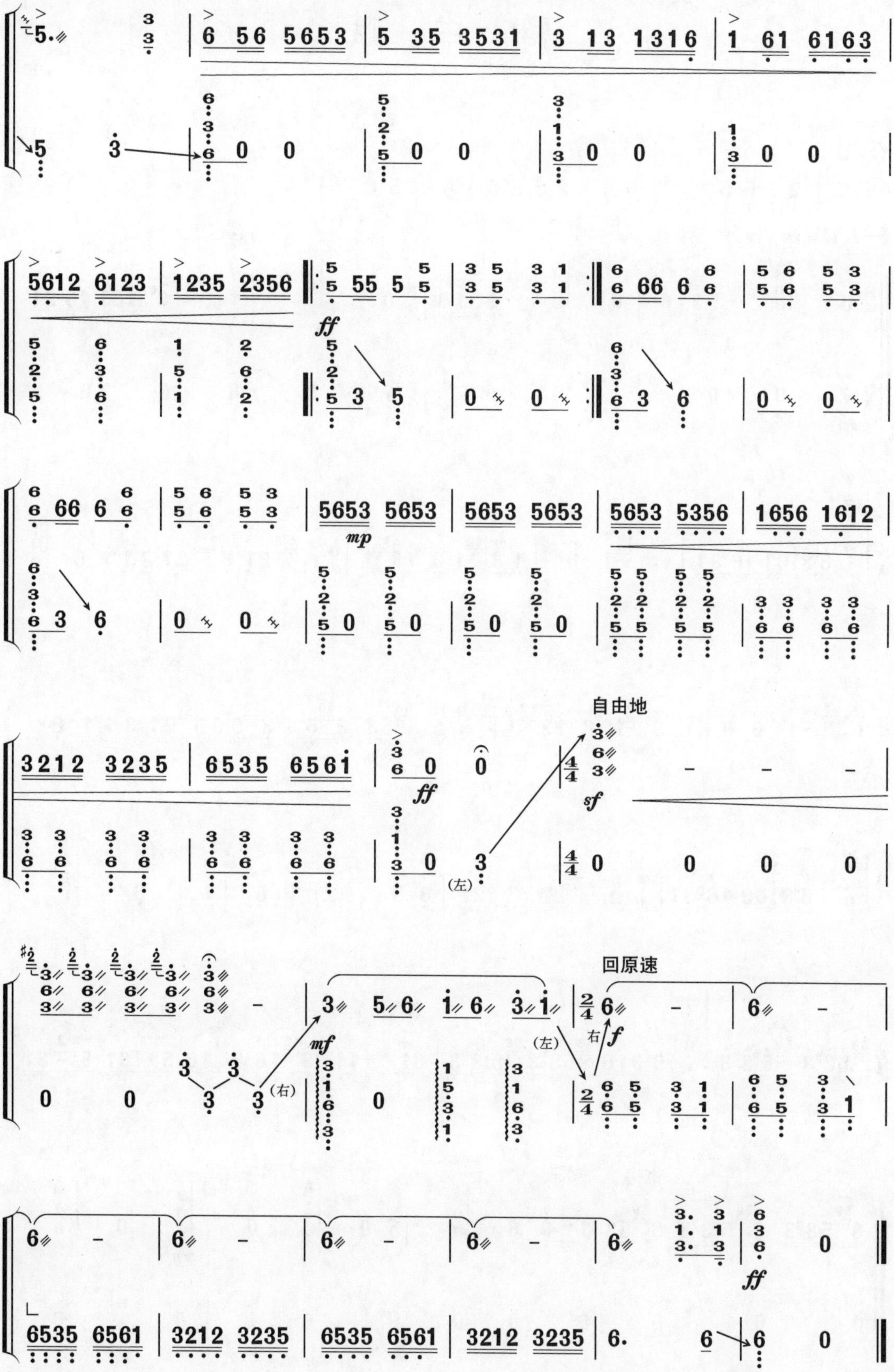
自由地
(左)
(右)
回原速
右

黔 中 赋

徐晓林曲

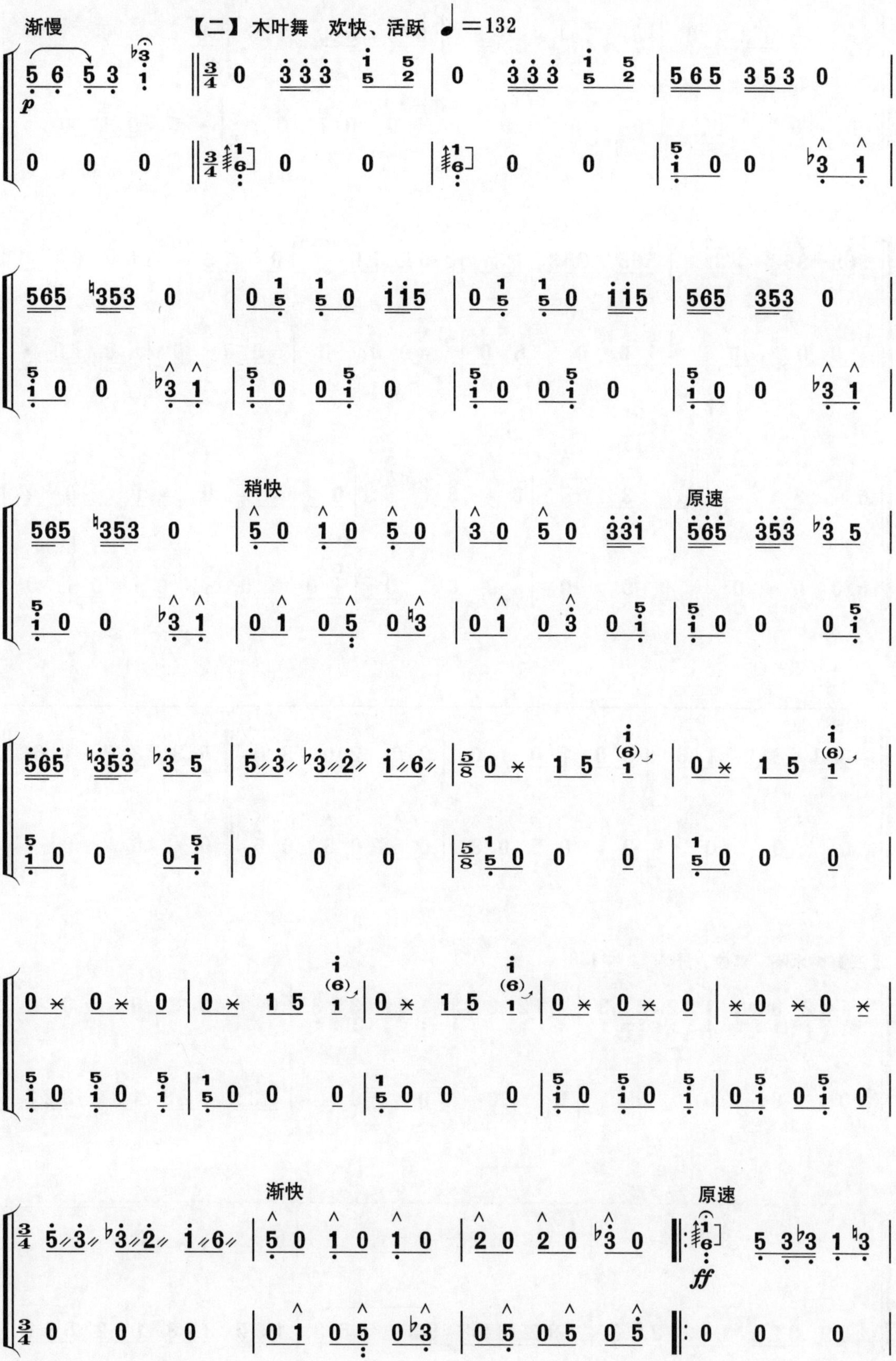
渐慢
【二】木叶舞 欢快、活跃 ♩=132
稍快
原速
渐快
原速

【三】黔水唱　奔放、舒畅　♩＝138

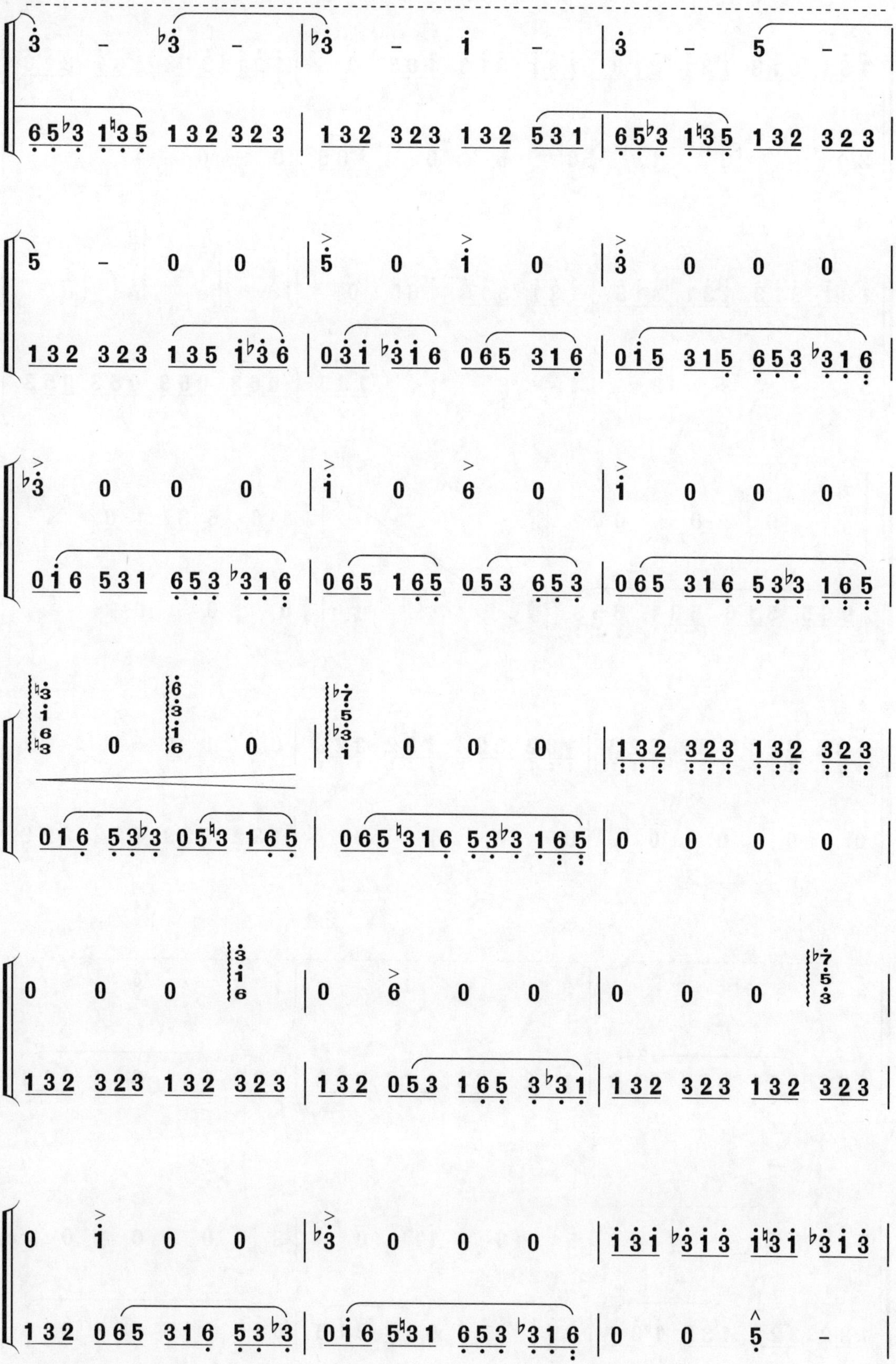

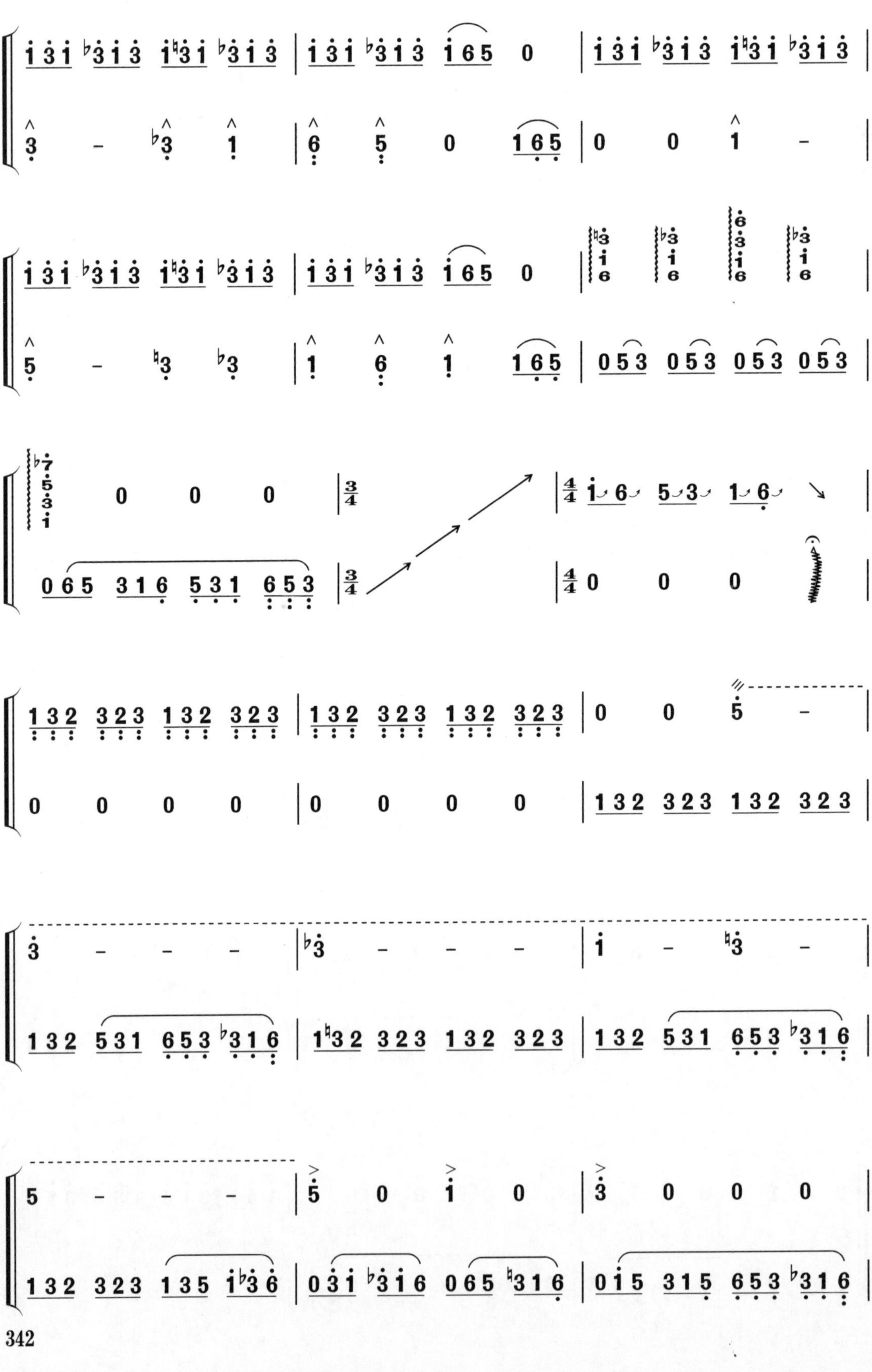

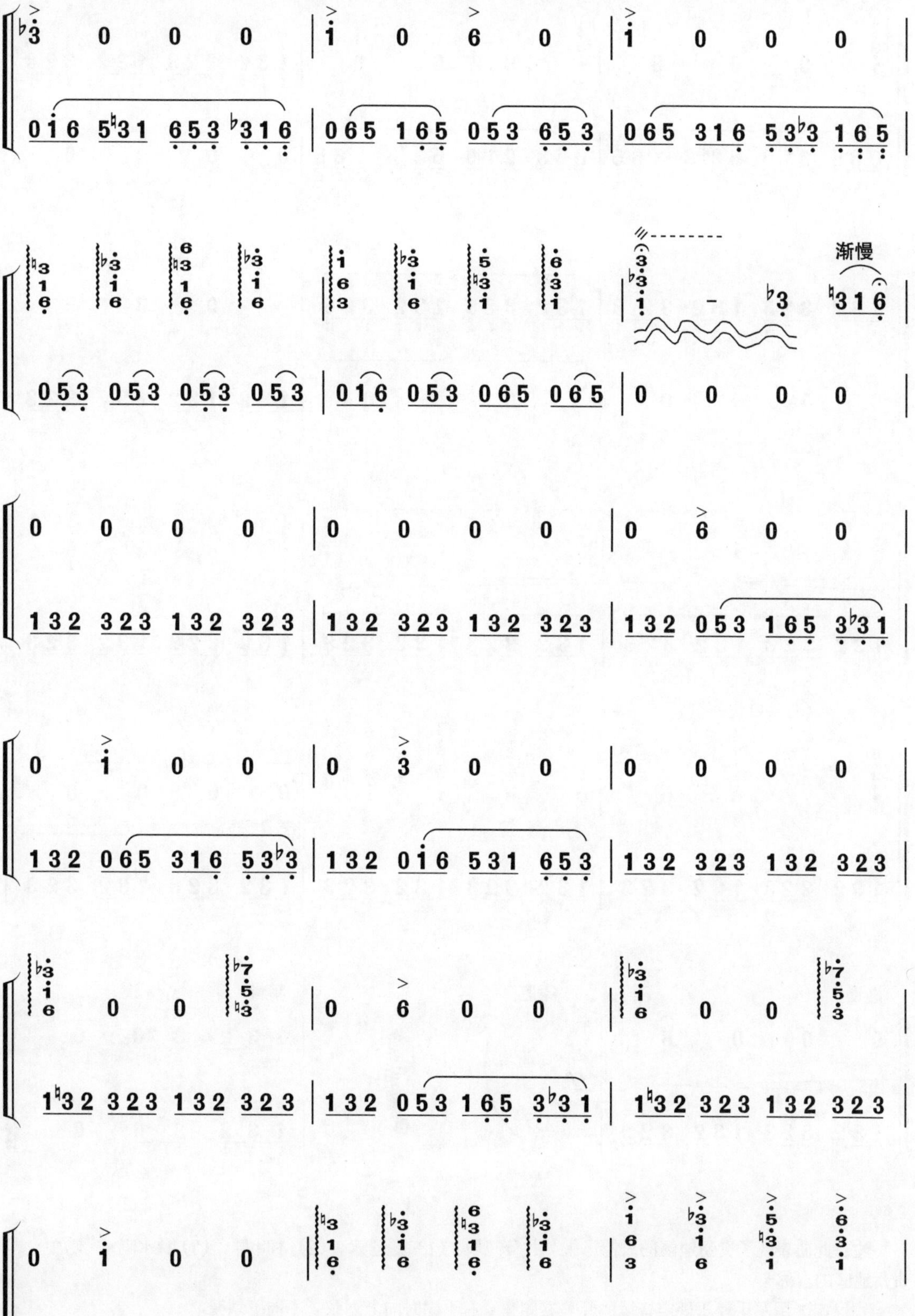
渐慢

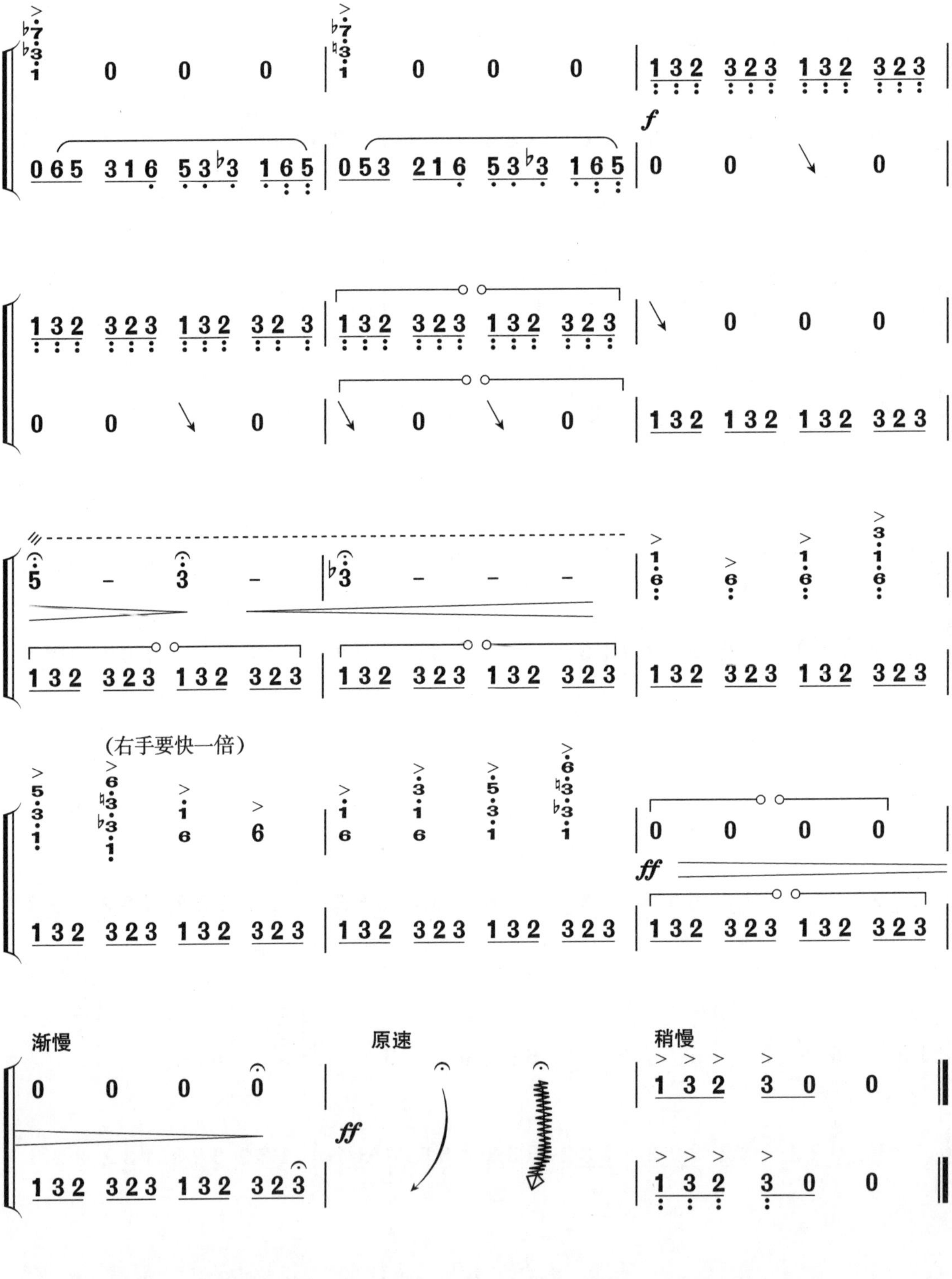

注：此曲表现了贵州地区的人情风貌，共分三段：(1) 琵琶咏；(2) 木叶舞；(3) 黔水唱。“黔中”即贵州地区的古称。

1. 用左手轻压规定音域的琴马右侧弦，右手同时向上划弦，向下划弦。

2. 划琴马左侧无调弦。

3. ┌─○ ○─┐ 自由反复若干次。

幻 想 曲

王建民曲

如歌的慢板

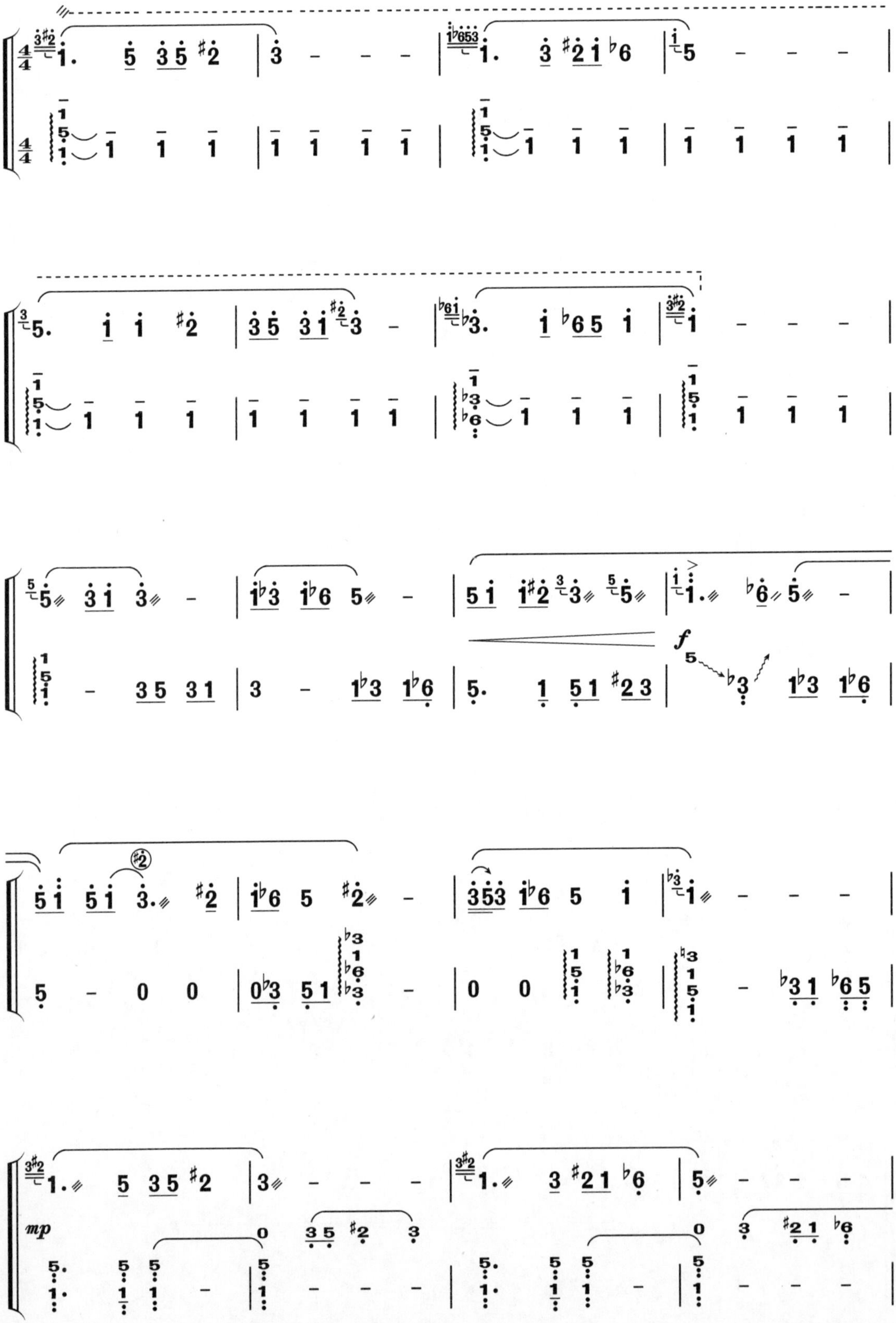

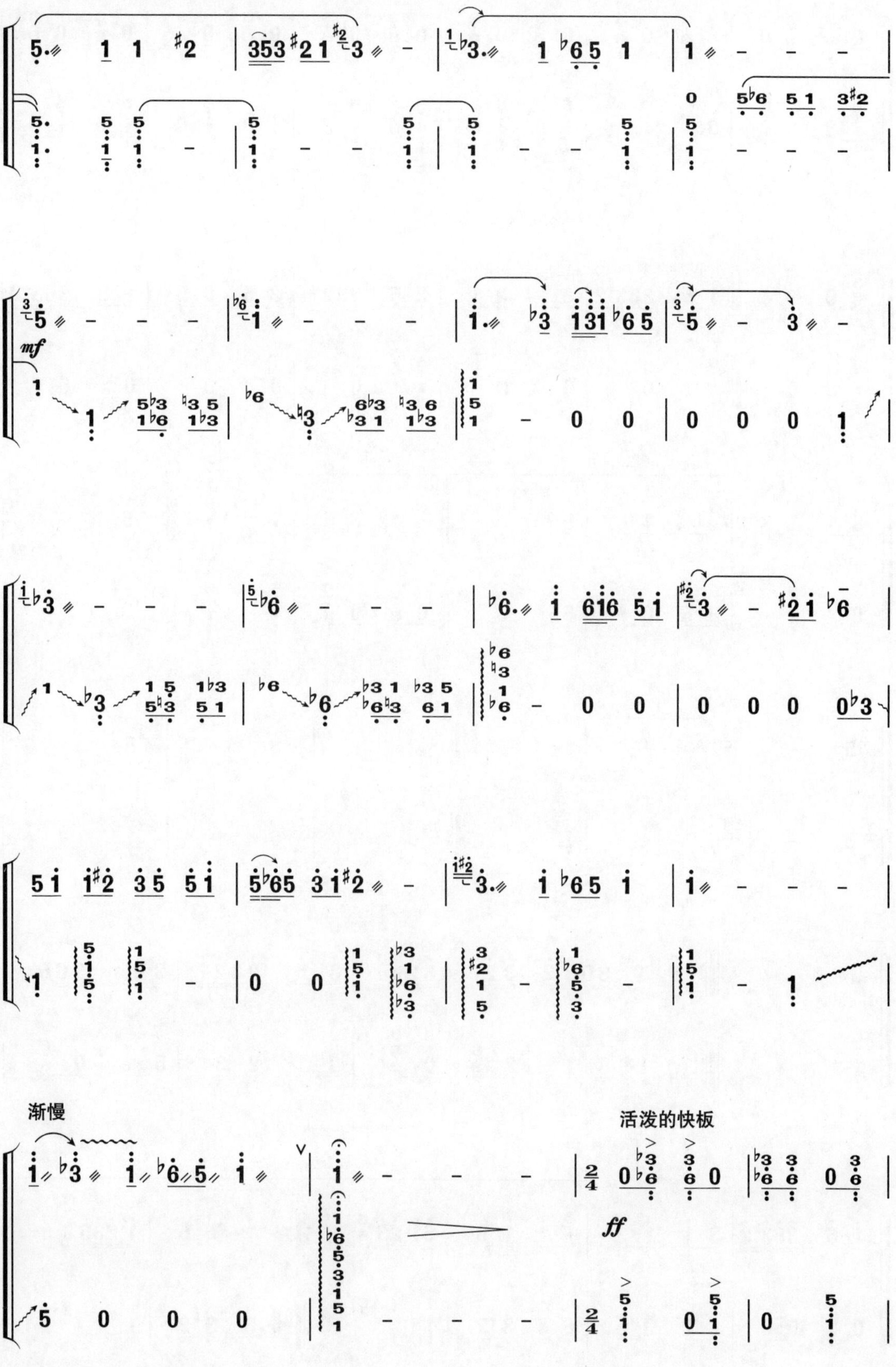
mf
渐慢
活泼的快板
ff

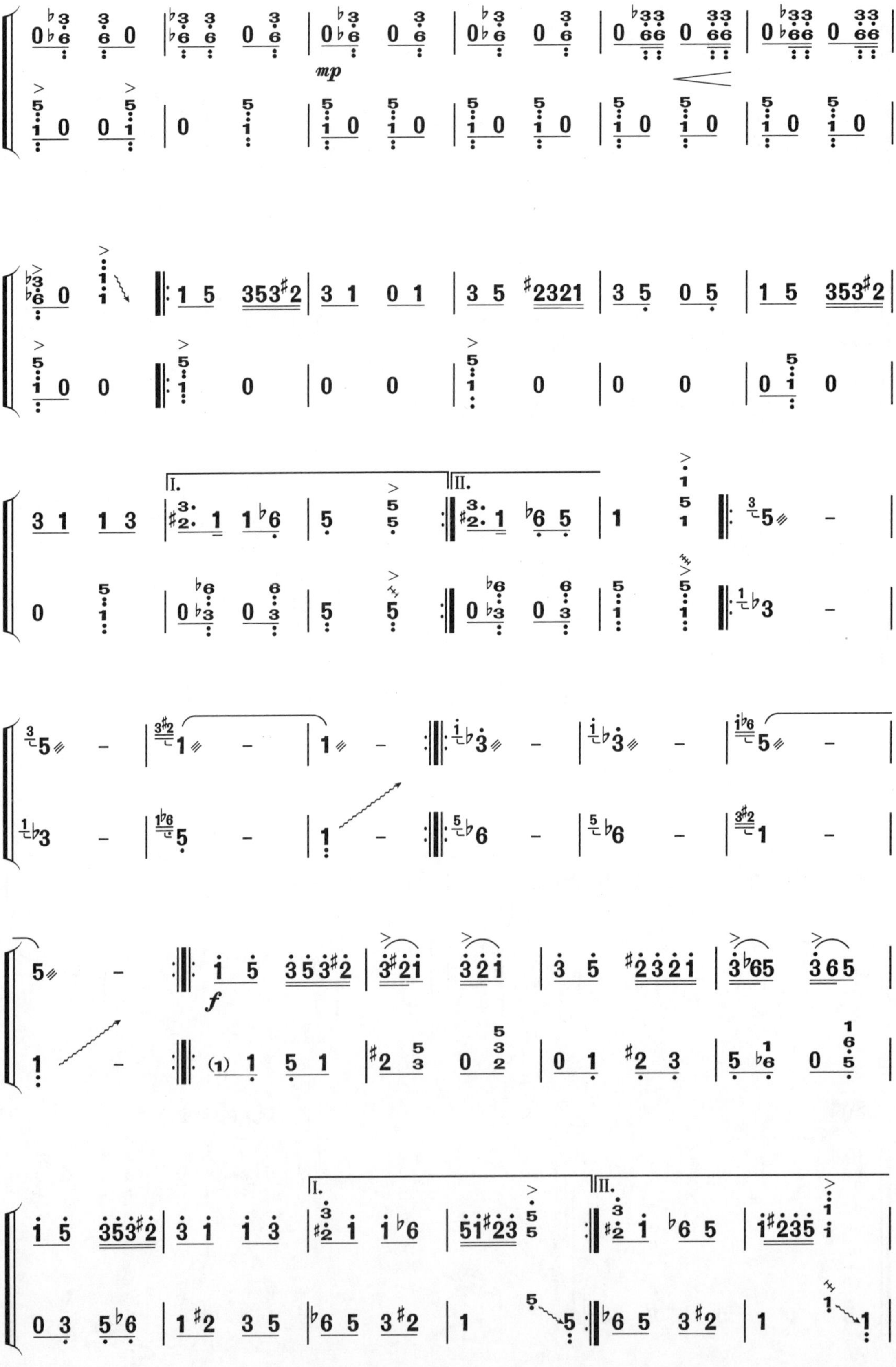

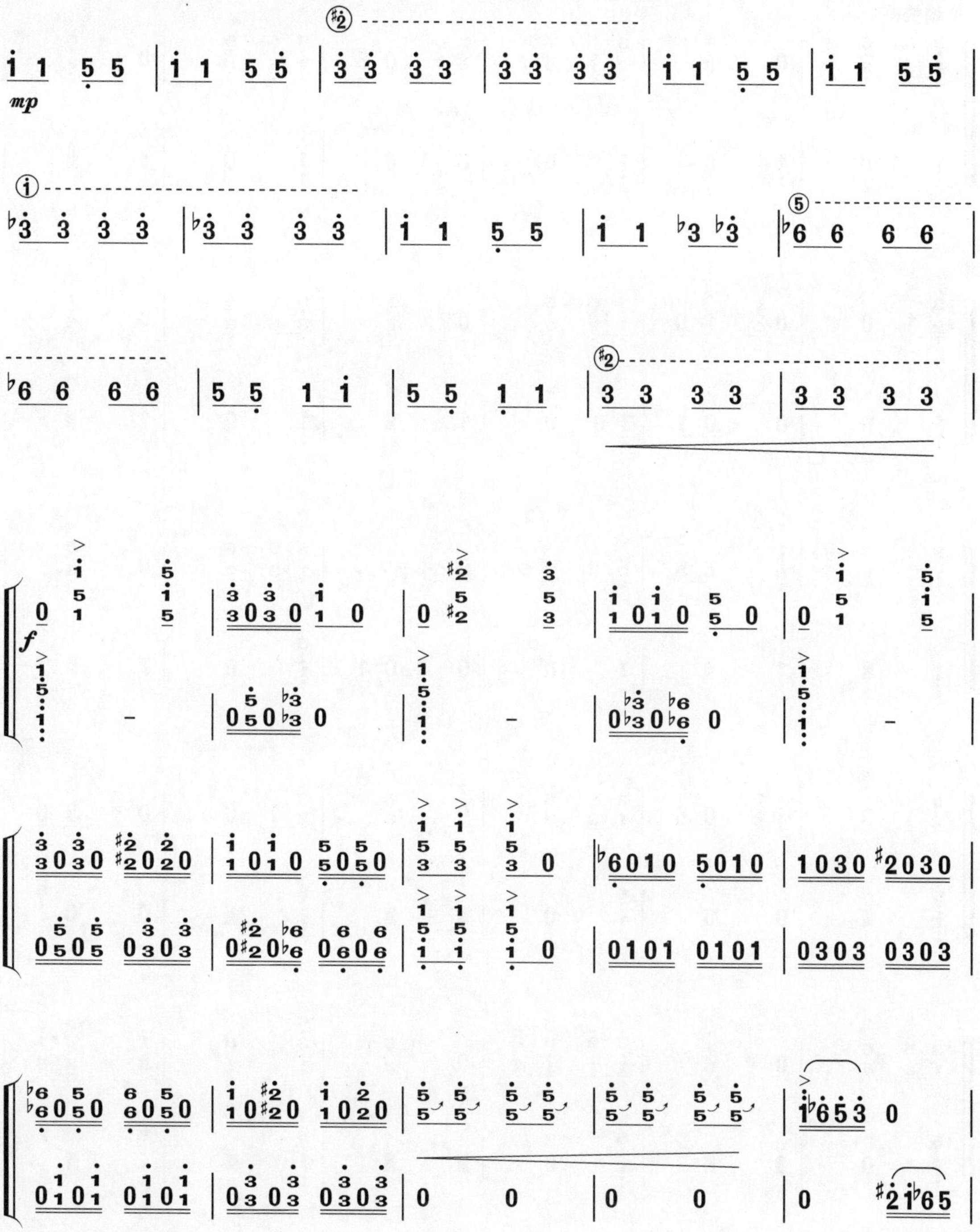

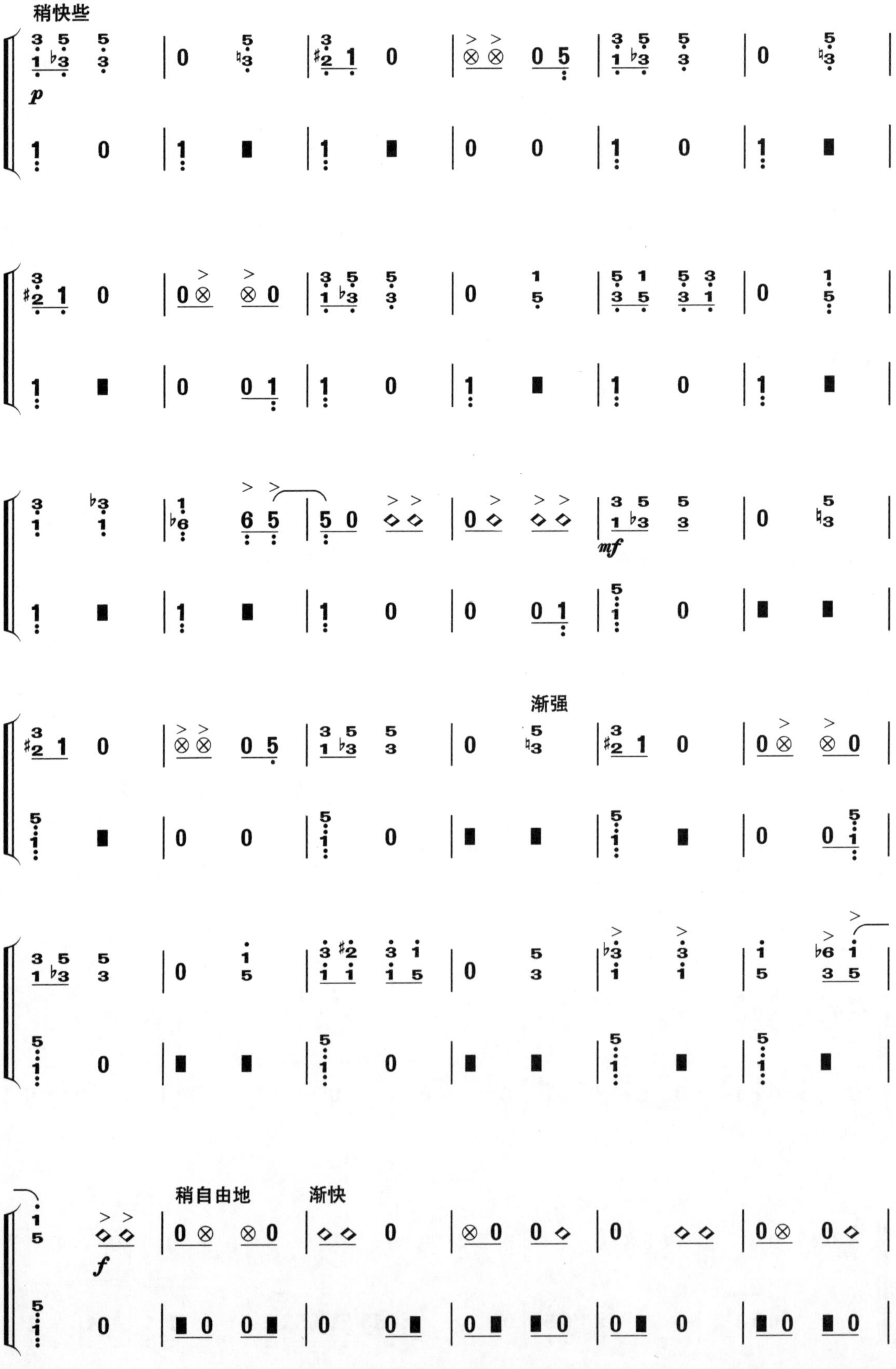
稍快些
p
渐强
mf
稍自由地
渐快
f

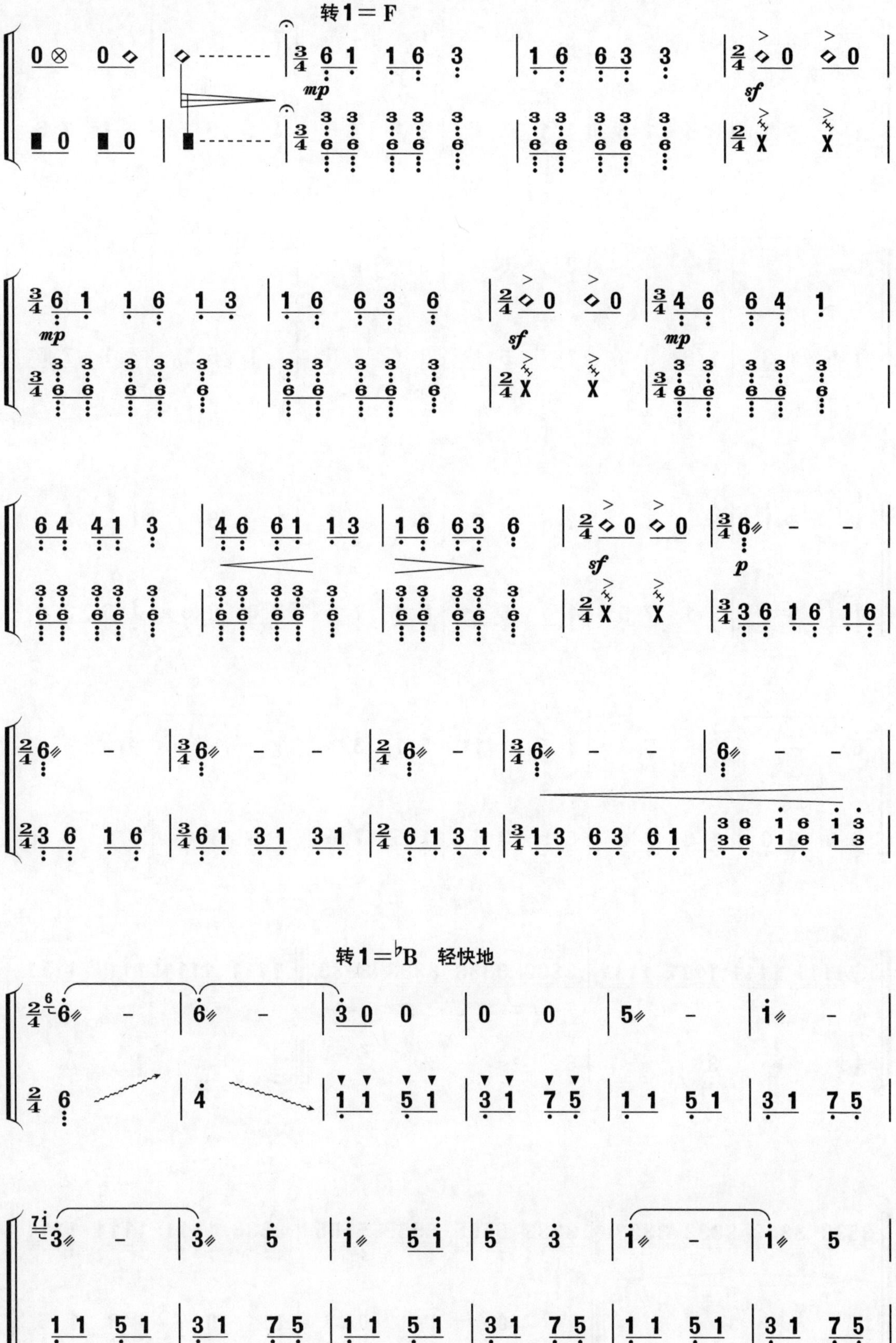
转1＝F
mp
sf
p
转1＝♭B 轻快地

352

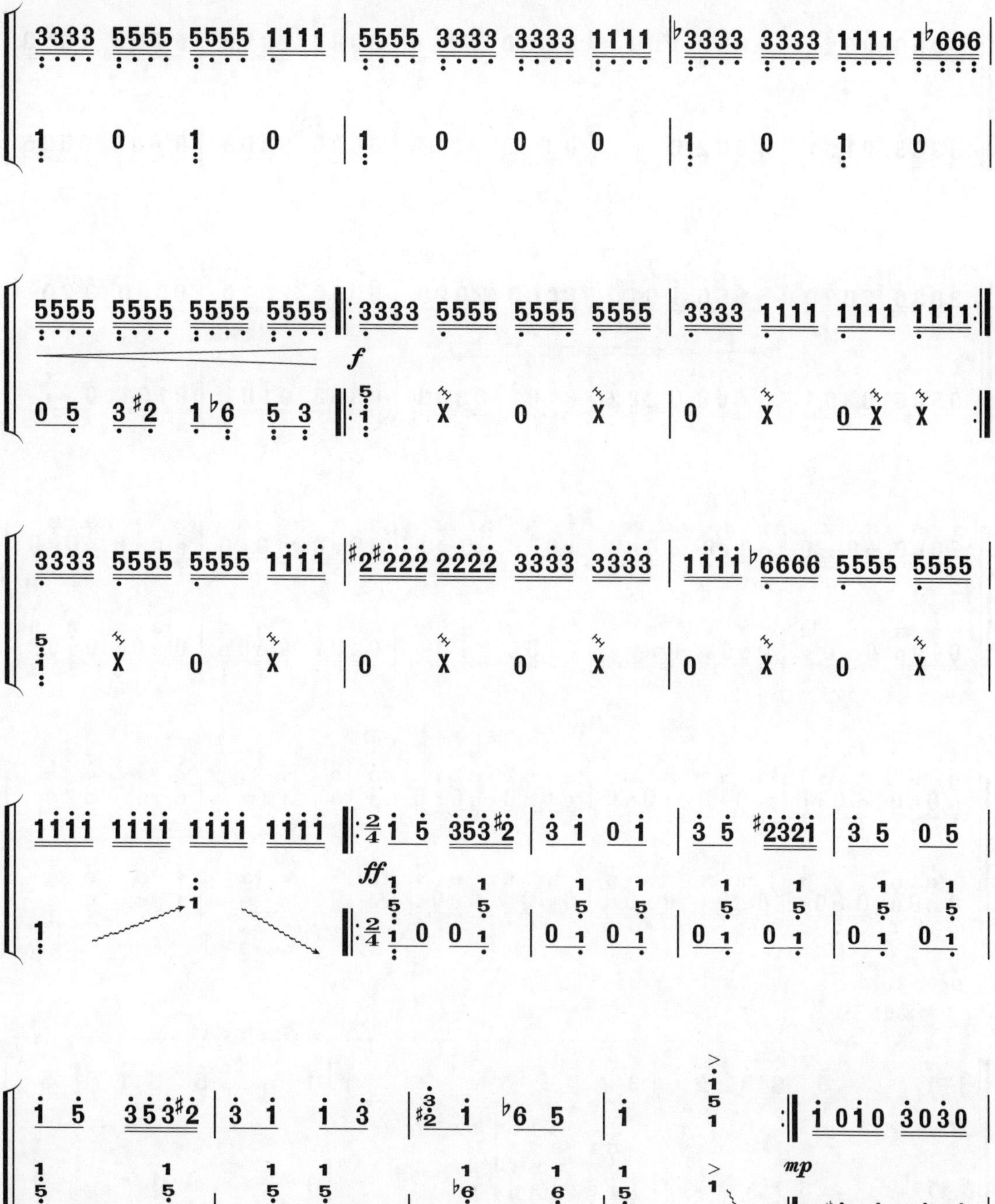
f
ff
mp

激动的广板

mp

ff

$\frac{4}{4}$

注：此曲以云贵地区某些民歌为素材，并选取当地一些富有特点的音乐节奏，经加工提炼而创作成一首非传统五声音阶的音位排列的作品。乐曲在演奏上运用了一些拍弦、敲击琴板的方法，丰富了古筝的演奏技法。应注意以下指法的运用：

〜 左手大幅度揉弦颤音。◇ 由慢渐快再渐慢。◁ 由慢渐快。▷由快渐慢。方格内音符自由快速地轮流演奏。■掌击琴弦低音区。⊗握拳叩击琴板。◇拍击琴板。琴马左侧。

花 篮 谣

祁 瑶曲

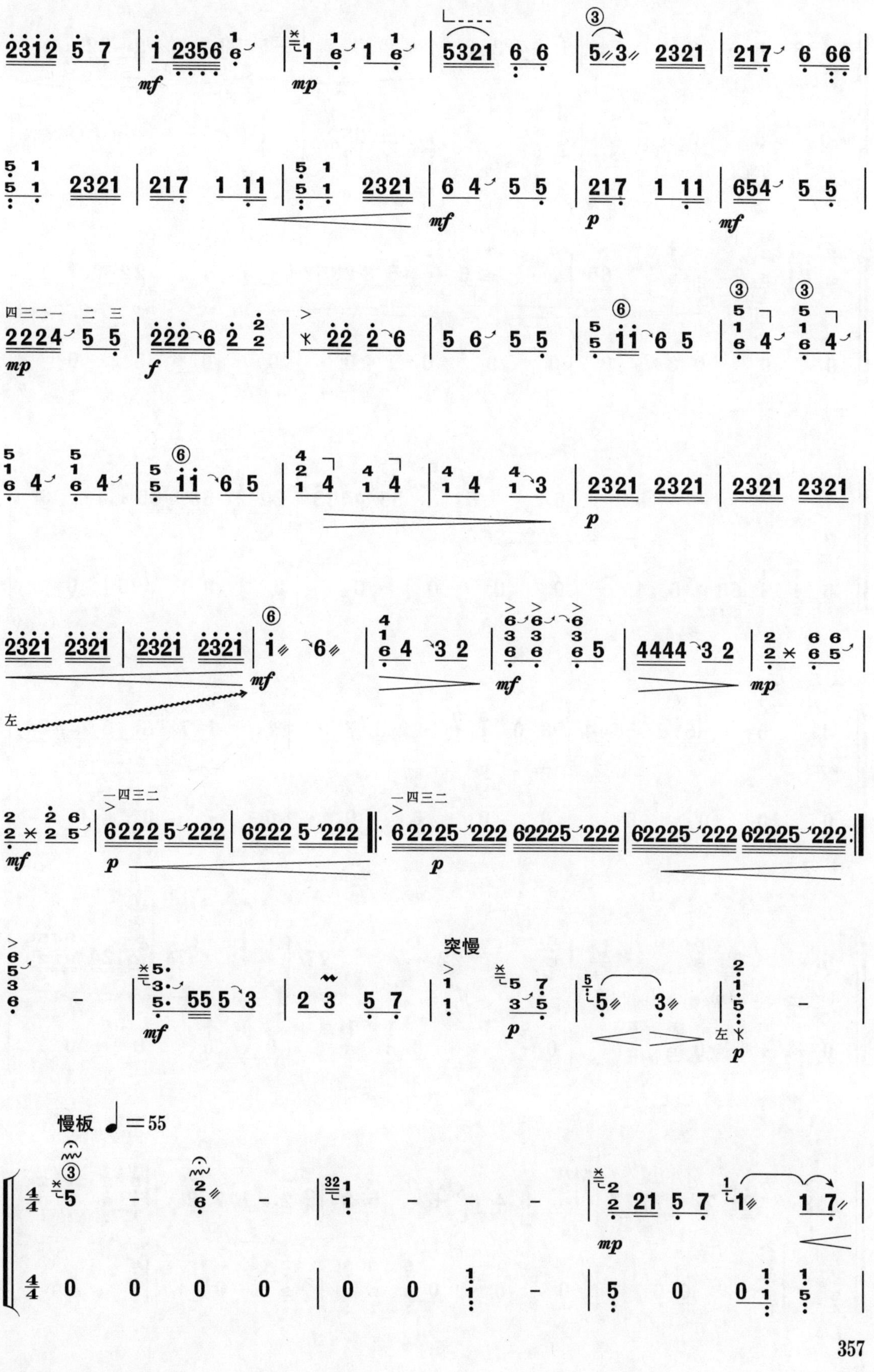
左
突慢
慢板 ♩=55

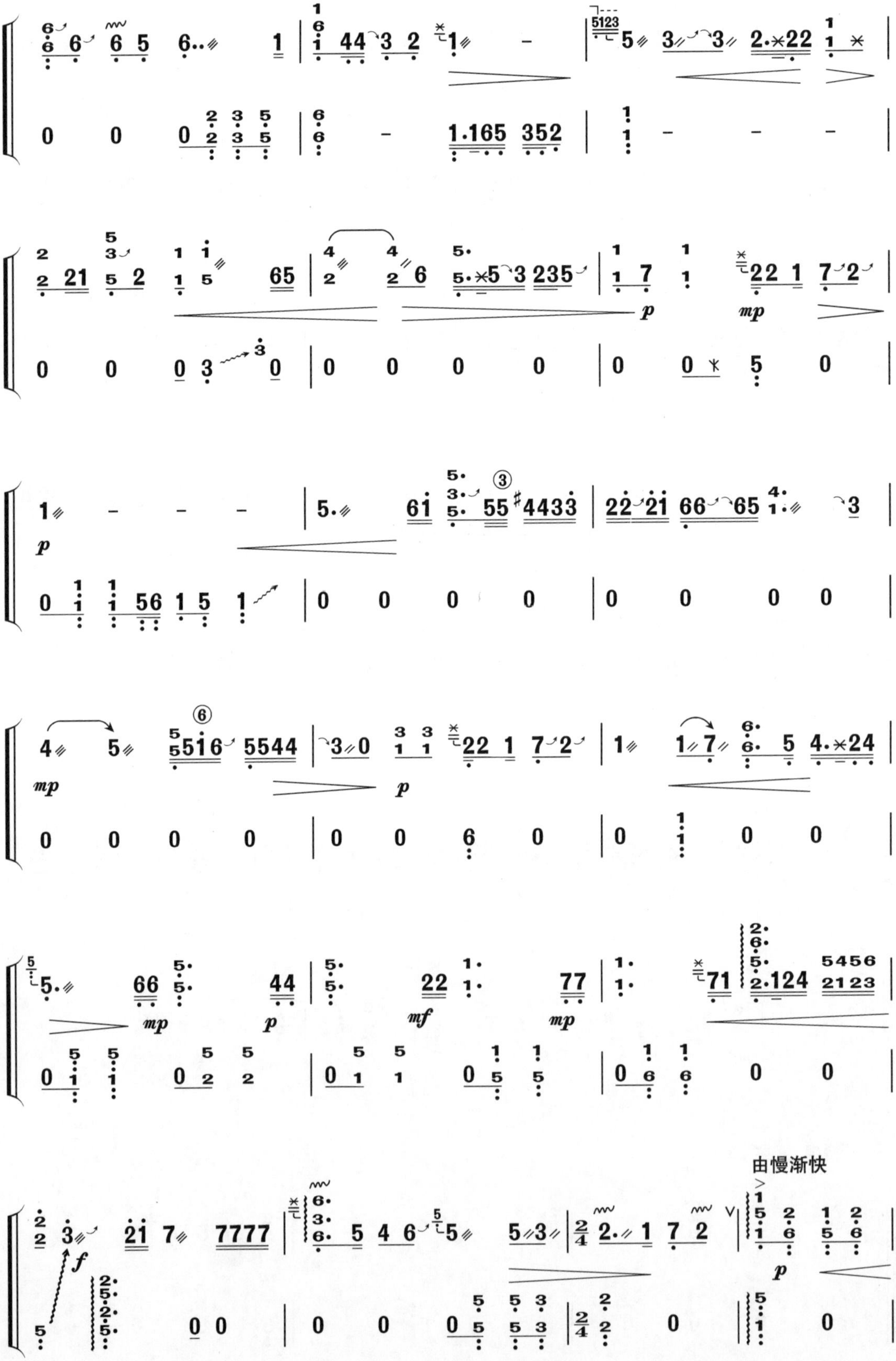
由慢渐快

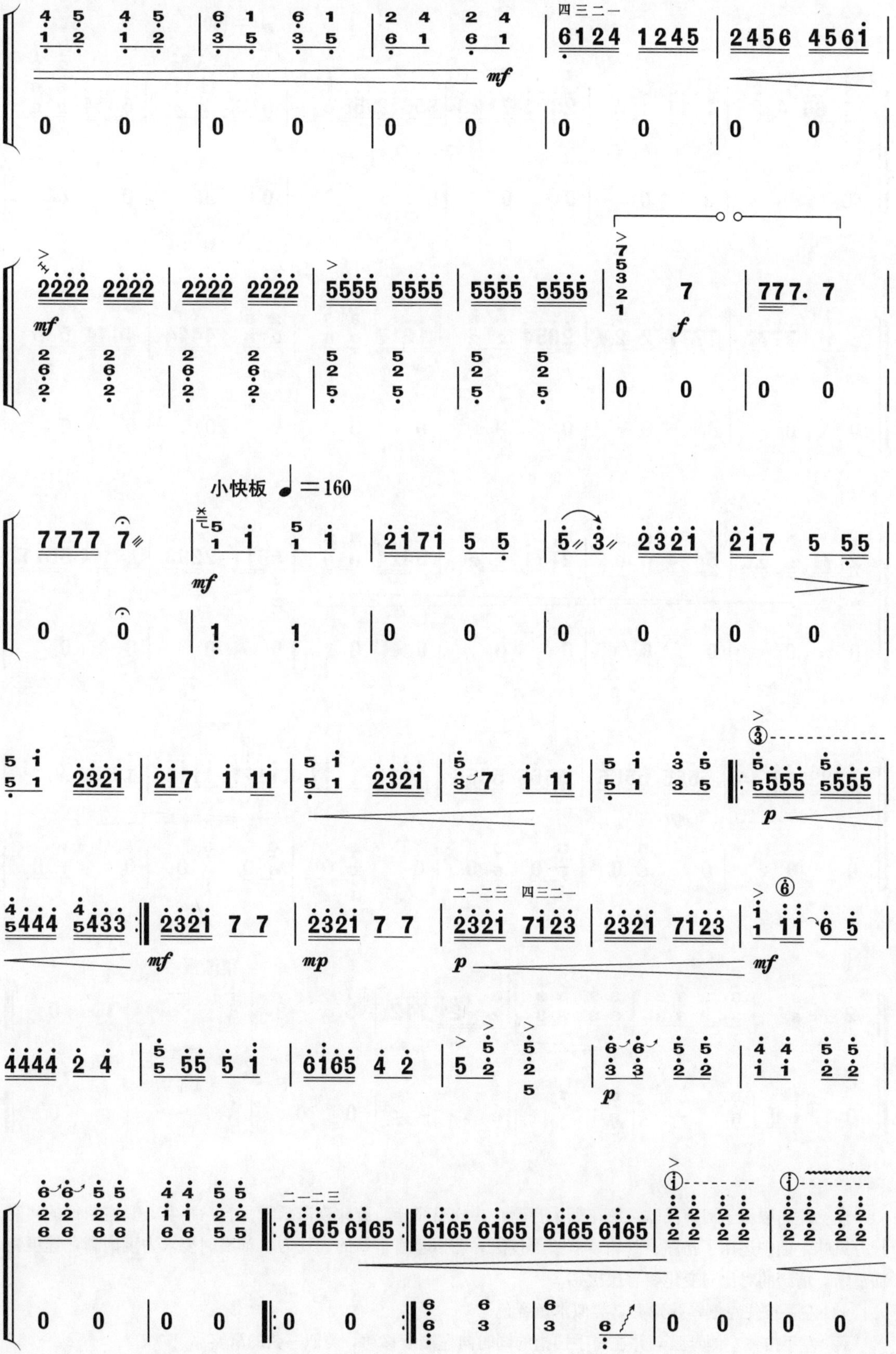
四三二一
小快板 ♩=160
二一二三 四三二一
二一二三

注：此曲取材于河南民歌《编花篮》音调，共分四部分。旋律诙谐幽默、自然朴实，具有浓郁的河南地方风味。曲中运用了指序、弹轮、双摇等技法，藉以丰富古筝的表现力。演奏时要求力度饱满，速度快而清晰，情绪的对比与变化要有层次感。

✳ 左手按住左侧琴弦弹奏，类似木鱼音色。

⇙ 左手按住左侧琴弦，并在右手摇指的同时向左继续移动，类似三弦的滑奏。

秋 夜 思

周煜国曲

1 = G

古朴　幽远地

mf　*mp*

mf　*mp*

rit.

mf　*mp*

遐思般 ♩ = 42

mp

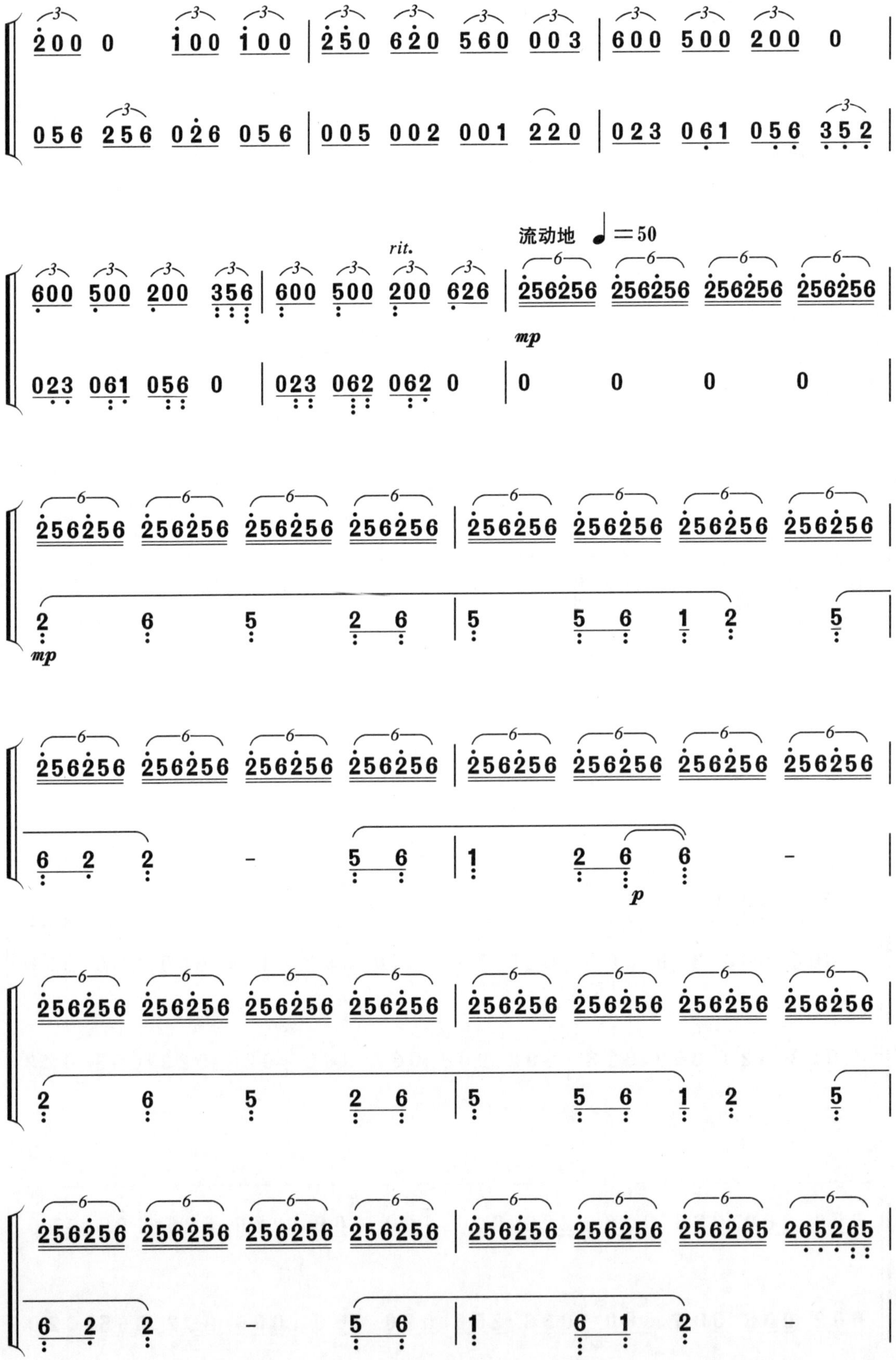
rit.
流动地 ♩＝50
mp
mp
p

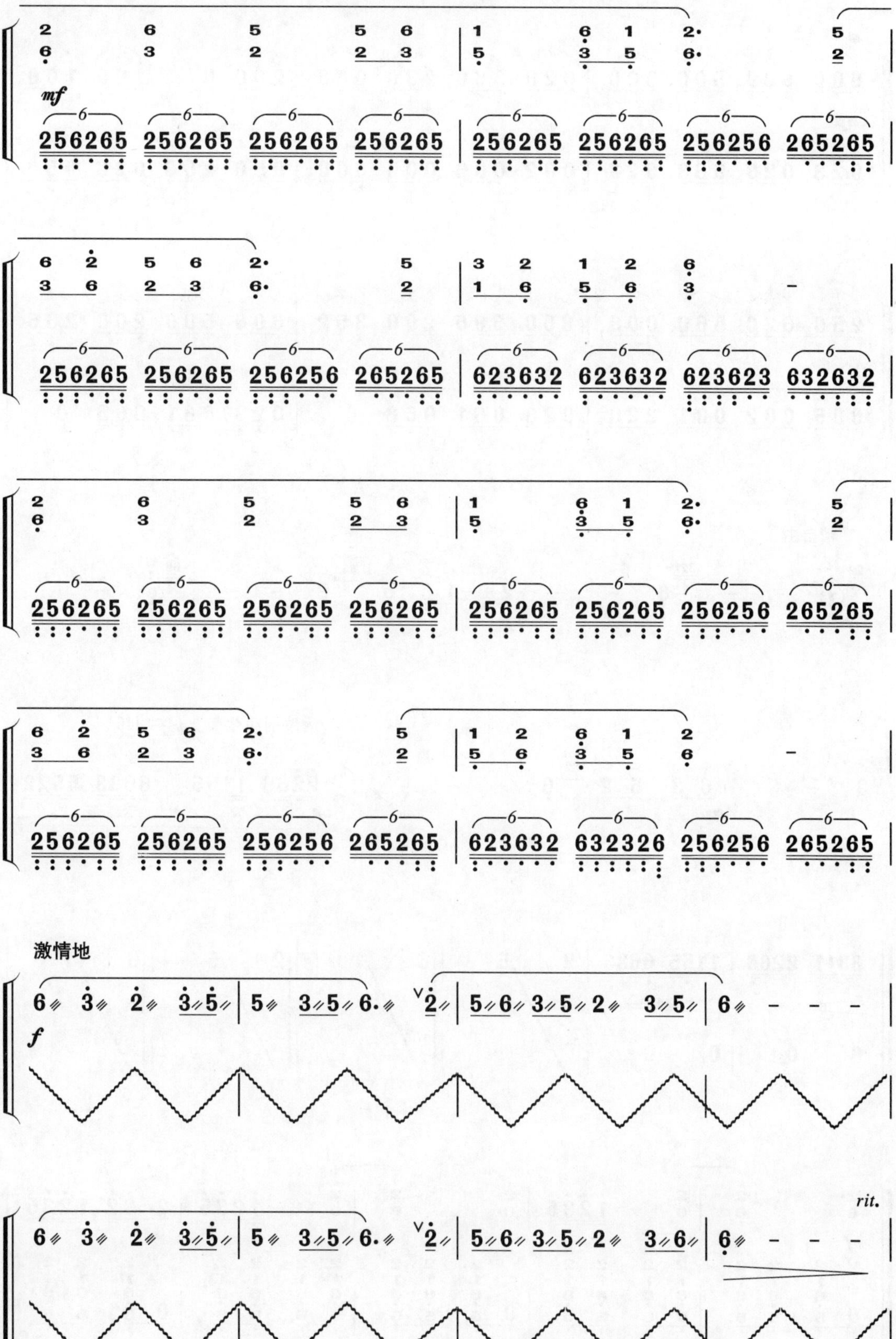
激情地
mf
f
rit.

364

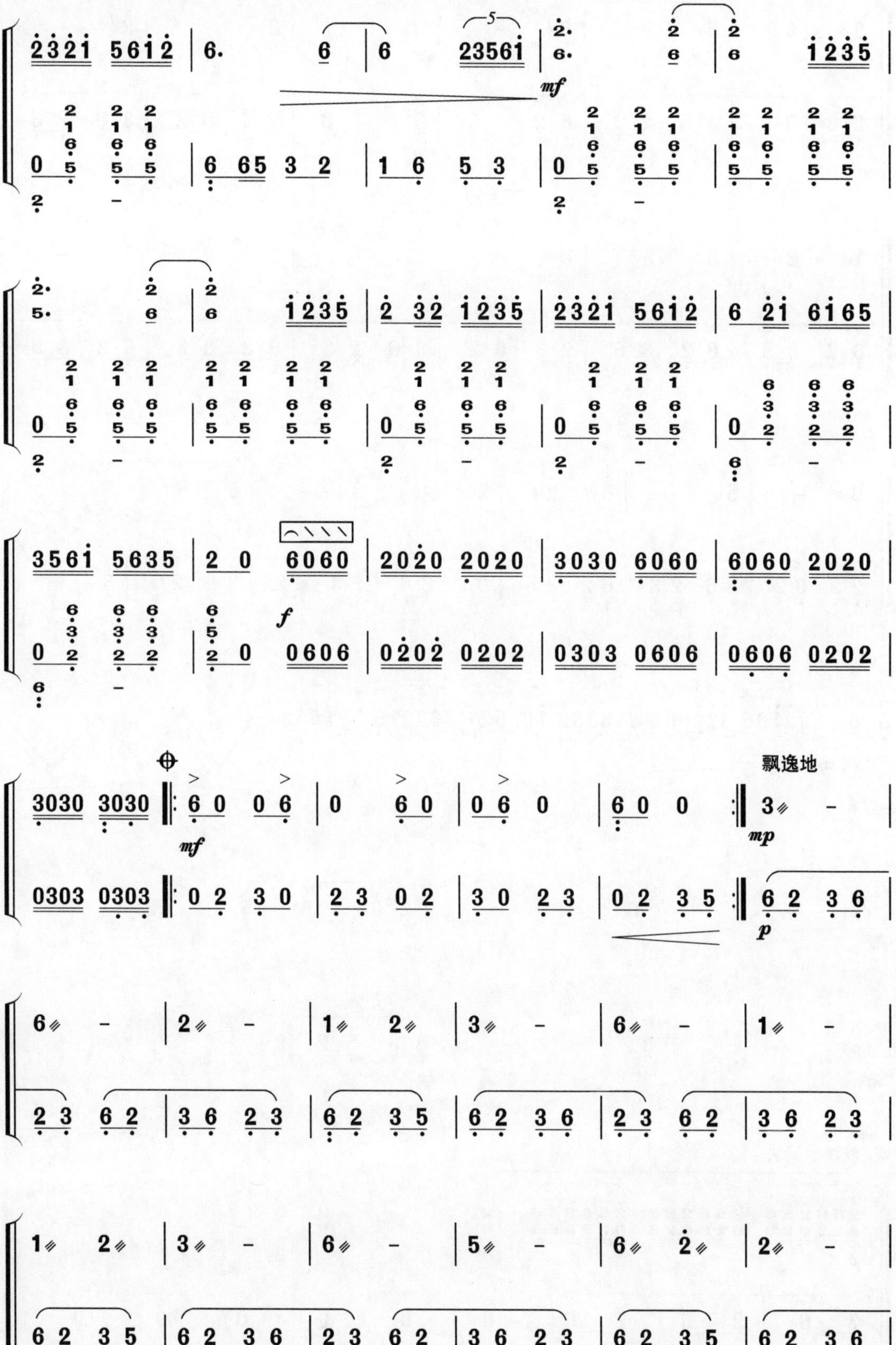
mf
f
mf
飘逸地
mp
p

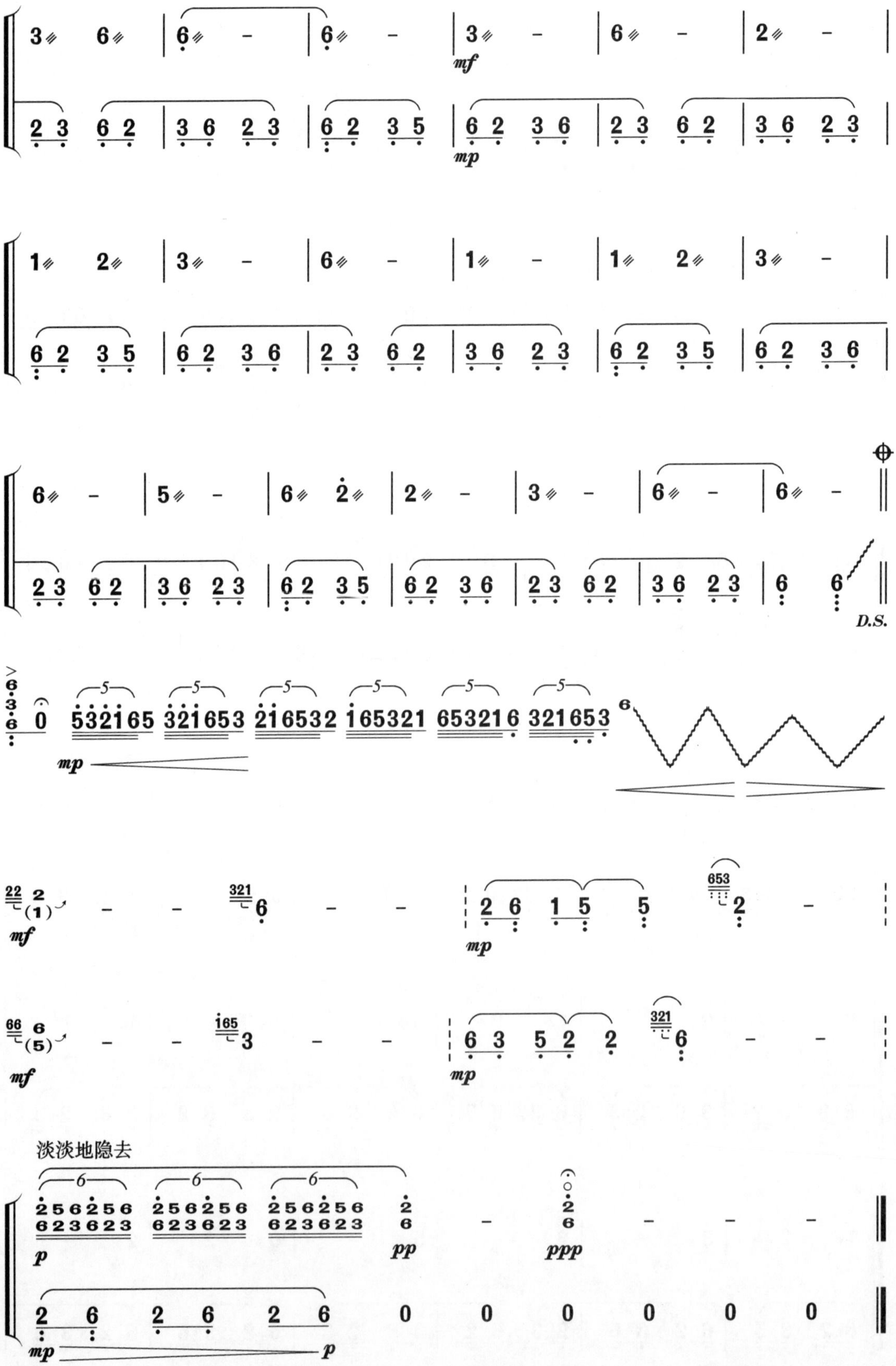
mf
mp
D.S.
mp
mf
mp
mf
mp
淡淡地隐去
p
pp
ppp
mp
p

常 用 符 号 说 明

└	托	大指向外弹弦。
┐	劈	大指向里弹弦。
＼	抹	食指向里弹弦。
／	挑	食指向外弹弦。
⌒	勾	中指向里弹弦。
⌣	剔	中指向外弹弦。
∧	打	无名指向里弹弦。
└─	连托	大指向外连续托。
＼─	连抹	食指向里连续抹。
⫽（㇕）	摇指	大指或食指连续向里、向外快速弹弦。
⌐	小撮	同时用"托""抹"得双音。
⌐	大撮	同时用"托""勾"得双音。
✳	花指	用由高音至低音的连"托"，音多少视需要而定。
⸮	扫弦	左手或右手用一指或多指向内或向外快速拨数弦。
⦙	琶音	手指由低音到高音依次弹奏。
〰	颤音（吟音）	右手弹弦，左手在该弦上连续上下地颤动。
〜〜	大颤音	弦颤动幅度较大，即 2͌ 等于 $\underline{23232323}$。
○	泛音	右手指弹弦，左手指浮按该弦泛音点。
↗	上滑音	右手先弹弦，左手再按弦，使音上滑二度或三度。
↘	下滑音	左手先按弦，右手弹弦后，左手即提起使音下滑。
③/5	按音	即 5 音是由 3 弦按弹而出。
▽	点音	左右手同时触弦，但左手一拨即离弦；或右手弹弦后左手再一压即离弦。
↙↗	刮奏（历音）	按弦序由高向低或由低向高连续快速地拨弦。
⋮⋮⋮⋮⋮		连续记号，某种指法的连续演奏。

注：乐曲若用两行记谱，则上面一行谱由右手演奏，下面一行谱由左手演奏。

图书在版编目（CIP）数据

中国古筝考级曲集上、下 最新修订版 / 上海筝会编. －上海：
上海音乐出版社，2023.1 重印
ISBN 978-7-80553-602-6

Ⅰ．中…　Ⅱ．上…　Ⅲ．筝－器乐曲－中国－水平考试　Ⅳ．
J648-32

中国版本图书馆 CIP 数据核字（1999）第 15659 号

中国古筝考级曲集上、下 最新修订版

上海筝会 编

责任编辑：龚　蓓
封面设计：麦荣邦

出版：上海世纪出版集团　上海市闵行区号景路 159 弄　201101
　　　上海音乐出版社　上海市闵行区号景路 159 弄 A 座 6F　201101
网址：www.ewen.co
　　　www.smph.cn
发行：上海音乐出版社
印订：上海华顿书刊印刷有限公司
开本：787×1092　1/16　印张：24　谱文：369 面
1996 年 4 月第 1 版　2005 年 1 月第 2 版
2023 年 1 月第 59 次印刷
ISBN 978-7-80553-602-6/J · 501

定价：85.00 元

读者服务热线：(021) 53201888　印装质量热线：(021) 64310542
反盗版热线：(021) 64734302　(021) 53203663